构建新发展格局进程中的经济增长新动能研究

王 莹 潘文捷 著

中国财经出版传媒集团
中国财政经济出版社

图书在版编目（CIP）数据

构建新发展格局进程中的经济增长新动能研究 / 王莹，潘文捷著. --北京：中国财政经济出版社，2021.8
ISBN 978-7-5223-0742-8

Ⅰ.①构… Ⅱ.①王… ②潘… Ⅲ.①中国经济-经济增长-研究 Ⅳ.①F124.1

中国版本图书馆 CIP 数据核字（2021）第 173026 号

责任编辑：吕小军　　责任校对：徐艳丽
封面设计：思梵星尚　　责任印制：党　辉

中国财政经济出版社 出版
URL：http：//www.cfeph.cn
E-mail：cfeph@cfeph.cn

社址：北京市海淀区阜成路甲 28 号　邮政编码：100142
营销中心电话：010-88191522
天猫网店：中国财政经济出版社旗舰店
网址：https：//zgczjjcbs.tmall.com
北京财经印刷厂印刷　各地新华书店经销
成品尺寸：185mm×260mm　16 开　19.5 印张　420 000 字
2021 年 8 月第 1 版　2021 年 8 月北京第 1 次印刷
定价：86.00 元
ISBN 978-7-5223-0742-8
（图书出现印装问题，本社负责调换，电话：010-88190548）
本社质量投诉电话：010-88190744
打击盗版举报热线：010-88191661　QQ：2242791300

序 言

推动形成以国内大循环为主体、国内国际双循环相互促进的新发展格局是以习近平同志为核心的党中央根据我国发展阶段、环境、条件变化做出的全面战略部署，是事关全局的系统性深层次变革。自2008年全球金融危机以来，我国的经济发展现实一再表明，没有充分依托国内市场基础的外向型发展，将难以应对国际市场变化带来的风险，难以有力推动经济发展的质量变革、效率变革与动力变革。加快构建新发展格局正是我国在新发展阶段重塑经济新优势、实现高质量发展的关键之所在。

本书共七章。第一章对经济循环理论的演进历程进行了梳理，理论的产生有着特定的历史背景，理论更随着时代的进步而完善和深化。在世界面临百年之大变局之际、在我国开展“十四五”规划建设之时，构建新发展格局的提出赋予了经济循环理论新的深刻内涵。

第二章以国内大循环释放经济增长新动能为主题，从构建以产业链供应链现代化为主攻方向的生产格局、以新基建为重点领域的投资格局、以新型消费为重要动力的消费格局和以新型城镇化为重要支撑的内需格局四个维度，阐释了传统经济增长要素在国内大循环中如何释放出新动能。

第三章以国际大循环释放经济增长新动能为主题，从构建服务业和制造业并重的开放格局，构建沿海、内陆、陆海联动的开放格局和构建高水平制度型的开放格局三个维度阐释了我国推进更高水平开放的新进程以及由此赋予的经济增长新动能。

第四章总结和分析了美日两国的经济循环发展历程。两国的经济发展事实表明，市场是经济循环最为重要的资源，国内大循环是各国经济转型和经济发展的根基。而自主可控的技术创新既是畅通国内大循环的根本动力，也是国内国际双循环相互促进的重要支撑。

第五章和第六章从三个逻辑层次展开了经济增长的实证分析。第一层次是从人力、资本和技术三个要素，从新基建、新型消费和新型城镇化三个方面分别分析要素供给与需求结构的新变化，既包括时间维度上的纵向演变分析，也包括空间维度的横向比较分析。第二层次是利用省级层面的测算结果，通过面板 Granger 因果检验法验证了供需要素与经济增长之间的因果关系。第三层次通过面板 VAR 模型实证分析了供需要素与经济增长之间的互动关系。实证结果表明，构建新发展格局将从供需两端共同赋予我国经济增长以新动能。

第七章在前述规范和实证分析基础上提出了对策建议。要实现新发展格局下的经济可持续增长，既要从供给端促进要素自主有序流动并缓解区域间要素配置失衡，又要从需求端立足扩大内需战略，增强消费对经济发展的基础性作用。既要充分发挥市场在资源配置中的决定性作用，又要更好发挥政府作用，推动有效市场和有为政府结合，使经济发展成果更好惠及全体人民，不断实现人民对美好生活的向往。

本书分工如下：王莹撰写了第一、二、三、四和七章并负责了全书的总撰和定稿，潘文捷撰写了第五和第六章并对全书进行了格式编排。在本书撰写中，我们从诸多学者的前期研究成果中受益匪浅，既拓展了研究视野，又优化了研究方法，在此深深致谢！在本书编辑和出版过程中，得到了中国财政经济出版社吕小军主任及其团队的全力支持与严格把关，在此一并致谢！

构建新发展格局与经济增长这一研究主题所涉范围之广、所涉要素之多，须对经济循环和经济增长所依赖的要素供给、市场机制、制度文化等进行全方位审视，否则将有方枘圆凿之弊。本书虽极力避免上述弊端，但因对该命题的研究还只是初入堂奥，错误不当之处难免，敬请各位读者批评指正！

作者

2021 年 8 月

目　录

第一章
经济循环理论的缘起与演进

推动形成以国内大循环为主体、国内国际双循环相互促进的新发展格局是以习近平同志为核心的党中央根据我国发展阶段、环境、条件变化做出的战略决策，是事关全局的系统性深层次变革。新发展格局的提出既与内外部环境的深刻变化密切相关，又根植于深厚的经济理论基础。经济学理论认为，经济社会是一个动态循环系统，各环节环环相扣。整个循环系统畅通，经济发展就有利；反之，哪个环节阻滞，上下游都将受到不同程度的影响。本章拟在追溯经济循环理论的历史发展脉络的基础之上，对新发展格局提出的时代背景开展多维分析，进而对其丰富内涵予以阐释。

第一节　从《经济表》到社会再生产理论

经济循环的分析最早可追溯到魁奈（Quesnay，1758）《经济表》中对社会资本简单再生产的阐释。马克思借鉴其成果并将对经济循环的研究拓展到了社会扩大再生产理论的构建，从而成为马克思主义政治经济学的重要组成部分。

一、魁奈的《经济表》

作为法国重农学派的代表人物，魁奈把农业资本分为了两个部分：一是“年预付”，即每年要支付的投资，如种子、原料、工资等；二是“原预付”，即开办时或其后几年才支付一次的基本投资，如房屋、仓库、农具、耕畜等。为了使生产持续不断，“年预付”的全部价值必须从每年生产物的价值中取得补偿，由同类新的物质来更替；“原预付”的价值每年只能部分从生产物的价值中取得补偿，必须经过相当长的时期才能完全取得补偿。

在资本分析的基础上，魁奈在其《经济表》第一、二、三版（1758—1759 年）对社会中资本的简单再生产和生产流通做了最初的说明，所采取的是曲折连接线的复杂图示。《经济表（第三版）的说明》中包含了三个阶级，即生产阶级、不生产阶级和土地所有者；还包含了两类支出，即生产的支出和不生产的支出，见图1－1。生产的支出是用于农业、草地、牧场、森林、矿山、渔业等的支出，以便使谷物、饮料、木材、家畜、手工业制品原料等财富得以永存；另一类是不生产的支出，是用于手工业制品、住宅、衣服、利息、仆人、商业费用和外国产品等方面的支出。在流通开始前，生产阶级售出上年投在土地耕作上的600利弗尔年预付生产的纯产品，即可向土地所有者支付600利弗尔收入；不生产阶级的年预付300利弗尔，用于生产成本、生活资料和商业资本；土地所有者将其收入的一半用于从生产阶级那里购买面包、葡萄酒等农产品，另一半用于向不生产阶级购买衣服、家具和日用品等工业品。

考察目的：（1）三种支出；（2）它们的源泉；（3）它们的预付；（4）它们的分配；（5）它们的结果；（6）它们的再生产；（7）它们的相互关系；（8）它们与人口的关系；（9）它们与农业的关系；（10）它们与工业的关系；（11）它们与商业的关系；（12）它们与国家财富总额的关系。

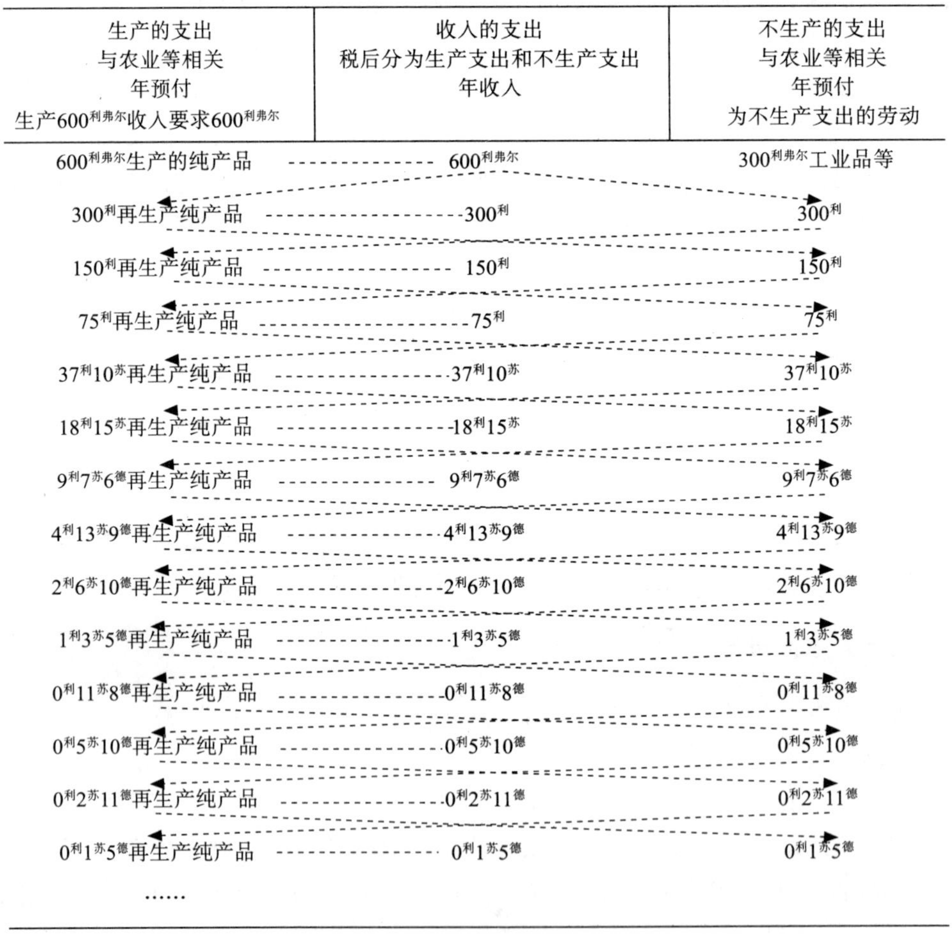

生产的支出 与农业等相关 年预付 生产600利弗尔收入要求600利弗尔	收入的支出 税后分为生产支出和不生产支出 年收入	不生产的支出 与农业等相关 年预付 为不生产支出的劳动
600利弗尔生产的纯产品	600利弗尔	300利弗尔工业品等
300利再生产纯产品	300利	300利
150利再生产纯产品	150利	150利
75利再生产纯产品	75利	75利
37利10苏再生产纯产品	37利10苏	37利10苏
18利15苏再生产纯产品	18利15苏	18利15苏
9利7苏6德再生产纯产品	9利7苏6德	9利7苏6德
4利13苏9德再生产纯产品	4利13苏9德	4利13苏9德
2利6苏10德再生产纯产品	2利6苏10德	2利6苏10德
1利3苏5德再生产纯产品	1利3苏5德	1利3苏5德
0利11苏8德再生产纯产品	0利11苏8德	0利11苏8德
0利5苏10德再生产纯产品	0利5苏10德	0利5苏10德
0利2苏11德再生产纯产品	0利2苏11德	0利2苏11德
0利1苏5德再生产纯产品	0利1苏5德	0利1苏5德
……		

再生产总额……收入600利弗尔；加上每年费用600利弗尔和农民原预付的利息300利弗尔，使土地恢复生产。这样的再生产是1 500利弗尔，包括构成计算基数的600利弗尔收入，但未计入赋税和每年再生产所需的预付，等等。

图1－1 魁奈《经济表》（第三版）

资料来源：魁奈（1759）。

对于后续的再生产，魁奈描述道：

“依照表的秩序，已经回到生产阶级手中的300利弗尔收入，以货币形式转作他的预付。这些预付再生产300利弗尔纯产品，这代表了土地所有者一部分收入的再生产；依靠返还给这个阶级的剩余货币额，使得每年的总收入得以再生产。……土地所有者收入的一半，即300利弗尔转到不生产阶级手中，不生产阶级将其一半用于向生产阶级购买生活资料产品和它的产品原料以及进行对外贸易；另一半在不生产阶级内部分配，以维持和补偿它的预付。这个流通和相互分配持续进行，以同样的方式，将从一个支出阶级手中转移到另一个支出阶级手中的货币额，分配到最后一分钱。”

应该看到，魁奈《经济表》的模式不是单一的或者一成不变的，它经历了一个发展过程。三个版本的《经济表》和《人类之友》（1760年）采取了复杂图式，而在《农村哲学》（1763年）中，复杂图式开始让位于简单化的提要图式。在《经济表的分析》（1766年）中，简化的提要图式最后发展成为一个新的“算学范式表”。后续《第一经济问题》（1766年）和《第二经济问题》（1767年）中的各表都基于该“算学范式表”而构成。我国著名经济学家晏智杰（2017）认为，《经济表》的第一、二、三版和《经济表的分析》中的各表所描绘的是一个处于简单再生产均衡状态的情况，《人类之友》《农村哲学》《第一经济问题》和《第二经济问题》中的各表则着意说明从这个简单再生产的均衡转化为均衡各变态的运动的原因。

在“算学范式表”中，左上方是生产阶级在上年的年预付额，以获得今年的收入；中间的收入额在两个阶级之间进行分配，右上方是不生产阶级的收入额。“收入的支出用虚线表示，从收入额出发，沿着下斜线到一个阶级和另一个阶级。两边这些线的终点的数字，表示收入所有者向这两个阶级购买时所支出的收入额”（魁奈，1766）。图1－2中的全部流通，包括商品和货币流通被归纳为五种行为。

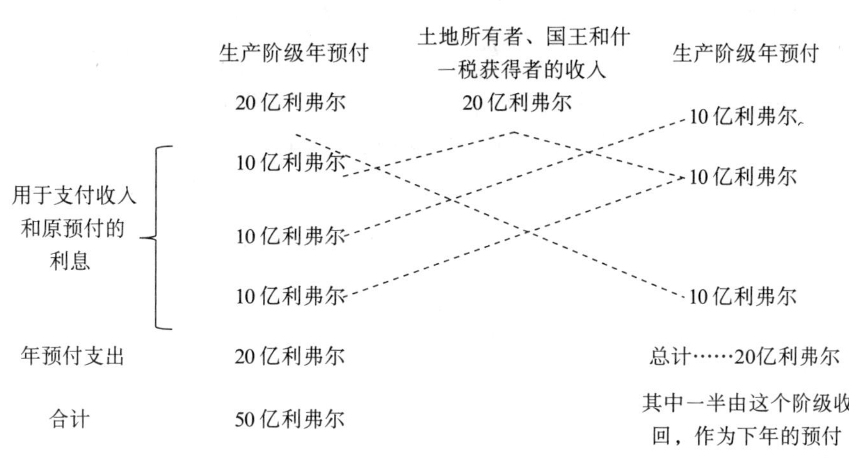

图1－2 经济表的图式

资料来源：魁奈（1766）。

一是土地所有者以20亿利弗尔的一半向生产阶级购买生活资料，如此10亿利弗尔流回生产阶级手中，而价值10亿利弗尔的农产品流入土地所有者手中。二是土地所有者以地租的另一半向不生产阶级购买工业品，如此，10亿利弗尔流入不生产阶级手中，而价值10亿利弗尔的工业品流入土地所有者手中。三是不生产阶级用从土地所有者得来的10亿利弗尔向生产阶级购买生活资料，如此，10亿利弗尔流入生产阶级手中，而10亿利弗尔农产品（生活资料）流入不生产阶级手中。四是生产阶级以10亿利弗尔货币向不生产阶级购买生产资料，如此，10亿利弗尔又流入不生产阶级手中，而价值10亿利弗尔的工业品（生产资料）流入生产阶级手中。五是不生产阶级以其原有的10亿利弗尔向生产阶级购买工业原料，如此，10亿利弗尔流回生产阶级手中，而价值10亿利弗尔的农产品（工业原料）则流入不生产阶级手中。对此，魁奈总结道：

"过程开始时在生产阶级和土地所有者之间分配的总额50亿利弗尔，是永远保证每年相同再生产的正常秩序之下支出的。10亿利弗尔由土地所有者向生产阶级进行购买，10亿利弗尔则向不生产阶级进行购买。生产阶级向其他两个阶级出售价值30亿利弗尔价值的产品，收回由于（土地所有者）收入的支出而得到的20亿利弗尔，花费其中10亿利弗尔向不生产阶级购买。这样，不生产阶级就得到20亿利弗尔，用于向生产阶级购买生活资料和生产所用原料。生产阶级每年在它自己的产品上花费20亿利弗尔，这就完成了50亿利弗尔每年再生产的支出或总消费。这就是生产阶级每年用包括在每年再生产50亿利弗尔的总支出中的20亿利弗尔年预付，重新生产出来的50亿利弗尔的支出分配的正常秩序。"

魁奈的《经济表》虽然得到了不少赞誉，但很长一段时间都没有得到真正理解。正如马克思所说："重农学派在魁奈的《经济表》中给我们留下了一个谜，对于这个谜，以前的政治经济学批评家和历史学家绞尽脑汁而毫无结果。这个表本来应该清楚地说明重农学派对一国总财富的生产和流通的观念，可是它对后代经济学者而言仍然是不可了解的。"即使被誉为"古典经济学之父"的亚当·斯密也因自身理论的缺陷，既不能对一国总财富的生产和流通作出分析，又不可能对魁奈《经济表》的意义作出恰当评价。

整体来看，魁奈在《经济表》中对社会资本再生产与流通所做的分析，以"纯产品"理论为前提条件，但由于"纯产品"仅限于农业部门的剩余产品，从而无法明确揭露资本主义社会剥削的秘密，也不能正确揭示社会资本再生产与流通的一般规律及其表现形式。同时，魁奈还引进了社会资本再生产的外部条件，一是从消费倾向入手，分析简单再生产如何变成扩大（或缩小）再生产；二是从农产品市场政策的变化进而引起谷物价格的变动，分析简单再生产如何变成扩大（或缩小）再生产；三是从赋税政策的变化进而引起土地所有者收益的减少，从而使农业生产规模缩小（田葆贤和赵海成，1986）。这样的外部条件分析，不仅对当时法国农业生产有着积极作用，而且勾勒出社会资本再生产的分析框架，因此得到马克思和恩格斯的极高评价，认为这种分析问题的方法具有普遍性。

二、马克思的《经济表》及其循环原理

马克思再生产理论的创立可追溯至他于1863年7月6日给恩格斯的信中所附的“包括全部再生产过程”的《经济表》。受魁奈《经济表》的启发，马克思创绘了四幅《经济表》，尝试用经济表的形式来构建社会再生产理论框架并阐释理论内容。四幅《经济表》的基本思路大体一致，所用概念和数字虽略有差异，但也大体相同。因第四幅《经济表》被称为一幅全面而又扼要地表述“‘简单’再生产总过程的经济表”（马克思，1863），本节仅对第四幅加以描述和阐释。

在全面总结前三幅《经济表》之后，马克思绘制了他的第四幅《经济表》，见图1-3。这张表由三个部类构成。第一部类是生产生活资料，从实物形态上看全部是生活资料；第二部类是生产生产资料，从实物形态上看全部是生产资料；第三部类用以描述社会总的再生产，但该部类不能作为一个单独的生产部类，只是前两部类内容的综合。三个部类的产品从价值形态上看，均由不变资本、可变资本和剩余价值三个部分构成。马克思指出，表中的“虚线总是表示费用的来源，表示流通的起点，即表示费用上升的方向；实线（也）表示费用的来源，但表示费用下降的方向”（马克思，1863）。

第一部类产品中价值达700①，其中400是不变资本的价值转移，100是可变资本，200是剩余价值。在社会资本再生产过程中，该部类内部进行的交换和流通包括：资本家把100可变资本作为工资支付给工人；工人用工资向本部类的资本家购买价值100的生活资料；200的剩余价值分解为工业利润、利息和地租，分别流入工业资本家、借贷资本家和地主手中；各种形态的剩余价值全部用来向该部类的资本家购买生活资料。如此，第一部类的700产品中，300通过本部类的内部交换实现了其价值，余下400产品不变资本的价值补偿和实物替换须与第二部类的产品交换才能实现。第二部类产品总价值为$933\frac{1}{3}$，其中$533\frac{1}{3}$是不变资本的价值转移，其价值补偿和实物替换只需通过本部类内部的交换即可实现。

第一部类和第二部类内部的交换用公式可表达为（王毅武，2002）：

$$\text{I}: 400c + 100v + 200m = 700$$

$$\text{II}: 533\frac{1}{3}c + 133\frac{1}{3}v + 266\frac{2}{3}m = 933\frac{1}{3} \tag{1-1}$$

代表$133\frac{1}{3}$可变资本和$266\frac{2}{3}$剩余价值的两部分产品却“不能在自己的产品实现，只能在第一部类的产品中实现”（马克思，1863）。如此，第一部类正好余下400产品准备用来交换生产资料，以补偿在生产中损耗的不变资本，于是发生了两大部类之间的交换，公

① 表中数字均以百万英镑为单位。

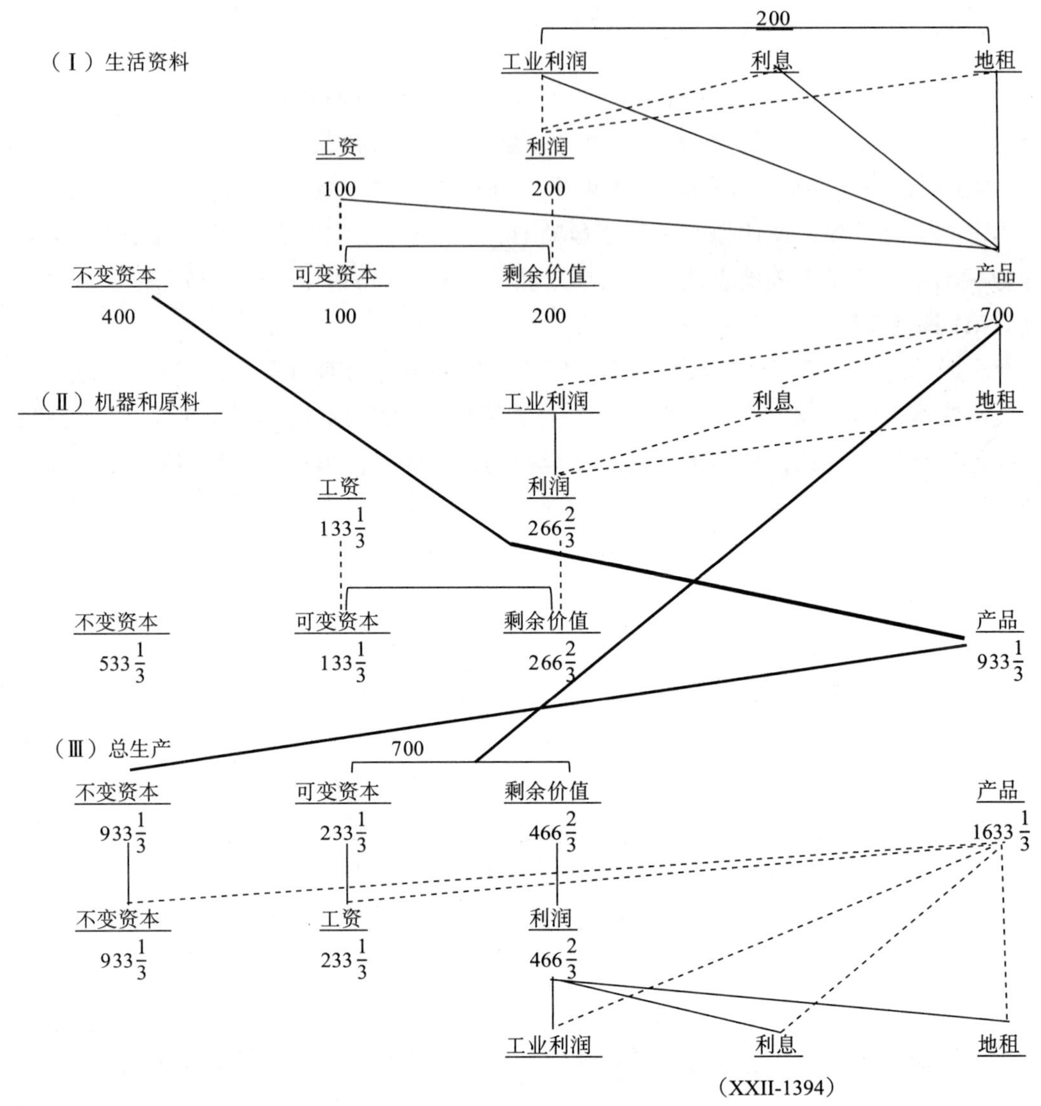

图 1-3　马克思《经济表》（第四幅草图）

资料来源：马克思《1861—1863 年经济学手稿》。

式可表达为：

$$\text{Ⅰ}(400c)=\text{Ⅱ}\left(133\ \frac{1}{3}v+266\ \frac{2}{3}m\right) \tag{1-2}$$

马克思在《经济表》中把这一流通过程分解为两个步骤来表述：一是第二部类的工人和资本家分别用转化为工资的 $133\ \frac{1}{3}$可变资本和转化为工业利润、利息和地租的 $266\ \frac{2}{3}$剩余价值向第一部类资本家购买同等价值的生活资料；二是第一部类的资本家用出售代表不变资本部分的产品得到的 400 货币向第二部类资本家购买同等价值的生产资料。通过上述流通和交换，再生产的一切条件恢复到了原有水平，社会生产在原有规模上重复进行。

在第三部类中，第一部类的全部产品表现为社会总产品的可变资本和剩余价值部分，第二部类的全部产品表现为社会总产品的不变资本部分。如此，社会中产品的价值构成是 $933\frac{1}{3}$的不变资本、$233\frac{1}{3}$的可变资本和 $466\frac{2}{3}$的剩余价值；实物构成则是 $933\frac{1}{3}$的生产资料和 700 的生活资料，公式可表达为：

$$\text{Ⅰ}(400c+100v+200m)=\text{Ⅲ}\left(233\frac{1}{3}v+466\frac{2}{3}m\right)$$

$$\text{Ⅱ}\left(533\frac{1}{3}v+133\frac{1}{3}v+266\frac{2}{3}m\right)=\text{Ⅲ}\left(933\frac{1}{3}c\right) \tag{1-3}$$

至此，社会资本进行简单再生产的生产资料和生活资料，恰好可由生产出来的社会总产品予以满足，整个社会的生产和流通、供给和需求均处于均衡状态。

蔡仲旺等学者（2019）将马克思的《经济表》从经济循环视角予以了解读，他们认为该表主要阐述了三个方面的循环内容：第一，商品资本的循环公式；第二，社会总资本和流通的两部类循环原理；第三，社会总生产的循环原理。商品资本的循环公式“W′－G－W…P…W′”其完整形式可进一步表达为：

$$W'_{t-1}\begin{cases}W_{t-1}- \\ \\ w_{t-1}-\end{cases}-G'\begin{cases}G-W_{t-1}<{}^{A_t}_{Pm_t}\cdots P_t\cdots W'_t \\ \\ g-w_{t-1}\end{cases} \tag{1-4}$$

根据马克思指出的“一年的生产是下年的生产前提”，公式（1－4）中W'_{t-1}代表上一年度的年产品，是循环运动的起点；W'_t代表本年度的年产品，是单个循环运动的终点；A 代表本年度劳动力；P_m代表本年度生产资料。在起点和终点之间间隔一个完整的商品资本的循环周期，整个循环路线要穿过两个部类的生产部门，包括一个完整的生产期间…P_t…。图 1－4 更为形象地展示了社会再生产与流通的两部类循环过程。图中用粗实线表示商品的运动，包括劳动力商品；细实线表示货币运动，两者运动方向相反；虚线表示收入的运动，不能进入再生产循环；能够进入再生产循环运动的是那些在出售之后能够作为生产资本（生产资料和劳动力）被并入再生产过程中的商品。整个循环的流通过程需要包括：第一部类内部的生产资料产品交换过程，第二部类内部的消费资料产品交换过程和两大部类之间的相互交换过程。由此，社会总资本的再生产和流通过程属于双循环和交互循环的并存过程（蔡仲旺等，2019）。

三、马克思的社会再生产理论

在《经济表》的基础上，马克思创造了社会再生产理论。马克思指出：“不管生产过程的社会形式怎样，它必须是连续不断的，或者说，必须周而复始地经过同样一些阶段。一个社会不能停止消费，同样，它也不能停止生产。因此，每一个社会生产过程，从经常联系和它不断更新来看，同时就是再生产过程。”

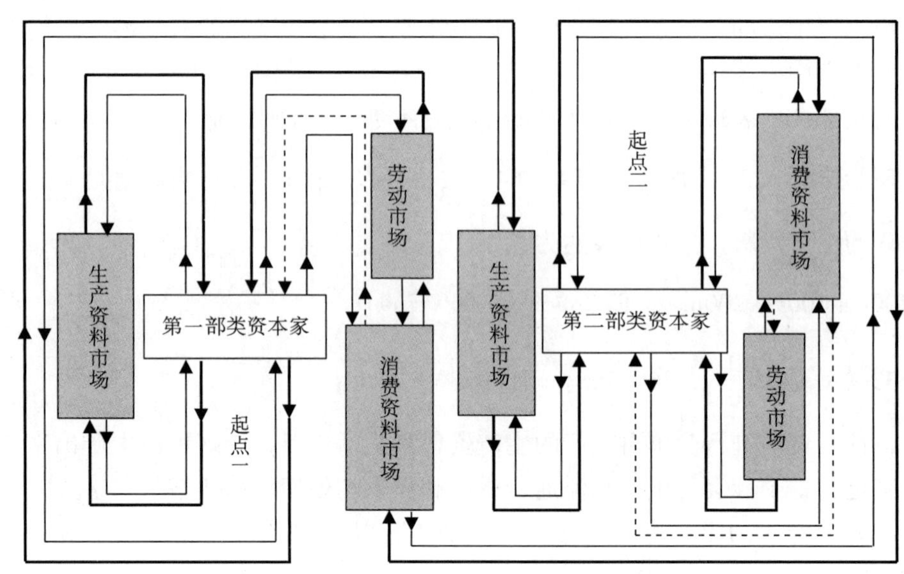

图 1-4 社会再生产与流通的两部类循环原理

资料来源：蔡仲旺、周钊宇、郭百红（2019）。

马克思将社会生产分为生产资料生产部门和消费资料生产部门两大部类。两大部类产品的价值构成分别为：

$$W_1 = c_1 + v_1 + m_1$$

$$W_2 = c_2 + v_2 + m_2 \tag{1-5}$$

公式中的 W_1、W_2 分别表示生产资料生产部门和消费资料生产部门一年内生产的总产品价值量；c_1、c_2 分别表示两部门的不变资本；v_1、v_2 分别表示两部门的可变资本；m_1、m_2 分别表示两部门的剩余价值。

实现简单再生产的基本实现条件为：第Ⅰ部类的工资和剩余价值必须同第Ⅱ部类产品中与它们相等的不变资本交换，即Ⅰ(v+m)=Ⅱc。根据该基本实现条件，马克思又引出了两个实现条件：

$$\text{Ⅰ}(c+v+m) = \text{Ⅰ}c + \text{Ⅱ}c$$

$$\text{Ⅱ}(c+v+m) = \text{Ⅰ}(v+m) + \text{Ⅱ}(v+m) \tag{1-6}$$

不仅如此，马克思在阐述社会总资本简单再生产时做了如下假设：

Ⅰ：4000c + 1000v + 1000m = 6000(生产资料)

Ⅱ：2000c + 500v + 500m = 3000(消费资料) (1-7)

该实例表明，如果要保持全社会原有规模的简单再生产在下一年度继续进行，必须完成三方面的交换：一是第一部类的 4000c，即价值 4000 的生产资料，在本部类内部进行交换，以解决本部类各生产部门次年所需要的生产资料；二是第二部类的 500v + 500m，即价值 1000 的消费资料，在本部类内部进行交换，以解决本部类各生产部门次年所需要的消费资料；三是第一部类中的 1000v + 1000m，即价值 2000 的生产资料，和第二部类的

2000c，即价值2000的消费资料相交换，以解决第一部类次年所需的消费资料和第二部类次年所需的生产资料。这三个方面交换的完成，各种商品的价值从而得以实现，就是要全社会生产的商品，即6000的生产资料和3000的消费资料通过交换，都进入消费即生产和生活消费，社会简单再生产在第二年才能得以继续（许崇正和柳荫成，2006）。

马克思还进一步对社会总资本扩大再生产进行了假设分析。为了提供追加的生产资料，第一部类的可变资本加上剩余价值必须大于第二部类已消耗的不变资本，$\text{I}(v+m)>\text{II}c$。为了提供追加的消费资料，第二部类不变资本及剩余价值用于积累部分之和，必须大于第一部类可变资本及剩余价值用于资本家个人消费部分之和，即$\text{II}\left(c+m-\frac{m}{x}\right)>\text{I}\left(v+\frac{m}{x}\right)$。但是，对马克思扩大再生产公式的理解不能仅仅停留在前述假设前提，实际上两大部类都需要积累和扩大并且按照扩大再生产前提条件的要求重新组合，多余的生产资料和追加的消费资料也必须实现三个方面的交换，社会扩大再生产才得以进行（许崇正和柳荫成，2006）。马克思同样分析说明了扩大再生产的基本实现条件，公式如下：

$$\text{I}\left(v+\Delta v+\frac{m}{x}\right)=\text{II}(c+\Delta c) \tag{1-8}$$

从基本实现条件中引申的两个实现条件如下：

$$\text{I}(c+v+m)=\text{I}(c+\Delta c)+\text{II}(c+\Delta c)$$

$$\text{II}(c+v+m)=\text{I}\left(v+\Delta v+\frac{m}{x}\right)+\text{II}\left(v+\Delta v+\frac{m}{x}\right) \tag{1-9}$$

这三个实现条件，从不同侧面反映了在扩大再生产条件下，社会生产和社会消费之间的内在联系，表明两大部类各自的资本积累和生产扩大都不是孤立的，而是互为条件、互相依赖、互相制约的（李玲娥，1999）。总体而言，社会资本再生产理论是马克思经济学的重要组成部分，也是马克思对经济学的一项重大贡献。这一理论揭示了资本主义再生产正常进行所必须遵循的客观条件。如果将c、v和m这些体现资本主义经济关系的范畴进行社会主义改造，马克思的社会资本再生产理论所揭示的原理就同样适用于社会主义经济（张衔，2019）。

第二节　从社会再生产理论到实际经济循环

无论从马克思主义政治经济学中生产、交换、分配、消费各个经济环节来看，还是从西方经济学中要素及产品市场的供给—需求分析框架来看，经济活动都不是孤立存在的，而是一个动态的周而复始的循环过程。或者说，经济活动本质是一个基于价值增值，信息、资金和商品（含服务）在居民、企业和政府不同主体之间流动循环的过程（黄群慧，2020c）。

一、西方经济学中的经济循环

西方经济学采用的一般均衡分析考虑的是资本主义市场经济中各微观主体之间相互关联的一种方式，另一种方式则是考察整个经济中的资金循环流程，这一循环流程实际反映了经济活动的周而复始运动。简单的资金循环流程只涉及两个微观主体，即家庭和厂商，资金类别中没有储蓄（因此也没有资本），没有政府投入也没有对外贸易投资。资金从家庭以购买商品和劳务的方式流向厂商，又从厂商以支付工人劳动报酬、土地租金和所有者利润的方式流回到了家庭。在这一简单的资金循环中，不仅涉及资金如何在两部门经济中的流动，还需考虑循环的平衡条件，即家庭收入（从厂商处得到的资金总量）一定等于家庭支出（流向厂商的资金总量）。若将两部门拓展到包含政府和对外部门的四部门经济，经济循环则将发生显著变化，见图1-5。

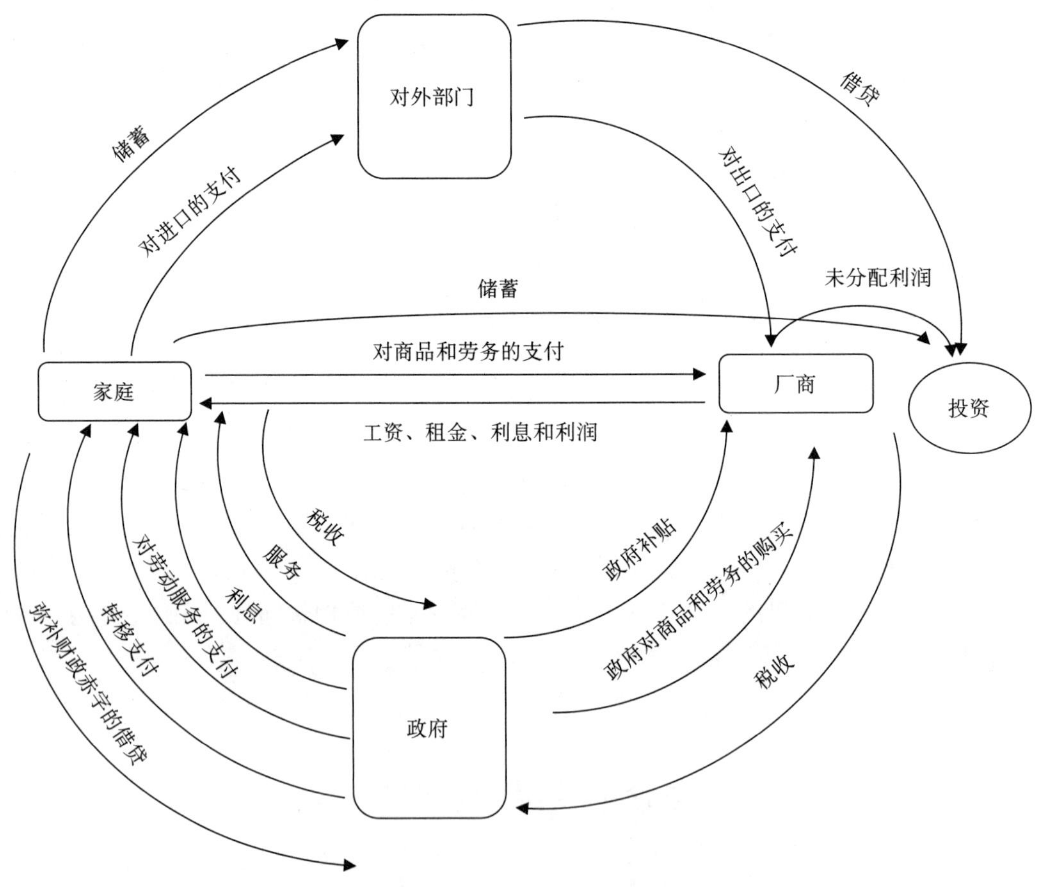

图1-5 具有政府和对外部门的资本主义资金循环流程

资料来源：斯蒂格利茨（Stiglitz，1997）。

一是资金包括了储蓄和资本。从厂商流向家庭的部分资金是资本收益，如贷款利息和股票红利，而从家庭流向厂商的部分资金是可用于购买机器和厂房的储蓄。同时厂商的部分利润可予以保留，并用于金融投资。

二是资金循环拓展到了政府部门。从家庭资金流入来看，部分家庭从政府得到资金支持，如社会保险和福利金；部分家庭向政府而不是向私人厂商出卖他们的劳务，从而获得政府支付的报酬；部分家庭从政府提供的贷款中获得利息支付，如美国联邦政府债券。从家庭资金流出来看，家庭的部分收入以税收形式流向了政府。对于厂商而言，一方面通过向政府销售商品和劳务以及得到政府补贴而新增了资金来源，另一方面因必须缴纳税款而增加了额外的资金流出。

三是资金循环包含了国外资金。厂商向国外销售商品和劳务，即出口，并从国外借入资金。家庭购买国外产品，即进口，并向国外厂商投入资金。

在四部门的资金循环中，增加了两类资金平衡。一类平衡同家庭和厂商的资金流入和流出必须平衡一样，政府的流入资金和流出资金要在数量上平衡。① 如前所述，从厂商购买商品和劳务、向厂商提供政府补贴、从家庭购买劳务以及向家庭进行转移支付或支付政府债券利息，共同构成了政府的资金流出。政府的流入资金则为厂商和家庭缴纳的各种税收。在出现财政赤字的情形之下，资金会以政府向家庭或厂商借债的形式流入政府。另一类平衡涉及对外部门，某国的出口加上从国外的借贷（即来自国外的资金流入）一定要等于进口加上给予国外的贷款（即流向外国的资金）。②

在美国等发达市场经济国家的经济现实中，以金融为核心的资金循环过程从某种程度上就是经济循环的最直接体现，资金循环呈现稳健性，相应经济循环就平稳有序，否则产生经济波动甚至经济危机。对此明斯基（Minsky，2019）曾深刻地指出，为投资进行融资是资本主义经济不稳定的最重要来源，他认为：

"……由于银行业和金融体系的正常运行是保证资本主义经济有序运转的必要条件，这种体系被打破的话就会引起经济秩序的紊乱。……经济的周期稳定性取决于融资结构总体的脆弱性/稳定性，这种融资结构来自银行家所创造的贷款。银行家遵从现金流导向，则易于维持稳健的融资结构。银行家强调担保价值和资产的预期价值，则易于产生脆弱的融资结构。"

二、社会再生产理论的中国化探索

由于历史原因，马克思并未研究社会主义的再生产及其过程，也没有论及他的再生产理论多大程度上适用于社会主义再生产。1956 年 4 月，毛泽东在总结苏联经验和研究中国实际情况的基础上，发表了《论十大关系》的讲话，他认为"片面地注重重工业，忽视农业和轻工业"将产生严重后果，提出必须处理好重工业和工业、轻工业的关系，这是对马克思再生产理论的重大创新。1957 年 2 月，毛泽东又在《关于正确处理人民内部矛盾的问题》一文中提出了中国工业化的道路问题，指出，"这里所讲的工业化道路问题，主

① 根据斯蒂格利茨的研究，本处不考虑政府印制钞票增加支付能力的可能性。

② 该条件的另一种表述方式为：某国进出口的差额一定等于国外资金的净流入。

要是指重工业、轻工业和农业的发展关系问题”。这样，毛泽东实际上把马克思再生产理论浓缩并具体化为中国工业化的实现问题，从而使得马克思的再生产理论获得了中国式的具体形态，并付诸实践（王毅武，2002）。整体而言，由于马克思的社会资本再生产理论是在高度抽象的层次上展开的，从而不能直接运用于经济运行的具体层次。因此，运用马克思社会资本再生产理论指导社会主义经济建设，需要遵循从抽象上升到具体的方法展开探索，这样的探索工作被称为“社会资本再生产理论”的具体化。

自20世纪60年代以来，以刘国光教授为代表的马克思主义经济学家为马克思再生产理论的中国化探索做出了重大贡献，创造了具有中国特色的马克思主义社会资本再生产模型，在一定意义上实现了社会资本再生产理论由具体化探索向中国化探索的转变（张衔，2019）。刘国光教授的研究路径是将我国在实践中采用的农业、轻工业和重工业的部分划分与马克思的两大部类划分相结合，将农业、轻工业和重工业作为两大部类在经济现实中具体化，在此基础上分析社会主义再生产的比例和速度数量关系，分析规模扩大的再生产所受制约（刘国光，1961、1962）。根据马克思社会资本扩大再生产的基本条件，在两大部类与农业、轻工业和重工业相结合的基础上，刘国光（1961、1962）提出以下平衡公式：

$$P_1 = c_1 + v_1 + m_1 = (c_1 + c_2) + (\Delta c_1 + \Delta c_2)$$
$$P_2 = c_2 + v_2 + m_2 = (v_1 + v_2) + (\Delta v_1 + \Delta v_2) + h$$
$$p_1 + p_2 = P \tag{1-10}$$

其中P是全部社会产品，下标全部是部类，而h就是用来保证非生产领域人员和机构消费需要的社会产品部分（刘国光，1980），这部分产品是由农业和轻工业提供的。以此为基础，刘国光（1980）从现实经济中运行部门的角度来考察社会主义再生产发展速度的决定因素、再生产比例和速度的数量关系，特别是分析了积累对消费资料的需求和消费资料生产对积累的制约。其中积累对消费资料的需求综合起来可以表示为如下公式：

$$P' = \frac{P''(1-e)}{a + b + \frac{1}{c} + d} \tag{1-11}$$

式中P′、P″、a、b、c、d和e，分别是生产资料积累总额、当年生产的消费资料总额、直接参与积累的生产资料生产的劳动者报酬占其产品产值的比重、间接为积累的生产资料生产提供生产资料的劳动者的报酬占上述产品产值的比重、积累基金的平均系数、与生产资料积累规模扩大有关的非生产机构和人员的消费需求对生产资料积累规模的平均比率、消费资料生产劳动者的报酬占其产品总值的比重。公式表明，生产资料的积累规模受消费资料可供剩余以及生产资料积累有关的各项消费资料需求系数的制约。

不仅如此，刘国光教授还采用数量方法，分析了生产资料积累在两大部类之间的投资比例对扩大再生产速度的影响，也被称为国民收入和消费水平的增长模型。根据其设定的算例，刘国光得出了以下研究论断：尽管国民收入增长率持续提高，但10年中劳动者的消费水平没有提高。从社会主义生产目的来看，这种情况并非合理。这也表明，生产与消费之间存在矛盾：一方面要使消费水平在近期有较大提高，就必须提高投入第二部类的积累比例；另一方面，从消费水平的不断提高长期来看必须建立在雄厚的物质生产基础之上，这就必须以较大的积累份额投入第一部类。为此刘国光建议，为实现社会主义生产目的，必须权衡近期消费利益和远期消费利益，既不能只限于最近期的消费利益而将积累集中投入第二部类，使得未来再生产速度受损；也不能将消费水平的提高寄托于过远的未来而把积累过多投入于第一部类，从而影响近期人民消费水平的适当提高。可见，刘国光教授将马克思再生产理论与我国实际经济循环相结合，对于循环中生产、流通和消费各环节之间的相互制约关系和动态平衡机制予以清晰明了地阐释。

按照马克思的再生产理论，社会总资本的再生产实际上是由多个单个资本的不断循环、不断周转有机构成的。而多个单个资本不断循环、不断周转的过程，从实体上看就是经济资源经过不断配置从而形成生产要素不断流动、不断组合的过程（许崇正和柳荫成，2006）。社会主义经济运动的实践证明，马克思的再生产理论是避免不良经济循环、实现良性经济循环的理论武器。

第三节　构建新发展格局赋予经济循环理论以新内涵

站在世界百年未有之大变局的重要关口，面对“十四五”时期内外环境的深刻变化，中共中央明确提出了“加快构建以国内大循环为主体、国内国际双循环相互促进的新发展格局”的战略指导思想，从而赋予了经济循环理论新的丰富内涵。

一、我国经济运行的国际大循环遭受阻碍

近几年以来，国际不利因素激增：世界经济长期低迷，经济全球化遭遇逆流，国际贸易投资严重萎缩，大宗商品市场动荡不安，保护主义思潮持续上升，地缘政治风险明显增强。在此复杂外部环境下，我国经济运行的国际大循环遭受多重阻碍。

（一）全球经济的中长期“结构性低迷”

在2008年国际金融危机爆发后的6年之际，国际货币基金组织（IMF）曾指出，全球经济中仍存在脆弱性，各国仍在应对危机的遗留问题。这些问题包括：首先，发达经济体长期的“平庸增长”，尤其是一些国家还面临高失业和低通胀的双重压力；其次，发达经济体的金融部门过剩问题仍在积累，新市场和流动性风险可能转移至金融界的“影子”中。另外，地缘政治风险可能引发商品价格、金融市场与贸易动荡（克里斯蒂娜·拉加德，2014）。时至今日，全球经济仍未发生明显的复苏反弹，而是陷入国际货币基金组织称谓的“新平庸”时代，即经济增速低于平均水平与高赤字、高债务和高失业并存的态势。在整体低迷的“新平庸”增长之下，主要经济体之间冷热不均，分化显著。第一个层

面是发达经济体内部的分化，主要体现在美国和欧元区与日本之间。美国经济复苏相对稳健，欧元区和日本分别受债务危机和政策效力衰退影响而波动较大。第二个层面是发达经济体和新兴市场经济体之间的分化，金融危机后新兴经济体成为全球经济增长的主要动力，但自 2011 年开始复苏态势也明显减弱，“金砖五国”的巴西、俄罗斯、南非的经济增长接近停滞甚至衰退（马素红，2015）。当然，全球经济不乏一些新动力，如双边和多边贸易自由化进一步推进，服务贸易日渐增长，数字经济日渐兴起，但贸易保护主义势头上升、贸易摩擦形势严峻、地区风险频发，对全球贸易和经济增长构成了巨大挑战。

2020 年以来新型冠状病毒感染的肺炎疫情（以下简称新冠疫情）暴发后带来的隔离或“封城”措施，给本在下滑通道的全球经济带来了新的打击，可谓雪上加霜。如果说过去金融危机对经济的冲击主要在需求面，那么这次新冠疫情则同时冲击了需求和供给（林毅夫，2020）。进入 2021 年年中后，欧美等发达国家疫情基本受到控制，发展中国家除我国之外，新冠疫情整体受控进程依然偏慢，新冠疫情的不确定性依然很大。从每 100 人接种新冠疫苗的数据来看，截至 2021 年 6 月 22 日，阿拉伯联合酋长国为 147.94 剂次，以色列 123.06，巴林 114.94，英国 109.95，美国 95.26，德国 80.16，意大利 77.11，中国 72.93，法国 72.51，巴西 41.57，印度 20.53，全球平均为 34.72 剂次。具体见图 1－6。

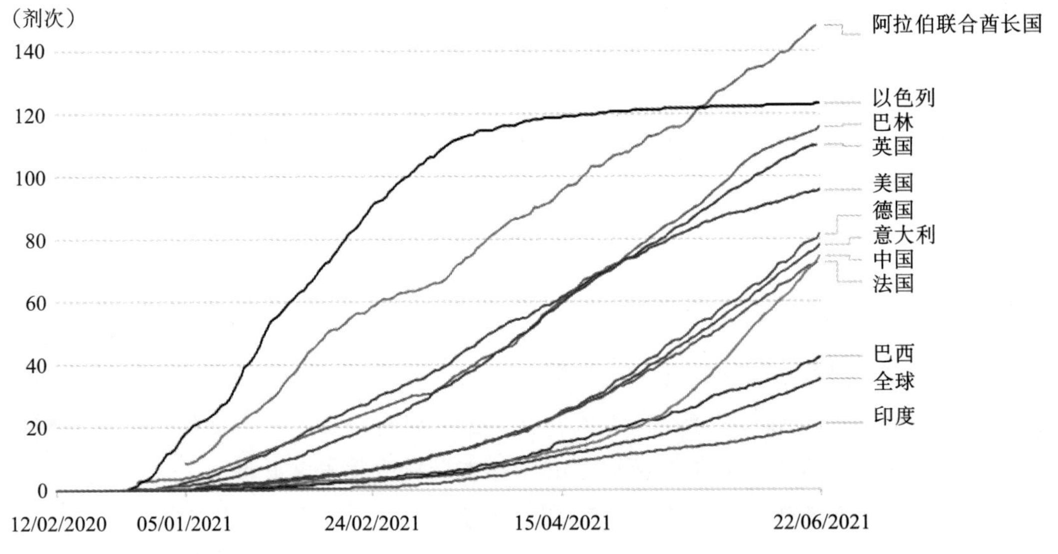

图 1－6　每 100 人接种新冠疫苗的剂量（截至 2021 年 6 月 22 日）

资料来源：Our World in Data 整理的官方数据。

疫苗接种情况直接影响了各国经济的修复过程。根据 IMF 于 2021 年 4 月发布的《世界经济展望》数据（见表 1－1），2020 年受新冠疫情影响，除中国之外，全球主要经济体的经济增速均落入负增长空间。2021 年各国进入经济修复过程，但分化明显：美国经济复苏最为强劲，预计实际 GDP 增速可达到 6.4%；其次为英国的 5.3%；日本则略显弱势，增速预计为 3.3%。“金砖四国”中印度因 2020 年基数偏低，预计在 2021 年实际 GDP 增速可上修至12.5%，但因新冠疫情迟迟得不到全面控制或将导致增速再度下调，俄罗斯、巴西和南非的经济修复稍显乏力。我国经济依旧保持稳健，实际GDP增速预计可达8.4%。不同的修复路径可能会在各国之间造成更大的生活水平差距，发达国家损失相对较小，人均收入损失相当于2019年人均GDP的11%，发展中国家则达到了20%。即使是各国内部，各地区之间也呈现了经济修复的分化趋势，进而一些地区有更多的居民跌入贫困行列。显然，新冠疫情加剧了自金融危机以来的"结构性低迷"状态并使各国经济呈现更明显的分化趋势。

表1-1　发达经济体和新兴市场的实际GDP

（2021年4月）

单位:%

	实际值									预测值	
	2012年	2013年	2014年	2015年	2016年	2017年	2018年	2019年	2020年	2021年	2026年
发达经济体	1.2	1.4	2.1	2.4	1.8	2.5	2.3	1.6	-4.7	5.1	1.5
美国	2.2	1.8	2.5	3.1	1.7	2.3	3.0	2.2	-3.5	6.4	1.6
欧元区	1.1	-0.2	1.4	2.0	1.9	2.6	1.9	1.3	-6.6	4.4	1.3
日本	1.5	2.0	0.3	1.6	0.8	1.7	0.6	0.3	-4.8	3.3	0.5
英国	1.5	2.2	2.9	2.4	1.7	1.7	1.3	1.4	-9.9	5.3	1.4
加拿大	1.8	2.3	2.9	0.7	1.0	3.0	2.4	1.9	-5.4	5.0	1.5
澳大利亚	3.8	2.1	2.6	2.3	2.7	2.4	2.8	1.9	-2.4	4.5	2.5
"金砖五国"	—	—	—	—	—	—	—	—	—	—	—
中国	7.9	7.8	7.4	7.0	6.9	6.9	6.7	5.8	2.3	8.4	4.9
印度	5.5	6.4	7.4	8.0	8.3	6.8	6.5	4.0	-8.0	12.5	6.5
俄罗斯	4.0	1.8	0.7	-2.0	0.2	1.8	2.8	2.0	-3.1	3.8	1.8
巴西	1.9	3.0	0.5	-3.5	-3.3	1.3	1.8	1.4	-4.1	3.7	2.0
南非	2.2	2.5	1.8	1.2	0.4	1.4	0.8	0.2	-7.0	3.1	1.3

资料来源：国际货币基金组织（2021）。

（二）全球化发展出现逆流

全球化指因商品、服务贸易、国际资本流动的增加以及技术的广泛迅速传播而导致各国在诸多领域里的相互依赖性不断增强。在经济领域则表现为全球或区域性的商品、资本和劳动力市场的整合和一体化，以及由此而导致的商品和要素价格趋同，流动和交易成本的降低以及国际生产体系的形成（O'Rourke，2018）。逆全球化则是一个与全球化完全相反的过程。从历史角度看，全球化和逆全球化常常交替出现，全球化进程因而呈现阶段性或波浪式的特点（张刚生和严洁，2020）。在第一次工业革命以来的200年间，人类经历了两次全球化浪潮，同时见证了三次逆全球化思潮。全球化潮起潮落背后隐藏的规律在于，在经济繁荣高涨、技术革命迅猛发展、全球治理体系稳定有效、各方共享增长红利的条件下，全球化具有内在前进动力；而一旦遭遇经济严重衰退、收入与利益分配不均和社会结构性变化等突出问题时，逆全球化思潮就像幽灵一样游荡出来（盛斌和黎峰，2020）。逆全球化思潮主要包括三个要素：其一，社会群体关于减少产品和生产要素跨国流动的观念和行动；其二，政党或其他政治集团的代表人物关于减少产品和生产要素跨国流动的观念和行动；其三，政府所制定和实施的减少产品和生产要素跨国流动的政策（田野和陈兆源，2020）。

2008 年国际金融危机之后，全球贸易与经济增长急剧缩水，全球商品贸易在全球 GDP 中所占的比重下降了 10 个百分点。也是金融危机之后，首次出现了全球贸易总额增长速度未能超越全球经济增长速度的情况，而且这种情况有可能成为新常态。近两年来，全球化不仅饱受质疑，而且日渐式微，反全球化[①]的抗议活动和政策举措日益增多，表达不满的不仅有学生活动和环保主义者，而且有整个发达国家的中产阶级和工人阶级，还有一些“民粹主义”的领导人（Stiglitz，2020a）。尤其是特朗普政府执政以来，以美国为首的西方国家所主张的逆全球化政策大行其道，全球保护主义、单边主义和新孤立主义沉渣泛起（王跃生，2018）。这其中有两大典型事件：一是历时近 4 年的英国脱欧；二是特朗普政府 2017 年以来所采取的一系列“退群”举措以及对中国乃至欧盟等传统盟友挑起的贸易摩擦等行为。美国成为逆全球化的倡导者实则是其做出的一个重要战略选择，在国内层面是为满足日渐陷入困境的资本扩张需求和为应对国内社会保护运动的压力，在国际层面是由于感受到了越来越大的外部安全压力，这与其在自由主义国际秩序中的霸权地位逐渐衰落密切相关（陈曦，2020）。瑞士经济学会的全球化指数测度是最具代表性的全球化观察指标之一，它以 207 个国家为观察对象，覆盖了经济、社会、政治三个维度，也相应形成三个经济全球化的分项指标。其中，经济全球化指标，衡量跨国界贸易、资本、服务以及市场交换的流通，以及隐性进口壁垒、平均贸易关税限制等因素。图 1 - 7 显示，2008 年起全球化处于非常缓慢的增长甚至停滞状态，其分项指标——经济全球化、社会全球化和政治全球化均呈现停滞状态。

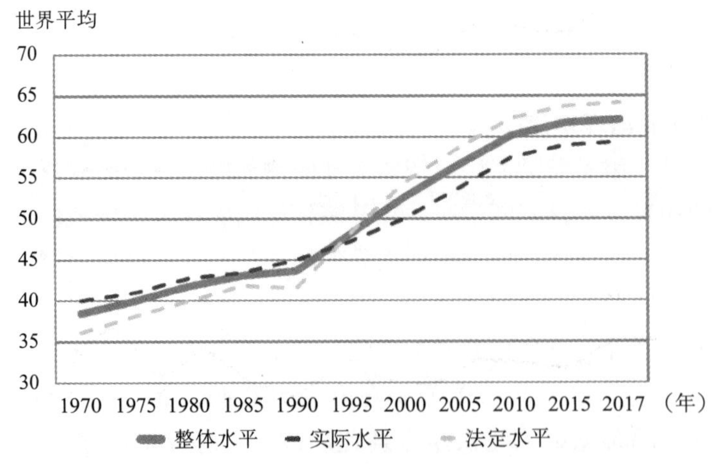

图 1 - 7 KOF 全球化综合指数

资料来源：KOF 瑞士经济学会（2020）。

---

① 反全球化被界定为一种反对全球化的观点、行动或力量。

斯蒂格利茨（Stiglitz，2020a）将发达国家对于全球化的不满归结于以下四个方面：一是全球化导致不平等日益加剧，包括剥削中产阶级，即使它不是导致这种不平等的唯一或最重要的力量；二是全球化导致危机频繁发生，这些危机成为全球化时代的标志；三是全球化促成强大的跨国公司发展，在某些方面它们与民族国家一样强大，其中一些方面又导致环境恶化；四是全球化的知识产权规则导致药品价格上涨，获得知识的机会减少，这些对大型跨国公司比对小公司更有利。从经济学的视角来看，各种不满可归结为全球化的成本被低估，利益被夸大；增长的收益幅度较小，而失业和不平等加剧的程度较大。一些发展中国家对于全球化的不满主要源于这些地方的人口数量占世界人口的85%，却只拥有39%的全球收入；[①] 且长期以来丰富的人力资源和自然资源一直被掠夺，人均收入却只有美国的2.5%。[②] 联合国经济和社会发展事务部的研究指出，2019年中部、南部、西部非洲以及西亚、拉美和加勒比地区的人均收入出现了进一步下降或增长乏力的状况，这几个地区的极端贫困者占全球的近四分之一。[③] 表1－2显示了1980年至2016年以来全球收入不平等的状况，收入最高的1%群体在过去36年中获取了全球增长的27%，比收入底层的50%群体高出2倍多。如果不采取有效和有力的全球共同治理贫困的举措，收入分配的全球不均等势必继续存在，或将更为严重。

表1－2　　1980—2016年不同收入群体占全球增长的份额　　单位：%

收入群体	全球	美国—加拿大	欧洲	中国	印度	俄罗斯
全部人口	100	100	100	100	100	100
底层的50%	12	2	14	13	11	－24
中间的20%	31	32	38	43	23	7
最高的10%	57	67	48	43	66	117
最高的1%	27	35	18	15	28	69
最高的0.1%	13	18	7	7	12	41
最高的0.01%	7	9	3	4	5	20
最高的0.001%	4	4	1	2	3	10

资料来源：世界银行WDI数据库（2017）。

新冠疫情暴发之后，经济全球化的三大支柱——商品、资本和人的跨国流动因新冠疫情蔓延而出现放缓甚至逆转的趋势，这给已经在下滑通道的全球经济带来沉重打击。不仅如此，新冠疫情还挑战了经济治理的区域体系。以欧盟为例，新冠疫情爆发后的很长一段时间内，欧盟各成员国基本“各人自扫门前雪”，鲜有盟内的互助协同；东盟、非盟等区

① 国际货币基金组织：世界经济展望数据库，2017年4月。
② 世界银行：世界发展指标数据库（2017）。
③ 联合国经济和社会发展事务部：《2019年世界经济形势与展望》。

域合作组织作用更加微弱。新冠疫情冲击之下，国际经济治理依旧以国家治理为基础，各国不仅实施严格的边境和贸易管控，还各自出台经济救助、复苏措施，往往以大规模刺激政策为主，而甚少与可能受到这些政策负面影响的国家进行协调（丁纯，2020）。对此，美国著名政治风险分析家布雷默（Bremmer 和 Kupchan，2020）警告道："2020 年是一个重大转折点，全球化将发生历史性转变，新冠疫情迫使各国更加关注自身，加速了地缘政治衰退和逆全球化的进程。"

（三）全球产业链"去中国化"值得警惕

2008 年国际金融危机之后，美欧日等发达经济体纷纷推行"制造业回流"政策，以减少产业链供应链对国外的依赖。如英国最早提出了"高价值制造战略"，鼓励英国企业在本土生产更多世界级的高附加值产品，确保高价值制造业成为英国经济发展的主要推动力。又如德国于 2013 年提出了《保障德国制造业的未来：德国工业 4.0 战略实施建议》，提出"德国工业 4.0"的"双领先战略"，即"领先的供应商战略"和"领先的市场战略"，前者要在德国形成一个供应商生态系统，后者要做全球最有竞争力的装备制造业（具体见表 1－3）。

表 1－3　美欧发达国家吸引制造业回流的举措

国家	事件	时间	主要内容
美国	《重振美国制造业框架》	2009 年 12 月	奥巴马政府正式提出重振制造业战略，先后制定《重振美国制造业框架》、"先进制造业伙伴关系计划"，引导制造业回流
	《美国制造业促进法案》	2010 年 8 月	旨在通过降低制造业成本、增加制造业就业、增加制造业拨款来增强美国制造业的竞争力，进一步巩固制造业作为美国经济复苏关键动力的地位
	《先进制造业国家战略计划》	2012 年 2 月	正式将先进制造业上升为国家战略。在政府、学术界和企业界的共同努力下，美国政府构建了先进技术、节能降耗和新贸易规则"三位一体"的发展先进制造业框架
	《制造业创新中心网络发展规划》	2013 年 1 月	依托美国研究型大学和大型企业的研究机构，由联邦政府出资设置与先进制造业密切相关的研究中心，以这些中心为节点，构建先进制造业所需的技术，并将技术合作和协作打造成技术网络体系
	《减税与就业法案》	2017 年 12 月	将公司所得税最高税率从 35% 降低到 21%，实施资本性投资费用化，提供折旧红利，并修改亏损结转条款。同时鼓励跨国企业将资金回流美国，提高美国本土投资
	《先进制造业领导力战略》	2018 年 10 月	设定了三大目标：开发和转化新的制造技术，教育、培训和集聚制造业劳动力，扩展国内制造供应链的能力，并明确提出采取贸易保护政策促进制造业发展

续表

国家	事件	时间	主要内容
德国	《保障德国制造业的未来：德国工业 4.0 战略实施建议》	2013 年 4 月	提出了“工业 4.0”的“双领先战略”，即“领先的供应商战略”和“领先的市场战略”，前者要在德国形成一个供应商生态系统，后者要做全球最有竞争力的装备制造业
	《国家工业战略 2030：对于德国和欧洲产业政策的战略指导方针》	2019 年 2 月	是 4.0 战略的深化和具体化，主要举措包括：大力支持突破性创新活动，牢牢掌握工业主权和技术主导力；采取多种举措，增强德国工业整体竞争力；在对外经济关系中坚决反对他国强行干涉市场经济进程，并系统维护德国整体经济利益，加大力度保护德国和欧盟的关键产业
	修订《对外贸易和支付法》	2020 年 4 月	通过第三次修订《对外贸易和支付法》，将强制备案义务的投资范围从“关键基础设施领域”扩大到“关键技术”，旨在阻止遭受新冠疫情打击的德国企业被外资趁机收购
	加大政府对制造业的投入	2020 年 6 月	德国政府计划投入 15 亿欧元用于支持本国的动力电池研究和生产，以摆脱对亚洲电池制造商的依赖以及满足欧洲电气化对动力电池持续增长的市场需求
英国	“高价值制造”战略	2008 年 10 月	鼓励英国企业在本土生产更多世界级的高附加值产品，确保高价值制造业成为英国经济发展的主要推动力，促进企业实现从概念到商业化整个过程的创新
	《我们的成长计划：科学与创新》	2014 年 12 月	2016—2021 年期间在科技领域投资 59 亿英镑。其中投资 6100 万英镑打造高价值制造业发射中心，投资 2800 万英镑创立全新的国家制造中心
	《加强英国制造业供应链政府和产业行动计划》	2015 年 2 月	英国政府和整个行业共同采取行动，从创新、技能、供应链融资渠道、供应链中小企业能力建设、供应链合作、供应链韧性这六个领域着手加强对制造业供应链的扶持
法国	扶持汽车制造业	2012 年 7 月	法国政府出台针对汽车制造业的救助方案。根据该方案，法国政府拟对汽车制造商提供 3.5 亿欧元的贷款，推动企业的技术创新，并为汽车零部件制造商提供贷款便利
	重振法国汽车制造业	2020 年 5 月	法国政府拟出台 80 亿欧元重振法国汽车业方案，其中包括对电动和混合动力汽车制造的补贴，旨在助力法国至 2025 年时每年环保汽车产量可以达到 100 万辆

资料来源：根据开元证券研究报告和各国相关计划整理。

美国的做法最具代表性也最为突出，并且随着时间的推移，美国政府意图从原本的“制造业回流”演变为大规模的“去中国化”。2009 年 12 月，奥巴马正式提出《重振美国制造业框架》以保持美国制造业的全球领先地位和扩大国内就业并促进经济增长。该框架提出了一系列促进制造业回流的政策，包括帮助工人获得高生产率技能，加大新技术投入，发展稳定而有效的资本市场，增加基础设施投资，保证市场准入和公平竞争等。2010

年8月，奥巴马正式将《美国制造业促进法案》签署为法律，提出：一是要把美国打造成为全球跨国公司总部基地的首选，为此政府将创造有利于制造业发展的税收条件，打造充满活力的劳动力市场，重塑法律体系的公平；二是要把美国打造成为全球创新基地的首选，为此政府拟实施有利于投资和经济复苏的税收条款，增强联邦政府在基础研发中的重要地位，在国内和全球范围内不惜一切代价地进行知识产权保护，吸引美国本土和全球最优秀的人才；三是要把美国打造为制造业企业的好归宿，为此政府拟出台优惠的国际贸易政策并减少税收障碍，通过出口促进计划和出口信用扶持中小型制造企业出口，出台综合性能源计划以实现能源独立，继续投资基础设施建设，以实现国内人员、物资和理念的快速流动。

2012年2月，美国总统行政办公室和国家科技委员会公布了“先进制造业国家战略计划”，构建了先进技术、节能降耗和新贸易规则“三位一体”的先进制造业发展框架，以抢占新一轮科技发展的制高点，并确保新一轮产业革命发生在美国。为保证该计划顺利实施，美国政府搭建了以商务部牵头、国防部等相关部门配合、大学和企业参与的执行机制，商务部负责落实联邦政府的政策和制定相关政策，从而形成了“全政府响应”机制。2013年，美国推出了《制造业创新网络计划》，将建设由45个制造创新中心和一个协调性网络组成的全国性创新网络，每一个制造创新方向和每一项关键制造技术都有一个创新中心来聚焦和承接，然后集成社会力量开展研究。创新中心提供了一个“产业共同体”平台，研发、工程、制造等多个主体的共同目标是加快把发明转变为产品，同时加速中小企业的发展（丁明磊和陈志，2014）。2016年9月，该计划更名为“美国制造”（Manufacturing USA）。

特朗普就任之后，不仅通过减税政策激励美国海外企业回归，而且于2018年10月推出了《先进制造业领导力战略》。该战略认为，先进制造是美国经济实力的引擎和国家安全的支柱，战略旨在实现三大目标，即开发和转化新的制造技术，教育、培训和集聚制造业劳动力，扩展国内供应链的能力。同时，明确指出，保护和推进美国工业的贸易政策对于先进制造战略的成功至关重要；优先开发和转化的技术中不能仅仅关注智能制造、人工智能、工业互联网、先进材料、半导体等先进技术，普通药品、关键材料、食品及农产品等技术创新也同等重要；制造业与产品开发的整体价值链不宜处于分离状态，而是需要共同发展。这表明为扩大就业及保证国内供应链安全，美国不再只关注有更高利润的产品设计和高端制造技术，也开始重视一般和低端制造业在其国内的发展。

美国制造业回流政策起到了些许效果。根据美国 Restoring Initiative① 发布的《2018年数据报告》，2010—2018年，美国从全球收获的制造业回流中，59%来自中国，涉及791个行业，为美国新创造了64 252个就业机会。其次为墨西哥，占比达18%，涉及108个行业，创造了19 651个就业机会。外国直接投资（FDI）主要来自中国（19%）、德国

① 该公司由哈里·莫泽（Harry Moser）于2010年设立，其宗旨为“致力于将制造业和工作机会带回美国”。统计范围包括美国跨国公司总部宣布的回流和外国公司对美的直接投资。

（18%）和日本（15%）。具体见表1-4。

表1-4　2010—2018年美国制造业回流和FDI的国家分布（前10位）

排序	制造业回流				排序	FDI			
	国家	就业机会（个）	企业（家）	占比（%）		国家	就业机会（个）	企业（家）	占比（%）
1	中国	64 252	791	59	1	中国	80 048	251	19
2	墨西哥	19 651	108	18	2	德国	76 457	312	18
3	日本	6 615	35	6	3	日本	64 349	282	15
4	加拿大	5 900	62	5	4	加拿大	23 676	167	6
5	新加坡	4 320	5	4	5	韩国	22 179	66	5
6	瑞士	1 472	5	1	6	墨西哥	16 200	27	4
7	西班牙	1 215	5	1	7	瑞士	14 615	78	3
8	英国	975	11	1	8	英国	13 806	89	3
9	俄罗斯	813	5	1	9	印度	12 501	68	3
10	意大利	559	24	1	10	奥地利	12 495	35	3

资料来源：Reshoring Initiative（2018）。

需要指出的是，“去中国化”只是站在中国立场的文字表达，某种程度上全球弥漫着“去他国化”的氛围，或许正如利夫西（Livesey，2017）所言：

“在‘民粹主义’和国家主义盛行的政治环境中，想要在全球经济中取得优势的企业面临冲突的选择。要么将一切生产活动严格控制在国界线内，要么以最优化为目标，将生产活动在国内外合理分布。……就企业被迫缩短供应链并让生产活动更加靠近目标市场而言，政治因素已经从幕后转向前台，成为全球各地企业管理者眼中不可忽视的因素。有时候，政治的选择比生产技术变革和自动化的选择更重要。”

（四）中美关系进入多重困境期

1. 贸易上的对等反制困境。早在2018年1月，特朗普政府就迫不及待地拉开了中美贸易摩擦的序幕。2月，特朗普政府宣布“对进口中国的铸铁污水管道配件征收109.95%的反倾销关税”。美国商务部则宣布“对中国铝箔产品厂商征收48.64%—106.09%的反倾销关税，以及17.14%—80.97%的反补贴关税”。4月，美国贸易代表办公室①依据所谓“301调查”结果，发布拟加征关税清单。6月15日，美国贸易代表办公室宣布对中国输美的1 102项总额500亿美元产品加征25%关税。6月16日，中国国务院关税税则委员会决定对原产于美国的659项约500亿美元的进口商品加征25%的关税。7月6日，美国正式对340亿美元的中国商品加征25%的关税，中国对等反制措施也同时实施。8月1日，美国白宫发表声明要把对中国2 000亿美元销往美国产品的加征关税率由10%提高到

① 英文全称为Office of the United States Trade Representative，缩写为USTR。

25%，中国决定对原产于美国的5 207个税目约600亿美元商品，加征25%、20%、10%、5%不等的关税。8月23日，美国正式对160亿美元的中国进口商品加征25%的关税。9月24日，美国正式对中国进口的2 000亿美元商品征收10%关税，2019年5月10日则将加征税率提高到了25%。2019年5月13日，美国贸易代表办公室宣布了对中国3 000亿美元商品的加征清单。8月28日，美国贸易代表办公室宣布对3 000亿美元中国商品的加征关税税率由10%提高到15%，并分两批实施，实施日期分别为9月1日和12月15日。12月13日，中美就第一阶段经贸协议文本达成一致。美国贸易代表办公室发布声明公告，3 000亿美元A清单商品（9月1日加征）加征的关税由15%降至7.5%，3 000亿美元B清单商品（原定12月15日加征）将暂停加征。2020年1月15日，《中美第一轮贸易协议》正式签署，2月15日正式生效，历时两年多且不断升级的贸易摩擦终于偃旗息鼓，双方对加征关税按下了暂停键（见图1－8）。实际上，自2018年以来，中美双方历经13轮艰难谈判，其积极意义不在于谈成什么样的协议文本，在于谈判过程本身，这一点其实对于中美关系的未来发展是极为重要的（丁安华，2020）。

图1－8　中美贸易摩擦的简要历程

对于特朗普政府引发的贸易争端，美国著名经济学家斯蒂格利茨（Stiglitz，2020b）予以了以下评价：

“特朗普却希望一切回到丛林法则时代，这意味着如果两个国家出现贸易纠纷，谁的拳头大谁就是赢家。特朗普的逻辑是这样的：既然美国比任何一个国家都强大，美国就应该赢到最后，然后美国就可以拥有只对自己有利的国际贸易霸权。可惜的是，他漏掉了两个关键点：首先，没有一个国家希望加入这个由美国主导的贸易体系，甘愿被美国剥削，它们完全可以选择和其他更为友善的贸易伙伴发展经贸关系。其次，其他国家可以选择结成联盟。”

2. 科技上的对华遏制措施。2018 年 8 月，特朗普签署的《2019 财年国防授权法案》就明确禁止美国政府机构及其承包商使用华为或中兴的相关设备和服务。2019 年 11 月，美国联邦通信委员会[①]一致投票将华为和中兴指定为国家安全隐患，禁止其管理的通用服务基金被用于购买华为或中兴的设备或服务。随后美国更是滥用“国家安全”，将我国多家高校、科研院所和高科技企业列入所谓的“实体清单”，进行打压和围堵，对我国科技人才进行诸多限制，甚至胁迫其他国家排挤我国企业，完全违背市场原则和国际经贸规则（郑明月和肖劲松，2020）。2020 年 8 月，美国政府发动“净网行动”，更加明确地禁止中国电信运营商在美运营、禁止中资企业投资海底电缆与美国连接、禁止中国云服务商存储美国信息；并从美国应用商店下架中国 APP，同时不允许不受信任的手机下载美国的 APP，随后的行政命令还彻底对微信和 TikTok 这两款应用进行封杀。

拜登就职之后，对华科技攻势不改。与特朗普政府不同的是，拜登政府更加注重精细化管理并强化外部联盟，不仅延续了特朗普时期对华的技术限制和封锁，而且试图通过全方位的部署来打压我国科技发展势头。表 1－5 列示了拜登政府对华科技政策的系列表态，从中可以看出以下四个特点：一是更加重视并积极加大对基础研究和高新技术的研发投入，以保障美国在高科技领域的全球领先优势；二是更加着力于巩固现有相对于中国的领先优势并推动美国制造业本土化，以保护其创新性研究及在本土的商业化；三是借助外部力量组建科技联盟，重点推进“印太”战略，加强与欧洲在半导体研发等领域的合作，试图将我国置于孤立无援的境地；四是多渠道遏制中美技术交流，《2021 美国创新和竞争法案》专设国土安全板块，在网络安全和供应链等领域，针对我国提出一系列防御措施，在此法案下，美国对华技术封锁或将成为常态。

表 1－5　拜登政府对华科技政策表态

时间	对象	主要内容
2021 年 1 月 21 日	对内	拜登就职首日表示，“在与其他国家（特别是中国）在新兴产业的投资和技术进步程度的比较中，美国的领先地位黯然失色。我们的未来取决于我们在能够决定未来经济的领域中与竞争对手保持同步的能力”
2021 年 2 月 23 日	对华	美国商务部宣布，将包括奇虎 360、哈尔滨工业大学、云从科技、东方网力等在内的 33 家中国公司及机构列入“实体清单”
2021 年 2 月 24 日	对内	拜登签署行政命令，指定联邦政府部门对全球供应链和美国在关键行业的潜在弱项进行百日评估，其中包括半导体产业中的制造和先进封装供应链、用于电动汽车等产品的高容量电池产业供应链、包括稀土在内的关键矿物和战略材料供应链，以及与制药和活性药物成分有关的供应链

① 英文全称为 Federal Communication Committee，缩写为 FCC。

续表

时间	对象	主要内容
2021 年 3 月 3 日	对内	拜登发布《过渡时期国家安全战略指南》。对其国内科技领域，以及人工智能、量子计算、清洁能源、生物技术、5G 等方面加大资金投入；放宽 STEM 移民政策，确保吸引最优秀的人才；加强网络安全强度，参与全球网络安全构建，追究恶意破坏网络安全国家的责任；提出在多个领域中国政府具有不公平优势，尤其在经济、网络安全、非法贸易等方面
2021 年 3 月 12 日	科技联盟	拜登与日、印、澳首脑的“四方联盟”峰会提出建立科技合作框架，“四方联盟”提出的技术合作是迈向“科技联盟”的第一步。美国为此列出了五大重点领域：技术研发和使用原则；技术标准的发展；电子通信技术的部署和供应商多样化；最新科技趋势；关键科技供应链
2021 年 4 月 8 日	对华	美国商务部公告称，已将包括中国国家超级计算机在内的 7 家中国实体列入“实体清单”，实施出口管制。理由是从事活动“违反美国国家安全或外交政策利益”。这是拜登就任美国总统以来以“国家安全”为由首次对中国公司实施制裁
2021 年 4 月 12 日	科技联盟	美国白宫召开半导体峰会视频会议，讨论如何解决当下美国芯片短缺问题，拜登强调要向中国一样加大对半导体产业的投入
2021 年 5 月 7 日	对内	美国推出《2021 美国创新和竞争法案》，提出美国必须领导制定国际标准的机构，关键数字技术的治理规范和规则，确保这些标准技术在“自由、安全、可互操作且稳定”的数字域内运行
2021 年 5 月 13 日	对华	拜登宣布延长前总统特朗普签署的关于中国芯片限制的行政命令 1 年
2021 年 5 月 17 日	对内	美国参议院通过《无尽前沿法案》，该法案建议在 5 年内投入 1 200 亿美元，支持关键技术领域的基础与先进研究、商业化、教育和培训计划，这些领域包括太空商业化、人工智能、半导体、量子计算、先进通信、生物技术和先进能源等
2021 年 6 月 3 日	对华	拜登以“应对中国军工企业威胁”为由签署行政命令，将包括华为公司、中芯国际、中国航天科技集团有限公司等在内的 59 家中国企业列入投资“黑名单”，禁止美国资本与名单所列公司进行投资交易。规定行政命令将于未来 60 天（即 8 月 2 日）后正式生效，美国投资者不得买入，365 天后（即 2022 年 6 月 3 日）不许继续持有
2021 年 6 月 23 日	对华	美国商务部以侵犯新疆少数民族人权为由，将合盛硅业、新疆大全新能源、新疆东方希望有色金属、新疆协鑫新能源材料、新疆生产建设兵团列入贸易黑名单

资料来源：美国国会、美国商务部、光大证券研究所、东海证券研究所，2021 年。

由贸易摩擦扩展到科技摩擦源于美国试图压制我国的自主创新与产业升级进程，并由此阻滞我国在全球产业链中地位不断上升的趋势，进而消除我国在科技、经济乃至军事领域对美国全球霸权构成的所谓威胁。不仅如此，美国政府还不断动员欧洲盟国支持其对包括网络通信设备供应商在内的我国高科技企业的产业链采取市场封堵措施，试图构建对华科技试压联盟体系（孙海泳，2020）。往后看，中美关系竞争性总体上升以及新冠疫情导致中美国力差距进一步缩减的背景之下，美国对我国科技施压的性质和目标不会发生显著变化。

二、我国经济运行的国内大循环存在堵点

经过改革开放40余年来的高速发展，我国经济总量跃居世界第二，人均GDP超过1万美元，形成了完整的工业生产体系，农业生产能力和服务业发展水平快速提高。在向高质量发展的过程中，社会主要矛盾转变为人民日益增长的美好生活需要和不平衡不充分发展之间的矛盾，经济发展同时面临结构性、体制性、周期性问题所带来的困难和挑战，国内大循环在生产、流通、分配和消费各个环节均存在堵点，亟待通过新发展格局的加快构建来增强经济发展的内生动力和韧性。

（一）生产环节的供给体系质量亟待提升

我国已形成包含41个大类、200余项工业种类的现代化工业体系。截至2018年，在全球500多种主要工业产品当中，我国有220多种工业产品的产量位居全球第一。但当前的工业化道路仍未摆脱高投入、高消耗的要素驱动，低质量、低效率的粗放增长方式（冯娟，2020）。

具体而言，一是在能源消耗上，2019年我国GDP占全球部额的比重超过16%，全球能源消耗占比高达24.3%，具体见表1-6。从能源消费量来看，2019年我国能源消费总量为141.70吨油当量，在全球排名第一；在当年全球能源消费净增量中，我国占比超过四分之三。从能源消费增速来看，2008—2018年的年均增速为3.8%，2019年则达到了4.4%。从能源消费结构来看，2019年我国煤炭消费量占全球的51.7%，水电消费量占比30.1%，可再生能源占比22.9%，石油消费量占比14.5%，核能消费量占比12.5%，天然气占比7.8%。从单位GDP的能耗来看，按照2010年不变价格计算，2018年单位GDP能耗0.64吨标准煤/万元，合1.54吨油当量/万美元，是世界平均水平的1.3倍，是经济合作与发展组织（OECD）国家平均水平的1.5倍。从单位能耗产生的GDP来看，2018年，英国、德国和日本分别是我国的2.4倍、2倍和1.4倍。从单位GDP的二氧化碳排放量来看，我国将在2032年左右达到韩国的排放水平，2036年达到日本甚至德国目前的水平（王蕴等，2019）。数据表明我国经济发展仍高度依赖能源消费，降低单位GDP能耗的任务依然艰巨。

表1-6　2019年全球部分国家能源消费结构　单位：百万吨油当量

国家	石油	天然气	煤炭	核能	水电	可再生能源	总计	同比增速（%）
中国	27.91	11.06	81.67	3.11	11.32	6.63	141.70	4.4
美国	36.99	30.48	11.34	7.60	2.42	5.83	94.65	-1.0
德国	4.68	3.19	2.30	0.67	0.18	2.12	13.14	-2.2
日本	7.53	3.89	4.91	0.59	0.66	1.10	18.67	-0.9

续表

国家	石油	天然气	煤炭	核能	水电	可再生能源	总计	同比增速（%）
巴西	4.73	1.29	0.66	0.14	3.56	2.02	12.40	2.2
印度	10.24	2.15	18.62	0.40	1.44	1.21	34.06	2.3
俄罗斯	6.57	16.00	3.63	1.86	1.73	0.02	29.81	-0.8
南非	1.18	0.15	3.81	0.13	0.01	0.12	5.40	2.0
全球	193.03	141.45	157.86	24.92	37.66	28.98	583.90	1.3
中国占比（%）	14.46	7.82	51.74	12.48	30.06	22.88	24.3	—

资料来源：BP Statistical Review of World Economy（2020）。

二是在工业产出上，基于社会因素、利益群体等原因导致对落后产能的各种程度保护，低效率、高消耗、以规模为导向的落后产能还有较大比例存在。图1-9显示了2013年以来我国工业产能利用率（季度数据）以75.0%为中枢上下波动，最高值出现在2017年第四季度（78.0%），最低值出现在2020年第一季度（67.3%）。分行业来看，受供给侧结构性改革“去产能”措施的驱动，自2017年开始，采矿业产能利用率逐步回升到70.0%以上，制造业则回升到75.0%以上，其中2020年第一季度除外。数据显示，我国工业及其细分行业的产能利用率波动较大，并存在较大的提升空间。

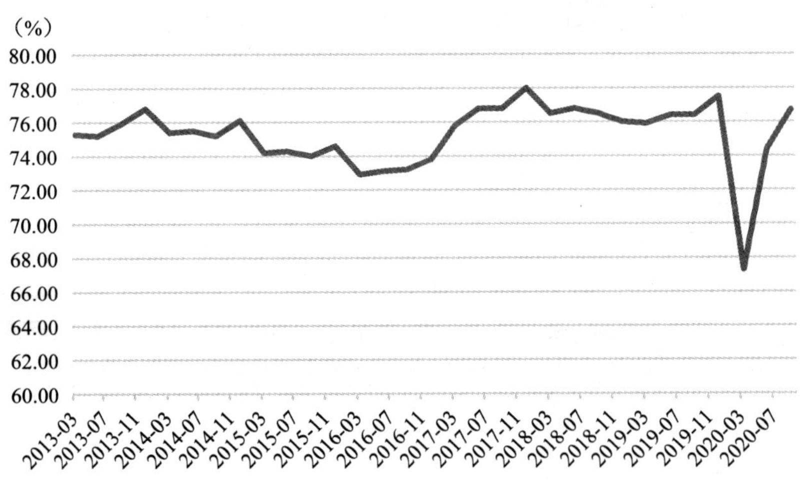

图1-9 2013—2020年上半年我国工业产能利用率

资料来源：WIND。

三是在供给质量上，与发达国家相比仍有较大提升空间，满足人民对更好生活的向往仍有很长的道路要走。从要素投入来看，2000年以来主要发达国家劳动力供给数量基本稳定，劳动力质量呈现高水平基础上的稳步提高态势，我国25岁以上人口平均受教育年限虽提高较快但与英美等国相较仍需缩小差距。我国科技成果数量和质量虽然呈现不断提升态势，但与发达国家相比仍有较大差距。相应地，我国受各投入要素约束的全员劳动生产率与发达水平相距甚远。2018 年美国全员劳动生产率高达 11 万美元，我国仅为 1.3 万美元。在全球 84 个制造业分行业中，欧盟、美国和日本质量敏感型产业增加值占制造业增加值比重分别达到42%、38%和35%，我国不足20%（王蕴等，2019）。整体而言，我国供给体系的质量指标较之其他主要经济体并不亮眼，甚至在若干指标上亟待努力追赶，具体见表 1－7。

表 1－7　　　主要国家供给体系质量指标的比较

国家	25 岁以上人口平均受教育年限		互联网使用率（%）		专利申请数量（件）		三方同族专利数（件）		世界品牌 500 强企业数		中高技术产品占制造业出口比重（%）
	相似阶段	最新年份—2017	相似阶段	最新年份—2016	相似阶段	最新年份—2016	相似阶段	最新年份—2015	相似阶段	最新年份—2017	最新年份—2015
美国	11.93	13.4	—	76.18	62 460	295 327	—	14 886	—	233	65.3
德国	8.66	14.1	—	89.65	33 229	48 480	—	1 811	—	26	74.1
英国	8.16	12.9	—	94.78	20 201	13 876	—	1 811	—	39	68.99
日本	7.9	12.8	—	93.18	125 612	260 244	—	17 361	—	38	79.8
韩国	10.59	12.1	37.16	92.84	76 548	163 424	—	2 703	—	7	76.2
泰国	7.52	7.6	20.61	47.50	1 070	1 098	—	—	—	—	62.65
马来西亚	9.87	10.2	51.7	78.79	1 055	1 109	—	22	—	—	61.76
中国	7.94	8.72	24.77	53.2	511 142	1 204 981	—	2 889	—	37	58.8

注：相似发展阶段的数据为期间平均值。“—”表示无数据。

资料来源：世界银行 WDI 数据库、王蕴等。（2019 年）。

（二）分配环节的收入不平等现象有待改善

根据国家统计局的数据，1978 年我国的基尼系数为0.317，自2000 年开始越过0.4 的警戒线，2008 年达到峰值 0.491，随后逐步回落至 2019 年的 0.465。尽管学者们对于以基尼系数衡量我国的不平等问题是否有效存在争议，但毫无疑问，以同一指标衡量的我国收入不平等状况从 20 世纪 70 年代末的较低水平上升到了 21 世纪的较高水平。尤其需要关注的是，我国农村居民家庭的恩格尔系数呈长期下降趋势，2019 年该系数仅为 30.0，这说明整体上农村居民生活水平在大幅提高。然而，同期基尼系数的变化趋势并无显著下降，个别年份甚至上升，整体上收入分配的“蛋糕”做大了，但社会成员中的“蛋糕”分配的非均等程度却在扩大，具体见图 1－10。

但与美国等一些主要经济体不同，我国的收入差距扩大化是基于各群体实际收入均有所增长的不平等。皮凯蒂等人（Piketty 等，2019）的研究结论表明，自市场化改革以来，

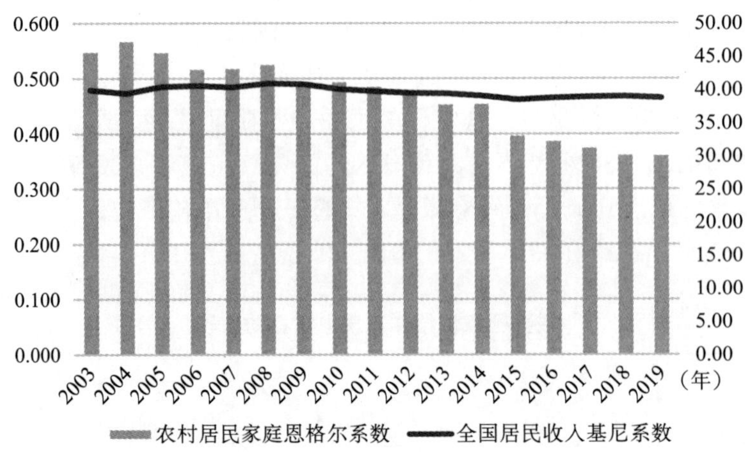

图 1－10　2003 年以来我国的基尼系数和恩格尔系数

数据来源：WIND。

我国收入不平等大幅度上升。20 世纪 70 年代末，我国不平等程度曾低于欧洲（接近最平等的北欧国家），而目前正接近美国。不过，我国与美国的关键差异在于底层 50% 的人口也从经济增长中获得了巨大收益。1978—2015 年，我国底层 50% 人口的实际平均收入增长了 5 倍多，虽低于宏观经济增长和顶层人口收入的增长，但仍然非常可观，具体见表 1－8。李实等学者（2020）的研究得到了类似的结论："中国的经验显示了在收入差距扩大过程中贫困群体和低收入家庭收入仍有所增长，没有出现穷者愈穷的情况，贫困群体和低收入家庭的收入一直有着持续稳定的增长。"

表 1－8　　1978—2015 年收入增长与不平等：中国与富裕国家对比

收入群体 税前人均成人 国民收入分配	中国		美国		法国	
	年均增长率（%）	总累积增长（%）	年均增长率（%）	总累积增长（%）	年均增长率（%）	总累积增长（%）
全部人口	6.2	811	1.3	59	0.9	39
底层 50% 人口	4.5	409	0.0	－1	0.9	39
中间 40% 人口	6.0	765	0.9	42	0.8	35
顶层 10% 人口	7.4	1 297	2.1	115	1.0	44
其中：顶层 1% 人口	8.6	2 012	3.0	198	1.4	67
顶层 0.1% 人口	9.4	2 645	4.0	321	1.7	84
顶层 0.01% 人口	9.5	2 766	4.7	453	1.8	93
顶层 0.001% 人口	9.2	2 529	5.7	685	2.6	158

注：本表报告了 2015 年中国收入分配的统计数据。单位为个体成年（20 岁以上；已婚夫妇的收入被均分为两等分。）2015 年，1 欧元＝7.0 元人民币（市场汇率）或 4.6 元人民币（购买力平价）。表中收入为税前国民收入。分位根据相对于人口中成年个体总数定义。综合调查、财政、财富及国民经济核算进行估计。

资料来源：皮凯蒂、杨利、祖克曼（2019）。

（三）流通环节的外贸依存度过高

改革开放的前30年，我国从出口导向型经济增长模式中受益丰厚：外汇储备增多、剩余产品减少、就业机会增加等等，切实发挥了协助和协力改革开放的重要作用。近10年来出口对我国GDP增长的贡献率在不断萎缩，甚至为负。造成此种局面主要在于：一是产业结构制约了出口水平。国际经验是随着制造业比重的不断提高，产品的竞争力不断增强，出口水平也将随之提升。近年来我国制造业比重呈逐步下降趋势，出口水平随之下降也就难以避免。二是出口结构制约了出口能力。2011年以来我国工业制品出口金额不断下降，后续甚至低于初级产品的出口金额，这说明我国迫切需要产品创新，提升工业制品的国际竞争能力。三是出口政策制约了资源配置。我国为保证出口规模采取的税收优惠措施，短期内可以有效地促进出口，长期却不利于资源优化配置且刺激效果不明显，而且还导致初级产品出口的价格低廉，出口规模极易受国际市场价格波动影响。

由于我国融入全球化的深度颇深，尽管出口对我国经济增长的贡献率在下降，但增长模式的路径依赖依然存在，整体来看我国仍是一个外贸依存度很高的国家。图1－11显示，我国贸易占全球贸易中的比重呈现斜率颇高的增长趋势，2015—2018年有短暂下降之后，2019年占比突破10%，实现了11.16%，成为世界最大贸易国。

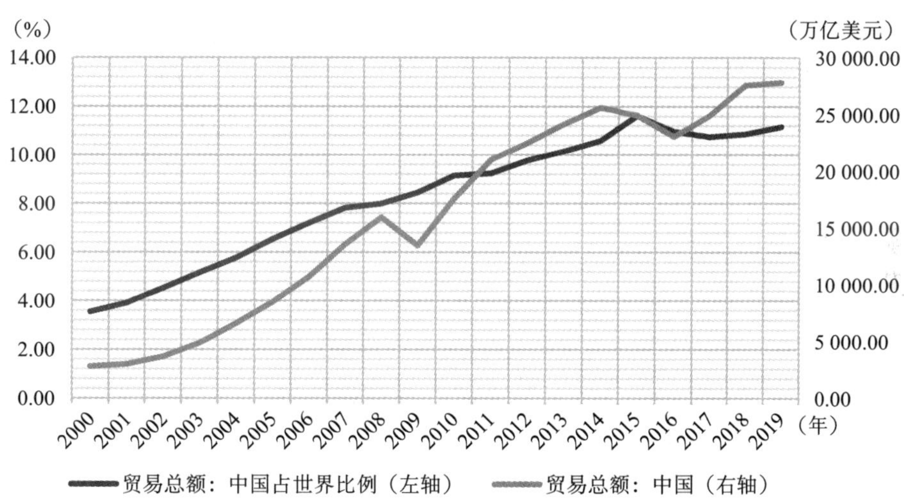

图1－11　2000—2019年中国贸易占全球贸易比重

注：图中全球贸易总额以全球出口总额计，中国贸易占比指以美元计价的中国出口规模在全球贸易总额中的比例；贸易总额由货物贸易和服务贸易两部分组成。

资料来源：WIND。

我国深度融入全球经济的另一体现是对外直接投资和外商来华直接投资呈现整体稳步增长态势。我国已与美国、欧盟、英国、日本、韩国等经济体通过贸易和投资途径建立非常密切的经贸联系，是一系列重要国家最大的出口市场，2018年我国外商直接投资在全球外商直接投资总额的比例曾高达28.5%，接近全球三分之一的水平，具体见图1－12。

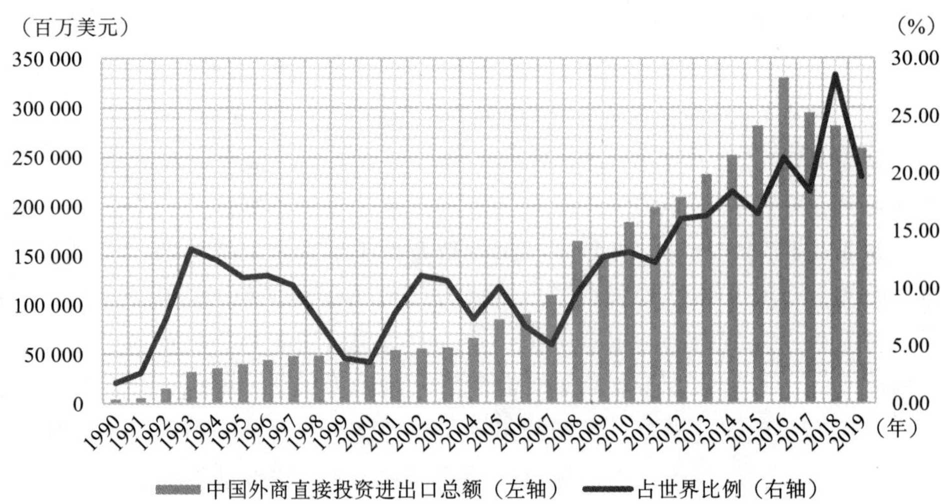

图 1－12 中国外商直接投资占全球比重

注：图中的中国外商直接投资总额由外商直接投资额和中国对外投资额合计而成。

资料来源：WIND。

（四）消费环节的最终消费率仍然偏低

GDP 的三大需求中，我国最终消费支出的贡献率自 2008 年国际金融危机以来基本达到 50% 以上，① 其中最高在 2015 年，实现了 68.98% 的贡献率，2019 年为 57.76%，表明我国持续推动内需的多方努力。居民消费支出总额也呈现上升趋势，2019 年较之 2008 年增长了 3.43 倍。但若与其他发达国家相比较，居民消费在 GDP 中的占比数据显示，2019 年我国居民消费在 GDP 中的占比为 38.79%，与美国的 67.86%、巴西的 64.94%、俄罗斯的 54.88% 相比都有较大差距。

衡量一国消费水平最直接的指标是最终消费率，这是一定时期国内最终消费支出（含政府和居民）占国民生产总值的比重，一般按现行价格计算。从世界各国经济发展和工业化进程来看，投资率呈现一条平缓的“马鞍形”（或称为倒“U”形）曲线，消费率则呈现相反的“倒马鞍形”（或称为“U”形）曲线。

图 1－13 显示了新中国成立以来我国的最终消费率曲线，“马鞍形”尚未显现。新中国成立至 1969 年，最终消费率平均在 70% 以上；1970—2002 年基本维持 60% 以上；2003 年以来在 50%—60% 徘徊；2010 年达到历史最低值 49.35%，此后缓慢提高到 2019 年的 55.43%。这一水平与美国同期的 81.83%，甚至印度的 66% 相比都有不小的差距。我国最终消费率的趋势线表明，经济增长中的消费动力仍在夯筑“U”形底部过程当中，何时到“U”形右侧有待观察，这也说明“增强消费拉动经济增长的基础作用”的目标任重而道远。

① 2010 年除外，最终消费支出贡献率仅为 47.44%。

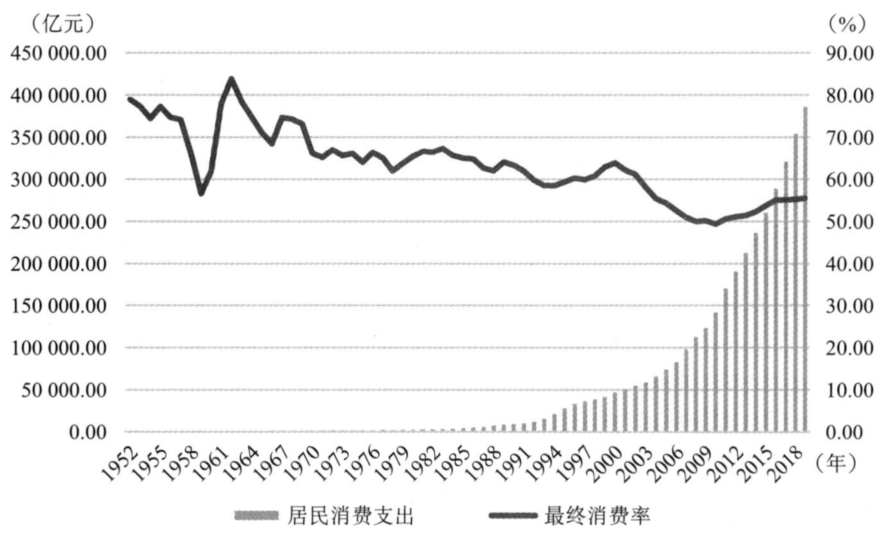

图1－13　新中国成立以来我国的居民消费支出和最终消费率

资料来源：WIND。

三、构建新发展格局的战略定位

"加快构建以国内大循环为主体、国内国际双循环相互促进的新发展格局"的提出是党中央准确分析判断世界经济发展大势、我国当前与未来经济发展阶段转换存在的优势与劣势、面临的挑战与机遇，在新的国际环境下进一步利用好国际国内两个市场、两种资源（史丹，2020），统筹中华民族伟大复兴战略全局和世界百年未有之大变局作出的战略谋划，对于我国抓住和用好重要战略机遇期，乘势而上、化危为机具有重大意义。

（一）构建新发展格局是顺应时代发展规律的战略抉择

1998年2月，中共中央、国务院《关于转发〈国家计划委员会关于应对东南亚金融危机，保持国民经济持续快速健康发展的意见〉的通知》指出，要"立足扩大国内需求，加强基础设施建设"。这是中央文件首次将"扩大国内需求"作为一项政策提出来。随着亚洲金融危机影响逐步消退，外需对我国经济增长的拉动作用逐步恢复。2006年中央经济工作会议指出，"我国国际收支平衡主要矛盾已由过去的外汇短缺转为贸易顺差过大和外汇储备增长过快"，保持经济平稳较快发展要正确处理好投资和消费的关系、内需和外需的关系，最根本的是扩大国内消费需求。2008年国际金融危机的爆发，再次凸显了扩大内需战略的重要性。2010年10月出台的《中共中央关于制定国民经济和社会发展第十二个五年规划的建议》令人瞩目地将"坚持扩大内需战略，保持经济平稳较快发展"写入规划，强调对"两头在外"的出口导向型发展战略进行修订，提出"构建扩大内需长效机制，促进经济增长向依靠消费、投资、出口协调拉动转变"。2012年，党的十八大报告提出，"要牢牢把握扩大内需这一战略基点，加快建立扩大消费需求长效机制，释放居民消费潜力，保持投资合理增长，扩大国内市场规模"。2015年，以"三去一降一补"为主要措施的供给侧结构性改革逐步推进并取得重要进展。2018 年，面对外部环境的极度不确定性和不稳定性，中央经济工作会议明确提出要“畅通国民经济循环”“促进形成强大国内市场”。

2020 年 4 月 8 日，习近平总书记主持召开了中共中央政治局常务委员会。会议指出，当前我国经济发展面临的困难加大。各级党委和政府要增强紧迫感，因地制宜、因时制宜优化完善疫情防控举措，千方百计创造有利于复工复产的条件，不失时机畅通产业循环、市场循环、经济社会循环。4 月 10 日，习近平总书记在中央财经委员会第七次会议上结合新冠肺炎疫情防控对涉及国家中长期经济社会发展的重大问题发表了重要讲话，他指出：

“大国经济的优势就是内部可循环。我国有 14 亿人口，人均国内生产总值已经突破 1 万美元，是全球最大最有潜力的消费市场。居民消费优化升级，同现代科技和生产方式相结合，蕴含着巨大增长空间。我们要牢牢把握扩大内需这一战略基点，使生产、分配、流通、消费各环节更多依托国内市场实现良性循环，明确供给侧结构性改革的战略方向，促进总供给和总需求在更高水平上实现动态平衡。扩大内需和扩大开放并不矛盾。国内循环越顺畅，越能形成对全球资源要素的引力场，越有利于构建以国内大循环为主体、国内国际双循环相互促进的新发展格局，越有利于形成参与国际竞争和合作新优势。”

此后，在习近平总书记主持的中共中央政治局常委会会议、中共中央政治局会议、企业家座谈会、经济社会领域专家座谈会、科学家座谈会等系列重要会议上，构建新发展格局均是极为重要的内容。在一系列重要讲话中，习近平深刻分析了构建新发展格局的背景、优势、短板、重点等内容，从创新、开放、改革等方面提出要求，还着重强调了一些需要特别注意和把握的问题，具有极强的思想性、战略性和指导性。具体见表 1 -9。

表 1 -9 关于“构建新发展格局”的部分重要论述

发布日期	发布会议	主要内容
2020 年 4 月 10 日	中央财经委员会第七次会议	我们要牢牢把握扩大内需这一战略基点，使生产、分配、流通、消费各环节更多依托国内市场实现良性循环，明确供给侧结构性改革的战略方向，促进总供给和总需求在更高水平上实现动态平衡。扩大内需和扩大开放并不矛盾。国内循环越顺畅，越能形成对全球资源要素的引力场，越有利于构建以国内大循环为主体、国内国际双循环相互促进的新发展格局，越有利于形成参与国际竞争和合作新优势
2020 年 5 月 14 日	中共中央政治局常委会会议	要深化供给侧结构性改革，充分发挥我国超大规模市场优势和内需潜力，构建国内国际双循环相互促进的新发展格局
2020 年 5 月 23 日	习近平看望参加全国政协十三届三次会议的经济界委员并参加联组会	面向未来，我们要把满足国内需求作为发展的出发点和落脚点，加快构建完整的内需体系，大力推进科技创新及其他各方面创新，加快推进数字经济、智能制造、生命健康、新材料等战略性新兴产业，形成更多新的增长点、增长极，着力打通生产、分配、流通、消费各个环节，逐步形成以国内大循环为主体、国内国际双循环相互促进的新发展格局，培育新形势下我国参与国际合作和竞争新优势

续表

发布日期	发布会议	主要内容
2020 年 7 月 21 日	企业家座谈会	在当前保护主义上升、世界经济低迷、全球市场萎缩的外部环境下，我们必须充分发挥国内超大规模市场优势，通过繁荣国内经济、畅通国内大循环为我国经济发展增添动力，带动世界经济复苏。要提升产业链供应链现代化水平，大力推动科技创新，加快关键核心技术攻关，打造未来发展新优势
2020 年 7 月 30 日	中共中央政治局会议	当前经济形势仍然复杂严峻，不稳定性不确定性较大，我们遇到的很多问题是中长期的，必须从持久战的角度加以认识，加快形成以国内大循环为主体、国内国际双循环相互促进的新发展格局，建立疫情防控和经济社会发展工作中长期协调机制，坚持结构调整的战略方向，更多依靠科技创新，完善宏观调控跨周期设计和调节，实现稳增长和防风险长期均衡
2020 年 8 月 20 日	扎实推进长三角一体化发展座谈会	第一，率先形成新发展格局。在当前全球市场萎缩的外部环境下，我们必须集中力量办好自己的事，发挥国内超大规模市场优势，加快形成以国内大循环为主体、国内国际双循环相互促进的新发展格局。长三角区域要发挥人才富集、科技水平高、制造业发达、产业链供应链相对完备和市场潜力大等诸多优势，积极探索形成新发展格局的路径
2020 年 8 月 24 日	经济社会领域专家座谈会	这个新发展格局是根据我国发展阶段、环境、条件变化提出来的，是重塑我国国际合作和竞争新优势的战略抉择。我们要坚持供给侧结构性改革这个战略方向，扭住扩大内需这个战略基点，使生产、分配、流通、消费更多依托国内市场，提升供给体系对国内需求的适配性，形成需求牵引供给、供给创造需求的更高水平动态平衡。新发展格局决不是封闭的国内循环，而是开放的国内国际双循环
2020 年 9 月 1 日	中央全面深化改革委员会第十五次会议	加快形成以国内大循环为主体、国内国际双循环相互促进的新发展格局，是根据我国发展阶段、环境、条件变化作出的战略决策，是事关全局的系统性深层次变革。要继续用足用好改革这个关键一招，保持勇往直前、风雨无阻的战略定力，围绕坚持和完善中国特色社会主义制度、推进国家治理体系和治理能力现代化，推动更深层次改革，实行更高水平开放，为构建新发展格局提供强大动力
2020 年 9 月 9 日	中央财经委员会第八次会议	流通体系在国民经济中发挥着基础性作用，构建新发展格局，必须把建设现代流通体系作为一项重要战略任务来抓。要贯彻新发展理念，推动高质量发展，深化供给侧结构性改革，充分发挥市场在资源配置中的决定性作用，更好发挥政府作用，统筹推进现代流通体系硬件和软件建设，发展流通新技术新业态新模式，完善流通领域制度规范和标准，培育壮大具有国际竞争力的现代物流企业，为构建以国内大循环为主体、国内国际双循环相互促进的新发展格局提供有力支撑
2020 年 9 月 11 日	科学家座谈会	三是加快科技创新是构建新发展格局的需要。推动国内大循环，必须坚持供给侧结构性改革这一主线，提高供给体系质量和水平，以新供给创造新需求，科技创新是关键。畅通国内国际双循环，也需要科技实力，保障产业链供应链安全稳定

续表

发布日期	发布会议	主要内容
2020 年 10 月 26—29 日	党的十九届五中全会	全会提出，形成强大国内市场，构建新发展格局。坚持扩大内需这个战略基点，加快培育完整内需体系，把实施扩大内需战略同深化供给侧结构性改革有机结合起来，以创新驱动、高质量供给引领和创造新需求。要畅通国内大循环，促进国内国际双循环，全面促进消费，拓展投资空间
2020 年 11 月 2 日	中央全面深化改革委员会第十六次会议	会议强调，要牢牢把握扩大内需这一战略支点，围绕夯实市场体系基础制度、推进要素资源高效配置、改善提升市场环境和质量、实施高水平市场开放、完善现代化市场监管机制等重点任务，畅通市场循环，疏通堵点，努力实现市场准入畅通、开放有序、竞争充分、秩序规范，为构建新发展格局提供有力的制度支撑
2020 年 12 月 16—18 日	中央经济工作会议	会议要求，构建新发展格局明年要迈好第一步，见到新气象。加快构建以国内大循环为主体、国内国际双循环相互促进的新发展格局，要紧紧扭住供给侧结构性改革这条主线，注重需求侧管理，打通堵点，补齐短板，贯通生产、分配、流通、消费各环节，形成需求牵引供给、供给创造需求的更高水平动态平衡，提升国民经济体系整体效能。要更加注重以深化改革开放增强发展内生动力，在一些关键点上发力见效，起到牵一发而动全身的效果

资料来源：中国政府网、人民网、求是网等。

（二）构建新发展格局是统筹国内国际两个大局的战略谋划

我国 1988 年提出参与国际经济大循环，但实质性地融入经济全球化进程则是从 2001 年正式加入世界贸易组织（WTO）开始。过去开放发展战略的基本特征是基于低成本优势利用西方市场进行出口导向参与国际经济大循环（刘志彪，2020）。通过积极参与国际大循环，我国实现了市场和资源“两头在外”，形成以来料加工型和生产车间型为主的“世界工厂”发展模式。两种模式的不同在于，前者借助劳动力成本优势作为跨国公司工业品的生产加工基地，通过大进大出的方式，实现劳动力就业和利润最大化；后者则是原材料采购和零部件制造以本土化为主，但跨国公司控制着研发和市场销售网络。第三种模式的主要特征是：既拥有研发能力和知名品牌，又控制着国际市场的销售网络，既在本土进行加工制造，又在全球范围内进行采购，从而实现资源和产品的最优配置，这也是我国目前着力打造并促使产业升级的方向所在。伴随着我国“世界工厂”模式的升级，企业大规模生产的复杂程度越来越高，产品的技术含量也越来越高，哈佛大学增长实验室的“经济复杂指数”① 作为显示一国经济技术含量的测度指标，最新数据表明我国在全球的排序已从 2000 年的第 39 位提高到 2018 年的第 18 位（见图 1 – 14）。

① 英文全称为 Economic Complex Index，缩写为 ECI。

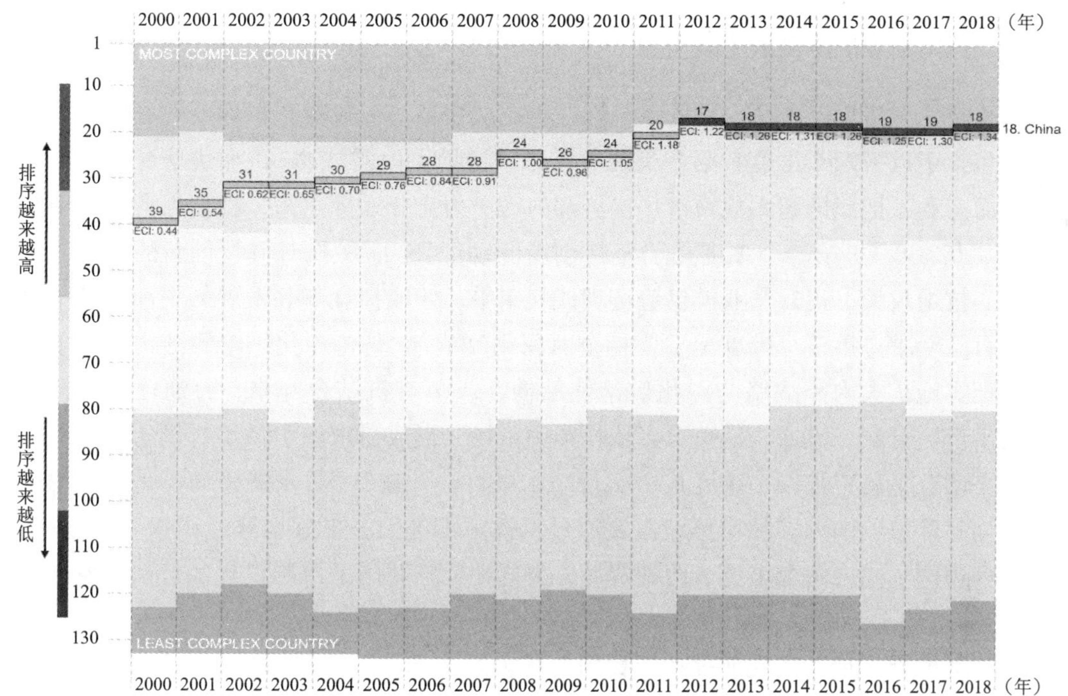

图 1－14　2000—2018 年我国经济复杂指数排名

资料来源：哈佛大学增长实验室（2021）。

近年来，这种外向型发展战略所依赖的世界经济发展模式、总体结构、治理体系和运行规律都发生了剧烈变化，依赖国际大循环的出口导向发展战略难以适应新格局、新模式和新使命的要求，开始呈现种种弊端（刘元春，2020a）。而我国经济已由高速增长阶段转向高质量发展阶段，发展过程中不平衡不充分的问题仍然突出，发展战略的调整和制定既要有效回应国内社会主要矛盾变化所呈现的新特征，又要科学应对复杂国际环境所带来的新挑战。从“基于出口导向的经济全球化”战略转换为“基于内需的经济全球化”战略，主要差异在于：第一，实施战略的出发点不同，前者是在内需狭小的前提下，为促进快速增长而利用别人的市场进行出口；后者是在持续 40 年快速增长的基础上，为充分利用超大规模内需优势促进国内外均衡增长；第二，实施战略的比较优势完全不同，前者基于生产要素廉价的比较优势，后者基于大规模市场的比较优势；第三，战略实施的路径完全不同，前者只要企业嵌入全球价值链，后者要求企业加入或形成国内价值链，且在基础上形成全球创新链；第四，战略实施方法完全不同，前者主要是加工生产，后者既包括“走出去”，也包括建设各种内需平台。

总之，站在“两个一百年”奋斗目标的历史交汇点上，构建新发展格局是党中央对经济发展客观规律的及时准确把握，是基于我国比较优势变化、审时度势作出的重大战略决策，是统筹国内国际两个大局、打通国内国际两个大循环的长期战略谋划，是把握未来发展主动权的先手性战略性布局。

四、构建新发展格局的主要内涵

构建新发展格局是事关全局的系统性、深层次变革。一般对“构建新发展格局”的理解至少包含了以下四个维度：第一个维度是“坚持扩大内需战略”，加快培育完整内需体系，从而有利于把我国超大规模市场优势和内需潜力充分发挥出来，稳住保持经济中高速增长的“基本盘”；第二个维度是“坚持创新驱动”，全面加强对科技创新的部署，加快关键核心技术攻关，提升产业链供应链现代化水平，才能把竞争和发展的主动权牢牢掌握在我们自己手中；第三个维度是“坚持全面深化改革”，坚持深化供给侧结构性改革这条主线，把实施扩大内需战略与深化供给侧结构性改革有机结合起来，打通堵点，补齐短板，使生产、分配、流通、消费更多依托国内市场，形成需求牵引供给、供给创造需求的更高水平动态平衡；第四个维度是“实行高水平对外开放”，新发展格局不是封闭的国内循环，而是开放的国内国际循环，需要通过发挥内需潜力，更好地联通国内和国际市场，更好地利用国际国内两个市场、两种资源，更好地促进我国经济与世界经济共同发展，实现合作共赢。

构建新发展格局的实现前提在于我国的规模经济和范围经济（陆挺，2020）。规模经济是指特定产品的平均成本将随着产量增加到一定阈值后下降；范围经济是指同时生产两种产品的费用低于分别生产每种产品。规模经济和范围经济意味着经济体的体量至关重要，我国是拥有 14 亿人口的庞大市场，许多产品可以实现规模经济和范围经济，因而能够加大依靠国内大循环，即社会再生产全过程（包括生产、分配、流通、消费各个环节）的往复循环。在国内大循环中，生产是起点，流通和分配是连接生产和消费的桥梁，消费是社会再生产的终点也是新一轮再生产的起点。在市场经济条件下，经济大循环必然是实物运动循环和价值运动循环的结合，是实体的商品生产、分配、流通、消费过程与货币资金运动在社会再生产过程中的合理分配流动循环相结合的过程（王昌林和杨长湧，2020）。

构建新发展格局的关键在于经济循环的畅通无阻。大国经济的共同特征是依托强大的国内市场实现内部可循环，国内供给和国内需求对于经济循环起到主要支撑作用，并以国内大循环带动国际大循环（任理轩，2021）。具体体现在一方面要促进经济活动的畅通和连续，畅通包括各个环节、各个产业、各个部门、各个区域之间的畅通，也包括国内与国外的经济连同；另一方面要将我国市场规模和生产体系优势，转化为国际合作和竞争的优势（王一鸣，2020a）。经过改革开放 40 多年来的发展，我国已成为世界第二大经济体，市场规模巨大，国内大循环的条件和基础日益完善，带动国际大循环的路径和通道也日益明晰。“十四五”和未来一个时期，国内市场主导国民经济循环的特征会更加明显，经济增长的内需潜力也将不断释放。

构建新发展格局的本质特征在于实现高水平的自立自强。在大变局之下，创新成为影响和改变全球竞争格局的关键变量。我国科技发展在进入创新型国家行列的基础上，必须坚持创新在我国现代化建设全局中的核心地位，把科技自立自强作为国家发展的战略支撑，完善国家创新体系，强化国家战略科技力量，强化企业创新主体地位，提升企业技术创新能力，提升产业竞争力和发展主动权。发挥海量创新资源优势，深化科技体制改革，加强关键核心技术攻关，提升产业基础能力和产业链现代化水平，形成更多新的增长点、增长极，打造未来发展新优势。可见，构建新发展格局的本质在于加速扩容国内市场，在全球经贸“交易成本”上升的环境下大力削减对内交易成本，加速实现关键领域“全产业链”的自主格局（易峘和刘雯琪，2020），从而以科技创新的主动赢得国家发展的主动。

构建新发展格局的客观要求在于高水平对外开放。在两大循环之间，国内大循环是基础，要体现以我为主，自强自立；国际大循环是重要辅助，要提升国际循环的控制力和稳定性，争取国际区域循环有新突破（张占斌，2020）。虽然我国参与国际循环遇到一些阻力和挑战，但并不意味着国际循环重要性的下降，也不意味着扩大内需和扩大开放之间存在矛盾。事实上，我国早已深度融入经济全球化和国际分工体系，即便扩大内需，也离不开产业链、供应链的协同配合，产业技术也离不开国际合作和竞争。因此，打通国内经济大循环和推动更高水平对外开放从根本上来说是一体的。或者说，我们要实现的新发展格局是在积极拓展国际循环、国际循环的流量保持增长的前提下，通过深化供给侧结构性改革、提高经济供给质量、挖掘国内巨大消费潜力而形成的新发展格局（黄群慧，2020b）。

构建新发展格局的实现路径在于全面深化改革。从国内大循环来看，就是要实行改革创新，推动形成需求引领、供给创新的格局。主要举措包括：通过改革创新推动供给侧结构性改革，培育壮大新兴产业，改造提升传统产业，加快构建高质量供给体系以激发循环活力；持续疏通经济循环的关键环节，实现供给与需求升级协调共进的高效循环；注重经济循环中的广义基础设施，运用科学的制度设计加速经济循环。从国际大循环来看，要继续以改革促开放，以开放促发展。主要举措包括：继续依托“一带一路”建设，加快西部陆海通新通道以及自贸区、自贸港建设，将对外开放的领域从制造业延伸至服务业；继续推进制度型开放，进一步放宽市场准入、改善营商环境；在全球经济治理上，稳定多边贸易合作，加强双边和区域贸易合作（沈新凤和刘星辰，2020）。

第四节　本章小结

经济发展具有明显的“螺旋式上升”特征，不同发展阶段需要不同的发展格局与之匹配。构建新发展格局是我国在新发展阶段贯彻新发展理念所作出的全面战略部署和重大战略决策，是与时俱进提升我国经济发展水平的战略抉择，也是塑造我国国际经济合作和竞争新优势的战略抉择。

构建新发展格局仍面临诸多的挑战，主要体现在：一是从国内循环角度看，制约国内循环可持续进行的关键在于供需匹配失衡及创新不足；二是从国际循环角度看，进出口产业的上下游环节匹配失衡，进出口商品技术含量存在较大差距；三是从国内国际循环的联接看，两个循环之间高效衔接存在梗阻点（陈雯和马京京，2020）。面对挑战，我们要科学分析形势、把握发展大势，坚持用全面、辩证、长远的眼光看待当前困难、风险和挑战，把新发展理念贯穿发展全过程和各领域，贯彻实施好“十四五”规划和2035年远景目标纲要，就一定能在构建新发展格局中不断开拓发展新境界，开拓新局面，取得新成就。

第二章
国内大循环释放经济增长新动能

2019 年，内需对我国国内生产总值的贡献率达到了 89%，已是我国经济增长的根本动力，为在“十四五”乃至更长一段时期畅通国内大循环打下了坚实的基础。国内大循环的核心是以产业升级为先导，辅之以大规模创新消费场景的投资，进而带来消费升级的质变，从而通过不断发展新模式、新业态、新技术、新产品，释放内需潜力，增加经济增长新动能。从现阶段来看，国内大循环的重点在于消费升级和产业升级；中长期来看，国内大循环的重点主要在于以新型城镇化和新基建为立足点，持续提升产业链供应链现代化水平并加快培育完整内需体系。在产业升级上，一方面应加快核心技术攻关，致力于完善产业链供应链，完善关键产品、技术领域的自主可控；另一方面，应为新一轮产业革命蓄力，大力发展数字技术产业化和传统产业数字化。在消费升级上，应以新型消费为新的消费增长点，一方面推动线上线下消费相融合；另一方面大力培育促进新型消费的基础设施环境和政策环境。

第一节　构建以产业链供应现代化为主攻方向的生产格局

产业链供应链是大国经济循环畅通的关键。“十三五”以来，通过深入推进供给侧结构性改革，我国产业链供应链核心竞争力不断增强，在全球产业链供应链的地位持续攀升（苗圩，2020）。“十四五”时期提升我国产业链供应链现代化水平是构建完整内需体系，形成国内循环为主体、国内国际双循环相互促进的必然要求（黄群慧，2020d）。

一、产业链供应链现代化的基本内涵

19 世纪以来，全球共经历了五轮产业链重构的进程，产业沿着英国—美国—德国、日本—“亚洲四小龙”—“亚洲四小虎”—中国—印度、越南、柬埔寨等东盟国家的路径转移；随着后发经济体的发展升级，转移产业一般按照“劳动密集型—资本密集型—技术密集型”的顺序更迭。但自 2008 年国际金融危机以来产业链的全球化已经处于停滞不

前的状态，更多被区域化深化所取代。从全球产业链参与度来看，虽然全球平均关税水平在2008年短暂回升后继续下降，但产业链的全球分工程度并未回到增长的轨道（牛播坤，2020），后续将朝着内向化、区域化、多元化方向发展。纵向链条可能会收缩，横向分工更向邻近国家和区域集聚（刘志彪等，2020）。

（一）我国在全球产业链中的位置

我国已拥有41个工业大类、207个工业中类、666个工业小类，是全世界唯一拥有联合国产业分类中所列全部工业门类的国家（地区）。不仅如此，我国大部分制造业的生产规模和产值都位居全球第一，表2－1显示了2019年主要制造业产值的全球排序情况，我国除家具制造低于美国之外，其他19个行业都稳居榜首。

表2－1　我国是全球产业链最完备的国家（地区）

行业	第一	第二	第三	第四	第五
采矿	中国	美国	俄罗斯	加拿大	澳大利亚
食品制造	中国	美国	日本	德国	巴西
纺织服装	中国	印度	土耳其	意大利	美国
木制品	中国	美国	德国	印度	加拿大
造纸及纸制品	中国	美国	日本	德国	巴西
印刷传媒	中国	美国	日本	德国	英国
能源制品	中国	美国	俄罗斯	日本	印度
化工制品	中国	美国	日本	韩国	德国
医疗器械	中国	美国	瑞士	日本	德国
橡胶制品	中国	美国	日本	德国	意大利
非金属矿物	中国	美国	日本	德国	印度
基础金属	中国	日本	美国	印度	韩国
金属制品	中国	美国	日本	德国	意大利
计算机	中国	美国	韩国	日本	中国台湾地区
电器设备	中国	美国	日本	美国	韩国
机械装置	中国	美国	德国	日本	意大利
汽车制造	中国	美国	德国	日本	韩国
其他交通设备	中国	美国	韩国	法国	日本
家具及其他	美国	中国	印度	德国	巴西
建筑	中国	美国	日本	英国	印度

资料来源：WIND。

若进一步分析我国在全球产业链的位置，需区别传统制造业产业链和战略性新兴产业链。我国是传统制造业产业链的中心，拥有完整的生产链条，在机电设备、纺织、造纸、机械设备、运输设备和金属冶炼等领域优势明显，且产业之间能形成聚合优势，从而将我国打造成全球的制造基地，成就了“中国制造”，具体见表2－2。

表 2－2　　传统产业的全球产业链

产业	纺织品、皮革制品	电器设备、机械设备	造纸及纸制品	金属制品（如钢铁）
原材料投入	美国、印度、中东、澳大利亚、阿根廷	中国、墨西哥、印度	巴西、俄罗斯、东盟	澳大利亚、巴西、智利
加工生产	中国、越南、柬埔寨	中国、墨西哥、东盟、中东欧	中国、东盟等	中国、印度、日本等
消费	品牌服装资源：欧、美、日 最终消费：各国	美国、日本、韩国、德国、中国、印度	全球各国	美国、中国、欧盟等

资料来源：平安证券研究所（2020）。

相较于传统产业链，战略性新兴产业一般具有研发壁垒高、附加值高、产业链复杂等特征，主要包括半导体芯片、电子通信、生物医药、新能源汽车、精密仪器、飞机制造等领域。我国目前正处于战略性新兴产业的中下游环节，近些年正在向高附加值的上游攻坚，对美、德、日等经济体的技术依赖程度较高。尤其在芯片、集成电路、高端软件等关键技术领域存在不少“卡脖子”环节，亟待加强技术攻关力度，发展先进适用技术，引导企业从低端制造业环节向“微笑曲线”两端高附加值的研发、设计、品牌、营销、再制造等环节延伸和拓展（刘勇，2021）。在战略性新兴产业中掌握了高附加值研发设计与核心品牌的国家主要包括美国、欧盟、日本等国，处于中下游的除我国之外，还有印度、越南、菲律宾等亚洲国家和地区，具体见图 2－1。

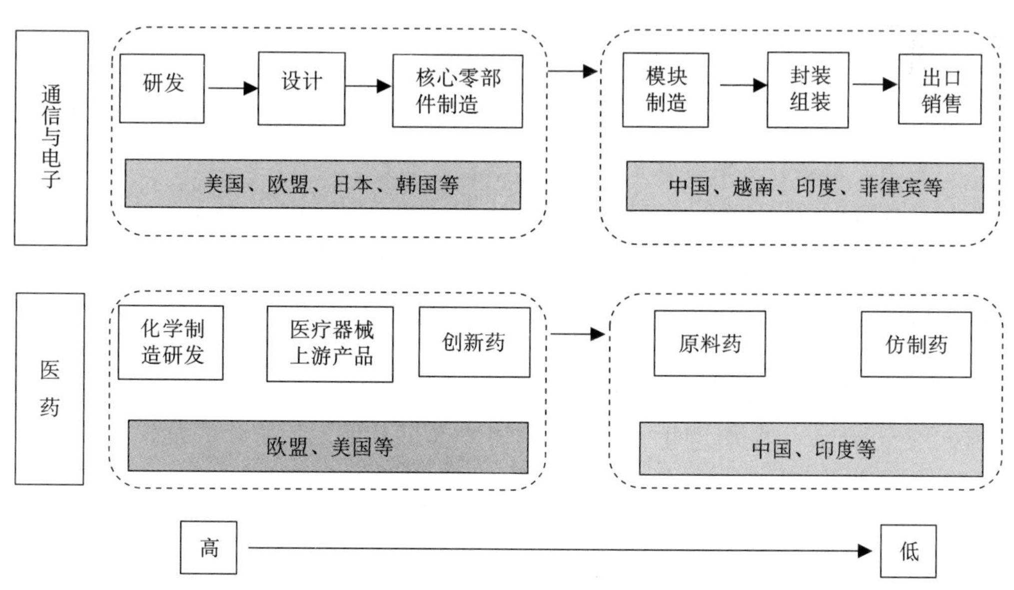

图 2－1　战略性新兴产业的全球产业链

资料来源：平安证券研究所（2020）。

2008年国际金融危机之后，欧美等发达国家纷纷实施以制造业为牵引的产业链回流政策和措施。从产业链转移的要素来看，一般回流倾向高、分散化程度低、地域化程度低、可复制程度高的行业，相对容易进行产业链转移，具体见表2－3。再结合美日产业转移的实践，目前回流倾向明显的主要是汽车、机械设备、电子等产业链密集型行业和医疗关键性行业。我国在全球产业链供应链中的重要地位并没有因欧美等国的回流举措而改变，也没有出现产业链供应链因新冠疫情影响而向国外大规模转移的现象。

表2－3　　产业链转移的要素分析

<table>
<tr><th>产业</th><th>产业特点</th><th>行业</th><th>回流倾向</th><th>分散化程度</th><th>地域化程度</th><th>可复制程度</th></tr>
<tr><td>第一产业</td><td></td><td>采掘业、农业</td><td>中低</td><td>中低</td><td>高</td><td>低</td></tr>
<tr><td rowspan="4">制造业</td><td rowspan="2">全球价值链密集行业</td><td>高科技含量，如汽车、机械设备、电子</td><td>高</td><td>中</td><td>中高</td><td>中低</td></tr>
<tr><td>中低科技含量，如纺织、服装</td><td>中低</td><td>高</td><td>中</td><td>中</td></tr>
<tr><td rowspan="2">地理分布广泛行业</td><td>区域加工，如食品饮料、化工品</td><td>中低</td><td>中</td><td>高</td><td>中低</td></tr>
<tr><td>全球枢纽，如药品药物</td><td>中低</td><td>中低</td><td>中低</td><td>高</td></tr>
<tr><td rowspan="2">服务业</td><td>分布广、低附加值</td><td>批发和零售贸易、交通物流</td><td>高</td><td>中</td><td>中低</td><td>低</td></tr>
<tr><td>分布集中、高附加值</td><td>金融服务、商业服务</td><td>中低</td><td>高</td><td>中低</td><td>低</td></tr>
</table>

资料来源：World Investment Report（2020）。

（二）提升产业链供应链现代化水平

对于产业链供应链的现代化水平提升，中央文件多次部署。从2015年《中国制造2025》中提出的“从制造业大国向制造业强国迈进”，到党的十九大报告要求的“加强建设制造强国，加快发展先进制造业”；从2019年中央财经委员会指出“实施产业基础再造工程”，到“十九届五中全会公报”明确的“加快发展现代产业体系”；从2020年5月中央政治局常委会要求的“实施产业基础再造和产业链提升工程”，到同年11月《中共中央关于国民经济和社会发展第十四个五年规划和二〇三五年远景目标的建议》（以下简称《“十四五”规划建议》）指向的“提升产业链供应链现代化水平”，这一渐进过程表明了我国对产业链供应链重视程度的不断提高。从产业智能化到产业集群建设再到产业链现代化水平提升，彰显了我国对不断提升产业链供应链的稳定性和竞争力，朝着推动形成新发展格局聚焦发力的决心和信心，具体见表2－4。

表 2－4　　关于产业链供应链现代化的部分相关文件和会议

时间	文件和会议名称	相关内容
2015 年 5 月	《国务院关于印发〈中国制造 2025〉的通知》（国发〔2015〕28 号）	提出从制造业大国向制造业强国迈进，通过三步走策略，在新中国成立 100 年时，制造业大国地位更加稳固，综合实力迈进世界制造强国前列
2017 年 10 月	党的十九大报告	加快建设制造强国，加快发展先进制造业，推动互联网、大数据、人工智能和实体经济深度融合。促进我国产业迈向全球价值链中高端，培育若干世界级先进制造业集群
2018 年 3 月	国务院《2018 年政府工作报告》	加强制造强国建设。推动集成电路、第五代移动通信、飞机发动机、新能源汽车、新材料等产业发展，实施重大短板装备专项工程，推进智能制造，发展工业互联网平台，创建“中国制造 2025”示范区
2019 年 8 月	中央财经委员会第五次会议	要实施产业基础再造工程，做好顶层设计，明确工程重点，分类组织实施，增强自主能力
2019 年 10 月	十九届五中全会公报	加快发展现代产业体系，推动经济体系优化升级。要提升产业链供应链现代化水平，发展战略性新兴产业
2020 年 5 月	中央政治局常务委员会会议	要实施产业基础再造和产业链提升工程，巩固传统产业优势，强化优势产业领先地位，抓紧布局战略性新兴产业、未来产业，提升产业基础高级化、产业链现代化水平
2020 年 11 月	《求是》发表习近平总书记文章《国家中长期经济社会发展战略若干重大问题》	优化和稳定产业链、供应链。一是要拉长长板，巩固提升优势产业的国际领先地位，锻造一些“杀手锏”技术；二是要补齐短板，在关系国家安全领域和节点构建自主可控、安全可靠的国内生产供应体系，在关键时刻可以做到自我循环，确保在极端情况下经济正常运转
2020 年 11 月	《中共中央关于制定国民经济和社会发展第十四个五年规划和二〇三五年远景目标的建议》	提升产业链供应链现代化水平。补齐产业链供应链短板，实施产业基础再造工程，加大重要产品和关键核心技术攻关力度，发展先进适用技术，推动产业链供应链多元化
2020 年 12 月	中央经济工作会议	增强产业链供应链自主可控能力是 2021 年八大重点任务之一。产业链供应链安全稳定是构建新发展格局的基础。要统筹推进补齐短板和锻造长板；要实施产业基础再造工程；要加强顶层设计、应用牵引、整机带动

资料来源：中国政府网、人民网、求是网等。

从中央文件和会议精神来看，提升产业链供应链现代化水平的内涵主要包括了以下五个方面：一是保持制造业比重基本稳定，制造业是提升产业链供应链现代化水平的重要基础；二是锻造产业链供应链长板，拥有一批优势长板是产业链供应链现代化的重要标志；三是补齐产业链供应链短板，这是提升产业链供应链现代化水平的紧迫要求；四是深入开展质量提升行动，提高产品和服务质量是提升产业链供应链现代化水平的重要途径；五是发挥优质企业在产业链供应链现代化中的重要作用（苗圩，2020）。

二、产业链供应链现代化的主要特征

产业链供应链畅通是高质量的国民经济循环的基础，产业链供应链安全稳定是构建新发展格局的基础，重点在于实施产业基础再造、加大关键核心技术攻关力度、补齐产业链供应链短板、增强产业链供应链控制力等方面。

（一）实施产业基础再造工程

经过多年发展，我国工业总体实力迈上新台阶，已经成为具有重要影响力的工业大国，形成了门类较为齐全、能够满足整机和系统一般需求的工业基础体系。但我国基层材料、基础工艺、基础零部件（元器件）、产业技术基础（基础软件）等工业基础能力较为薄弱，国产“四基”产品和技术普遍存在质量可靠性和稳定性较差、国产替代政策落实难的问题（王一鸣，2020c）。2016 年，工业和信息化部（以下简称工信部）、国家发展和改革委员会（以下简称发改委）、财政部等部委共同发布了《工业强基工程指南（2016—2020 年）》（具体见表 2－5），该指南提出以企业为主体，应用为牵引，创新为动力，质量为核心，聚焦五大任务，开展重点领域一揽子突破行动，实施重点产品“一条龙”应用计划，建设一批产业技术基础平台，培育一批专精特新“小巨人”企业，推动“四基”领域军民融合发展，着力构建市场化的“四基”发展推进机制。

表 2－5　《工业强基工程指南（2016—2020 年）》重点任务列表

重点任务	项目名称	涉及领域
推进重点领域突破发展	十大领域“四基”一揽子突破计划	新一代信息技术产业，高档数控机床和机器人，航天航空设备，海洋工程及高技术船舶，轨道交通设备，节能与新能源汽车，电力装备，农业装备，新材料，生物医药及高性能医疗器械
开展重点产品示范应用	实施重点产品、工艺“一条龙”应用计划	传感器，控制器，控制系统，高精密减速器，伺服电机，发动机电喷系统，轻量化材料精密成形技术，高速动车组轴承及地铁车轴承，IGBT 器件，超大型构件先进成形、焊接及加工制造工艺，超低损耗通信光纤预制棒及光纤，工程机械高压油泵、多路阀、马达，航空发动机和燃气轮机耐高温叶片，高性能难熔难加工合金大型复杂构件增材制造，石墨烯，存储器
完善产业技术基础体系	建设一批产业技术基础公共服务平台	产业质量技术基础服务平台，信息服务类服务平台，工业大数据平台
培育一批专精特新“小巨人”企业	培育一批专精特新“小巨人”企业和优势产业集聚区	培育百家专精特新“小巨人”企业，打造十家产业集聚区
推进“四基”军民融合发展	实施“四基”军民融合发展联合行动专项	军民共性基础和前沿技术联合攻关，重点领域军民两用标准联合制定，引导“四基”领域军民资源共享

资料来源：《工业强基工程实施指南（2016—2020 年）》。

“十四五”时期，在夯实“工业强基工程”的基础上，我国再着力实施产业基础再造工程。主要思路是：充分发挥集中力量办大事的制度优势和超大规模市场优势，以自主可控、安全高效为目标，以企业和企业家为主体，以政策协同为保障，坚持应用牵引、问题导向，坚持政府引导和市场机制相结合，坚持独立自主和开放合作相促进，通过综合施策、多管齐下，高质量完成产业基础再造工程。如此，产业基础再造工程将围绕基础产业的短板，主要包括核心基础零部件、电子元器件、基础软件和关键基础材料等开展产业技术攻关，畅通产业链、创新链、资金链和人才链的链接，构筑有利于产业基础能力尽快提升的产业生态体系，打造更具创新力、更高附加值、更安全可靠的产业链。实施产业基础再造工程关键着力点在于以下五个方面：一是高度重视基础研究、共性技术、前瞻技术和战略性技术的研究；二是努力完善标准、计量、认证、检验检测、信息服务等基础服务体系；三是拓展和深化“工业强基”工程；四是建立产业基础能力评估制度；五是建设工业基础能力再造的核心工厂（黄群慧，2020a）。

（二）加大关键核心技术攻关力度

我国目前还有至少35项关键“卡脖子”技术受制于人。以芯片制造设备光刻机为例，目前全球第一大厂商ASML已经成功量产7纳米光刻机，我国最好的光刻机加工精度为28纳米；又如操作系统，无论PC端还是手机端，都是美国公司占据了全球绝大部分市场份额，其他公司目前只能望其项背；再如数据库管理系统，全球最广泛应用的两种系统是美国甲骨文旗下的Oracle和MySQL，微软、IBM公司也有一席之地，我国在该领域仅有非常小的份额，且稳定性和整体性还有待提升，具体见表2-6。实践已经充分证明，只有把关键核心技术牢牢掌握在自己手中，才能建立起不受制于人的产业链供应链，畅通国内大循环（刘元春，2020b）。

表2-6　　35项关键的“卡脖子”技术

技术名称	基本描述
光刻机	全球第一大厂商ASML已量产7纳米光刻机，我国28纳米光刻机正进入调试阶段
芯片	国外最先进芯片量产精度为10纳米，我国目前为28纳米。在计算机系统、通用电子系统、通信设备、内存设备和显示及视频系统等多个领域中，国产芯片占有率为0
操作系统	从PC端来看，2019年微软旗下的Windows占据77.81%的市场份额，苹果旗下OSX占据14.23%的市场份额，我国Linux系统占全球市场份额的1.68%。从手机端来看，2019年谷歌旗下的安卓操作系统市场份额达68.63%，苹果旗下IOS市场份额为30.99%，其他系统仅有0.38%
航空发动机短舱	新一代大涵道比航空发动机短舱，主要由美国制造商古德里奇（GoodRich）提供，另一家是美国通用和法国赛合资的奈赛公司（Nexcelle），我国在这一领域尚属空白
触觉传感器	国内传感器企业多数从事气体、温度等类型产品的生产，几乎没有传感器制造商进行触觉传感器的生产
真空蒸镀机	作为OLED面板制程的心脏，日本Canon Tokki独占高端市场，该公司能把有机发光材料蒸镀到基板上的误差控制在5微米以内，目前我国还没有生产蒸镀机的企业

续表

技术名称	基本描述
手机射频器件	射频器件中的芯片将数字信号转化为电磁波，全球高端市场基本被 Skyworks、Qorvo、博通垄断，高通也占有了一席之地。射频器件的另一关键元件滤波器，国内外差距更大
iCLIP 技术	作为研发创新药的最关键技术，也是一种科研实验技术，目前美国领先，其他国家的研究团队也在该领域开展“技术竞赛”，我国尚未进行成熟实验
重型燃气轮机	燃气轮机广泛应用于船舶、火车和大型电站。全球重型燃气轮机的制造商主要是美国通用、日本三菱、德国西门子和意大利安萨尔多。我国具备轻型燃气轮机自主化能力，但重型基本依赖进口
激光雷达	激光雷达是自动驾驶汽车的标配器件。其核心技术主要掌握在美国 Velodyne、德国 Ibeo 和 Quanergy 三家公司手中，其中 Velodyne 占据了车载激光雷达 80% 左右的全球市场份额。我国车载激光雷达近两年迎来发展期，具备了一定竞争力，但市场规模较小
适航标准	国际上以美国联邦航空管理局（FAA）和欧洲航空安全局（EASA）的适航审定影响力最大、认可度最高。我国由于国产航空发动机型号匮乏，缺少实际工程实践经验，适航规章缺少相应的技术支撑
高端电阻电容	日本在该领域处于领先地位。国内企业产品多属于中低端，在工艺、材料、质量管控上，与国际先进水平有较大差距
核心工业软件	工业软件是智能制造的关键要素。全球工业软件三大巨头分别为美国的 Cadence、Synopsys 和 Mentor，占据了全球 70% 的行业收入。我国在该领域处于缺位状态
ITO 靶材	ITO 靶材广泛应用于制作液晶显示器、等离子显示器、触摸屏、电子纸、太阳能电池等。靶材核心技术长期为日本三井、东曹、日立和韩国三星、康宁等公司把持。每年我国 ITO 靶材消耗量超过 1 000 吨，50% 左右依靠进口
机器人核心算法	核心算法直接关系到工业机器人的稳定性、易用性和低故障率。日本发那科和安川、瑞士 ABB、德国库卡在该领域处于全球领先地位，我国还未完全掌握核心算法
航空钢材	在大型飞机结构性关键部件用钢方面，我国与国际先进水平相比仍存在较大差距。以起落架钢材为例，美国 300M 钢材适用范围最为广泛，我国 C919 试飞时仍依赖进口。在航空发动机用高温合金方面，整体研制和生产水平处于跟跑阶段
高端轴承钢	轴承钢广泛用于飞机、汽车、高铁、精密机床、仪器仪表等制作。高端轴承钢的研发、制造与销售基本被美国 Timken、瑞典 SKF 所垄断，我国的制轴工艺已接近世界顶尖水平，但材质几乎全部依赖进口
铣刀	铣刀用于铣床加工、铣磨车制作等领域。瑞典 Sandvik、美国 Kennametal、德国 WNT、以色列 ISCAR 等公司在该领域处于全球领先地位。我国生产的铣刀在合金硬度、工艺精度上与前述公司差距明显
高压柱塞泵	作为高端液压装备的核心元件，高压柱塞泵被称作液压系统的“心脏”。德国 Bosch Rexroth、美国 Parker、日本 YUKEN 等公司占据全球领先地位。我国液压工业规模在 2017 年已成为世界第二，但产业大而不强，额定压力 35MPa 以上柱塞泵，90% 以上依赖进口
航空设计软件	世界航空业于 20 世纪 80 年代以后进入数字化设计阶段，一架飞机的设计至少需要十余种专业软件。法国 CATIA、美国 NASTRAN、AAA 等软件垄断全球市场。我国虽然也与国外同步开展了该类软件的研发设计工作，但大多滞留于原地

续表

技术名称	基本描述
光刻胶	光刻胶是微电子技术中微细图形加工的关键材料之一，核心技术至今被日本 TOK、JSR、住友化学、信越化学等企业垄断，我国 LCD 用光刻胶几乎全部依赖进口
高压共轨系统	高压共轨系统相当于柴油发动机的“心脏”和“大脑”。德国、美国和日本等国企业占据了绝大部分市场份额，我国是全球柴油发动机的主要市场和生产国家，但共轨系统却大部分依赖进口
透射式电镜	透射式电镜是生命科学研究的利器，是冷冻电镜制造的基础能力之一。目前世界上生产透射式电镜的厂商仅有三家，分别为日本 JEOL、HITACHI、FEI，国内尚无一家企业生产
掘进机主轴承	该类轴承结构最为复杂，是掘进机的“心脏”。德国的 Rothe Erde、IMO、FAG 和瑞典 SKF 占据全球市场，我国掘进机已接近世界最先进水平，但最关键的主轴承全部依赖进口
微球	微球是液晶设备制造、手机屏幕生产和药品药效发挥的现代工业基础材料。全球仅有日本索尼、日立、积水等公司生产。我国受制于微球材料不过关，生产能力相当有限
水下连接器	水下连接器对海底观测网系统的建设、运行和维护有着不可替代的作用。美国 SEACON Eaton，德国 Teledyne Marine 等公司占据全球市场份额，我国基本依赖进口
燃料电池关键材料	燃料电池催化剂的主要生产厂商有英国 Johnson Matthery、德国 BASF 和日本 Tanaka 等，我国于 2018 年打破国外垄断局面开始筹备量产
高端焊接电源	我国是全球最大焊接电源制造基地，年产能超过 1 000 万台套，但高端焊接电源基本被国外垄断。国外焊接电源全数字化控制技术已相对成熟，国内仍以模拟控制技术为主
锂电池隔膜	锂电池隔膜是锂电池关键的内层组件之一，是新能源汽车的“心脏”。该产业最发达的国家是日本和美国，所占市场份额超过全球一半以上。我国占据的主要是低端 3C 类电池隔膜市场，高端 3C 类电池以及动力锂电池用隔膜依然大量依赖进口
医学影像设备元器件	德国西门子和飞利浦、美国通用、日本东芝均是全球医学影像巨头。目前国产医学影像设备的大部分元器件依赖进口
超精密抛光工艺	该工艺广泛用于集成电路制造、医疗器械、汽车配件、数码配件、精密磨具、航空航天，目前美国和日本牢牢把握了全球市场的主动权
环氧树脂	环氧树脂是碳纤维的关键复合辅材。美国 Dow 陶氏化学、德国 Covestro、荷兰 DSM 等欧美公司产品占据了全球绝大部分市场份额，国产碳纤维所用的环氧树脂全部依赖进口
高强度不锈钢	高强度不锈钢广泛应用于航空航天、海洋工程等装备制造领域。产量主要集中于荷兰/卢森堡的 Arcelor Mittal、德国 Thyssen - Krupp、西班牙 Acerinox、瑞典 Sandvik、韩国浦项等几家特大型钢铁集团手中。我国钢材在强度、纯度和防锈性能上有较大差距
数据库管理系统	全球最广泛应用的两种数据库系统是美国甲骨文旗下的 Oracle 和 MySQL，微软、IBM 公司也有一席之地。我国在该领域仅有非常小的份额，且稳定性和整体性还有待提升
扫描电镜	扫描电镜被广泛应用于材料、生物、医学和半导体等领域。主要产自美国 Thermo Fisher、德国 Carl Zeiss、日本 Hitachi、捷克 Tescan 等公司，我国国产比例约 5%—10%

资料来源：《科技日报》、国海证券研究所，2020 年。

党的十九届四中全会已明确提出“构建社会主义市场经济条件下关键核心技术攻关新型举国体制”,《“十四五”规划纲要》中提出“制定科技强国行动纲领，健全社会主义市场经济条件下新型举国体制，打好关键核心技术攻坚战”，这表明在新形势下，构建包括政府、企业、高校、科研机构、社会中介服务机构和个人等创新行为主体的融合创新关键核心技术攻关体系，将充分尊重科技规律、经济规律和市场规律，统筹发挥好政府和市场的作用，整合国家战略科技力量，集中优势创新资源，协同攻关重大科技难题。可见，战略性聚焦关键核心技术攻关，是我国继续凭借新型举国体制这个独特优势来培育战略科技力量和战略储备能力的重要部署，也是未来我们掌握更多具有自主知识产权的核心科技和“硬核”产品，助力科技强国建设和国家经济社会发展的必要举措。

（三）补齐产业链供应链短板

尽管技术先进程度不同，加强科技创新，提高产业链本土化程度，补齐产业链供应链短板，推动产业链供应链多元化已是国内大循环应有之义。如前所述，我国高科技领域进口依赖程度较大，集成电路和电子元件在我国进口结构中的占比高达 16%，见表 2 – 7。2019 年开始发生的缺“芯”之痛，让我们更加清楚地看到了自身在产业链供应链上的短板，亟待有效应对，及时“补链”“强链”。比如，利用好美国与其他发达国家在经济技术和贸易结构上的差异，特别是重视加强与德国、日本等制造强国的合作，有针对性地扩大国内市场准入，以经济利益的深度绑定促进技术合作，力争重要产品和供应渠道都至少有一个替代来源，形成必要的产业备份系统，也为国内关键技术突破创造条件、赢得时间（马建堂，2021）。

表 2 – 7　　2013—2018 年我国进口结构一览

年份	2015	2016	2017	2018
进口商品总额（百万美元）	1 679 566	1 587 925	1 843 792	2 135 748
农产品	9. 50%	9. 75%	9. 81%	9. 14%
燃料和矿产品	21. 21%	20. 54%	24. 12%	26. 37%
工业品	64. 16%	64. 86%	62. 48%	60. 96%
机械和运输设备	40. 68%	41. 47%	39. 96%	39. 32%
办公通信设备	22. 81%	23. 26%	22. 10%	22. 06%
集成电路和电子元件	15. 54%	16. 14%	15. 61%	16. 00%
运输设备	6. 45%	6. 79%	6. 45%	6. 02%
汽车产品	4. 35%	4. 75%	4. 53%	4. 07%
电信设备	4. 26%	4. 23%	3. 89%	3. 39%
电子数据处理和办公设备	3. 01%	2. 89%	2. 60%	2. 68%
化工产品	10. 16%	10. 29%	10. 44%	10. 41%
药品	1. 21%	1. 39%	1. 42%	1. 39%

续表

年份	2015	2016	2017	2018
纺织品	1.13%	1.05%	0.94%	0.84%
钢铁	1.16%	1.15%	1.23%	1.13%
服装	0.39%	0.41%	0.39%	0.39%

资料来源：WIND。

从“补链”“强链”的难易程度来看，各产业存在较大差距。表2-8显示，在光伏面板、高铁、数字支付等行业，我国企业的本土市场份额超过90%。风力涡轮机、电动汽车等采用外国技术的国内领先行业，有高市场占比，同时更多依赖本土厂商提供部件，相比其他采用外国技术的国内领先行业更具备自主研发的基础。半导体和飞机制造等行业，我国企业市场份额很小而且高度依赖外国技术。从全产业链构建的角度，这些行业发展空间巨大，但取得重大进展的难度和时间也更难预计。

表2-8　　我国科技厂商在关键子领域的市场份额

技术（基于2018年或更晚数据）	行业	在中国的市场份额（%）	中国厂商（一级供应商）提供的部件百分比（%）
采用国产技术的国内领先行业	光伏面板	100	70—85
	高铁	100	75—90
	数字支付	95	>85
采用外国技术的国内领先行业	风力涡轮机	80	60—75
	电动汽车	95	60—75
	货船	90	40—50
	农业机械	88	60—80
	智能手机	85	30—50
	云服务	70	<35
	机器人	50	25—45
较为薄弱的国内企业	半导体	5	<10
	飞机	5	<20

资料来源：麦肯锡全球研究院（2019）。

（四）增强对产业链供应链控制力

国际地缘政治环境恶化和逆全球化潮流持续等多重因素叠加对我国负面影响逐步加剧，全球产业链供应链或将持续出现“短链化”和分散化。从国内大循环角度来看，技术领域本土化、产品供给本土化、增强产业链供应链控制力和抗风险能力的重要性也日益凸显。

从我国产业区域布局来看，制造业核心技术和主要产能主要集中于东部沿海地区，已有逐步向中西部扩散的趋势，特别是知识密集型产业向中西部重点城市扩散趋势加强，并且开始向中小城市转移，但区域之间产业现代化水平、企业经营实力差距甚远。根据赛迪智库规划研究所的统计，“十三五”期间“中国制造业企业500强”各区域企业入围数量差异明显。东部企业数量占比从2016年的69.2%上升到2019年的72.6%，增长3.4%；中部、西部、东北部企业数量占比分别下降1.2%、0.6%和1.6%。从营业收入总额来看，2019年东部入围企业营业收入总额创造了全部“中国制造业企业500强”营业收入总额的78.3%，较2016年提高了2.0%。从资产总额来看，东部入围企业在资产总量上拥有绝对优势，占据全部“中国制造业企业500强”资产总额的78.8%，且较之于2016年提高了2.8%，见图2-2。未来东、中、西部需构建上中下游完整的产业链布局，而非中西部尤其西部地区单纯地承接东部的产业转移，需从大局出发实现全国范围内全产业链的可控。

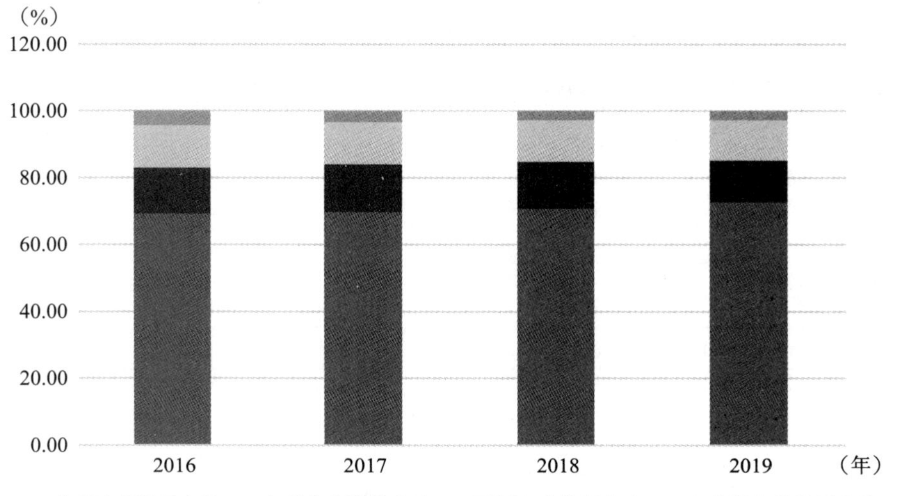

图2-2 “中国制造业企业500强”区域分布

资料来源：赛迪智库规划研究所（2020）。

从具体产业控制力提升来看，亟待以技术创新为支撑实现产业和产品的双可控。以广州、深圳为例，1985年广州制造业以机械工业、电器机械及器材制造业、纺织业和食品制造等劳动密集型产业为主；2001年逐步转变为交通运输设备制造、化学原料及化学制品、电子及通信设备制造等技术密集型和劳动密集型产业并重的局面；2018年则体现为以汽车制造、计算机及通信制造、化工等技术和资金密集型产业为主。1985年，深圳制造业定位虽然在劳动密集型之上叠加了部分技术因素，但高科技含量仍然有限。后续通过引进外资、技术、人才，加大研发投入等方式，加快产业升级，转向了资本和技术密集型的制造业，见表2-9。这样的发展路径表明了广州、深圳两市在产业转型的同时朝着技术和产品本土化、增强产业控制力的方向迈进，两市经验也值得全国其他城市学习和借鉴。

表 2-9 广州、深圳两市的制造业变迁

1985 年		2001 年		2018 年	
广州	深圳	广州	深圳	广州	深圳
机械工业	电子及通信设备制造业	交通运输设备制造业	电子及通信设备制造业	汽车制造业	计算机、通信和其他电子设备制造业
电子机械及器材制造业	文教体育用品制造业	化学原料及化学制品制造业	电器机械及器材制造业	计算机、通信和其他电子设备制造业	电器机械和器材制造业
纺织业	饲料工业	电子及通信设备制造业	仪器仪表及文化办公用机械制造业	化学原料和化学制品制造业	专用设备制造业
食品制造业	机械工业	电子机械及器材制造业	塑料制品业	电器机械和器材制造业	文教、工美、体育和娱乐用品制造业
电子及通信设备制造业	化学工业	石油加工及炼焦业	金属制品业	石油加工、炼焦和核燃料加工业	橡胶和塑料制品业

资料来源：《广东统计年鉴（2019）》；粤开证券研究院（2020）。

从未来发展来看，我国需要通过产业链集群建设来增强控制能力。能够承接产业链集群的区域至少具备以下五个特征：交通运输枢纽地；劳动力和人才配置达到先进水平；营商环境国际化、法治化和市场化；社会环境和生态环境良好；拥有生产成本优势（黄奇帆，2020）。对于传统制造业而言，既面临数字化转型升级的机会，同步面临产业链和价值链重塑的挑战，也孕育着形成新的产业链集群的机遇。对于战略性新兴制造业，则必须形成从研发设计到大规模生产再到物流配送等全产业链集群，从而提高全链条的掌控力和抗风险能力。

第二节 构建以新基建为重点领域的投资格局

目前既是全球新型基础设施进入大建设大发展大演进的关键时期，也是新型基础设施和传统基础设施融合发展的加速期（归桦，2020）。“十四五”时期我国进入新发展阶段之后，基础设施具有战略性、基础性、先导性作用，对于提高经济运行效率、构建新发展格局具有重要意义，这一时期的重点是加快第五代移动通信、工业互联网、大数据中心等新型基础设施的建设，为畅通国内大循环筑牢物质基础。

一、新基建的基本内涵

早在 2015 年 1 月，国务院《关于加快高速宽带网络建设 推进网络提速降费的指导意见》就提出，“到 2020 年，技术先进、应用繁荣、保障有力的大数据产业体系基本形成”。

《“十三五”规划纲要》中进一步提出，要“积极推进第五代移动通信（5G）和超宽带关键技术研究，启动5G商用”。2018年底的中央经济工作会议更是明确了“加快5G商用步伐，加强人工智能、工业互联网、物联网等新型基础设施建设”，“新基建”一词由此诞生。2019年3月，新基建一词写入国务院政府工作报告。2020年1月国务院常务会议，2月中央全面深化改革委员会会议，3月中共中央政治局常委会会议分别对新基建的各项工作进行了全面和深入的部署。2020年4月，国家发改委首次明确“新基建”是以新发展理念为引领，以技术创新为驱动，以信息网络为基础，面向高质量发展需要，提供数字转型、智能升级、融合创新等服务的基础设施体系。根据国家发改委的文件精神，“新基建”主要包括：

第一，信息类基础设施。主要是指基于新一代信息演化生成的基础设施，比如以5G、物联网、工业互利网、卫星互联网为代表的通信网络基础设施，以人工智能、云计算、区块链等为代表的新技术基础设施，以数据中心、智能计算中心为代表的算力基础设施等。

第二，融合类基础设施。主要是指深度应用互联网、大数据、人工智能等技术，支撑传统基础设施转型升级，进而形成的融合基础设施，比如智能交通基础设施、智慧能源基础设施等。

第三，创新类基础设施。主要是支撑科学研究、技术开发、产品研制的具有公益属性的基础设施，比如重大科技基础设施、科教基础设施、产业技术创新基础设施等。

传统基建的生产要素主要为机械、建筑、设施等有型硬件，新基建既包括了5G基站、集成电路、数据中心等硬件，还包括操作系统、算法代码、网络平台等软件，软硬结合意味着新基建的投资模式更为复杂，对经济增长的贡献也将更为深远。短期可以拉动相关设备生产，间接为经济活动线下转线上、劳动者自主创业提供更好的条件，长期则为我国经济提高效率铺就信息高速公路（张文达等，2020），可对市场资源配置、政府治理模式、企业经营行为和家庭消费模式带来深层次的结构变化，有力地促进经济可持续增长。

二、新基建的主要特征

适应我国社会主要矛盾转化和我国经济迈向高质量发展的要求，能更好地支持创新、绿色环保和消费升级，在补短板的同时为新引擎助力，这是新时代对新基建的本质要求，也是新基建与老基建的最大不同（任泽平等，2020）。

（一）新的投资领域

狭义来看，新基建包括5G基站及相关设备、数据中心、工业互联网、人工智能、新能源汽车充电桩、特高压、城际高速与城市轨道交通等七大重点建设领域。广义来看，新基建应包含与我国经济转型升级方向一致的领域（叶银丹，2020）：一是与科技创新和经济高质量发展相关的领域，如5G基站、数据中心、人工智能、工业互联网等领域。二是与供给侧结构性改革相关的补短板领域，如与环境保护相关的新能源充电桩、污水治理、空气治理等基础设施；与公共卫生服务相关的应急物资保障基础设施；与公共教育服务相关的校园基础设施建设；与养老服务相关的公立养老院等基础设施建设。三是与新型城镇化相关的融合领域，如助力于城市群和都市圈发展的城际高铁和城市轨道交通建设，助力于城市治理水平提升的智慧城市大脑、智慧城市安防、数字孪生城市等基础设施建设。

表2-10列示了中央决策层对七大重点投资领域的重要部署和发展定位。以5G建设为例，我国对5G建设的战略部署起步于2015年，然后逐年推进和深化。2016年的建设目标为“积极推进5G和超宽带关键技术研究，启动5G商用”；2017年提升为“加快5G等技术在工业互联网中的应用研究”；同年12月提出以直辖市、省会城市为重点，开展5G规模组网建设；2018年进一步提出“加快5G标准研究、技术试验，推进5G规模组网建设及应用示范工程”；2019年则提出“继续推动5G技术研发和产业化，组织开展5G国内标准的研制工作”，同年还要求开展5G建设的协同技术、产品研发和服务创新工作；2020年将5G与工业互联网、大数据中心等新基建纳入“十四五”规划系统布局。可以看出，在“十三五”开局之年我国就已经对新型基础设施开展了前瞻性的系列部署工作，旨在助推我国经济发展方式的转变，释放长期经济增长潜力并在国际竞争中抢占先机。“十四五”期间的新型基础设施建设，既要聚焦关键领域、薄弱环节锻长板、补短板，又要全面促进基础设施提质增效，从而成为推动实现国内国际双循环不可或缺的基础物质条件。

表2-10　　关于新基建的部分相关

领域	时间	文件名	主要目标
5G建设	2015年1月	《国务院办公厅关于加快高速宽带网络建设　推进网络提速降费的指导意见》（国办发〔2015〕41号）	到2020年，技术先进、应用繁荣、保障有力的大数据产业体系基本形成
	2016年3月	《国民经济和社会发展第十三个五年规划纲要》（第十二届全国人民代表大会四次会议）	积极推进第五代移动通信（5G）和超宽带关键技术研究，启动5G商用
	2016年12月	《国务院关于印发〈“十三五”国家信息化规划〉的通知》（国发〔2016〕73号）	开展5G研发试验和商用，主导形成5G全球统一标准
	2017年11月	《国务院关于深化“互联网+先进制造业”发展工业互联网的指导意见》（国发〔2017〕50号）	加快5G、软件定义网络等技术在工业互联网中的应用研究
	2017 12月	《国家发改委办公厅关于组织实施2018年新一代信息基础设施建设工程的通知》（发改办高技〔2017〕1891号）	以直辖市、省会城市及珠三角、长三角、京津冀区域主要城市等为重点，开展5G规模组网建设
	2018年7月	《工业和信息化部　发展改革委关于印发〈扩大和升级信息消费三年行动计划（2018—2020年）〉的通知》（工信部联信软〔2018〕140号）	加快第五代移动通信（5G）标准研究、技术试验，推进5G规模组网建设及应用示范工程

续表

领域	时间	文件名	主要目标
5G建设	2019年5月	《工业和信息化部　国资委关于开展深入推进宽带网络提速降费　支撑经济高质量发展2019年专项行动的通知》（工信部联通信〔2019〕94号）	继续推动5G技术研发和产业化，促进系统、芯片、终端等产业链进一步成熟。组织开展5G国内标准研制工作，加快5G网络建设进程，着力打造5G精品网络。指导各地做好5G基站站址规划等工作，进一步优化5G发展环境
	2019年12月	中共中央、国务院《长江三角洲区域一体化发展规划纲要》	加快推进5G网络建设，支持电信运营、制造、IT等行业龙头企业协同开展技术、设备、产品研发、服务创新及综合应用示范
	2020年3月	中共中央政治局常务委员会会议	加快5G网络、数据中心等新型基础设施建设进度
	2020年3月	《工业和信息化部关于推动5G加快发展的通知》（工信部通信〔2020〕49号）	加快5G网络建设进度，加大基站站址资源支持，丰富5G技术应用场景，持续加大5G技术研发力度，着力构建5G安全保障体系
	2021年7月	《工业和信息化部等十部门关于印发〈5G应用“扬帆”行动计划（2021—2023年）〉的通知》（工信部联通信〔2021〕77号）	到2023年，我国5G应用发展水平显著提升，综合实力持续增强。打造IT（信息技术）、CT（通信技术）、OT（运营技术）深度融合新生态，实现重点领域5G应用深度和广度双突破，构建技术产业和标准体系双支柱，网络、平台、安全等基础能力进一步提升，5G应用“扬帆远航”的局面逐步形成。
数据中心	2015年8月	《国务院关于印发〈促进大数据发展行动纲要〉的通知》（国发〔2015〕50号）	布局国家大数据平台、数据中心等基础设施
	2016年12月	《工业和信息化部关于印发大数据产业发展规划（2016—2020年）的通知》（工信部规〔2016〕412号）	引导地方政府和有关企业统筹布局数据中心建设，充分利用政府和社会现有数据中心资源，整合改造规模小、效率低、能耗高的分散数据中心，避免资源和空间的浪费
	2020年1月	《中共中央、国务院关于抓好“三农”领域重点工作　确保如期实现全面小康的意见》	依托现有资源建设农业农村大数据中心，加快物联网、大数据、区块链、人工智能、第五代移动通信网络、智慧气象等现代信息技术在农业领域的应用。开展国家数字乡村试点
	2021年7月	《工业和信息化部关于印发〈新型数据中心发展三年行动计划（2021—2023年）〉的通知》（工信部通信〔2021〕76号）	以赋能数字经济发展为目标，推动新型数据中心建设布局优化、网络质量提升、算力赋能加速、产业链稳固增强、绿色低碳发展、安全保障提高，打造新型智能算力生态体系，有效支撑各领域数字化转型，为经济社会高质量发展提供新动能

续表

领域	时间	文件名	主要目标
工业互联网	2015 年 5 月	《国务院关于印发〈中国制造 2025〉的通知》（国发〔2015〕28 号）	加强工业互联网基础设施建设规划与布局，建设低时延、高可靠、广覆盖的工业互联网
	2017 年 10 月	《国务院关于深化“互联网 + 先进制造业”发展工业互联网的指导意见》	立足国情，面向未来，打造与我国经济发展相适应的工业互联网生态体系，使我国工业互联网发展水平走在国际前列，争取实现并跑乃至领跑
	2018 年 6 月	《工业和信息化部关于印发〈工业互联网发展行动规划（2018—2020 年）〉和〈工业互联网专项工作组 2018 年工作计划〉的通知》（工信部信管函〔2018〕188 号）	到 2020 年底，初步建成工业互联网基础设施和产业体系
人工智能	2015 年 5 月	《国务院关于印发〈中国制造 2025〉的通知》（国发〔2015〕28 号）	加快推动新一代信息技术与制造技术融合发展，把智能制造作为“两化”深度融合的主攻方向
	2015 年 7 月	《国务院关于积极推进“互联网 +”行动的指导意见》（国发〔2015〕40 号）	依托互联网平台提供人工智能公共创新服务，加快人工智能核心技术突破，促进人工智能推广应用
	2016 年 3 月	《国民经济和社会发展第十三个五年规划纲要》（十二届全国人民代表大会第四次会议）	重点突破大数据和云计算关键技术、自主可控操作系统、高端工业和大型管理软件、新兴领域人工智能技术
	2016 年 7 月	《国务院关于印发〈“十三五”国家科技创新规划〉的通知》（国发〔2016〕43 号）	将智能制造和机器人作为科技创新 2030 的重大科技项目
	2017 年 7 月	《国务院关于印发〈新一代人工智能发展规划〉的通知》（国发〔2017〕35 号）	分三步走的战略目标。到 2030 年人工智能理论、技术与应用总体达到世界领先水平，成为世界主要人工智能创新中心，智能经济、智能社会取得明显成效
	2017 年 12 月	《工业和信息化部关于印发〈促进新一代人工智能产业发展三年行动计划（2018—2020 年）〉的通知》（工信部科〔2017〕315 号）	力争到 2020 年，一系列人工智能标志性产品取得重要突破，在若干重点领域形成国际竞争优势，人工智能和实体经济融合进一步深化，产业发展环境进一步优化
	2019 年 3 月	中央全面深化改革委员会第七次会议	明确指出构建数据驱动、人机协同、跨界融合、共创分享的智能经济形态
	2020 年 7 月	《国家标准化管理委员会等五部门关于印发〈国家新一代人工智能标准体系建设指南〉的通知》（国标委联〔2020〕35 号）	到 2021 年，明确人工智能标准化顶层设计，研究标准体系建设和标准研制的总体规则；到 2023 年，初步建立人工智能标准体系，重点研制数据、算法、系统、服务等重点亟需标准

续表

领域	时间	文件名	主要目标
新能源汽车充电桩	2015 年 10 月	《国务院办公厅关于加快电动汽车充电基础设施建设的指导意见》（国办发〔2015〕73 号）	力争到 2020 年基本建成适度超前、车桩相随、智能高效的充电基础设施体系，满足超过 500 万辆电动汽车的充电需求
	2016 年 1 月	《财政部关于“十三五”新能源汽车充电基础设施奖补政策及加强新能源汽车推广应用的通知》（财建〔2016〕7 号）	中央财政充电基础设施建设运营奖补资金是对充电基础设施配套较为完善、新能源汽车推广应用规模较大的省（区、市）政府的综合奖补
	2018 年 12 月	《工业和信息化部关于印发〈车联网（智能网联汽车）产业发展行动规划〉的通知》（工信部科〔2018〕283 号）	2020 年，将实现车联网（智能网联汽车）产业跨行业融合取得突破，具备高级别自动驾驶功能的智能网联汽车实现特定场景规模应用，车联网用户渗透率达到 30% 以上，智能道路基础设施水平明显提升
	2020 年 11 月	《国务院办公厅关于印发〈新能源汽车产业发展规划（2021—2035）〉的通知》（国办发〔2020〕39 号）	到 2025 年，我国新能源汽车市场竞争力明显增强，动力电池、驱动电机、车用操作系统等关键技术取得重大突破，安全水平全面提升。力争经过 15 年的持续努力，我国新能源汽车核心技术达到国际先进水平，质量品牌具备较强国际竞争力
特高压	2018 年 9 月	《国家能源局关于加快推进一批输变电重点工程规划建设工作的通知》（国能发电力〔2018〕70 号）	加快推进 9 项重点输变电工程建设，合计输电能力达 5 700 万千瓦
轨道交通	2015 年 1 月	《国家发展改革委关于加强城市轨道交通规划建设管理的通知》（发改基础〔2015〕49 号）	有序发展地铁，鼓励发展轻轨、有轨电车等高架或地面敷设的轨道交通制式
	2016 年 7 月	《交通运输部关于印发〈城市公共交通“十三五”发展纲要〉的通知》（交运发〔2016〕126 号）	到 2020 年，初步建成适应全面建成小康社会需求的现代化城市公共交通体系
	2016 年 11 月	《国家发展改革委　交通运输部关于印发〈交通基础设施重大工程建设三年行动计划〉的通知》（发改基础〔2016〕730 号）	以完善快速交通网、基础交通网、城际城市交通网为重点，推动形成国内国际通道联通、区域城乡覆盖广泛、枢纽节点功能完善、一体衔接便捷高效的综合交通网络，更好地发挥组合优势和网络效益
	2017 年 2 月	《国务院关于印发〈“十三五”现代综合交通运输体系发展规划〉的通知》（国发〔2017〕11 号）	到 2020 年，基本建成安全、便捷、高效、绿色的现代综合交通运输体系，部分地区和领域率先基本实现交通运输现代化
	2018 年 7 月	《国务院办公厅关于进一步加强城市轨道交通规划建设管理的意见》（国办发〔2018〕52 号）	确保城市轨道交通发展规模与实际需求相匹配、建设节奏与支撑能力相适应，实现规范有序、持续健康发展

资料来源：中国政府网、新华网、人民网等。

不仅如此，新基建还带动了相关重点产业的投资，按照上下游产业链来看，涉及能源、化工材料、建筑、信息通信、医疗等多个行业，这些行业在国家层面的产业政策和财政支持上不仅优先于其他行业，而且被纳入地方发展规划，见图2－3。以智能电网及相关行业为例，国家电网明确要在2025年基本建成具有中国特色、国际领先的能源互联网企业；《广东省推进新型基础设施建设三年实施方案（2020—2022年）》（粤府办〔2020〕24号）则提出，建设智能电厂、构建智能发电运行管理系统。再以农业为例，按照农业农村部、中央网络安全和信息化委员会办公室（以下简称中央网信办）联合印发的《数字农业农村发展规划（2019—2025年）》（农规发〔2019〕33号）的部署，我国农业将在2025年经历科技转型，在2035年全面实现数字化，如黑龙江已于2020年启动了数字农业综合服务体系，借助“互联网＋大数据＋人工智能”打造数字农业新业态。

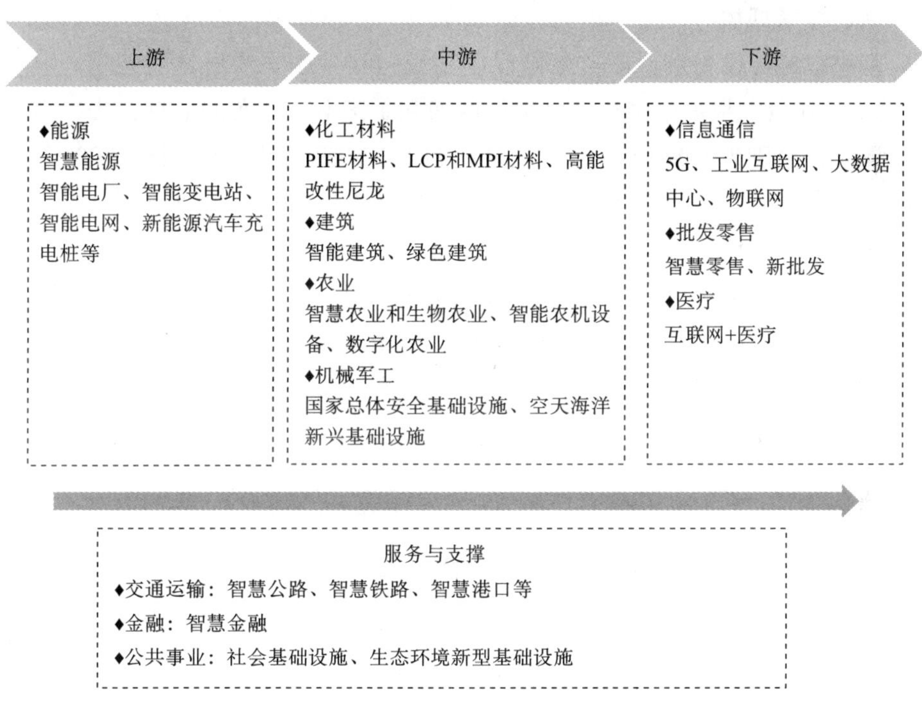

图2－3　“新基建”涉及的重点行业

资料来源：中国科学院科技战略咨询研究院、西南证券，2020年。

（二）新的投资主体

传统基建的投资主体是各级政府或者国有企业融资平台，由于传统基建的技术门槛和不确定性相对较低，政府能勉强承担项目实际经理人的职能。而新基建在推动万物互联互通过程中大量运用5G、人工智能、区块链等通用目的技术，这些前沿技术具有高度不确定性，包括市场的不确定性、技术的不确定性、组织架构的不确定性（李晓华和吕铁，2010）。与直接参与市场竞争、技术创新的企业相比较，政府对前沿技术的不确定性更不敏感，正确做出新兴基础设施技术路线和建设规模决策更为困难（兰虹等，2020），因此在新基建方面，投资主体必将呈现多元化的态势。

在新基建的七大关键领域内，政府参与出资的主要是铁路和轨道交通。对于轨道交通，目前中央政策要求地方政府提供的资本不得低于总投资额的40%。对于铁路建设，从近两年审批立项的项目来看，铁路集团与地方政府合计提供的资本金在总投资的50%左右，部分铁路项目甚至采取了政府和国企全额资本的投资方式。国有企业出资的领域，除了前述铁路之外，还有5G基站（主要是三大运营商出资）、数据中心（三大运营商也是数据中心的主要参与者）、充电桩（国家电网市场份额较高）、特高压（国家电网承担20%的资本金）。民营企业投资的领域主要集中在人工智能、工业互联网和充电桩等领域。需要指出的是，铁路项目也在推进市场化改革，如杭绍台铁路就是我国首条由民营资本控股的高铁线路。

（三）新的投资规模

以5G基础设施建设为例，该类基础设施建设包括基站、铁塔、线缆等，其中规模体量较大的是基站建设。根据中国移动、中国联通和中国电信公布的信息，2020年三大运营商的5G投入预计分别为1 000亿元、350亿元和453亿元人民币，合计1 800亿元人民币，建成5G基站50万个。对2020年各省“两会”政府工作报告的梳理（见表2－11）结果显示，9个省提及2020年新建5G基站，建设目标共计24.8万个，占三大运营商2020年新建5G基站目标数的一半左右。以此为基础来推算5G建设的总投资规模，2020年每个基站成本平均约40万—50万元，全国约建成60万个基站，总投资或接近3 000亿元，2021年在此基础上翻一番，预计达到6 000亿元左右。

表2－11　2020年地方《政府工作报告》对5G建设的表述一览

区域	省份	对5G建设的表述
西北	宁夏	培育软件服务、5G商用等业态
	青海	推进5G网络和智慧广电建设
	陕西	推进5G网络基础设施建设
	新疆	推进5G通信网络建设
	甘肃	加强5G网络基础设施建设，基本实现地级市城区5G基站全覆盖
华东	上海	推进5G网络市域全覆盖
	浙江	建成5G基站5万个，实现县城以上全覆盖
	江苏	加快5G通信网络和车联网先导区建设
	安徽	推进5G网络建设，*新建5G基站1万个以上*
	福建	加快5G商用步伐
	山东	*年内新开通5G基站4万个*
东北	黑龙江	力争年底实现市地5G网络覆盖
	辽宁	稳步推进5G通信网络建设
	吉林	加快布局5G通信网络基础设施

续表

区域	省份	对5G建设的表述
华北	北京	稳步推进5G通信网络建设
	天津	5G基站达到2万个以上
	山西	基本实现设区市中心城区5G网络连续覆盖和商用
	内蒙古	积极布局5G通信应用
	河北	加快布局5G基站、物联网、IPV6等新型基础设施
中南	广东	年内新建5G基站4.8万个，力争实现地级以上市5G网络覆盖，基本实现珠三角中心城区连续覆盖
	广西	建成2万个5G基站，实现设区市核心区域5G网络连续覆盖
	海南	完成5G基站布局，推动开放30个左右应用场景
	湖北	加快5G、工业互联网、冷链物流等新型基础设施建设
	湖南	积极建设5G商用和新一代信息基础设施、工业互联网
	河南	实现县城以上城区5G全覆盖，加快全省5G商用进程
	江西	建成5G基站2万个
西南	重庆	新建5G基站3万个
	四川	抢占区块链、大数据、人工智能、工业互联网、5G网络应用和超高清视频等产业高地
	贵州	5G基站达到1万个，实现市级以上核心区域覆盖5G网络
	云南	加快布局5G网络、数据中心、区块链技术云平台、人工智能、工业互联网、物联网等新基建
	西藏	推进5G商用，力争年底各地（市）所在地覆盖5G网络

资料来源：各省（直辖市）2020年《政府工作报告》；华创证券（2020）。

数据中心建设也在我国获得了快速发展。行业市场规模从2010年的102亿元增长到2020年的2 239亿元，增长近22倍，见图2－4。2020年新冠肺炎疫情爆发，线上经济加速繁荣，这也为互联网/通信设备、数据中心建设以及下游服务器市场提供了更大的发展空间。根据赛迪顾问的数据统计，到2022年数据中心投资规模将达到5 256亿元，未来3年或将保持12.4%的年均复合增长率。

表2－12显示了基于新基建重点投资领域的当前发展基本情况和未来发展目标规划估算的投资规模，2025年新基建投资总额约达10万亿元，拉动相关投资约17万亿元。以5G基站为例，根据目前4G基站建设数量和5G基站覆盖能力，预计到2025年我国5G基站建设数量可达到500万座，按照目前50万/座的招标成本，累计投资规模达2.5万亿元。鉴于5G产业链覆盖广泛，基站建成之后将带动多类型终端及人工智能、虚拟现实、高清视频等行业应用市场规模的快速上升，预计拉动的产业链相关投资可达5万亿元。城际高铁和轨道交通由于建设成本更高，按每公里投资1.5亿元计算，至2025年累计的直接投资规模约4.5万亿元。相应带动轨道、道路建设、电工电网、装备制造、轨道车辆等行业高速发展，同时带动文化、旅游等服务业繁荣，累计拉动的投资规模约达1.2万亿

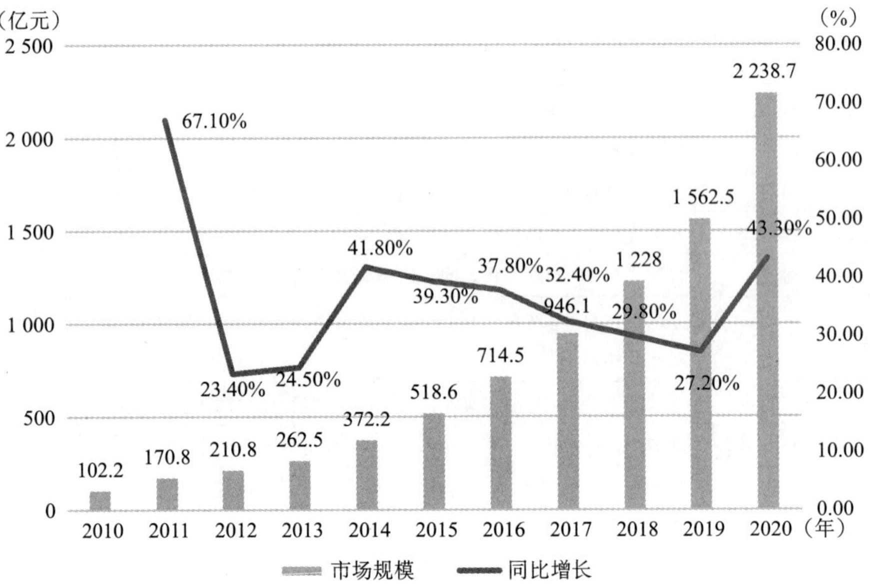

图 2－4　2010—2020 年我国互联网数据中心行业市场规模

资料来源：前瞻产业研究院（2021）。

元。"十四五"期间，在中央和地方政策均将新基建重点领域作为主要发力点的情形下，新基建投资增速或将达到两位数，部分重点领域增速或将更高，新基建对老基建的替代作用也将进一步增强。

表 2－12　新基建的直接投资和拉动投资测算

新基建	直接投资	拉动投资
5G 基站	根据目前 4G 基站建设数量及 5G 基站覆盖能力，预计至 2025 年，我国 5G 基站建设数量约为 500 万座，按照移动 5G 基站招标成本 50 万/座，预计累计投资规模达 2.5 万亿元	5G 产业链涵盖广泛，5G 基站基建将带动多类型终端及人工智能、虚拟现实、高清视频等行业应用市场规模快速上升，预计至 2025 年带动 5G 产业链相关投资累计超 5 万亿元
特高压	根据国家电网数据，目前处于在建和待核准的特高压工程共 16 条线路，预计总投资规模为 2 577 亿元。特高压投资周期为 2—3 年，预计至 2025 年预计累计投资规模超过 5 000 亿元	带动装备制造、技术服务、建设安装等领域业绩增长，推动电力互联网、配电网等智能网络快速发展，预计至 2025 年，将带动相关投资累计超过 1.2 万亿元
城际高铁和轨道交通	根据国铁集团数据显示，2019 年底我国高铁里程约 3.5 万公里，按照平均每年通车增加 5 000 公里，每公里投资 1.5 亿元计算，预计至 2025 年累计投资规模约 4.5 万亿元	带动轨道、道路建设、电工电网、装备制造、轨道交通车辆及零部件等行业高速发展，推动城市群旅游、人才、民生等经济发展，预计至 2025 年带动相关投资累计超 5.7 万亿元

续表

新基建	直接投资	拉动投资
新能源汽车充电桩	根据中国电动汽车充电基础设施促进联盟发布的数据，截至2020年1月，公共类充电桩累计达53.1万台。按照每年公共充电桩增长15万台，私人充电桩增长30万台，公共充电桩投资成本5万元/台，私人充电桩2.5万元/台，预计至2025年累计投资规模达900亿元	带动充电桩及充电站零部件快速发展，新能源汽车保有量不断增加，预计至2025年带动相关投资累计超2 700亿元
大数据中心	根据《全国数据中心应用发展指引》，截至2017年底，我国数据中心机架规模为166万台，增速为33.4%。以增速不变计算，到2022年将新增机架220万台，以单机架成本70万/架计算，预计新增投资1.5万亿元	大数据中心为驱动力基础设施，将拉动云计算、物联网产业快速发展，预计至2022年将拉动相关投资累计超3.5万亿元
人工智能	根据IDC数据，我国2019年AI芯片市场规模为122亿元，以45%的平均增速计算，预计至2025年AI芯片新增投资为1 000亿元左右；机器视觉等传感器及AI带来云平台、数据服务、OS新增投资规模将超过1 200亿元，合计人工智能基础设施建设新增投资达2 200亿元	人工智能基础设施建设将拉动计算机视觉、自然语言处理等技术快速进步，促进智慧医疗、智慧交通、智慧金融等产业快速发展，预计至2025年人工智能核心产业规模超4 000亿元
工业互联网	根据工信部《工业互联网发展行动计划》和《工业互联网专项工作组2018年工作计划》，到2025年基本建成覆盖各地区、各行业的工业互联网基础设施。按照2019年工业互联网6 110亿元规模以及13.3%的复合增速计算，预计至2025年新增投资规模将超6 500亿元	工业互联网基础设施赋能传统工业，向智能制造转型升级，预计至2025年将拉动相关投资超1万亿元

资料来源：工信部、赛迪智库、西南证券，2020年。

（四）新的资金来源

新基建的资金来源将呈现多样化趋势，包括财政资金、社会资本、银行贷款、信托基金等，不再拘泥于过去以财政资金为主的投入模式。财政资金在新基建中更侧重于发挥“四两拨千斤”的撬动作用，通过产业引导基金、担保基金等方式不断吸引市场资本参与到新基建项目中来。2020年，中央预算内安排投资6 000亿元，重点支持“两新一重”建设（新型基础设施、新型城镇化以及交通、水利等重大工程）。财政部还将国家重大战略项目单独列出给予重点支持，尤其是新型基础设施中符合条件的项目，均可按照法定程序向省级政府申请发行地方政府专项债券支持。

从社会资本来看，中央企业和民营企业纷纷增加对新型基础设施的投入。根据国务院国资委的统计数据，2020年前三季度，央企完成新基建投资超2 500亿元，3家电信企业提前完成全年5G基站建设。工业和信息化部的统计资料表明，2020年全国约新增58万个5G基站，推动共建共享5G基站33万个，并已实现所有地市5G覆盖的建设目标。而腾讯、阿里和百度等公司也将在未来3—5年内分别投资5 000亿元、2 000亿元和3 000

亿元布局新基建。从银行贷款来看，部分国有商业银行、大型股份制银行在经营决策上开始向新基建倾斜。从信托资金来看，中国证券监督管理委员会（以下简称证监会）、国家发改委《关于推进基础设施领域不动产投资信托基金（REITs）试点相关工作的通知》（证监发〔2020〕40号）为新基建提供了更广泛的来源。根据该通知要求，基础设施类REITs聚焦两类主体，一是仓储物流、收费公路等交通基础设施补短板行业；二是信息网络等新型基础设施，包括国家战略性新兴产业集群、高科技园区、特色产业园区等前期固定资产投资较大的基础设施。

需要明确的是，强调加快推进新基建，并不意味着弱化传统基建，而是立足经济社会发展需要，着眼于推动经济高质量发展，将新基建和传统基建统筹起来、一体推进，使新基建与传统基建共同发力。这意味着不仅要及时谋划新基建与传统基建的顶层设计，统筹两者之间推进的时序和实施重点，还要建立起两者之间高效协同的基础设施建设政策支撑体系、资源共享机制和要素链接模式，以新基建改造提升传统基础设施。

第三节 构建以新型消费为重要动力的消费格局

国家《"十四五"规划纲要》建议从增强消费对经济发展的基础性作用、发挥投资对优化供给结构的关键作用两个方面，系统部署了培育完整内需体系的重点任务（谢伏瞻，2020）。在近些年扩大内需战略的推动之下，消费已成为我国经济增长的重要引擎，新型消费则是提升消费的新增长点。

一、新型消费的基本内涵

社会主要矛盾变化是新型消费发展的理论基础。中国特色社会主义进入新时代，我国社会主要矛盾已转化为人民日益增长的美好生活需要和不平衡不充分的发展之间的矛盾。社会主要矛盾很大程度上反映了产品和服务不能满足人民更高生活质量的需要，主要表现为：城乡居民消费发展不平衡，农村居民消费发展不充分；地区消费发展不平衡，落后地区消费发展不充分；实物和服务消费发展不平衡，服务消费发展不充分（毛中根等，2019），但矛盾也孕育着提升空间和发展机遇。我国是全球最大最有潜力的消费市场，不仅在于人口规模，还在于人均GDP和人均收入的逐步提升。因此从发展趋势来看，居民消费将与生产力进步、生产方式变革相结合，新型消费就是这种结合的必然结果。

对于什么是新型消费，国务院2015年11月发布的《关于积极发挥新消费引领作用加快培育新供给新动力的指导意见》（国发〔2015〕66号）指出，以传统消费提质升级、新兴消费蓬勃兴起为主要内容的新消费，特别是服务消费、信息消费、绿色消费、时尚消费、品质消费、农村消费等重点领域快速发展，将引领相关产业、基础设施和公共服务投资迅速成长，拓展未来发展新空间。2018 年 9 月的国务院相关文件进一步提出“积极培育网络消费、定制消费、体验消费、智能消费、时尚消费等消费新热点”。2020 年 3 月的国家发改委文件提出了“鼓励线上线下融合等新消费模式发展”；同年 9 月，《国务院办公厅关于以新业态新模式引领新型消费加快发展的意见》（国办发〔2020〕32 号）再次强调了“推动线上线下消费融合”，并要求营造有利于新型消费的基础设施环境和政策环境。2021 年 3 月，国家发改委联合其他 27 个部门印发了《加快培育新型消费实施方案》（发改就业〔2021〕396 号），提出了 24 项举措，旨在破除制约新型消费的体制机制，促进消费新模式新业态发展，具体见表 2－13。

表 2－13　关于新型消费的部分相关文件

时间	文件名	主要目标
2015 年 11 月	《国务院关于积极发挥新消费引领作用　加快培育新供给新动力的指导意见》（国发〔2015〕66 号）	积极发挥新消费引领作用，加快培育形成新供给新动力，是更好满足居民消费需求、提高人民生活质量的内在要求；是加快推动产业转型升级、实现经济提质增效的重要途径；是畅通经济良性循环体系、构建稳定增长长效机制的必然选择
2018 年 9 月	《中共中央、国务院关于完善促进消费体制机制进一步激发居民消费潜力的若干意见》	地方各级政府要适应平台型消费、共享经济等快速发展需要，加强制度供给，研究制定专门管理规定，明确运营规则和权责边界，提升相关主体整合资源、对接供需、协同创新功能。积极培育网络消费、定制消费、体验消费、智能消费、时尚消费等消费新热点，鼓励与消费者体验、个性化设计、柔性制造等相关的产业加快发展
2020 年 2 月	国家发改委等 23 部门《关于促进消费扩容提质加快形成强大国内市场的实施意见》（发改就业〔2020〕293 号）	鼓励线上线下融合等新消费模式发展。完善“互联网＋”消费生态体系，鼓励建设“智慧商店”“智慧街区”“智慧商圈”，促进线上线下互动、商旅文体协同。鼓励有条件的城市和企业建设一批线上线下融合的新消费体验馆，促进消费新业态、新模式、新场景的普及应用
2020 年 4 月	《商务部关于统筹推进商务系统消费促进重点工作的指导意见》（商消费发〔2020〕82 号）	加快促进城市消费升级，补齐乡村消费短板，激活传统商品消费，扩大服务消费，培育新兴消费，活跃消费市场，促进出口产品内销
2020 年 7 月	《商务部关于做好 2020 年全国“消费促进月”活动筹备有关工作的通知》	9 月 9 日至 10 月 8 日期间，在百座大中城市，组织万家重点企业、主要电商平台，举办线上线下深度融合、商品服务同步促销、商旅文游购娱一体的“1＋N”系列促消费活动
2020 年 9 月	《国务院办公厅关于以新业态新模式引领新型消费加快发展的意见》（国办发〔2020〕32 号）	推动线上线下消费融合，加快新型消费基础设施和服务保障能力建设，优化新型消费发展环境，加大新型消费政策支持力度
2020 年 10 月	《文化和旅游部　国家发展改革委　财政部关于开展文化和旅游消费试点示范工作的通知》（文旅产业发〔2020〕71 号）	增强文旅产品、服务供给能力，优化消费环境，创新业态模式，拓展文旅消费空间

续表

时间	文件名	主要目标
2020 年 10 月	国家发改委等 14 个部门《近期扩内需促消费的工作方案》（发改综合〔2020〕1566 号）	推动线上线下消费、加快线上线下消费融合，开辟服务消费新模式，实施促进实物消费政策，加大对制造业支持力度
2021 年 3 月	国家发改委等 28 个部门《加快培育新型消费实施方案》（发改就业〔2021〕396 号）	顺应消费升级趋势，进一步培育新型消费，鼓励消费性模式新业态发展，促进线上线下消费融合发展

资料来源：中国政府网、新华网、人民网等。

综上，新型消费是以网络购物、移动支付、线上线下融合等新业态新模式为特征，以互联网平台企业向线下延伸拓展、传统线下业态数字化改造和转型升级为路径，在促进消费升级的同时带动传统商品市场拓展对外贸易，促进区域产业集聚，畅通经济良性循环体系，最终增强对经济增长的基础性作用。

二、新型消费的主要特征

新型消费的“新”体现在消费主力、消费领域、消费技术等多个维度，未来随着促进新型消费发展的体制机制和政策体系更加完善，新型消费的发展环境、产品的供给质量也将逐步提升，新型消费对扩内需、稳就业、稳增长的支撑也将逐步增强。

（一）新的消费主力

在消费结构升级之下，不同世代的消费群体具有不同的消费特征（见表 2 - 14）。如“50 后”和“60 后”作为享受改革开放红利、财富积累相对较多的群体，个人保健和医疗服务的消费较多；又如“70 后”作为享受加入 WTO 之后开放红利的群体，是出境旅游和高端奢侈品的消费主力。新型消费作为满足人们美好生活需要，反映个人形象、展现个人价值追求的重要方式，则以“80 后”和“90 后”为消费主力。“80 后”群体的整体知识水平和国际化程度比前几代人都高，追求品质生活和品质消费；而“90 后”和“95 后”作为享受互联网红利的群体，催生新品类的需求增长并引领消费潮流，在未来 5—10 年将主导我国乃至全球的消费格局。

表 2 - 14　　不同世代群体的消费特征

世代人群	主要消费特征
“50 后” “60 后”	享受改革开放红利、财富积累相对较多的群体，“银发”经济的代表，个人保健和医疗服务支出占比较高，未来 5 年群体快速扩大
“70 后”	享受加入 WTO 之后的开放红利、房地产红利的群体，财富占比在全部人群中位于高端，享受型消费升级的代表，出境游及高端消费品的消费主力
“80 后”	享受高校扩招红利、整体知识水平和国际化程度都较前几代人高的群体；家庭、保健和运动意识较强，追求品质生活和品质消费

续表

世代人群	主要消费特征
“90 后”“95 后”“00 后”	享受互联网红利的群体，新品类的个性化、多元化的主力消费人群；电商平台的黏性较高，多分布于下沉市场，率先享受新品类并引领消费潮流；在未来 5—10 年将主导我国乃至全球的消费格局

资料来源：中泰证券研究所、京东大数据研究院，2020 年。

从消费分布的年龄结构来看，20—35 岁群体对以新型消费为代表的升级消费需求最为旺盛。尤其是伴随着总数达 3 亿的“90 后”人群进入“担当之年”，他们在社会和家庭中承担着更多的角色，成为市场的消费支柱并催生新兴需求，而其较高的教育水平（一二线城市“90 后”中位数学历水平为本科教育）和较稳定的收入水平（人均 5 000 元/月以上）提供了较强的消费能力，见图 2－5。京东大数据研究院的数据显示，“90 后”是我国互联网的第一大用户群体，也是京东的消费第一主力。往后看，借助互联网红利，叠加消费信贷的快速扩张，“90 后”仍将是未来很长一段时间消费市场的重要力量，渐渐成长起来的“95 后”“00 后”也将在“90 后”基础上培养出符合自身特征的新“个性”需求。如飞猪数据显示，2020 年国庆出游人群分布中，“95 后”占 30%，首次成为出游主力军；从地域分布来看，三线及以下城市出游人次达到 60% 以上。这些数据或许表明，对于“90 后”“95 后”乃至“00 后”群体而言，新型消费所带来的“商品无差别”“服务无差别”“权益无差别”等体验，正引导着城市与城市之间、城市与农村之间的消费倾向逐渐趋同，并将吸纳更多的消费人群，扩大消费意愿，从而使新型消费成为真正的新增长点。

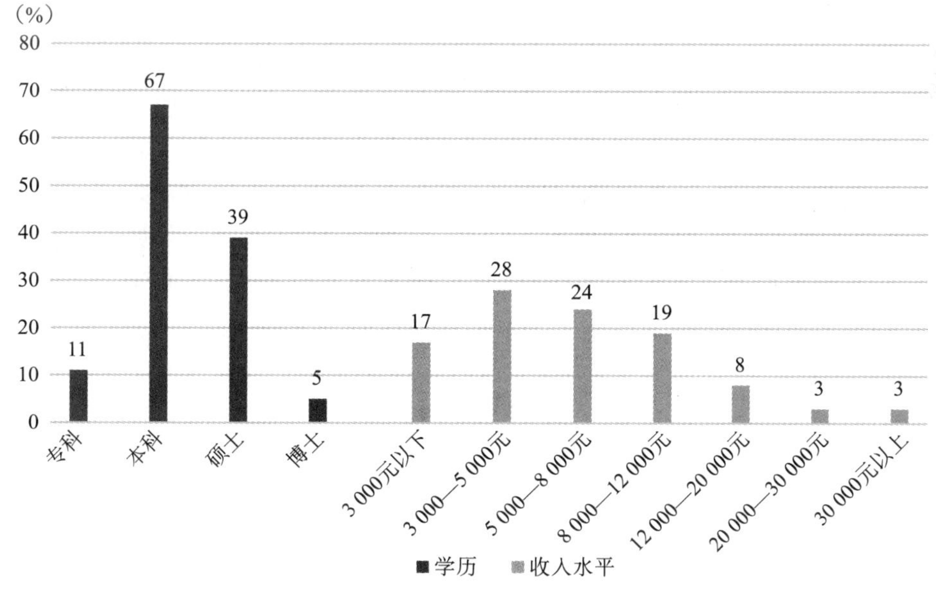

图 2－5　一二线城市“90 后”学历和收入水平分布

资料来源：京东大数据研究院（2020）。

（二）新的消费领域

新型消费所涉领域相当广泛，既包括传统业态线下业态的数字化改造，如餐饮连锁的外卖送餐，以及传统超市的无人零售；又包括以“云消费”为特征的在线教育、数字文化和旅游。图2－6显示了新型消费的产业链图谱，纵向来看涵盖了餐饮食品、新零售、新品牌、生活服务、休闲娱乐、交通出行、教育培训等行业，横向来看各行业的上下游产业链长短不同，但无不覆盖多个产业。而产业间的融合创新或将产生新业态和新商业模式，因此新型消费的领域具有广阔的发展空间。

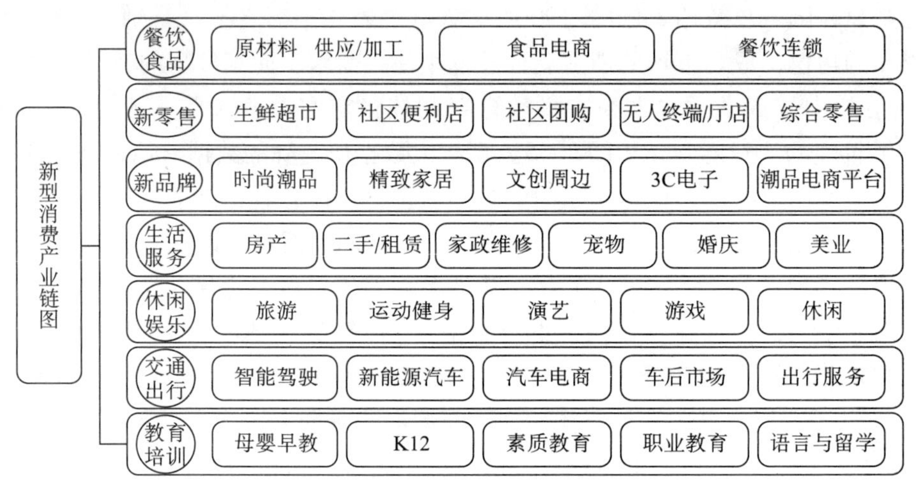

图2－6 新型消费产业链图谱

资料来源：《2019年中国新消费产业研究报告》。

数据显示，经过十余年发展，我国新经济体量逐渐发展壮大。2019年我国“三新”经济（新产业、新业态、新商业模式）增加值达16.2亿元，占GDP比重16.3%，且增速高于非“三新”经济，成为拉动经济增长的重要力量；在第一、二、三产业的增加值分别为0.67万亿元、7.04万亿元和8.48万亿元，其中无人零售、外卖送餐、冷链物流、跨界零售等新型消费模式在“三新”经济中占比最高，具体见图2－7。往后看，随着新经济内涵不断丰富，新型消费仍将有较大增长空间。一方面，新业态、新技术、新产业、新模式不断涌现，在一定程度上拓展了新型消费的范围；另一方面，传统产业与新经济加速融合，借助前沿技术进行转型升级，带来效率提升的增长红利，成为新型消费发展的另一重要支撑。

（三）新的消费技术

新型消费依托数字技术、信息技术、5G、人工智能、大数据等现代科技手段构建数字消费环境，搭建线上线下融合的消费场景，有助于从供需两端释放消费潜力。以5G技术为例，一方面通过增强信息消费有效供给，促进了信息产品和服务创新，进而推动信息消费的扩大和升级。另一方面带动了“互联网＋”相关消费，尤其是结合智能化手段，通过销售预测、补货计划、预售下沉等一系列服务，帮助商家提前预估大促单量，做好采购和

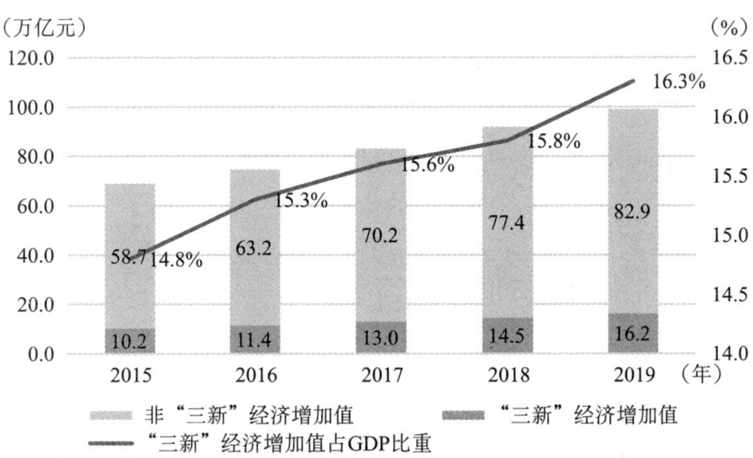

图2－7　2015—2019年我国“三新”经济增加值及增速

资料来源：国家统计局（2020）。

仓配准备，降低缺货率，加速库存周转率，提高物流配送效率。比如在“双11”购物节之前，在客户添加购物车之后，通过数据整合和分析，提前将产品运送到距离客户收货点较近的物流仓库，大大提高了物流效率，具体见图2－8。根据中国信息通信研究院的预测，2020年至2025年，5G商用直接带动的经济总产出或将达到10.6万亿元，间接拉动的经济总产出约24.8万亿元。

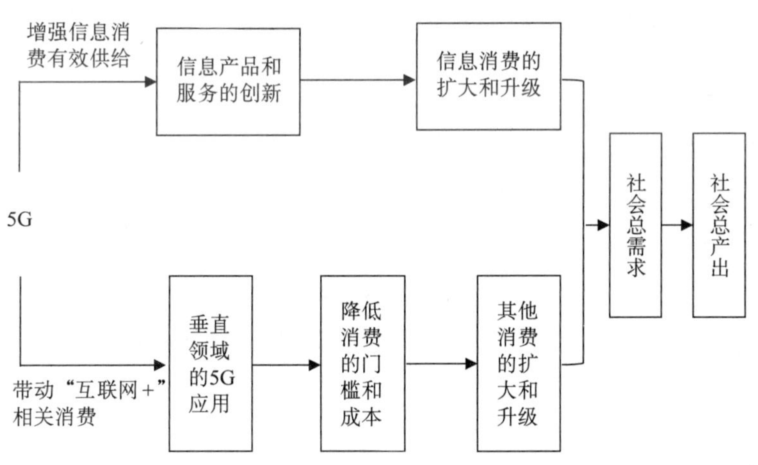

图2－8　5G技术从供需两端释放消费潜力

资料来源：《中国互利网发展状况统计报告（2019）》。

数据显示，依托现代科技手段的网上商品和服务零售在快速增长，2015年零售总额为38 770亿元，2019年增长到106 320亿元，年均增速达到35%。人均网购支出从2015年的9 382元增长到2019年的15 520元，年度同比增速最高达21.8%，具体见图2－9。2020年，尽管消费市场受新冠疫情的冲击较大，但各类新型消费仍然发展迅速，并在一定程度上加快替代传统的线下零售业态。往后看，新的技术手段伴随着移动信息接收渠道的逐步完备，有助于推动新型消费更广泛地覆盖我国消费市场，在突破地理空间限制的同时，促进国内市场的整合与均衡发展。

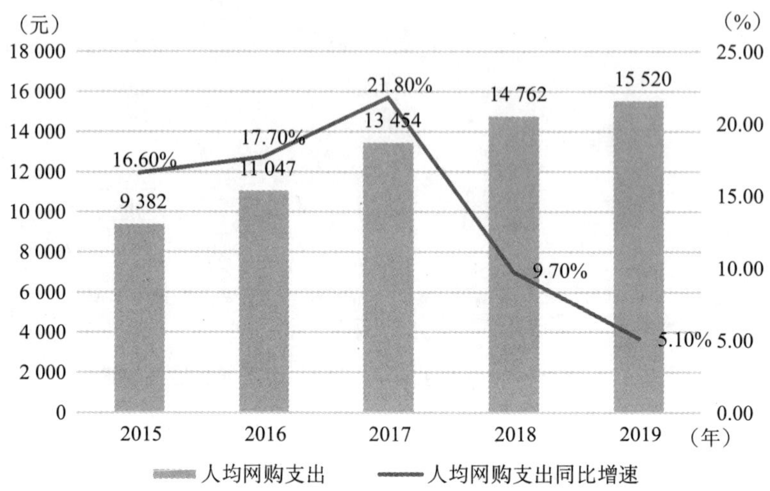

图 2-9　2015—2019 年人均网购支出及增速

资料来源：WIND。

（四）新的消费模式

目前，我国从众式、排浪式消费模式基本结束，定制消费、体验消费、共享消费等具备个性化特征的消费成为主流。从定制消费来看，有数据显示，近年来定制市场消费人数和金额保持两位数增长，可定制商品种类出现泛化。以定制旅游为例，定制用户正向低线城市渗透，2018 年一线城市占 36%，二线城市占 42%，三线城市占 13%，其他城市占 9%。从旅客单价来看，定制门槛在降低，2016 年国内定制旅游为 4 000 元/人、出境游为 8 407 元/人；2017 年国内定制旅游为 3 200 元/人、出境游为 7 800 元/人；2018 年国内定制旅游为 3 302 元/人、出境游为 7 020 元/人。作为旅游业高质量发展的抓手，基于技术的“前端服务 + 产品迭代 + 后端供应链整合”的效率正在不断提升，市场正在从“生产者推式导向的传统旅游供应链”向“消费者导向的拉式供应链”转变（中国旅游研究院，2019）。

场景化消费需求逐步提升，“功能 + 场景 + 体验”成为挖掘消费者意识消费的主要路径，无论是产品还是终端零售店的表现，场景都成为非常重要的要素。不断迭代的场景正在通过内容数字化、空间媒介化、体验文创化、技术普惠化、社群下沉化等方式引发社会文化的锐变与消费观念的创新（张景云和吕欣欣，2020）。以消费主力“90 后”为例，较全部人群而言，这类群体更加在意学习、娱乐、分享等体验，在消费时候更加注重“陪伴”“个性”等“悦己”类新兴需求，由此催生了新的消费场景，包括以智能化家电和方便食品为代表的懒宅消费，以个护和美妆为代表的颜值消费，以宠物和盲盒为代表的新萌物消费，以保健品和健身品为代表的朋克养生消费，以游戏机与平板电视为代表的娱乐消费（京东大数据研究院，2020）。

同时，电商直播成为推动零售增长的新势力。随着 4G 和 5G 的逐步商业化，消费者浏览网络碎片化的信息时间增多，消费者从文字、图片再到直播视频能够更好地了解产品属性，信息维度得到极大丰富。再加上直播主播的精心准备、细致的讲解，消费者更容易接受推销（蔡涵等，2020）。尤其自2020年新冠肺炎疫情以来，“宅经济”迅猛发展，各行各业都开始通过直播方式为消费者推荐商品，并在直播间实现交易。艾媒咨询数据显示，2019年我国直播电商行业总规模达到4 338亿元，预计2020年行业总规模可达9 610亿元。根据中国网络信息中心的统计，电商直播用户规模从2017年6月3.42亿人增加到2020年6月的5.62亿人，增长了1.64倍，具体见图2－10。

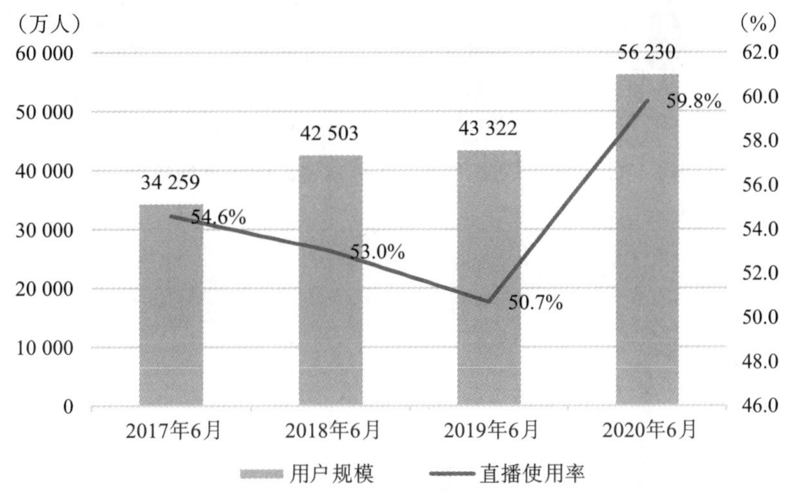

图2－10 2017年6月至2020年6月网络直播用户及使用率

资料来源：艾媒咨询、中国网络信息中心，2020年。

（五）新的消费融资

不同于对成熟品牌或项目的关注，资本市场在新型消费领域更关注早期项目和长期企业，初创期和成长期投资是主流。2020上半年，新型消费领域共计发生融资事件66起，融资总额约97亿元人民币，较2019年上半年，融资事件数量虽然同比下降了18%，但融资总额同比上升了142%，其中亿元以上融资18起，千万元以上融资30起，见图2－11。从平均单笔融资规模来看，2020年上半年达1.47亿元，较2019上半年的0.51亿元增长了近3倍，名优创品对WOW COLOUR高达10亿元人民币的战略投资，创造了单笔最高融资金额。从投资方来看，既有深创投、中信产业基金、前海母基金、高瓴资本、红杉资本中国等专业投资公司，也有字节跳动、红星美凯龙、伊利集团等知名企业；既包括了政府主导成立的产业基金，也包括了全部为社会资本的私募股权投资基金和个人投资者。由此可见，即使在新冠肺炎疫情之下，新型消费仍然是众多资本追逐的对象。

从融资轮次来看，种子轮和天使轮发生的融资事件数量为22起，占2020年上半年全部融资事件数量的33%；Pre－A轮、A轮和B轮的融资数量最多，达到33起，占全部融资事件数量的50%，具体见图2－12。A轮及A轮之前的融资事件出现下降，原因在于受新冠肺炎疫情影响，成熟期企业抗外部风险能力更强，更具有投资价值。

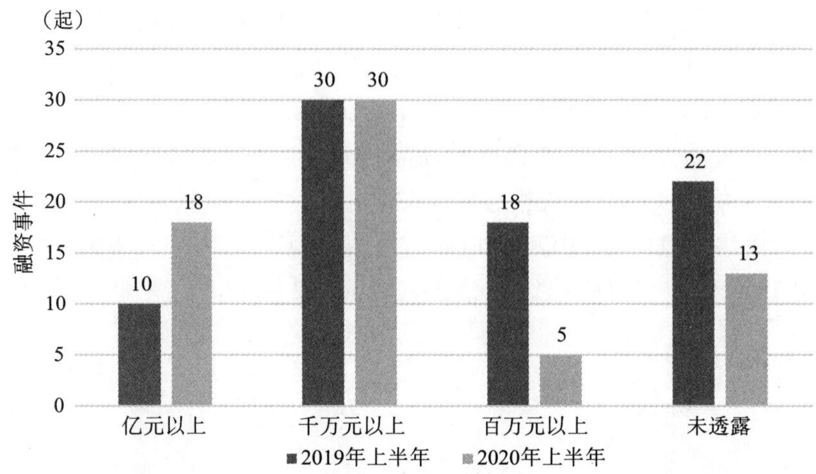

图 2－11　2019/2020 年上半年新消费品牌融资规模对比

资料来源：DoNews（2020）。

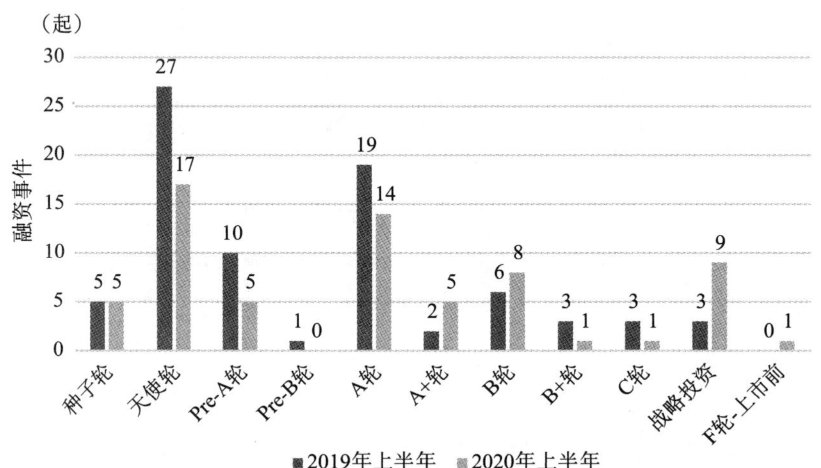

图 2－12　2019/2020 年上半年新型消费品牌融资阶段对比

资料来源：DoNews（2020）。

第四节　构建以新型城镇化为重要支撑的内需格局

城镇化是经济发展过程中的重要组成部分。随着经济的发展，我国更多农民离开农业，进入更有效益的现代工业和服务业。此外，这些工作在城市的集聚释放出了额外的生产力，而“集聚经济”之所以产生，是因为人们相互靠近集中扎堆时，可以降低交换商品和想法的成本（诺顿，2020）。

一、新型城镇化是最大的内需

按照国家《“十三五”规划纲要》的要求，我国稳步推进新型城镇化进程，具体见表2-15。每年城镇化率以平均一个百分点的速度提升，相当于每年有1 000万人口进入城市就业和生活，这种农业转移人口市民化的进程势必对城镇化布局、城市基础设施建设、基本公共服务供给、房地产供应等产生巨大的投资和消费需求。实际上，“十三五”时期新型城镇化取得了重大的历史性成就：1亿左右农业转移人口在城镇落户，2019年末常住人口城镇化率达到60.6%，义务教育、医疗卫生、技能培训、社会保障等基本公共服务加快覆盖到城镇常住人口；城镇新增就业年均超过1 300万人，城乡居民收入比由2014年的2.75稳步下降到2019年的2.64；城镇棚户区改造累计开工2 157万套，城市轨道交通运营里程超过5 500公里，污水处理率达95.6%（胡祖才，2020）。

表2-15　《“十三五”规划纲要》对城镇化的相关要求

推进新型城镇化	主要内容
加快农业转移人口市民化	统筹推进户籍制度改革和基本公共服务均等化，健全常住人口市民化激励机制，推动更多人口融入城镇
优化城镇化布局和形态	加快构建以陆桥通道、沿长江通道为横轴，以沿海、京哈、京广、包昆铁路为纵轴，大中小城市和小城镇合理分布、协调发展的“两轴三纵”城市化战略布局
建设和谐宜居城市	转变城市发展方式，提高城市治理能力，加大“城市病”防治力度，不断提升城市环境质量、居民生活质量和城市竞争力，努力打造和谐宜居、富有活力、各具特色的城市
健全住房供应体系	构建以政府为主提供基本保障、以市场为主满足多层次需求的住房供应体系，优化住房供需结构，稳步提高居民住房水平，更好保障住有所居
推动城乡协调发展	推动新型城镇化和新农村建设协调发展，提升县域经济支撑辐射能力，促进公共资源在城乡间均衡配置，拓展农村广阔发展空间，形成城乡共同发展新格局

随着《国务院关于深入推进新型城镇化建设的若干意见》（国发〔2016〕8号）、国家发改委《2020年新型城镇化和城乡融合发展重点任务》（发改规划〔2020〕532号）以及“十九届五中全会公告”等系列重要文件的颁布，新型城镇化迈入实施的深水区，或者说逐步向高质量发展推进，但要提升城镇化的质量还面临诸多问题。如2019年常住人口城镇化率与户籍人口城镇化率相差了16%，涉及2.28亿人口的公共服务和社会福利。又如到2035年，不仅要解决目前已在各类城镇就业的2亿多农业转移人口，还有未来大量进城人口的市民化问题，要实现这个目标，实际上牵扯到巨大的利益结构调整（李铁，2020）。

《“十四五”规划纲要》继续深化了新型城镇化的内涵并再次提出推进“以人为核心的新型城镇化”，并以此为主线制定了实施城市更新行动、提高城市治理水平、加快农业转移人口市民化、推进以县城为重要载体的城镇化建设等具体实施方案，见表2-16。相较于《“十三五”规划纲要》，“十四五”时期的新型城镇化建设更加注重发挥城市和城市群的功能。因为城市是扩内需补短板、增投资促销费、建设强大国内市场的重要战场（王蒙微，2020）。

表 2-16 “十四五”规划对新型城镇化的相关要求

完善新型城镇化战略	主要内容
实施城市更新行动	推进城市生态修复、功能完善工程；完善城市空间结构；强化历史文化保护、塑造城市风貌；加强城镇老旧小区改造；加强城镇社区建设；大幅增强城市防洪抗涝能力
提高城市治理水平	加强城市风险防控，推动超大特大城市开展风险自查并制订风险防控实施方案；促进房地产市场平稳健康发展，有效增加保障性住房供给；完善城市信息基础设施建设
加快农业转移人口市民化	深化户籍制度改革，不断放宽户籍准入限制；强化基本公共服务保障，在义务教育、住房、就业等方面提高保障水平；健全农业转移人口市民化机制
推进以县城为重要载体的城镇化建设	优化行政区划设置，发挥中心城市和城市群带动作用；建设现代化都市圈，促进中心城市与周边城市（镇）同城化发展；加快推进以县城为重要载体的城镇化建设，加快补短板强弱项

二、新型城镇化的主要特征

在“十四五”时期推进以人为核心的新型城镇化具有更为重要的意义，既是构建以国内大循环为主体、国内国际双循环相互促进新发展格局的重要支撑，也是深化供给侧结构性改革和实施扩大内需战略的重要结合点，有利于优化经济发展的空间格局、实现区域协调发展（胡祖才，2020）。

（一）城市群和大都市圈的位势上升

“城市群—都市圈—中小城市—特色小镇”的新型城镇化空间格局框架将是未来区域发展和城市发展必须考虑的宏观背景。我国现有 19 个城市群的经济总量占全国 80% 以上，长三角、京津冀、粤港澳大湾区在全球城市体系中的位势快速提升，大都市圈与周边城市的同城化也在加快。城市群和大都市圈正在成为优质生产要素的汇聚平台，在以国内大循环为主体的新发展格局中，城市群和大都市圈的重要性也将日益上升，这也正是高效“内循环”在空间上的表现。根据国家发改委的文件精神，城市群是新型城镇化的主体形态，是支撑全国经济增长、促进区域协调发展、参与国际竞争合作的重要平台。都市圈则是城市群内部以超大特大城市或辐射带动功能强的大城市为中心、以 1 小时通勤圈为基本范围的城镇化空间形态。

1. 符合国际城镇化的发展规律

类比国际经验，城镇化率接近或超过 60% 以后，人口会加速往城市群和大都市圈转移。以美国为例，1920—1950 年，美国城镇化率从 51.2% 提高到 59%，增加了 7.8%，主要推动力为单个城市规模的扩张；1950—1980 年，美国城镇化率从 59% 进一步提高到

73.7%，增加了14.7%，主要推动力为城市群和大都市圈的发展。具体到波士顿—华盛顿城市群来看，该城市群坐落于大西洋沿岸的低地上，传统上是美国的政治和经济中心。该城市群拥有1个1 000万人口城市，12个100万人口城市，30个中小规模城市，所占土地面积不足美国领土的2%，但占美国总人口的17%并创造了美国20%以上的GDP（Zhou等，2017）。从教育程度来看，本科以上教育人口比例较之美国平均水平（29%）高出8个百分点。多元化和协作机制是该城市群强大竞争力的两大核心要素。图2-13显示了该城市群的历史演进进程，各城市自20世纪30年代以来经历了不同的转型进程，从而形成了当下各具特色、相互补台、共同发展的大都市带（Metropolitan Belt）。

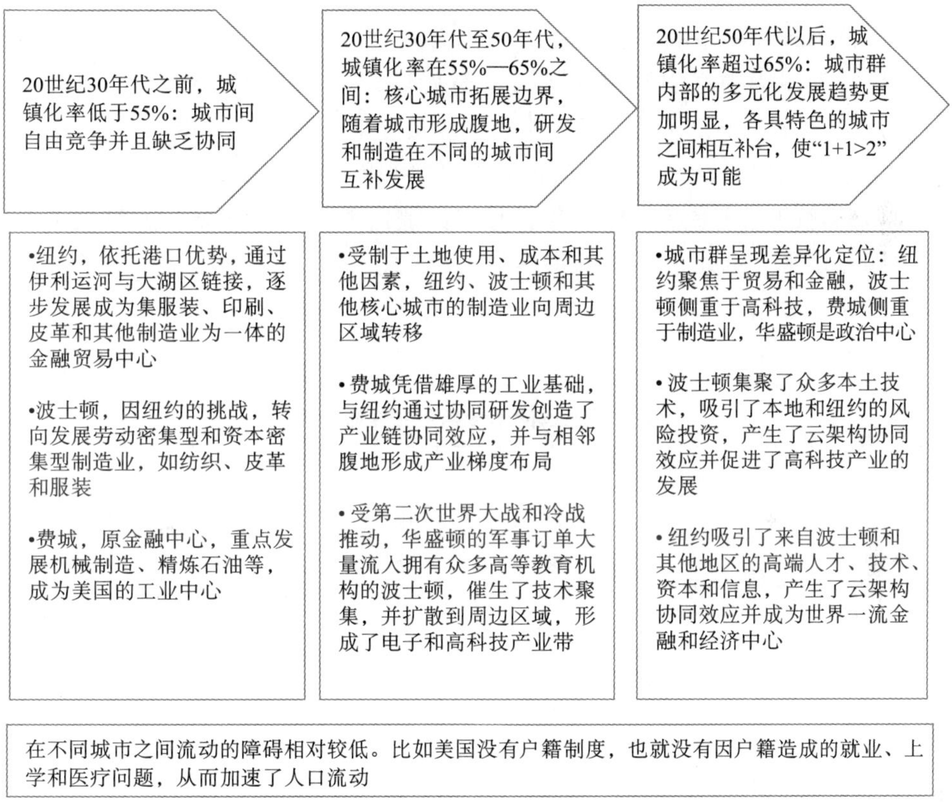

20世纪30年代之前，城镇化率低于55%：城市间自由竞争并且缺乏协同	20世纪30年代至50年代，城镇化率在55%—65%之间：核心城市拓展边界，随着城市形成腹地，研发和制造在不同的城市间互补发展	20世纪50年代以后，城镇化率超过65%：城市群内部的多元化发展趋势更加明显，各具特色的城市之间相互补台，使“1+1>2”成为可能
•纽约，依托港口优势，通过伊利运河与大湖区链接，逐步发展成为集服装、印刷、皮革和其他制造业为一体的金融贸易中心 •波士顿，因纽约的挑战，转向发展劳动密集型和资本密集型制造业，如纺织、皮革和服装 •费城，原金融中心，重点发展机械制造、精炼石油等，成为美国的工业中心	•受制于土地使用、成本和其他因素，纽约、波士顿和其他核心城市的制造业向周边区域转移 •费城凭借雄厚的工业基础，与纽约通过协同研发创造了产业链协同效应，并与相邻腹地形成产业梯度布局 •受第二次世界大战和冷战推动，华盛顿的军事订单大量流入拥有众多高等教育机构的波士顿，催生了技术聚集，并扩散到周边区域，形成了电子和高科技产业带	•城市群呈现差异化定位：纽约聚焦于贸易和金融，波士顿侧重于高科技，费城侧重于制造业，华盛顿是政治中心 •波士顿集聚了众多本土技术，吸引了本地和纽约的风险投资，产生了云架构协同效应并促进了高科技产业的发展 •纽约吸引了来自波士顿和其他地区的高端人才、技术、资本和信息，产生了云架构协同效应并成为世界一流金融和经济中心

在不同城市之间流动的障碍相对较低。比如美国没有户籍制度，也就没有因户籍造成的就业、上学和医疗问题，从而加速了人口流动

图2-13　波士顿—华盛顿（BosWash）城市群的演进历程

资料来源：BCG Analysis（2017）。

再以日本为例，日本城镇化水平在1960年前后达到60%，1970年左右升至70%，在此过程中东京都周边的神奈川、千叶和琦玉县的人口密度增速领先全国，直到1975年日本城镇化率达到75%时，大东京都市圈的人口密度增速才逐渐放缓。事实上，从日本整体的国土开发到核心城市的规划调整历程来看，大国大城战略是日本城镇化的核心要义，高增长阶段积极发展大城市，以大城市为增长极带动经济增长；同时通过功能疏解、以点带面的方式促进周围城市发展，逐步形成城市群。

从发达国家的发展历程来看，城市群一般经历三个阶段：初始建立、集聚和饱和，在第三个阶段，将有50%—60%的人口集聚在主要城市群。城市群作为相邻城市发展的空间结构，代表着相对成熟的发展阶段。协同和融合对于该结构来说至关重要，尤其是伴随着各城市边界的扩展，出现了大量的城市中心和一些围绕中心城市的小城市，城市群内的多元化分工产生了“1+1>2”的效果。尤其值得一提的是，城市群内部的协同来自生产要素的自由流动和分工上的协调合作，如此方能为各个城市带来巨大的生产力，从而有助于提高整个城市群的竞争力。

2. 契合我国城镇化的发展进程

自2018年以来，我国陆续出台多项政策和文件推进城市群的建设，具体见表2－17。如2018年11月国务院发布的《关于建立更加有效的区域协调发展新机制的意见》中提出，“以北京、天津为中心引领京津冀城市群发展，带动环渤海地区协同发展”。又如2019年8月，习近平总书记主持召开中央财经委员会第五次会议时指出，“中心城市和城市群正在成为承载发展要素的主要空间形式”。系列重要讲话和文件表明，我国将以城市群作为新型城镇化的建设重点。2019年，我国城镇化率达到60.6%，大致处于美国1950年左右的城镇化水平，也处于城市群集聚的黄金时段。城市群的发展，将为土地、劳动力、资本、技术、数据五大生产要素的有序流动、有效增值、合理分配，提供最自发、最充分、最优化的“坩埚”。

表2－17　关于城市群的部分相关文件和会议

时间	文件和会议名称	相关内容
2018年11月	《中共中央、国务院关于建立更加有效的区域协调发展新机制的意见》	以北京、天津为中心引领京津冀城市群发展，带动环渤海地区协同发展。以上海为中心引领长三角城市群发展，带动长江经济带发展。以香港特区、澳门特区、广州、深圳为中心引领粤港澳大湾区建设，带动珠江—西江经济带创新绿色发展。以重庆、成都、武汉、郑州、西安等为中心，引领成渝、长江中游、中原、关中平原等城市群发展，带动相关板块融合发展
2019年2月	《国家发展改革委关于培育发展现代都市圈的指导意见》（发改规划〔2019〕328号）	建设现代化都市圈是推进新型城镇化的重要手段，既有利于优化人口和经济的空间结构，又有利于激活有效投资和潜在消费需求，增强内生发展动力
2019年4月	《国家发展改革委关于印发〈2019年新型城镇化建设重点任务〉的通知》（发改规划〔2019〕0617号）	培育发展现代化都市圈，推进大城市精细化管理，支持特色小镇有序发展，加快推动城乡融合发展
2019年8月	习近平总书记主持召开中央财经委员会第五次会议	中心城市和城市群正在成为承载发展要素的主要空间形式。要增强中心城市和城市群等经济发展优势区域的经济和人口承载能力

续表

时间	文件和会议名称	相关内容
2020 年 4 月	《国家发展改革委关于印发〈2020 年新型城镇化建设和城乡融合发展重点任务〉的通知》（发改规划〔2020〕532 号）	加快实施京津冀协同发展、长三角区域一体化发展、粤港澳大湾区建设、长江经济带发展、黄河流域生态保护和高质量发展战略。全面实施城市群发展规划，推动哈长、长江中游、中原、北部湾城市群建设取得阶段性进展，支持关中平原城市群规划实施联席会议制度落地生效，推动兰州—西宁、呼包鄂榆等城市群健全一体化发展工作机制，促进天山北坡、滇中等边疆城市群及山东半岛、黔中等省内城市群发展
2020 年 11 月	《中共中央关于制定国民经济和社会发展第十四个五年规划和二〇三五远景目标的建议》	优化行政区划设置，发挥中心城市和城市群的带动作用，建设现代化都市圈。推进成渝地区双城经济圈建设

资料来源：中国政府网、国家发改委等政府官网。

从城市群在我国发展的现实来看，长三角、珠三角、京津冀等城市群已有一定发展基础。以长三角城市群为例，自 20 世纪 90 年代以来，该城市群经历了以上海为中心向周边城市辐射技术、人才和资金，城市间产业链梯度调整重新布局，城市间深度融合的发展进程见图 2－14。2020 年，尽管面临多重外部挑战和新冠肺炎疫情影响，长三角城市群的经济规模占全国比重上升，物价水平、就业状况、居民可支配收入、消费、投资、进出口以及利用外资等系列指标都优于全国平均水平。尤其是战略性新兴产业得到快速发展，产业结构持续优化。究其原因，较低的地方政府赤字率、充沛的存款资源和融资来源、较高的资产质量，以及活跃的金融市场，为城市群的高质量发展提供了保障（张兴荣等，2020）。

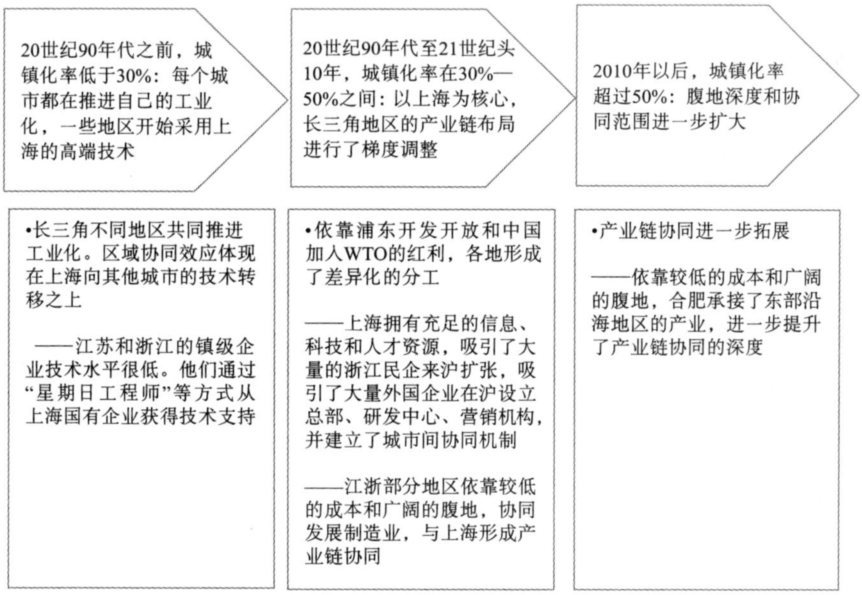

图 2－14　长三角城市群的发展历程

资料来源：BCG Analysis（2017）。

从未来发展来看，战略性新兴产业，以及金融、房地产建筑、交通运输等支柱型产业的龙头企业，超过95%都分布在未来我国最重要的7个城市群，它们是长三角城市群、京津冀城市群、粤港澳大湾区、长江中游城市群、中原城市群、成渝城市群和关中平原城市群，具体见表2-18。这些区域囊括了国务院认定的所有9个国家中心城市，居住着全国近60%的人口，贡献了近70%的GDP。未来10年，这七大城市群，尤其是其中的核心城市，将源源不断地吸引优质人才和企业涌入，在激发新的就业、商业机会和房地产需求的同时，日益增长的城市规模也必然对城市治理水平、人居环境提出更高的要求（CBRE，2020）。因此，依托大都市圈和城市群（王一鸣，2020b），建立以城市群和大都市圈为枢纽的经济循环系统，促进生产要素流动、集聚和扩散，提高空间配置效率，将成为推动新发展格局的动力源。

表2-18　我国主要城市群及其定位

城市群	覆盖城市（或县）	定位
京津冀城市群	北京，天津，河北保定、唐山、石家庄、廊坊、秦皇岛、张家口、承德、沧州、衡水、邢台、邯郸，河南安阳	我国的政治、文化中心，也是北方经济的重要核心区
长三角城市群	上海，江苏南京、无锡、常州、苏州、南通、盐城、扬州、镇江、泰州，浙江杭州、宁波、嘉兴、湖州、绍兴、金华、舟山、台州，安徽合肥、芜湖、马鞍山、铜陵、安庆、滁州、池州、宣城	我国参与国际竞争的重要平台、经济社会发展的重要引擎，是长江经济带的引领发展区，是“一带一路”与长江经济带的重要交汇地带，在国家现代化建设格局和全方位开放格局中具有举足轻重的战略地位
粤港澳大湾区	香港、澳门两个特别行政区，广东广州、深圳、珠海、佛山、惠州、东莞、中山、江门、肇庆	我国参与经济全球化的主体区域，国家科技创新与技术研发基地和经济发展的重要引擎，辐射带动华南、华中和西南发展的龙头，是具有全球影响力的先进制造业基地和现代服务业基地，是南方地区对外开放的门户
成渝城市群	重庆，四川成都、自贡、泸州、德阳、绵阳（除北川县、平武县）、遂宁、内江、乐山、南充、眉山、宜宾、广安、达州（除万源市）、雅安（除天全县、宝兴县）、资阳	我国西部大开发战略的重要平台，是长江经济带的战略支撑，也是国家推进新型城镇化的重要示范区
哈长城市群	黑龙江哈尔滨、大庆、齐齐哈尔、绥化、牡丹江，吉林长春、吉林、四平、辽源、松原、延边朝鲜族自治州	2030年，建成在东北亚区域具有核心竞争力和重要影响力的城市群
长江中游城市群	湖北武汉、黄石、鄂州、黄冈、孝感、咸宁、仙桃、潜江、天门、襄阳、宜昌、荆州、荆门，湖南长沙、株洲、湘潭、岳阳、益阳、常德、衡阳、娄底，江西南昌、九江、景德镇、鹰潭、新余、宜春、萍乡、上饶及抚州、吉安的部分县（区）	我国实施促进中部地区崛起战略的重要平台，既是长江经济带的重要组成部分，也是全方位深化改革开放和推进新型城镇化的重点区域

续表

城市群	覆盖城市（或县）	定位
北部湾城市群	广西南宁、北海、钦州、防城港、玉林、崇左，广东湛江、茂名、阳江，海南海口、儋州、东方、澄迈、临高、昌江	发挥地缘优势，挖掘区域特质，建设面向东盟、服务“三南”（西南、中南、华南）、宜居宜业的蓝色海湾城市群
中原城市群	河南郑州、开封、洛阳、南阳、安阳、商丘、新乡、平顶山、许昌、焦作、周口、信阳、驻马店、鹤壁、濮阳、漯河、三门峡、济源，山西长治、晋城、运城，河北邢台、邯郸，山东聊城、菏泽，安徽淮北、蚌埠、宿州、阜阳、亳州	是长三角、珠三角、京津冀之间，城市群规模最大、一体化程度最高、人口最密集的城市群，是中部地区承接发达国家及我国东部地区产业转移、西部地区资源输出的枢纽和核心区域，是促进中部崛起、辐射带动中西部地区发展的核心增长极
关中平原城市群	陕西西安、宝鸡、咸阳、铜川、渭南、杨凌农业高新技术产业示范区及商洛市的商州区、洛南、丹凤、柞水，山西运城（除平陆县、垣曲县）、临汾市尧都区、侯马、襄汾、霍州、曲沃、翼城、洪洞、浮山县，甘肃省天水、平凉的崆峒区、华亭、泾川、崇信、灵台，庆阳	发挥该区域承东启西、联接南北的区位优势，推动全国经济增长和市场空间由东向西、由南向北拓展，有利于引领和支撑西北地区开发开放，有利于推进西部大开发，有利于纵深推进“一带一路”建设

资料来源：WIND、华泰证券，2020年。

（二）老旧小区改造带来城市质量提升

由于历史改造以及年代久远等原因，城市的老旧小区存在管线林立、外立面脱落、停车拥堵、缺少电梯、物业管理落后等诸多问题，而旧城区改造将为新型城镇化提供更多空间，也将为城市居民提供更高质量的生活。

2015年“中央城市工作会议”首次提出了老旧小区改造，后续该项工作得以持续推进。2016年细化改造内容，2017年推出16个试点城市，2019年强调大力进行改造，并将老旧小区改造的内容分为了三类：一是保基本的配套设施，包括水暖气等市政配套基础设施的维修完善，以及垃圾分类、北方供暖设施改造和电梯安装等；二是提升类的基础设施，包括建造公共活动场地，有条件的地方配建停车场、活动室、物业用房等；三是完善公共服务类的内容，包括养老、抚幼、文化室、医疗、助餐、家政、快递、便民、便利店等设施。具体见表2-19。

2019年，全国共改造城镇老旧小区1.9万个，涉及居民352万户。2020年，国家全面推进旧城区改造，并确立了2020—2025年的旧改目标，主要包括：一是到2020年，新开工改造城镇老旧小区3.9万个，涉及居民近700万户；二是到2022年，基本形成城镇老旧小区改造制度框架、政策体系和工作机制；三是到“十四五”期末，结合各地实际，力争基本完成2025年底前建成的需改造城镇老旧小区的改造任务。按照该项部署，老旧小区改造对投资的拉动相当可观。表2-20中列示了6个试点城市的投资水平，在不考虑

表 2 – 19　　关于老旧小区改造的部分相关文件和会议

时间	文件和会议名称	相关内容
2015 年 12 月	习近平总书记在中央城市工作会议上的讲话	加快老旧小区改造，不断完善城市管理和服务，彻底改变粗放型管理模式
2016 年 2 月	《中共中央、国务院关于进一步加强城市规划建设管理工作的若干意见》	有序推进老旧小区综合整治、危房和非成套住房改造，加快配套基础设施建设，切实解决群众住房困难
2017 年 1 月	《住房和城乡建设部关于推进老旧小区改造试点工作的通知》（建城函〔2017〕322 号）	将在 15 个城市（广州、韶关、柳州、秦皇岛、张家口、许昌、厦门、宜昌、长沙、淄博、呼和浩特、沈阳、鞍山、攀枝花和宁波）开展老旧小区改造试点
2019 年 3 月	国务院《2019 年政府工作报告》	老旧小区量大面广，大力进行改造提升，更新水电路气等配套设施，支持加装电梯，健全便民市场、便利店、步行街、停车场、无障碍通道等生活服务设施
2019 年 4 月	《住房和城乡建设部办公厅　国家发改委办公厅　财政部办公厅关于做好 2019 年老旧小区改造工作的通知》（建办城函〔2019〕243 号）	采用居民合理分担、单位投资、市场运作、财政奖补等渠道分摊
2019 年 6 月	国务院常务会议	一要抓紧明确改造标准和对象范围；二要加强政府引导，压实地方责任，发挥社区主体作用，尊重居民意愿，重点改造水电气路及光纤等设施，有条件的可加装电梯，配建停车设施；三要创新投融资机制，安排中央补助资金，鼓励金融机构和地方探索运用市场化方式吸引社会力量参与；四要在改造基础上，建立小区后续长效管理机制
2019 年 7 月	国务院政策例行吹风会	明确三类改造内容，即保基本的配套设施，提升类的基础设施，完善公共服务类的内容
2020 年 7 月	《国务院办公厅关于全面推进城镇老旧小区改造工作的指导意见》（国办发〔2020〕23 号）	按照高质量发展要求，大力改造提升城镇老旧小区，改善居民居住条件，推动构建“纵向到底、横向到边、共建共治共享”的社区治理体系，让人民群众生活更方便、更舒心、更美好

资料来源：住建部、中国政府网、光大证券研究所，2020 年。

加装电梯情况下，最低标准（按山东淄博水平）下全国投资额可达到 4 934 亿元，平均标准下的全国投资额可达到 8 607 亿元；若考虑加装电梯则投资总额将达到 1.7 万亿元以上（盛旭，2020）。其他测算结果虽略有差异，但幅度不大。如张文朗和黄文静（2019）测算的是不加装电梯下的投资额为 1.1 万亿元，加装电梯情形下的投资规模合计达到 3.2 万亿元；5 年改造期内，每年可新增投资 6 400 亿元，预计可提升固定资产投资 1 个百分点。

表 2－20　6 个试点城市老旧小区改造的投资强度

城市	改造面积（万平方米）	投资额（万元）	每平方米投资强度（元/平方米）
广州	114	22 980	201.58
呼和浩特	81.83	19 280	235.6
淄博	70.4	23 000	123.36
攀枝花	39.2	8 528	217.5
宜昌	7.09	1 000	141.04
沈阳	2.52	937.5	372.02
平均	58.81	14 965	215.18

资料来源：住建部、广发证券，2019 年。

老旧小区改造对其他相关行业也有较大的拉动作用。以建材行业为例，根据长江证券选择代表性材料的测算结果，外墙涂料、塑料管道、水泥、保温材料、防水材料等多个品类的产量和产值均受到改造拉动，每年拉动比例从 0.7% 到 28% 不等，产值拉动最低的为 78 亿元，最高为 1 250 亿元，具体见表 2－21。

表 2－21　建材行业对市场的拉动作用

建材行业	当前市场规模（万吨）	改造拉动总量（万吨）	改造拉动市场空间（亿元）	每年拉动量（万吨）	每年拉动比例（%）
外墙涂料（乳胶漆）	741	262	432	87	12
塑料管道	1 500	113	78	58	2.5
水泥	217 667	4 893	201	1 631	0.7
保温材料	600	600	1 250	167	28
防水材料	22	7.1	173	2.4	11

注：（1）按照老旧小区改造在 3 年内全部完工测算；（2）实际改造中屋面防水和外墙保温改造的小区比例较低，因此实际拉动可能低于测算值；（3）保温材料选择聚苯板 XPS 进行估算，防水材料选择 SBS 改性沥青防水卷材进行估算，水泥根据 C20、C25 预拌混凝土所对应的 42.5 高标水平进行估算，塑料管道采用 HDPE 双壁波纹管进行估算。若更换对应材料，实际拉动空间与比例或有较大差异。

资料来源：长江证券（2019）。

（三）农业转移人口市民化加快推进

党的十八届三中全会通过的《中共中央关于全面深化改革若干重大问题的决定》（以下简称《决定》）提出，“加快有序推进农业转移人口市民化，努力实现城镇基本公共服务常住人口全覆盖”，不仅直接关系到从根本上解决农业、农村和农民问题，也关系到工业化、城镇化乃至现代化的发展，关系到全面深化改革的进程。在我国推进农业转移人口市民化有着独特的社会背景，其一是流动人口规模日益庞大，其二是城市内部户籍人口与非户籍人口之间的社会矛盾日益加剧，其三是社会管理与维护稳定的成本不断加大，其四是中国经济未来的可持续发展需要推进市民化改革（吕炜和王伟同，2013）。如果促使每年5%的农民工实现市民化转变，则经济增长比非市民化情形下加快1个百分点，居民消费和固定投资增长也将同步增长（国务院发展研究中心课题组，2010）。

农业转移人口市民化进程加快的重要举措之一是户籍制度改革更具有普惠性。随着《国务院关于进一步推进户籍制度改革的意见》（国发〔2014〕25号）、《国务院办公厅关于印发推动1亿非户籍人口在城市落户方案的通知》（国办发〔2016〕72号）、国家发改委《2020年新型城镇化建设和城乡融合发展重点任务》（发改规划〔2020〕532号）等系列文件的颁布，户籍制度改革日益深入。中西部地区和东北地区除部分省会城市之外，其他城市落户限制基本取消，东部地区中小城市落户门槛基本取消。一些此前落户门槛较高的大城市、特大城市持续放宽对普通劳动者的落户限制，如东莞取消积分落户制，改为最低年限准入制；南京取消年度积分落户人数限制。除个别超大城市之外，具有一定学历和技能的人口基本实现"零门槛"落户（陈亚军，2020）。受各项措施积极落实的推进，2019年底我国常住人口和户籍人口城镇化率已分别达到66.6%和44.38%，见图2-15。

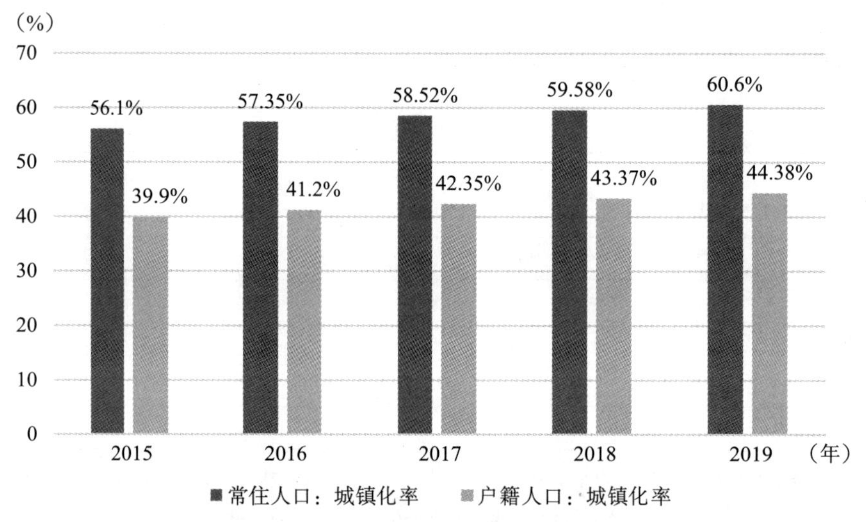

图2-15 常住人口和户籍人口城镇化率

资料来源：WIND。

为促进新发展格局下的劳动力要素自由流动，后续户籍制度改革重点体现在：一是要督促超大城市完善积分落户政策，大幅增加落户规模、精简积分项目，确保社保缴纳年限和居住年限分数占主要比例；二是城区常住人口100万—300万人的II型城市要全面取消落户限制；三是城区常住人口300万—500万人的I型城市要全面放开放宽落户条件，并全面取消重点群体落户限制等。这就需要地方政府积极贯彻落实中央各项文件精神，压实主体责任，强化督促和监测评估。户籍制度的放开尤其会鼓励地方政府部署人才战略，有助于促进高质量劳动力流动，有助于充分激发我国人口的质量红利。

农业转移人口市民化的另一个重要举措是基本公共服务更加可及和均等。截至2019

年，义务教育阶段农业转移人口的随迁子女享受公办学校或政府购买民办学校学位的比例提高到 87.5%，22.4 万名随迁子女在流入地参加高考；87% 的居民 15 分钟内能够达到最近医疗点，跨省异地就医定点医疗机构数量同比增长 79%；首次下达中央预算内投资资金 14 亿元用于开展城企联动普惠养老专项行动；850 多万名外来务工人员享受公租房保障。未来农村转移劳动力的公共服务均等化将进一步拓展，同时实现公共服务筹资公平、公共资源配置公平和公共服务享用公平等三个层面的均等。尤其需要指出的是，农业转移人口的流入城市政府不应简单地把市民化过程作为一项政治任务来执行，也不应片面考虑经济资源和公共服务成本，而应充分认识市民化给城市带来的发展机遇，即人口流动带来的内需增长（Wang 和 Hu，2016）。

第五节　本章小结

国内大循环依托强大国内市场，贯通生产、分配、流通、消费各环节，打破行业垄断和地方保护，从而为构建新发展格局提供坚实的基础。畅通国内大循环首先要着力优化供给结构，提高供给质量，然后推动供给创造和引领需求，最终实现需求牵引供给、供给创造需求的更高水平动态平衡。

在构建以产业链供应链现代化为主攻方向的生产格局中，要推动科技创新在畅通循环中的关键作用，集中力量打赢关键核心技术攻坚战，锻造产业链供应链长板，补齐产业链供应链短板，推动一批战略性新兴产业集群化发展，成为新的经济增长极。在构建以新基建为重点领域的投资格局中，要发挥投资对优化供给结构的关键作用，拓展投资空间，推进一批强基础、增功能、利长远的重大项目建设，有利于经济可持续增长。在构建以新型消费为重要动力的消费格局中，要培育壮大零售新业态，积极发展“互联网 +”新商业模式，通过土地、财政、信贷和监管等政策的护航提高新型消费对经济增长的贡献度。在构建以新型城镇化为重要支撑的内需格局中，要促进中心城市与周边城镇的同城化发展，推动城市间要素自由流动和创新联动产业协同，将城市群和大都市圈打造为重要的增长极。

第三章
国际大循环释放经济增长新动能

改革开放40余年的实践表明，我国经济持续健康发展的一个重要动力就是对外开放，对外开放是基本国策。在新发展格局之下，一方面我国将继续“以高水平对外开放打造国际合作和竞争新优势”，建设更高水平开放型经济新体制；另一方面我国将立足国内大循环，发挥内需潜力，使国内市场和国际市场更好联通，更好利用国际国内两个市场、两种资源，实现可持续的健康发展。具体而言，意味着开放要从制造业为主体转向服务业开放、制造业开放并重开放；从沿海开放为主转向沿海、内陆、陆海联动并重开放；从引进来为主转向引进来、走出去并重开放；从要素和市场型开放转向制度型开放（权衡，2020）。

第一节　构建服务业和制造业并重的开放格局

我国服务业开放是一个渐进式过程。2001年我国加入WTO，接受《服务贸易总协定》并做出开放承诺，此后我国逐步推进服务业的开放进程，开放广度和开放深度逐年递增。自2007年国务院颁布的《关于加快发展服务业的若干意见》（国发〔2007〕7号）提出服务业开放的战略部署和重点任务，我国服务业开放迈入新阶段，开放范围不断扩大，开放质量显著提升，服务业开放从过去的“配角”逐步进入“主角”且成为我国对外开放战略的关键支点（夏杰长和姚占琪，2013）。2013年，《中共中央关于全面深化改革若干重大问题的决定》发布，在构建开放型经济新体制的重要战略部署中，提出“推进金融、教育、文化、医疗等服务业领域有序开放，放开育幼养老、建筑设计、会计审计、商贸物流、电子商务等服务业领域外资准入限制，进一步放开一般制造业”，将制造业开放与服务业开放并驾齐驱，从而着力打造服务业与制造业并重的开放新格局。

一、服务业扩大开放，综合试点进一步扩围

服务业开放既是新一轮开放的重中之重，又是国际经贸规则发展的大趋势。近年来以

自由贸易协定为代表的区域经济合作逐步成为重塑国际经贸规则的重要机制和平台，各国服务市场更趋开放，降低了全球服务分工成本，为服务全球化的发展奠定了重要的制度基础，全球制造业服务化、服务业国际化的趋势更趋明显。服务业作为我国第一大产业，对经济增长的贡献已接近60%，服务贸易也已成为全球服务贸易的重要组成部分。与此同时，我国在国际市场具有竞争力的服务行业和服务企业仍然较少，服务贸易逆差呈常态化趋势，亟待通过综合试点的方式“以点带面”地进一步推进服务业开放，塑造国际合作和竞争性优势。

（一）服务业扩大开放综合试点的扩围历程

2012年，国务院批复了《关于支持深圳前海深港现代服务业合作区开发开放的有关政策》，旨在珠三角区域打造现代服务业体制机制创新区、现代服务业发展集聚区。2015年，《北京市服务业扩大开放综合试点总体方案》出台，着力以北京为试点构建与国际规则相衔接的服务业扩大开放基本框架。2020年，中央全面深化改革委员会第十二次会议审议通过了《关于进一步推进服务业改革开放发展的指导意见》，提出要分类放宽服务业准入限制，深化重点领域改革，提升供给质量和效率。2021年4月，国务院发布了《关于同意在天津、上海、海南、重庆开展服务业扩大开放综合试点的批复》，这是自2015年北京市率先实施服务业扩大开放综合试点以来的首次扩围，也是对《“十四五”规划纲要》中提出的“有序扩大服务业开放”的具体落实，旨在塑造国际合作和竞争新优势，促进建设更高水平开放型经济新体制，为加快构建新发展格局做出贡献，具体见表3－1。

表3－1　关于服务业扩大开放综合试点的部分相关文件

时间	文件名称	相关内容
2012年6月	《国务院关于支持深圳前海深港现代服务业合作区开发开放的有关政策的批复》（国函〔2012〕58号）	打造现代服务业体制机制创新区、现代服务业发展集聚区、香港特区与内地紧密合作的先导区、珠三角地区产业升级的引领区
2015年5月	《国务院关于北京市服务业扩大开放综合试点总体方案的批复》（国函〔2015〕81号）	紧紧围绕京津冀协同发展战略，着力推动北京市服务业现代化和提升服务贸易发展水平，建立健全具有中国特色、首都特点、时代特征的体制机制，构建与国际规则相衔接的服务业扩大开放基本框架
2017年6月	《国务院关于深化改革推进北京市服务业扩大开放综合试点工作方案的批复》（国函〔2017〕86号）	以推动服务业供给侧结构性改革为引领，在服务业更宽领域、更深层次扩大开放，持续增强服务业开放发展、创新发展动能，提升服务供给的质量和效益
2019年1月	《国务院关于全面推进北京市服务业扩大开放综合试点工作方案的批复》（国函〔2019〕16号）	立足首都城市战略定位，对标国际先进规则，以负面清单制度为引领，统筹对内对外开放，着力打造全面开放型现代服务业发展先行区

续表

时间	文件名称	相关内容
2020 年 8 月	《国务院关于深化北京市新一轮服务业扩大开放综合试点 建设国家服务业扩大开放综合示范区工作方案的批复》（国函〔2020〕123 号）	努力探索服务业开放发展的新业态、新模式、新路径，逐步形成与国际先进规则相衔接的制度创新和要素供给体系，打造国家服务业扩大开放综合示范区
2021 年 4 月	《国务院关于同意在天津、上海、海南、重庆开展服务业扩大开放综合试点的批复的批复》（国函〔2021〕37 号）	紧紧围绕本地区发展定位，进一步推进服务业改革开放，加快发展现代服务业，塑造国际合作和竞争新优势，促进建设更高水平开放型经济新体制，为加快构建新发展格局作出贡献

资料来源：中国政府网。

2021 年推进的服务业扩大开放综合试点立足于新发展阶段、贯彻新发展理念、构建新发展格局，以推动高质量发展为主题，以深化供给侧结构性改革为主线，以改革创新为根本动力，以满足人民日益增长的美好生活需要为根本目的，在风险可控的前提下，天津、上海、海南和重庆开展差异化探索，经过 3 年试点，通过放宽市场准入、改革监管模式、优化市场环境，努力形成市场更加开放、制度更加规范、监管更加有效、环境更加优良的服务业扩大开放新格局，积累在全国可复制可推广的试点经验，为国家全方位开放和服务业创新发展发挥示范带动作用。四大省（市）的“扩大服务业开放方案”涉及了四个领域——产业开放、区域发展、体制机制、政策和要素保障的试点任务共 203 项，内容覆盖划分不同竞争程度的业务类别，建设重点示范园区和科技成果转化联盟，试行跨境服务贸易负面清单管理模式，试点开展外籍人才配额管理制度，探索建设离岸科技创新中心等诸多方面，具体见表 3 – 2。

表 3 – 2　　四省市扩大服务业开放的方案

领域	试点任务数量	试点任务内容
产业开放	111 项	设置了充分竞争、有限竞争、自然垄断领域竞争性业务、特定领域服务业 4 个类别，将科技、金融、教育等 12 类重点服务行业分别纳入。其中，对外资开放方面包括支持设立外商独资财务公司、放宽外商捐资举办非营利性养老机构的民办非企业单位准入、允许外商投资旅行社经营出境游业务（赴台湾地区除外）、允许外资银行参与进出口环节税款缴纳和保函业务等新举措
区域发展	33 项	建设重点示范园区、促进区域协同开放。如在京津冀共建产业园区和科技成果转化联盟、实行环渤海深水港口锚地共享共用；在上海的虹桥商务区提供跨境发债、跨境并购服务，在浦东软件园布局 3D 打印、大数据产业和数字贸易；在重庆口岸建设西部陆海新通道集装箱共享调拨体系、探索建立中欧班列定价协商相关机制等

续表

领域	试点任务数量	试点任务内容
体制机制	23 项	完善规则体系、促进贸易投资便利化。如试行跨境服务贸易负面清单管理模式；与“一带一路”沿线国家开展国际贸易“单一窗口”建设合作；下放中资邮轮、国际客轮运输相关业务的许可权限；全面实行不动产登记、交易和缴税线上线下一窗受理、并行办理等
政策和要素保障	36 项	提供资金和数据流动、人才服务、知识产权保护等方面支持。如探索允许符合条件的境外人员担任法定机构、事业单位、国有企业的法定代表人；试点开展外籍人才配额管理制度，探索推荐制人才引进模式；优化高新技术企业认定程序；探索建设离岸科技创新中心等

资料来源：商务部（2021）。

不仅如此，四大省（市）实施高水平服务业开放的重点领域各有侧重，见表 3 – 3。上海聚焦于科技、商务、物流运输、金融、健康医疗、教育、旅游、电信八大重点领域，分类放宽服务业准入限制。如在科技服务领域，将探索和完善知识产权质押融资等知识产权融资机制，开展科创保险试点；在金融服务领域，支持符合条件的外资机构在上海设立或参股证券公司、基金管理公司、期货公司、人身险公司、养老金管理公司等。与此同时，政府将着力优化服务业开放发展的体制机制，进一步消除行政壁垒，进一步加快简政放权，进一步完善监管体系，在扩大开放的同时加强各类风险的防范。

表 3 – 3　　　四大省（市）开放重点领域

省（市）	2020 年服务业占 GDP 的比重	服务业开放重点领域
上海	73.1%	科技、商务、物流运输、金融、健康医疗、教育、旅游、电信服务 8 大领域
天津	64.4%	物流运输、科技、会展、批发零售、金融、健康医疗、教育、电信、电力服务 9 个重点领域
重庆	52.8%	科技、商业、教育、健康医疗、金融、电力、电信服务 7 个行业
海南	60.4%	科技、商业、教育、金融、医疗健康、电力、文化体育和娱乐服务等 7 个领域

（二）试点扩围助力于释放经济增长新动能

在构建新发展格局的进程中，以“服务业扩大开放综合试点扩围”为代表的高水平开放举措既是满足人民日益增长的美好生活需要、吸纳城乡新增就业的主要渠道，也是解决民生问题、促进经济增长、迈向共同富裕的内在要求。

服务业高水平开放将有利于吸引高质量外资。过去服务业吸引外资重在规模，而高水平开放既重规模更重质量。一方面，外资的引入可以增加国内投资规模和扩大国内需求，提高物质资本积累和资本深化率，从而形成投资增加效应促进经济增长。另一方面，高质量外资进入将促进微观经济主体的行为方式向更高效率、更加创新、更为低碳的路径转型，进而对经济增长效率产生实质性的影响。表3－4显示了2019年外商直接投资的分行业分布情况。从新设外商投资企业数量来看，批发和零售业新设企业数达到5 396家，占全年新设企业数的三分之一以上。从实际使用外资金额来看，制造业仍然在前，吸引外资达353.7亿美元，占当年总额的25%；其次为房地产业，金额为234.7亿美元，占比达16.6%。2020年在新冠肺炎疫情之下，我国服务业开放持续推进，当年实际使用外资额达到7 767.7亿元人民币，同比增长了13.9%。

表3－4　2019年外商直接投资分行业情况

行业门类	新设外商投资企业数（家）	比重（%）	实际使用外资金额（亿美元）	比重（%）
总计	40 910	100.0	1 412.3	100.0
农、林、牧、渔业	495	1.2	5.6	0.4
采矿业	31	0.1	21.9	1.6
制造业	5 396	13.2	353.7	25.0
电力、热力、燃气及水生产和供应业	295	0.7	35.2	2.5
建筑业	557	1.4	12.2	0.9
批发和零售业	13 837	33.8	90.5	6.4
交通运输、仓储和邮政业	591	1.4	45.3	3.2
住宿和餐饮业	835	2.0	9.7	0.7
信息传输、软件和信息技术服务业	4 295	10.5	146.8	10.4
金融业	887	2.2	102.2	7.2
房地产业	1 050	2.6	234.7	16.6
租赁和商务服务业	5 777	14.1	220.7	15.6
科学研究和技术服务业	5 183	12.7	111.7	7.9
水利、环境和公共设施管理业	143	0.3	5.2	0.4
居民服务、修理和其他服务业	361	0.9	5.4	0.4
教育	258	0.6	2.2	0.2
卫生和社会工作	111	0.3	2.7	0.2
文化、体育和娱乐业	804	2.0	6.3	0.4

资料来源：《中国外资统计公报（2020）》。

服务业高水平开放有利于提升现代制造业劳动生产率。主要途径在于：一是服务业开放能够降低国外服务厂商和服务的进入壁垒，吸引效率更高、质量更优的服务要素进入我国市场，我国制造业由此可以获得更多更好的服务；二是生产性服务业是技术要素和人力资本要素含量较高的行业，服务业开放可为制造企业带来示范效应和技术外溢效应，促进企业管理模式和生产技术创新；三是服务业可以促使制造企业更加专注于其具有比较优势的生产环节，将服务环节或服务业务通过离岸外包的形式转移出去，使制造企业获得更优的资源配置，企业生产效率也因此得以提升（Amiti 和 Wei，2006）。而在制造业服务化的趋势下，服务要素作为中间投入，其品质高低必然对制造企业生产产生直接而深远的影响。以北京市为例，服务业开放确实能够对北京市现代制造业的劳动生产率产生显著性的正向提升作用，其中商业服务业的拉动作用最为显著（周念利等，2016）。

服务业高水平开放有利于产业结构升级。开放程度越高，越有助于吸引国外高端服务业和知名企业的进入，尤其是生产性服务业的高质量引进和发展是带动产业结构升级和促进经济稳定增长的重要动力。生产性服务业具有较强的专业性和较高的产业融合度，产业内部创新业态活跃，是全球产业竞争的战略制高点（夏杰长等，2020）。在万物互联的时代，不同产业之间的物理界限日益模糊，越来越多的制造企业将服务化转型作为获取核心竞争力的关键。通过生产性服务业与制造业的融合发展，向消费者提供“制造+服务”的一体化方案，不仅有效弥补了制造业企业在研发设计、营销物流、品牌管理等方面的短板，还有利于制造业企业向附加值较高的全球价值链下游延伸，从而提升企业整合上下游资源的能力，最终推动并助力我国的产业升级（肖宇和高凌云，2018）。

二、以银行业为代表的金融服务业开放进入新阶段

金融业全面开放包括金融服务业和资本项目两个层面的开放。金融服务业[①]开放包括金融机构牌照、外资持股比例以及具体金融业服务范围的开放；资本项目的开放主要是便于跨境资本流通，具体包括金融市场的互联互通、跨境资金结算以及人民币国际化等内容。图3－1显示了金融服务业进入开放新阶段的重要时间节点和具体举措，涵盖了放宽外资市场准入、提升外资持股比例、扩大外资在华业务范围等诸多方面，外资金融机构将享受新一轮高水平开放的“制度红利”。新一轮金融服务业开放不仅是持续完成我国对WTO的承诺，更是我国推动金融体系结构性改革的主动选择，将有望支持我国经济的高质量发展以及金融体系自身的转型升级（麦肯锡中国区金融研究中心，2020）。

（一）外资银行面临新的发展机遇

我国银行业对外开放经历了起步探索阶段、市场化程度提升阶段、全面开放阶段和全面开放新阶段等四个历程，具体见表3－5。进入全面开放新阶段之后，开放举措以国民待遇为基点全面推进，主要包括：取消外资设立机构的总资产规模限制，取消银行和金融资产公司的外资持股比例限制，放宽在信托、金融租赁、汽车金融、货币经纪和消费金融等行业金融领域引入外资的限制，对商业银行新发起设立的金融资产投资公司和理财公司的外资持股比例不设上限，大幅度扩大外资银行业务范围等，毫无疑问，这些重要举措将使我国银行业的对外开放达到新的更高水平。

① 金融服务业涵盖了银行、证券、保险、资产管理、期货、信托、托管、信用评级等诸多行业，本节仅选择最为传统也最具代表性的银行业加以阐释。

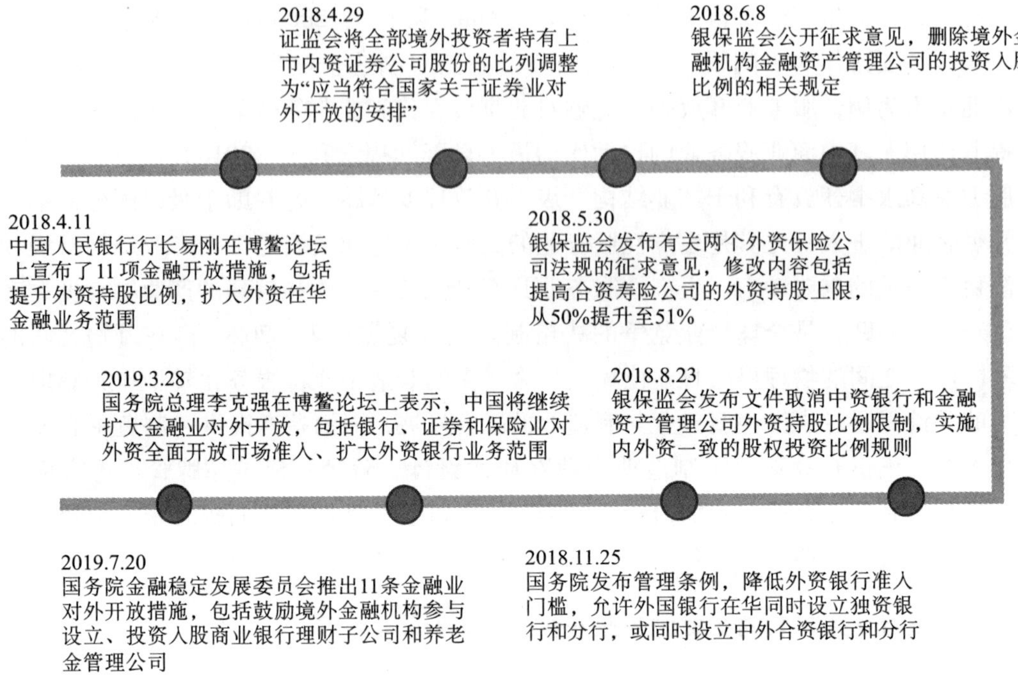

2018.4.11
中国人民银行行长易刚在博鳌论坛上宣布了11项金融开放措施，包括提升外资持股比例，扩大外资在华金融业务范围

2018.4.29
证监会将全部境外投资者持有上市内资证券公司股份的比列调整为“应当符合国家关于证券业对外开放的安排”

2018.5.30
银保监会发布有关两个外资保险公司法规的征求意见，修改内容包括提高合资寿险公司的外资持股上限，从50%提升至51%

2018.6.8
银保监会公开征求意见，删除境外金融机构金融资产管理公司的投资人股比例的相关规定

2018.8.23
银保监会发布文件取消中资银行和金融资产管理公司外资持股比例限制，实施内外资一致的股权投资比例规则

2018.11.25
国务院发布管理条例，降低外资银行准人门槛，允许外国银行在华同时设立独资银行和分行，或同时设立中外合资银行和分行

2019.3.28
国务院总理李克强在博鳌论坛上表示，中国将继续扩大金融业对外开放，包括银行、证券和保险业对外资全面开放市场准人、扩大外资银行业务范围

2019.7.20
国务院金融稳定发展委员会推出11条金融业对外开放措施，包括鼓励境外金融机构参与设立、投资人股商业银行理财子公司和养老金管理公司

图 3－1　金融服务业高水平对外开放历程

表 3－5　　我国银行业的开放进程

四个阶段	年份	主要措施
起步探索阶段（1978—1993 年）	1979	日本输出入银行在北京设立第一家外资银行代表处
	1981	南洋商业银行在深圳设立第一家外资银行营业性机构
	1985	颁布《中华人民共和国经济特区外资银行、中外合资银行管理条例》，允许外资银行在深圳、珠海、厦门、汕头、海南设立营业性分支结构
	1990	颁布《上海浦东外资金融机构、中外合资金融机构管理办法》，允许浦东引进营业性外资金融机构，限定开展外汇业务
市场化程度提升阶段（1978—1993 年）	1994	颁布全面规范外资银行的第一部法规《中华人民共和国外资金融机构管理条例》，规定外资银行境内吸收存款不超过总资产的 40%
	1996	发布《上海浦东外资金融机构经营人民币试点业务暂行管理办法》，允许部分符合条件的外资银行在浦东试点开展人民币业务
	1998	发布《关于批准外资银行加入全国同业拆借有关问题的通知》（银发〔1998〕114 号），允许外资银行从事人民币同业拆借和现券交易业务
	2001	加入 WTO，外资银行办理外汇业务的地域和客户限制缩减，允许外资银行在上海、深圳、天津、大连开展人民币业务
全面开放阶段（2002—2017 年）	2003	出台《境外金融机构投资入股中资金融机构管理办法》（银发〔1998〕114 号），允许外资机构作为战略投资者入股中资银行，并做出单一机构不超过 20%、多家不超过 25% 的外资持股比例限制

续表

四个阶段	年份	主要措施
全面开放阶段（2002—2017 年）	2006	颁布《中华人民共和国外资银行管理条例实施细则》，允许外资法人化并享受国民待遇，标志外资进入中国的地域、客户限制以及业务非审慎限制基本取消，但保留市场准入、持股比例、设立形式等方面的限制
	2014	修订《外资银行管理条例》，允许外资银行在银行间债券市场开展企业债券的投资交易业务
	2017	颁布《关于外资银行开展部分业务有关事项的通知》（银监办发〔2017〕12 号），允许外资银行与境外母行跨境合作，为“走出去”企业境外发债、上市提供金融服务
高水平开放新阶段（2018 年至今）	2018	中国银保监会出台《关于进一步放宽外资银行市场准入有关事项的通知》（银保监办发〔2018〕16 号），允许外国银行在我国境内同时设立分行和子行
	2018	中国银保监会宣布废止《境外金融机构投资入股中资金融机构管理办法》
	2018	中国银保监会发布《关于废止和修改部分规章的规定》（中国银行保险监督管理委员会令 2018 年第 5 号），正式取消中资银行和金融资产管理公司外资持股比例限制
	2019	鼓励境外金融机构参与设立、投资入股商业银行理财子公司；允许境外资产管理机构与中资银行的子公司合资设立由外方控股的理财公司
	2020	中国银保监会推动 34 条对外开放措施陆续落地，外资银行在华经营的市场准入、业务范围、经营活动得到全面拓展

虽然长期以来外资银行在国际市场有竞争优势，中资银行在国内市场有竞争优势，但全面开放之后外资法人银行基本获得国民待遇，开展业务经营范围与中资银行无甚差异。中资银行在产品和服务方面的供给短板为外资银行发挥营业特长提供了机会，尤其是外资银行在国际市场的筹资成本较之国内银行为低，而我国企业将获得成本更低的融资机会。另外，随着总资产规模限制的取消，未来中小外资银行进入国内的步伐将加快，从而有助于缓解中小微企业融资难问题。同时，外资在全球资源配置、全球市场服务、信用评估、风险控制等领域的特长也将得以有效发挥，具体见图 3－2。

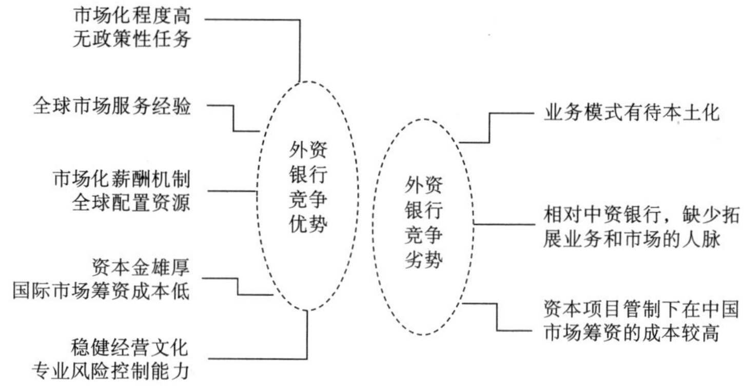

图 3－2　外资银行的竞争优劣势

资料来源：兴业证券（2019）。

表3－6则显示了截至2019年末外商独资银行在华注册资本和营业机构的情况。41家外商独资银行中，汇丰银行注册资本最高，营业机构总数也最多，分别为154亿元和177家，其次为东亚银行和渣打银行。往后看，我国长期向好的经济发展趋势、巨大的国内市场需求毫无疑问将为外资银行提供更多的发展机遇。

表3－6　2019年末外商独资银行注册资本及在华营业机构总表

银行名称	注册资本（亿元）	营业机构总数（个）
汇丰银行	154	177
东亚银行	141.6	98
渣打银行	107.27	98
三菱东京日联银行	100	19
三井住友银行	100	15
南洋商业银行	95	40
瑞穗银行	95	16
法国巴黎银行	83.27	5
恒生银行	83.175	47
星展银行	80	35
摩根大通银行	65	9
澳大利亚和新西兰银行	62.25	9
大华银行	55	18
华侨永亨银行	54.67	24
东方汇理银行	47.96	6
德意志银行	44.26	7
华商银行	41.5	4
法国兴业银行	40	9
盘古银行	40	7
花旗银行	39.7	26
KEB韩亚银行	33.5	26
国泰世华银行	30	13
开泰银行	30	5
友利银行	25.48	22
韩国国民银行	25	6
彰化银行	25	5
富邦华一银行	21	26
新韩银行	20	19
企业银行	20	17
玉山银行	20	5

续表

银行名称	注册资本（亿元）	营业机构总数（个）
永丰银行	20	4
瑞士银行	20	3
蒙特利尔银行	18	4
首都银行	15	9
华美银行	14	4
大新银行	12	7
中信银行（国际）	10	3
浦发硅谷银行	10	3
摩根斯坦利国际银行	10	2
新联商业银行	10	2
正信银行	10	1

资料来源：亿欧智库（2020）。

（二）外资银行经营活力进一步激发

根据中国银行保险监督管理委员会（以下简称银保监会）的统计数据，截至2020年，41家外商独资银行在华资产总额为3.78万亿元，负债为3.33万亿元，税后利润170亿元。在39家银行公布其资产及负债情况的外商独资银行中，资产总额超过2 000亿元的银行仅有2家；在华资产超过1 000亿元的银行11家，资产总额占39家外资银行资产总额73.40%。汇丰银行作为在华资产最大的外资银行，2019年总资产高达5 247.96亿元，占39家银行资产总额18.80%。

从资本充足率来看，截至2020年第四季度，外商独资银行资本充足率为18.32%，大型商业银行为16.49%，股份制商业银行为13.60%，城市商业银行为12.99%，民营银行为13.53%，农村商业银行为12.37%。数据表明，外商独资银行的资本充足率均满足监管要求，资本充足率稳定，且高于国内其他商业银行、股份制银行的水平。

从不良贷款余额来看，截至2020年第四季度，外资银行不良贷款余额为81亿元，不良贷款率0.58%。大型商业银行为1.52%、股份制行业银行为1.50%、城市商业银行1.81%、民营银行1.27%、农村商业银行3.88%。24家存在不良贷款的外商独资银行中，不良贷款余额高于10亿元的银行包括东亚银行和中信银行（国际），不良贷款余额在1亿元和10亿元之间的银行包括渣打银行等12家银行，不良贷款低于1亿元的包括友利银行等10家银行。具体见表3－7。

表3－7　　在华外商独资银行不良贷款分布情况

序号	不良贷款余额	银行名称
1	高于10亿元	东亚银行、中信银行（国际）

续表

序号	不良贷款余额	银行名称
2	1亿—10亿元	渣打银行、汇丰银行、华商银行、富邦华一银行、南洋商业银行、星展银行、花旗银行、恒生银行、大华银行、韩亚银行、新韩银行、华侨银行
3	低于1亿元	友利银行、浦发硅谷银行、韩国国民银行、大新银行、玉山银行、法国巴黎银行、企业银行、德意志银行、瑞穗银行、首都银行

资料来源：2019年各银行年报。

从经营指标来看，截至2020年第四季度，外商独资银行的资本利润率为0.47%，低于大型商业银行的0.89%、股份制商业银行的0.75%、城市商业银行的0.55%、民营银行的0.84%和农村商业银行的0.62%。但外资银行之间差异较大，近30%的外资银行的资产收益率（ROA）水平可以达到股份制商业银行水平。根据亿欧智库采用营业收入、净利息收入及其占比、成本收入占比等指标所进行的排名汇总可知（见表3-8），花旗银行、三井住友银行和瑞穗银行有六项指标进入前十，经营效益在所有外商独资银行中名列前茅；正信银行、德意志银行、韩亚银行、东方汇理银行和大华银行，仅有一项指标进入前十，经营效益相对较差。

表3-8　在华外商独资银行经营效益排名

排名	营业收入	净利息收入	净利息收入占比	成本收入占比	中间业务占比	资产利润率	净资产收益率
1	汇丰银行	汇丰银行	正信银行	华商银行	摩根斯坦利国际银行	法国巴黎银行	花旗银行
2	渣打银行	东亚银行	法国兴业银行	瑞穗银行	东方汇理银行	彰化银行	华商银行
3	花旗银行	渣打银行	花旗银行	法国巴黎银行	法国兴业银行	摩根史坦利国际银行	汇丰银行
4	东亚银行	花旗银行	澳大利亚和新西兰银行	三井住友银行	澳大利亚和新西兰银行	三井住友银行	瑞穗银行
5	三菱东京日联银行	三菱东京日联银行	德意志银行	彰化银行	渣打银行	花旗银行	恒生银行
6	三井住友银行	华商银行	韩国国民银行	韩亚银行	花旗银行	瑞穗银行	三井住友银行
7	瑞穗银行	恒生银行	摩根斯坦利国际银行	南洋商业银行	汇丰银行	盘谷银行	三菱东京日联银行
8	星展银行	南洋商业银行	法国巴黎银行	韩国国民银行	恒生银行	恒生银行	渣打银行
9	南洋商业银行	三井住友银行	三井住友银行	盘谷银行	星展银行	华商银行	新韩银行
10	恒生银行	瑞穗银行	瑞穗银行	新韩银行	大华银行	汇丰银行	法国巴黎银行

资料来源：亿欧智库（2020）。

综合来看，相较于中资银行，外商独资银行资本率较充足、不良贷款率较低、拨备覆盖率较高，但资产利润率和净利润较低，经营业绩相对较差，具体见表 3-9。随着金融业全面开放，外资银行在华扩大经营的长期趋势不会改变，而是更为关注与国内银行的差异化竞争，经营活力在以下方面得以激发。

表 3-9　2020 年第四季度商业银行主要指标分机构类情况表（法人）

指标 \ 机构	大型商业银行	股份制商业银行	城市商业银行	民营银行	农村商业银行	外资银行
不良贷款余额（亿元）	11 052	5 008	3 660	87	7 127	81
次级贷款余额（亿元）	5 357	2 264	2 142	37	2 959	28
可疑类贷款余额（亿元）	4 077	1 707	978	28	3 694	38
损失类贷款余额（亿元）	1 617	1 037	540	22	475	16
不良贷款率（%）	1.52	1.50	1.81	1.27	3.88	0.58
资产利润率（%）	0.89	0.75	0.55	0.84	0.62	0.47
拨备覆盖率（%）	215.03	196.90	189.77	295.44	122.19	367.87
资本充足率①（%）	16.49	13.60	12.99	13.53	12.37	18.32
流动性比例（%）	55.87	55.40	67.60	61.60	65.20	73.33
净利润（亿元）	10 925	4 107	2 146	92	1 953	170
净息差（%）	2.05	2.07	2.00	3.67	2.49	1.61

注：(1) 外资银行资本充足率不含外国银行分行。(2) 自 2014 年第二季度起，中国工商银行、农业银行、中国银行、建设银行、交通银行和招商银行六家银行经核准开始实施资本管理高级方法，其余银行仍沿用原方法。(3) 自 2019 年起，邮政储蓄银行纳入“大型商业银行”汇总口径。

数据来源：WIND。

一是从外资银行的经营范围来看，外资银行在继续申请获得更多业务资质之外，部分外资银行或将转而深耕中小企业业务，寻求更多有发展潜力的中小企业，通过持续服务在促进中小企业的成长同时也分享其成长收益。外资银行还在高端财富管理业务领域具有显著优势，可以为客户提供全球单一账户管理和丰富的跨境投资产品。专长投行业务的外资银行则可充分把握向证券市场渗透的机会，在未来跨境投资领域发挥更大的作用。

二是从外资银行的经营区域来看，东部沿海城市一直以来都是外资银行资源投入的重点地区并已经形成一定竞争力，41 家外商独资银行超五成在上海注册。随着长江经济带战略的深度实施和粤港澳大湾区一体化的加强，外资银行将会进一步加强对长三角和珠三角重点城市的布局（张明和陈骁，2019）。同时，外资银行也将继续逐步从东部沿海城市向内陆城市渗透，从一线城市向二三线城市发展，实现大部分地区补白。随着“一带一路”建设的推进，外资银行或将选择沿线重点城市扩大经营，经营区域的扩展意味着更多的获利机会。

三是从外资银行的经营效率来看，合资银行中外资控股比例上限放开，外资方的股东地位将大幅度提升，经营话语权也将随之提升。尤其是外资银行显著增加对中小银行的入股，其稳健的经营偏好、良好的风控管理也将有效促进经营效率的提升。在 2015—2017

年，我国商业银行理财业务爆发式增长，经营最为稳健的国有银行理财产品余额也增加了52%，外资银行却逆势收缩理财业务，总体下降了10%，这充分显示了其经营的稳健性。

（三）外资银行技术创新进一步加速

在金融科技改变金融业生态系统的过程中，外资银行对技术创新的重视也不断强化，不仅充分发掘内部的创新力，还通过外部资源利用，与客户、科技公司、政府和监管部门，甚至与竞争对手开展共同创新，争取以科技创新实现"基因再造"。根据亿欧智库的数据监测，2015 年至 2020 年 5 月底，在我国进行新技术研发、合作、应用的外资银行共有 13 家。其中，东亚银行从 2018 年至 2020 年主要在区块链、人工智能和 5G 领域进行了技术投入；华美银行的技术创新始于 2019 年，主要集中于金融科技、大数据和人工智能；渣打银行在 2019 年和 2020 年以物联网、机器学习为主要技术方向进行了投入。金融业全面开放为外资银行加速在我国的技术创新布局提供了动力和激励，主要体现在：

一是技术创新的领域将会拓展。现有技术创新投入主要集中于区块链、人工智能、5G、大数据和机器学习，一方面新技术对银行业务的赋能将不断提升，如赋能传统金融，助推传统金融对公业务服务智能化、客户宽泛化和模式平台化；同时新技术将让银行有能力参与到产业链流程，从行业的"场景视角"，构建紧密的产业生态链系统。另一方面，量子计算、神经干预、第三代半导体等新技术的突破，外资银行在这些前沿科技领域也会增加投入，不仅是研究新技术与银行业务的结合，而且通过成为创新公司的战略投资者等方式分享新技术进步的红利。

二是技术创新的地域将会延伸。外资银行的研发及投入仍以国外为主，但随着在我国服务范围扩大，作为软实力的重要体现，将逐渐加大在我国的技术研发投入。以渣打银行为例，该行 2018 年设立了内部创投部门。2019 年 8 月，渣打创投落地于上海，并成立渣打上海创新实验室。该平台是继其在新加坡、中国香港、伦敦、旧金山成立创新实验室后，在我国内地成立的首个金融科技创投支持平台。这不仅标志着渣打作为外资银行对本地金融科技项目的投资、扶持与合作正式启动，也开启了中国客户和科创企业与渣打全球 60 多个市场的金融服务资源的连接。① 目前已经在我国建立研发中心或创新中心的银行还有德意志银行、东亚银行和华侨银行，往后看或有更多的外资银行进入技术创新的版图。

三是服务创新企业的银行将会增多。外资银行如渣打银行、东亚银行、汇丰银行、法国巴黎银行等与我国多家创新型企业业务往来密切。如渣打银行业务往来伙伴包括比亚迪、阿里巴巴、海康威视、蓝思科技、复星医药等企业；法国巴黎银行包括四维图新、海康威视、中手游等企业；东亚银行包括阿里巴巴、复星国际、东方财富等企业；德意志银行包括科大讯飞、阿里巴巴、海康威视等企业。随着"十四五"期间我国对科技创新的重视程度提升到前所未有的高度，创新型企业也将进入新一轮蓬勃发展期，服务于新生企业的外资银行毫无疑问会继续增加，业务往来也将更为频繁。

---

① 叶继蔚："开放 + 合作　百年银行的创新之路"，金融界网站，https://ww.jrj.com.cn。

图3－3列示了与我国创新型企业开展业务往来的外商独资银行排序。

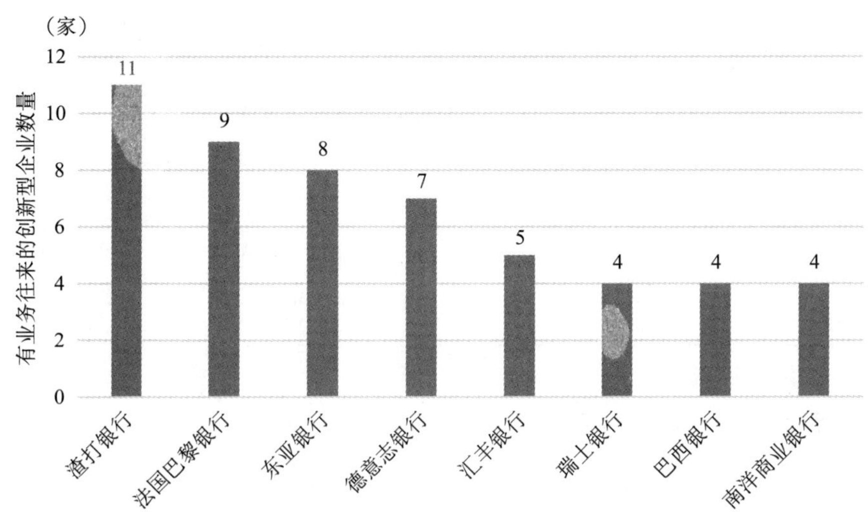

图3－3　与中国创新型企业开展业务往来的外商独资银行排序

资料来源：亿欧数据（2020）。

外资银行的业务拓展和业绩提升也将促进内资银行向高质量发展转型。传统粗放式、重资本的规模驱动型增长模式将不再占据优势，内资银行业在向专业化、数字化、精细化转型过程中，将与外资银行充分竞合，共同促进银行业的健康发展。

三、人民币国际化进程稳步推进

人民币国际化的主要原因之一是实现我国经济的存量保值和增量平衡。近年来，我国抓住时机扩大人民币在大宗商品和能源定价及交易中的使用，如在与俄罗斯天然气工业股份有限公司签署的天然气供气协议中提出将用人民币进行结算；又如上海黄金交易所在2016年4月发布全球首个以人民币计价的黄金基准价格“上海金”；再如上海国际能源交易中心于2018年正式挂牌交易原油期货，以人民币计价，实现净价交易、保税交割。整体来看，我国人民币国际化逐步上台阶，支付货币功能不断增强，投融资货币功能持续深化，储备货币功能逐渐显现，计价货币功能进一步实现突破，继续保持着在全球货币体系中的稳定地位（中国人民银行，2020）。

（一）给A股市场带来大规模的增量资金

2019年3月，明晟公司宣布分三阶段将中国A股在MSCI全球指数中的权重由5%增加至20%，并于同年11月将中国A股中盘股纳入MSCI指数；2019年6月，富时罗素将A股纳入其全球股票指数体系；2019年9月，标普道琼斯指数将A股纳入新兴市场全球基准指数。如此，全球三大国际主流指数均已纳入中国A股，见表3－10。

表 3-10　三大国际指数纳入 A 股进程

指数	时间	纳入 A 股情况
明晟（MSCI）	2018 年 6 月	A 股以 2.5% 纳入因子首次被纳入
	2018 年 8 月	将 A 股纳入因子提升至 5%
	2019 年 5 月	将 A 股纳入因子提升至 10%
	2019 年 8 月	将 A 股纳入因子提升至 15%
	2019 年 11 月	将 A 股纳入因子提升至 20%
富时罗素	2019 年 6 月	A 股以 5% 的纳入因子首次被纳入
	2019 年 9 月	将 A 股纳入因子提升至 15%
	2020 年 3 月	将 A 股纳入因子提升至 25%
标普道琼斯	2019 年 9 月	A 股以 25% 的纳入因子首次被纳入

资料来源：中国银行研究院（2019）。

图 3-4 显示了自 2014—2019 年“北上资金”的净流入情况[①]，其中 2018 年达到 2 942 亿元，2019 年达到 3 517 亿元，资金额度明显高于前 4 年，这也印证了 A 股纳入三大国际指数之后增量资金规模的扩大。2020 年受新冠肺炎疫情影响，数据有所下跌，与纳入三大国际指数前大体持平。具体来看，截至 2020 年 12 月底，“沪股通”“深股通”北上累积资金规模分别达到 6 188.24 亿元和 5 835.85 亿元。2020 年，“沪股通”增量资金规模为 855.13 亿元，“深股通”增量资金规模为 1 234.19 亿元，增量资金规模共计 2 089.32 亿元。2020 年，沪深港通业务跨境收付金额合计为 25.98 万亿元，同比增长 117.52%，资金净流入 -3 877.43 亿元，其中“沪股通”和“深股通”的资金净流入达到 2 089.32 亿元，内地投资者通过港股通的资金净流出达 5 966.76 亿元。

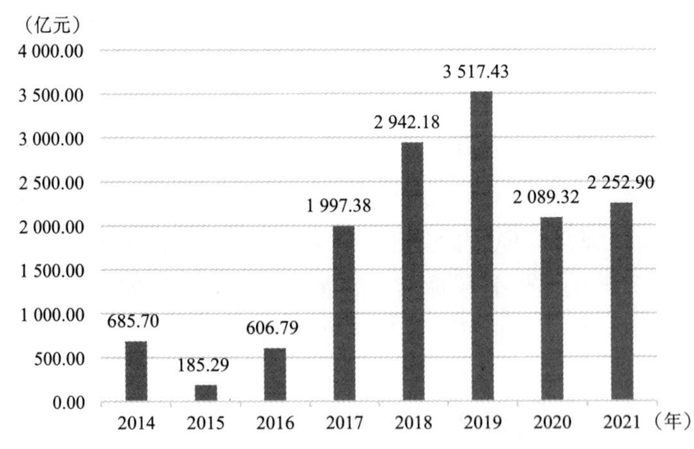

图 3-4　“北上资金”分年度净流入

注：2021 年数据截至 7 月 8 日。

资料来源：WIND。

① “北上资金”是股市里的一个概念，一般是指大量进入我国内地股市的香港股市资金和国际资本，由于“北上资金”长期投资业绩非常出色，“北上资金”也被认为是“聪明资金”。自沪港通、深港通的股市互联互通机制实施后，我国金融界以香港特区为界，用南指代港股，用北特指我国内地股市。

（二）吸引更多境外投资者购买中国债券

2019 年 4 月，彭博将人民币计价的中国国债和政策性银行债券纳入彭博巴克莱全球综合指数，并在 20 个月内分布完成。被完全纳入全球综合指数之后，以人民币计价的中国债券将成为这一指数内继美元、欧元、日元计价之后的第四大货币债券。2019 年 9 月，摩根大通宣布从 2020 年 2 月 28 日开始分 10 个月，将中国政府债券纳入摩根大通旗舰全球新兴市场政府债券指数。2020 年 9 月，富时世界国债指数宣布将在 2021 年 10 月纳入中国国债，至此中国债券已覆盖全球三大债券指数，具体见表 3 – 11。

表 3 – 11　　富时世界国债指数构成

（截至 2021 年 3 月 31 日）

类别	债券数量	面额（10 亿美元）	市值（10 亿美元）	市值权重（%）	平均票息（%）	平均到期年限	到期收益率（%）	有效久期	OAS（bps）
富时指数	1 087	22 768. 51	25 072. 80	100. 00	1. 80	9. 67	0. 55	8. 73	9
1—3 年	258	5 777. 80	5 967. 92	23. 80	1. 45	1. 94	0. 00	1. 92	4
3—5 年	179	4 129. 85	4 359. 33	17. 39	1. 60	4. 03	0. 28	3. 92	6
5—7 年	132	2 929. 91	3 141. 61	12. 53	1. 65	6. 03	0. 50	5. 79	9
7—10 年	142	3 179. 44	3 470. 20	13. 84	1. 70	8. 56	0. 61	8. 07	11
10 年以上	376	6 751. 50	8 133. 74	32. 44	2. 32	21. 83	1. 10	17. 72	14
北美洲	287	9 408. 40	9 679. 08	38. 60	1. 67	7. 95	1. 00	6. 75	0
拉丁美洲	14	153. 58	166. 71	0. 66	7. 74	8. 32	6. 16	5. 27	0
亚太地区	334	4 472. 04	4 870. 93	19. 43	1. 30	12. 47	0. 39	11. 59	0
欧洲、中东及非洲	452	8 734. 49	10 356. 08	41. 30	2. 09	10. 11	0. 12	9. 28	22

资料来源：FTSE Russel（2021）。

债券通为开展内地与香港债券市场互联互通合作的全新计划，让中国内地与境外投资者透过在香港特区建立的基础设施联接，在对方市场买卖债券。从入市情况来看，截至 2020 年底，通过债券通入市的境外投资者（含产品）达 2 352 家，较 2019 年增长 46. 9%。这些境外投资者（产品）覆盖了 34 个国家和地区，以及全球前 100 家资产管理公司中的 75 家。债券通交投也十分活跃，2020 年累计成交 58 518 笔，达 4. 81 万亿元人民币，较 2019 年增长 82. 8%。从二级市场成交情况来看，交易笔数达 5 648 笔，交易量实现 4 478 亿元人民币，日均交易量 195 亿元人民币。从单笔交易量来看，交易额高于 2 亿元人民币的占比 19%，1 亿—2 亿元的占比为 12%，0. 5 亿—1 亿元的占比为 8%，0. 3 亿—0. 5 亿元的占比为 7%，0. 1 亿—0. 3 亿元的占比为 18%，低于 0. 1 亿元人民币的占比为 36%。从持有债券类型来看，国债占比 43%，政策性金融债占比 33%，同业存单占比为 21%，其他占比为 3%。具体见图 3 – 5。

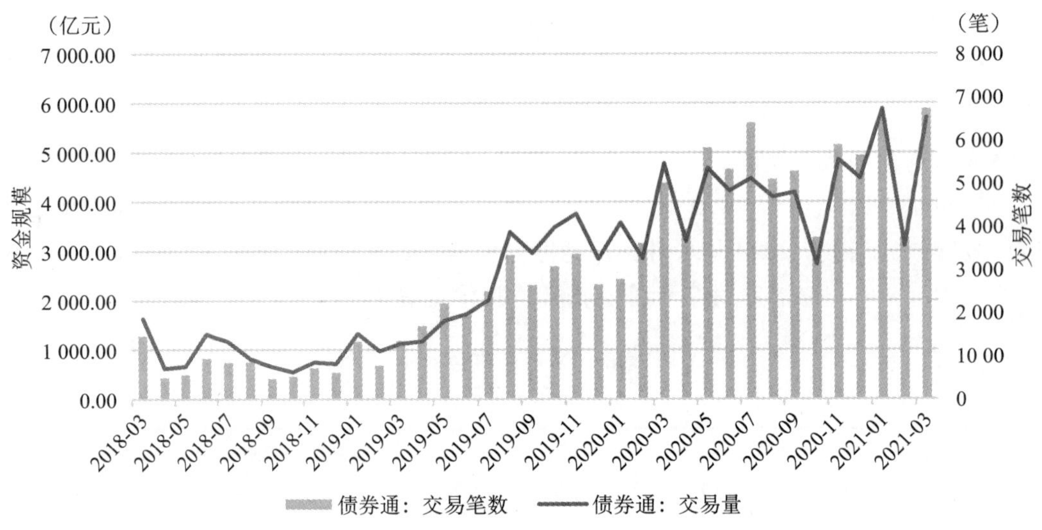

图 3－5 2018 年 3 月至 2021 年 3 月“债券通”交易笔数和数量

资料来源：WIND。

（三）成为“一带一路”沿线重要储备货币之一

“一带一路”为人民币国际化开启了全新格局，沿线人民币接纳度和使用度逐步提高，货币合作不断深化，基础设施日趋完善（赵雪情，2020）。随着“一带一路”沿线国家之间的经贸往来日益密切，人民币对沿线货币的外汇交易不断增加。在全国银行间外汇市场上，人民币可以对 9 种沿线货币直盘交易，包括泰铢、新加坡元、马来西亚林吉特、阿联酋迪拉姆、沙特里亚尔、俄罗斯卢布、匈牙利福林、波兰兹罗提和土耳其里拉。在银行间区域交易市场，我国分别在广西、内蒙古、新疆 3 个自治区启动人民币对柬埔寨瑞尔、蒙古图格里克和哈萨克斯坦坚戈的外汇交易。

我国已与“一带一路”沿线 21 个国家的货币当局建立了双边本币互换安排，人民币开始显现区域储备货币特征。马来西亚、柬埔寨、菲律宾、沙特阿拉伯、白俄罗斯等沿线国家已将人民币纳入外汇储备，俄罗斯在“去美元化”的背景之下将人民币储备份额提升至 15%。与此同时，人民币的清算网络不断拓展，沿线已有新加坡、卡塔尔、马来西亚、泰国、匈牙利、俄罗斯、阿联酋、菲律宾 8 个国家建立了清算安排机制，见表 3－12。截至 2019 年底，我国与“一带一路”沿线国家办理人民币跨境收付金额超过 2. 73 万亿元，占同期人民币跨境收付总额的 13. 9%，其中货物贸易收付金额为 7 325 亿元，直接投资收付金额 2 524 亿元，跨境融资收付金额 2 135 亿元。

表 3－12　　“一带一路”沿线人民币清算行安排

国家和地区	时间	清算行
新加坡	2013 年 2 月	中国工商银行新加坡分行
卡塔尔	2014 年 11 月	中国工商银行多哈分行

续表

国家和地区	时间	清算行
马来西亚	2015 年 1 月	中国银行（马来西亚）有限公司
泰国	2015 年 1 月	中国工商银行（泰国）有限公司
匈牙利	2015 年 6 月	中国银行匈牙利分行
俄罗斯	2016 年 9 月	中国工商银行（莫斯科）股份公司
阿联酋	2016 年 12 月	中国农业银行迪拜分行
菲律宾	2019 年 9 月	中国银行马尼拉分行

资料来源：中国银行研究院（2020）。

整体来看，随着金融市场开放程度不断加深，人民币跨境使用快速增长。截至 2019 年末，境外主体持有境内人民币股票、债券、贷款及存款等金融资产金额合计 6.41 万亿元，同比增长 30.3%。其中，股票市值 2.1 万亿元，债券托管余额 2.26 万亿元，存款余额 1.21 万亿元（包括同业往来账户存款），贷款余额 8 332 亿元，具体见表 3－13。其中，境外主体持有境内人民币股票和债券规模同比增长 48.6%，持有债券托管量占银行间债券市场债券托管总量的 2.3%，持有股票市值占 A 股流通市值的 3.6%。境外主体新增的境外人民币资产中，股票占比为 66.6%（中国人民银行，2020），成为人民币跨境使用增长的主要力量。

表 3－13　　非居民持有境内人民币金融资产情况　　单位：亿元

时间 资产类别	2018 年 12 月	2019 年 3 月	2019 年 6 月	2019 年 9 月	2019 年 12 月
股票	11 517.4	16 838.9	16 473.0	17 685.5	21 018.8
债券	17 853.6	18 187.6	20 139.8	21 840.8	22 629.3
贷款	9 246.5	8 534.7	8 340.1	8 180.7	8 331.6
存款	10 591.6	11 175.7	11 112.8	10 934.5	12 148.7
合计	49 209.0	54 736.9	56 065.8	58 641.5	64 128.4

资料来源：《2020 年人民币国际化报告》。

根据国际货币基金组织最新发布的官方外汇储备货币构成数据显示，2021 年第一季度，人民币外汇储备由 2016 年第四季度的约 908 亿美元上升至 2 874.6 亿美元，连续 9 个季度保持增长。同时，人民币全球外汇储备份额也由 2016 年第四季度的 1.08% 提高至 2021 年第一季度的 2.45%，再创历史新高，表明人民币储备货币地位不断上升，具体见图 3－6。

人民币国际化的快速发展，既得益于国内改革政策推动，也得益于国际市场的客观需求。但在新冠肺炎疫情冲击尚未完全结束，国际经济环境不稳定和不确定性增加的情况下，人民币国际化进程仍将面临许多挑战。其今后演进趋势取决于中国经济增长、金融稳步开放和总体实体提升程度，波动前行是人民币国际化的新常态（郝志运，2021）。

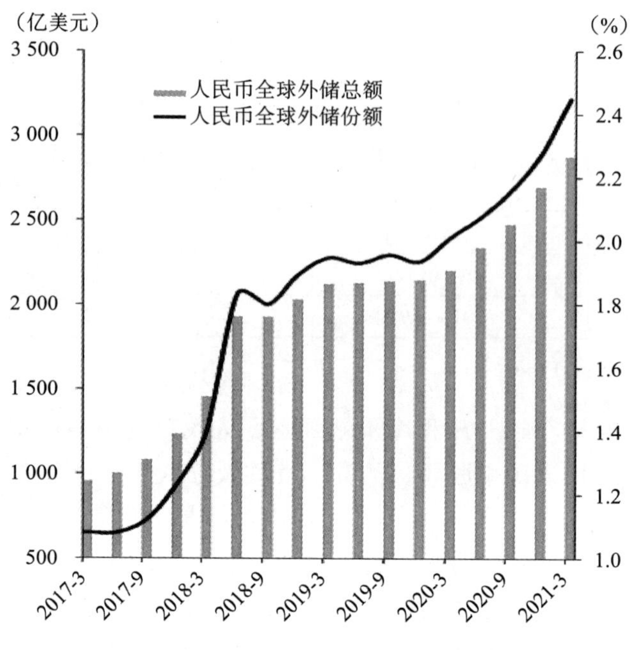

图 3－6　人民币全球外汇储备最新进展

资料来源：IMF。

第二节　构建沿海、内陆、陆海联动并重的开放格局

自 2013 年习近平总书记提出“一带一路”倡议以来，我国对外开放初步形成了以“一带一路”建设为引领的陆海内外联动、东西双向互济的新格局。作为当今世界范围最广、规模最大的国际合作平台，“一带一路”不仅带动了我国开放水平的全面提升，而且将机遇和成果惠及沿线各国、造福世界。①

一、“一带一路”助力地方政府扩大开放

“一带一路”倡议早期发布的《推动共建丝绸之路经济带和21 世纪海上丝绸之路的愿景与行动》（以下简称《愿景与行动》）中，尤其强调各区域要充分发挥比较优势，加强东中西互动合作，全面提升开放型经济水平。其中，西北地区要发挥向西开放窗口作用，深化与中亚、南亚和西亚等国家的交流合作；东北地区要发挥联通俄蒙区位优势，建设向北开放的重要窗口；西南地区要发挥与东盟国家陆海相邻优势，建设面向南亚和东南亚的

① 根据国家统计局截至 2021 年 6 月的统计，与我国签署“一带一路”合作文件的国家达到 140 个，贸易额累计超过 9.2 万亿美元。

辐射中心；沿海和港澳地区要利用经济开放程度高和实力强的优势，充分发挥辐射带动作用，深化与港澳台的合作；内陆地区要依托重点城市群，推动区域互动合作和产业集聚发展，建设内陆开放型经济高地。

（一）地方政府打造对外开放新体系

以《愿景与行动》为指引，我国31个省（区、市）政府建立了推进“一带一路”建设工作小组，并相应制定建设规划和实施方案，结合自己的区位优势和资源优势，明确本地的战略定位和发展目标，分年度确定工作目标和重点任务，并设立专项基金予以支持，从而构建起融入和服务“一带一路”建设的对外开放新体系，旨在更为有效、更高质量地与沿线国家加强合作，实现要素共享和更优配置，充分释放区域经济增长潜力。

具体而言，《上海服务国家“一带一路”建设发挥桥头堡作用行动方案》提出，“把服务国家‘一带一路’建设作为上海继续当好改革开放排头兵、创新发展先行者的新载体，服务长三角、服务长江流域、服务全国的新平台，联动东中西发展、扩大对外开放的新枢纽，努力成为能集聚、能服务、能带动、能支撑、能保障的桥头堡”。又如《贵州省推动企业沿着“一带一路”方向“走出去”行动计划（2018—2020年）》提出，“到2020年，以对外承揽工程和制造业对外投资为重点，与‘一带一路’沿线国家经贸合作取得新成果，力争新增有实绩‘走出去’企业主体达到40家，对外经济技术合作营业额突破15亿美元，每年推动1—2个国（境）外重大项目开工建设”。在总体规划和实施方案之下，一些省份还制定了分年度的行动计划，部署了年度重点任务，如《天津市融入“一带一路”建设2019年工作要点》《浙江省打造“一带一路”重要枢纽2020年工作要点》《宁夏回族自治区推进“一带一路”和内陆开放型经济试验区建设2020年工作计划》等，见表3-14。

表3-14　　地方政府落实“一带一路”建设的相关行动计划和实施方案

省份	行动计划和实施方案全称	发布时间
北京	《北京市推进共建“一带一路”三年行动计划（2018—2020年）》	2018年10月
天津	《天津市参与丝绸之路经济带和21世纪海上丝绸之路建设实施方案》	2016年12月
上海	《上海服务国家“一带一路”建设发挥桥头堡作用行动方案》	2017年10月
重庆	《重庆市开放平台协同发展规划《2018—2020年》	2018年5月
河北	《关于积极参与“一带一路”建设推进国际产能合作的实施方案》	2018年7月
山西	《山西省参与丝绸之路经济带和21世纪海上丝绸之路实施方案》	2015年9月
山西	《山西省参与“一带一路”建设三年（2018—2020年）滚动实施方案》	2018年6月
内蒙古	《内蒙古自治区参与建设中蒙俄经济走廊实施方案》	2016年12月
黑龙江	《“中蒙俄经济走廊”黑龙江陆海丝绸之路经济带建设规划》	2014年12月
辽宁	《辽宁“一带一路”综合试验区建设总体方案》	2018年8月
浙江	《浙江省标准联通共建“一带一路”行动计划（2018—2020）》	2018年5月
浙江	《浙江省打造“一带一路”枢纽行动计划》	2018年6月
江苏	《关于高质量推进“一带一路”交汇点建设意见》	2018年12月

续表

省份	行动计划和实施方案全称	发布时间
福建	《福建省21世纪海上丝绸之路核心区建设方案》	2015年11月
	《福建省开展21世纪海上丝绸之路核心区创新驱动发展实验实施方案》	2018年6月
江西	《江西省参与丝绸之路经济带和21世纪海上丝绸之路建设实施方案》	2017年7月
河南	《河南省参与建设丝绸之路经济带和21世纪海上丝绸之路的实施方案》	2015年10月
	《河南省标准联通参与建设“一带一路”行动计划（2018—2020年）》	2018年8月
	《关于以“一带一路”建设统领加快构建内陆开放型高地的意见》	2019年6月
山东	《山东省参与建设丝绸之路经济带和21世纪海上丝绸之路实施方案》	2016年4月
安徽	《安徽省参与建设丝绸之路经济带和21世纪海上丝绸之路实施方案》	2016年1月
四川	《四川省推进“一带一路”建设标准化工作实施方案》	2016年5月
广东	《广东省参与建设“一带一路”的实施方案》	2015年6月
	《广东省参与“一带一路”建设重点工作方案（2015—2017年）》	2016年6月
海南	《海南省参与建设丝绸之路经济带和21世纪海上丝绸之路三年（2017—2019）滚动行动计划》	2017年5月
甘肃	《甘肃省参与建设丝绸之路经济带和21世纪海上丝绸之路的实施方案》	2015年12月
青海	《青海省参与建设丝绸之路经济带和21世纪海上丝绸之路的实施方案》	2015年12月
湖北	《标准联通“一带一路”湖北行动计划（2018—2020年）》	2017年12月
湖南	《湖南省对接“一带一路”战略行动方案（2015—2017年）》	2015年8月
	《湖南省参与建设丝绸之路经济带和21世纪海上丝绸之路实施方案》	2015年12月
广西	《广西参与建设丝绸之路经济带和21世纪海上丝绸之路的思路与行动》	2017年4月
贵州	《贵州省推动企业沿着“一带一路”方向“走出去”行动计划（2018—2020年）》	2018年10月
云南	《云南省参与建设丝绸之路经济带和21世纪海上丝绸之路实施方案》	2015年12月
	《云南省参与中缅经济走廊建设实施方案（2020—2030年）》	2020年4月
新疆	《新疆生产建设兵团参与丝绸之路经济带核心区交通枢纽中心建设实施方案（2016—2030年）》	2017年7月
	《新疆生产建设兵团参与丝绸之路经济带核心区区域金融中心建设实施方案（2016—2030年）》	2017年12月
	《中欧班列（乌鲁木齐）集结中心建设方案（2020—2024年）》	2020年4月
陕西	《陕西省推进建设丝绸之路经济带和21世纪海上丝绸之路实施方案（2015—2020年）》	2016年8月
	《陕西省推进绿色“一带一路”建设实施意见》	2018年2月
西藏	《西藏面向南亚开放重要通道建设规划》	2017年5月
宁夏	《关于融入“一带一路”加快宁夏开放建设的意见》	2015年7月
	《宁夏参与丝绸之路经济带和21世纪海上丝绸之路建设规划》	2015年12月
香港特区	《关于支持香港全面参与和助力“一带一路”建设的安排》	2017年12月
澳门特区	《关于支持澳门全面参与和助力“一带一路”建设的安排》	2018年12月

资料来源：各省级政府官网。

地方政府的年度工作报告中则与“一带一路”着力推进的设施联通、贸易畅通、资金融通、民心相通等领域相呼应，明确利用“一带一路”扩大开放的具体部署，分领域、分年度确定工作重点。以 2019 年为例，东北三省的主要定位放在加强与俄罗斯和中东欧的交通基础设施和经贸合作领域；西南三省的主要定位放在与东南亚和南亚国家的经贸合作和跨境电子商务合作；西北六省主要强调经济走廊建设，增强与经济走廊国家的人文和经贸合作；东南五省主要强调加强港口建设，发挥自贸试验区优势，加强与中欧、中亚、南亚等国家的经贸合作；重庆市提出高标准建设出海、出境大通道，构建内陆国际物流枢纽，具体见表 3-15。

表 3-15　2019 年地方《政府工作报告》关于“一带一路”建设的部署情况

区域	省份	设施联通	贸易畅通				资金融通	民心相通	
		交通设施建设	经济走廊	自贸试验区	跨境电子商务	境外经贸合作区		文化活动	旅游
东北三省	黑龙江	√			√			√	
	吉林	√	√			√		√	
	辽宁			√		√			
西南三省	广西	√			√	√	√	√	
	云南			√	√	√	√		√
	西藏	√				√			
西北六省	新疆	√			√	√			
	陕西	√		√	√				
	甘肃	√						√	√
	宁夏	√	√		√				
	青海		√			√		√	
	内蒙古		√			√		√	
东南五省	福建			√		√		√	
	上海			√	√	√		√	
	浙江	√				√			
	广东				√	√		√	
	海南	√		√	√		√		
内陆一市	重庆	√			√				
其他省份	北京					√			
	河南						√	√	
	湖南					√			
	江西					√			

资料来源：2019 年各地方《政府工作报告》；太平洋证券（2019）。

多个地方政府成立“一带一路”相关基金，旨在以财政资金撬动社会资本参与沿线国家及国内相关项目建设，为“一带一路”建设提供资金支持，表3－16列示了部分基金的基本情况。从成立时间来看，最早为江苏省于2015年4月成立的“‘一带一路’江苏沿海开发投资基金”，资金来源包括财政资金、国企资金和私募股权投资资金，主要投资对象为江苏沿海地区的重点产业、优质企业和优质项目，尤其是国家政策鼓励的战略性新兴产业。从资金规模来看，初始基金金额最高的达到1 000亿元，包括重庆市的“中新互联互通股权投资基金”、陕西省的“陕西北银丝路股权投资管理基金”和甘肃省的“甘肃丝路交通发展基金”，基金涵盖了省级政府、国有企业、民营企业和外资企业等多方发起人，重点投向在立足本地经济转型升级和扩大开放的基础上，加大与“一带一路”沿线国家的资源共享和项目合作。需要说明的是，社会资本参与甚至发起设立的专项基金能够与传统金融互补，拓宽融资渠道，降低融资成本，提高优质企业尤其是中小企业参与“一带一路”建设的积极性。

表3－16　部分地方政府设立的“一带一路”基金相关情况

省	基金名称	成立时间	基金规模	资金来源	重点投向
江苏	江苏“一带一路”投资基金	2015年7月	首期规模30亿元	江苏省财政厅、商务厅和江苏省苏豪控股集团共同发起设立	重点支持江苏企业走出去，参与“一带一路”建设
	“一带一路”江苏沿海开发投资基金	2015年4月	200亿元	江苏沿海开发集团有限公司、江苏高科投资集团公司、鑫沅资产管理有限公司、苏毅达股权投资基金管理有限公司共同发起设立	主要投资江苏沿海地区的重点产业和优质企业、优质项目，包括国家战略性新型产业、重大基础设施建设项目、先进装备制造业、高端服务业等
浙江	浙江丝路产业投资基金	2017年6月	初始基金50亿元	杭州经济技术开发区、浙江交投集团、杭州锦江集团、中国工商银行浙江省分行、省产业基金共同发起设立	重点参与以浙江经济转型升级为导向的海外并购以及为培育本土民营跨国公司提供投融资服务，并积极参与丝路沿线的重大项目、相关企业“走出去”的服务以及国际产能合作项目
福建	海上丝绸之路基金	2015年6月	100亿元	福州市政府联合国家开发银行福建省分行、中非发展基金共同发起设立	投资、培育高科技、创新型项目
	“一带一路”知识产权投资基金	2017年5月	初始基金4 000万元	厦门市政府、厦门市财政局发起设立	投向“一带一路”建设高价值专利培育、专利分析布局、构建专利池、组建专利联盟、专利产业化投融资等领域

续表

省	基金名称	成立时间	基金规模	资金来源	重点投向
江西	江西“走出去”引导基金、“一带一路”国际产能合作基金	2015 年 12 月	初始基金 10 亿元	江西省商务厅、财政厅发起设立	重点加强基础设施、矿产资源、电力能源、水泥建材、轻工纺织、农业开发等领域的合作，打造江西优势产能转移优先承接地、海外农产品生产基地
山西	信达晋非“一带一路”基金	2018 年 9 月	2 亿美元	山西晋非联合香港信达、山西信达共同发起设立	为中资企业“一带一路”业务提供金融服务
河南	邮银豫资“一带一路”（河南）发展基金	2016 年 9 月	100 亿元	河南省财政厅与邮储银行河南省分行共同发起设立	重点支持河南“一带一路”节点城市的基础设施建设、政府和社会资本合作项目、承接全省产业转移重大项目；重点投向健康养老、清洁能源、文化旅游、商贸物流等领域
湖北	“一带一路”发展基金	2017 年 4 月	50 亿元	武汉东湖高新技术开发区发起设立	支持区内企业开展境外技术并购、国际产能合作
湖南	丝路产业投资基金	2017 年 11 月	1.68 亿元	长沙金霞海关保税物流投资建设有限公司、名城企业集团和湖南奥创亿天供应链有限公司共同发起设立	主要投向为服务于进出口贸易的供应链金融、商业保理、进出口贸易服务企业、“一带一路”项目、国际物流及配套产业基金等
	湖南省“一带一路”基金	2018 年 11 月	200 亿元	湖南省建工集团牵头组建	支持省属国有企业“抱团出海”和创新国际化战略、共同推进“走出去”发展
广东	广东丝路基金	2016 年 1 月	200 亿元	广东省政府、广东省财政厅发起设立	重点支持赴“一带一路”沿线国家的基础设施、产业园区、能源资源、农渔业、制造业和服务业等重大项目建设，兼顾国内“一带一路”交通枢纽型项目
广西	广西丝路产业基金	2015 年 9 月	500 亿元	广西壮族自治区政府与中国建设银行共同发起设立	支持广西互联互通基础设施、国际合作园区、能源保障行业、战略新兴产业、“互联网 +”等项目建设，大力支持广西企业“走出去”
	广西东盟“一带一路”产业投资基金	2018 年 4 月	100 亿元	国开金融公司、广西投资集团、新加坡大华创投与法国凯辉基金四方发起设立	主要投向广西和东盟“一带一路”区域，重点投资具有竞争优势和增长前景的行业

续表

省	基金名称	成立时间	基金规模	资金来源	重点投向
重庆	中新互联互通股权投资基金	2016 年 11 月	1 000 亿元	渝富集团、平安集团、清华启迪和新加坡大华集团共同发起设立	主要投向信息科技、城镇化基建、生物医药、航空旅游、大健康等领域
陕西	丝绸之路黄金基金	2015 年 5 月	1000 亿元	上海黄金交易所、山金金控资本管理有限公司、陕西黄金集团、兴业银行等多家机构共同发起设立	主要投向“一带一路”沿线区域的金矿勘探、采掘冶炼、金品销售、黄金租赁、黄金交易等
	西安丝绸之路品质城市建设投资基金	2016 年 11 月	200 亿元	西安市人民政府、国开证券、国家开发银行陕西分行共同发起设立	投资支持棚户区改造、文化旅游、产城融合、创业投资、健康养老、扶贫开发等品质西安重点项目建设
	陕西北银丝路股权投资管理基金	2016 年 5 月	100 亿元	北京银行西安分行主导成立	重点支持“丝绸之路经济带”协同发展过程中的民生工程、棚户区改造、基础设施建设、教育、医疗卫生等领域的项目
	陕西国有企业改革发展基金、西咸新区丝路产业发展基金、陕西旅游产业投资基金	2016 年 10 月	700 亿元	陕西省人民政府与中国建设银行共同发起设立	投资重点分别是陕西省属优秀企业及子公司的改革发展和产业转型升级，西咸新区产业引导项目、产业配套设施建设和存量债务，龙头旅游企业陕西旅游集团股权、债权融资需求及相关优质旅游项目建设资金需求
甘肃	甘肃丝路交通发展基金	2015 年 11 月	1 000 亿元	甘肃省政府与中国建筑股份有限公司共同发起设立	专项投资于“丝绸之路”经济带甘肃段“6873”① 交通突破行动中公路、铁路、民航基础设施建设
新疆	“一带一路”基础设施、能源、科技投资基金	2015 年 5 月	首期规模 20 亿元	由乌鲁木齐经济技术开发区、中国农业银行、浦东发展银行等金融机构共同发起设立	以新疆为重点投资区域，参与投资“一带一路”沿线基础设施、能源、科技等领域项目

注：①根据《甘肃省人民政府关于印发丝绸之路经济带甘肃段“6873”交通突破行动实施方案的通知》（甘政发〔2015〕29 号）的规定，“6873”代指从 2015 年起用 6 年时间，完成投资 8 000 亿元以上（公路建设 5 000 亿元、铁路建设 3 000 亿元、民航建设 400 亿元），建成公路、铁路 70 000 公里以上（公路 67 000 公里、铁路 3 400 公里），实现甘肃省对内对外公路畅通、铁路连通、航路开通 3 大突破。

资料来源：中国“一带一路”网、各基金官网、中国民生银行研究院，2019 年。

综上所述，各省在深度参与和融入“一带一路”建设的过程中，其规划和方案的制定立足了地方资源禀赋，找准了发展优势所在；其推进和实施则强调发挥比较优势和差异化竞争，既要抓住机遇，也要规避风险。如此才能够在高水平开放进程中真正释放发展潜力，拓展发展空间，形成发展新动能。

（二）地方经济在扩大开放中获得新动能

在以“一带一路”为牵引的开放新格局之下，地方政府在扩大和深化开放进程中收获了经济增长新动力，尤其是中西部省市在对外投资、国际贸易等方面增长迅速，陆港经济与海港经济联动发展，内陆与沿海共同畅通经济循环。“十三五”时期，辽宁省已与56个“一带一路”沿线国家和地区开展跨境人民币结算业务，贸易额达到9 626亿元。山东省与沿线国家和地区的进出口突破2.5万亿元，实际投资超过560亿元，完成工程营业额超过2 100亿元。安徽省与沿线国家和地区的进出口额由2015年的137.6亿美元增加到2019年的170.3亿美元，年均增长5.5%，且该省对外投资项目中超过四成投向“一带一路”沿线国家和地区。四川省也不例外，全省约三分之一的对外贸易、五分之四的对外承包工程和五分之二的对外投资布局在“一带一路”沿线国家和地区。表3－17显示，部分之前开放程度偏低的地方政府外贸依存度在提高，如黑龙江省从2017年12月的7.85%提升到2020年第四季度的11.22%。

表3－17　2020年第四季度“一带一路”沿线18个重点省份外贸依存度

省份	外贸依存度（累计，%）	省份	外贸依存度（累计，%）
黑龙江	11.22	浙江	52.32
吉林	10.4	上海	89.99
辽宁	26.06	福建	31.97
重庆	26.05	广东	63.96
陕西	14.41	广西	21.94
宁夏	3.14	云南	10.93
内蒙古	6.01	海南	16.86
甘肃	4.13	新疆	10.76
青海	0.76	西藏	1.12

资料来源：中经网。

从“一带一路”为地方政府释放的新动能来看，一是提升设施联通水平，为开放型经济发展和经济循环发挥战略支撑。地方政府以战略眼光和系统思维加快推动与沿线国家和地区的基础设施互联互通建设，如河北省与“一带一路”沿线国家和地区建设陆海空全方位的联通通道，中欧、中亚班列也因此快速发展；又如四川省建设西部陆海新通道以畅联“一带”和“一路”，构建了“通疆达海”大通道。设施的联通和通道的通畅，使得相关省份既成为连接沿线国家和地区的重要国际运输集散地，也为省内企业“走出去”和国外企业“走进来”开辟了新路径，从而更好地服务和融入新发展格局。

二是加强经贸产能合作，为开放型经济发展和经济循环提供重要动力。地方政府积极推动省内优势企业利用全球要素资源培育壮大跨境产业链，推动国际产能合作，推进跨境贸易发展，加快构筑互利共赢的产业链供应链体系。如辽宁省重点面向“一带一路”共建国家持续深化国际产能合作，促进境外合作园区高质量发展和境内合作园区高水平建设，印度尼西亚镍铁综合产业园、印度特变电工绿色能源产业园、乌干达辽沈工业园、罗马尼亚辽宁工业园等辽宁省重点培育的境外园区已经形成规模集聚效应。又如山东省推进“十强”优势产业与沿线国家和地区在战略、规划、机制上对接，大力发展跨境电商、市场采购贸易等，持续提升与共建国家的通达能力。表 3 – 18 列示了部分地方政府与沿线国家和地区的贸易情况，数据表明，各省在结合本地产业特色、资源禀赋和基础条件的前提下，逐步扩大了与沿线国家和地区的贸易往来，即使在受新冠疫情影响的情况下，也收获了较为可观的经济增长。

表 3 – 18　2020 年部分省市与“一带一路”沿线国家和地区的贸易情况

省市	具体情况
上海	与“一带一路”沿线国家货物贸易额达到 7 827 亿元，占全国的 8%；对沿线国家的直接投资达 21. 4 亿美元，占全国的 12%
江苏	对“一带一路”沿线国家进出口达 10 840. 4 亿元，同比增长 1. 9%
安徽	对“一带一路”沿线国家进出口达 1 312. 7 亿元人民币，同比增长 11. 8%，占全省总值的 24. 3%。其中，出口 983. 8 亿元，同比增长 10. 2%；进口 328. 9 亿元，同比增长 17%，分别占全省总值的 31. 1% 和 14. 6%
山东	对“一带一路”沿线国家进出口达 6 608. 2 亿元，增长 9. 1%，占当年全省进出口总值的 30%
湖南	对“一带一路”沿线国家进出口达 1 472. 8 亿元，同比增长 19. 7%
河南	对“一带一路”沿线国家实际投资 1. 04 亿美元，同比增长 111. 0%。其中对外承包工程及劳务合作新签合同额 22. 47 亿美元，同比增长 65. 1%，占全省总额的 45. 3%
山西	对“一带一路”沿线国家出口 207. 3 亿元，同比增长 0. 4%；进口 141 亿元，同比增长 13. 4%
陕西	对“一带一路”沿线国家进出口 630. 4 亿元，同比增长 26. 7%，高于全国增速 25. 7 个百分点
青海	对“一带一路”沿线国家投资同比增长 2. 8 倍，非金融类对外直接投资同比增长 180%，完成对外承包工程营业额 2. 3 亿美元
甘肃	对“一带一路”沿线国家进出口 165. 2 亿元，占全省外贸总值的 44. 3%
四川	对“一带一路”沿线国家进出口 2 454. 9 亿元，同比增长 24%，占全省总额的 30. 4%
云南	对“一带一路”沿线国家进出口 1 680. 9 亿元，同比增长 3. 2%

资料来源：根据“中国一带一路网”公开资料整理。

三是加强跨境金融服务，为开放型经济发展和经济循环提供重要工具。地方政府积极鼓励银行等金融机构开发契合“一带一路”客户需求的特色化、专业化金融产品和服务；鼓励保险公司大力发展出口信用保险和海外投资保险，对风险可控的项目应保尽保；同步推动跨境人民币结算，支持“走出去”企业与沿线国家和地区在开展贸易、投资时更多地使用人民币作为计价、结算主要货币。如 2020 年上海市与共建国家发生人民币跨境收支超过 2 万亿元人民币，共建国家在沪设立 5 家法人银行、22 家外资银行分行和 10 家代表处。

立足于党的十九届五中全会对共建“一带一路”作出的新部署，地方政府围绕构建新发展格局，聚焦经贸产能合作，推动共建工作高质量发展，地方经济增长也将进一步释放动能。表 3－19 显示了部分地方政府进一步推进“一带一路”的实施方案。如广东省将着力推进与沿线国家和地区全面深度合作，包括深化政策沟通、优化综合交通体系等六大板块 24 项工作任务；又如陕西省部署了八大类共 26 项具体任务，着力扬优势、补短板。综合来看，“一带一路”建设将迈向高质量发展阶段，重点将聚集于以下方面：一是提升贸易质量，增加进口优质产品，推进跨境电商等新业态新模式与“一带一路”融合发展，为中欧班列、陆海新通道等贸易大通道建设增添新的动能；二是创新投资合作，推动建设一批高质量合作项目，鼓励国内有实力的企业“走出去”，吸引更多的共建国家企业来华投资，推动构建互利共赢的产业链供应链和价值链；三是打造平台载体，全力办好第四届进口博览会、2021 年中国国际服务贸易交易会等一系列重大展会，发挥广交会、中国东盟博览会、中非经贸博览会、中阿博览会、中俄博览会、中国—中东欧国家博览会等一系列展会平台作用，为深化“一带一路”经贸合作打造更多强有力的支撑平台。①

表 3－19　　地方政府进一步推进“一带一路”建设的实施方案

省份	方案名称	发布时间
广西	《2021 年广西高质量参与“一带一路”建设工作要点》	2021 年 2 月
宁夏	《自治区推进“一带一路”和内陆开放型经济试验区建设 2021 年工作计划》	2021 年 4 月
陕西	《陕西省推进“一带一路”建设 2021 年工作要点》	2021 年 4 月
广东	《广东省参与“一带一路”建设 2021 年度工作要点》	2021 年 5 月
青海	《青海省 2021 年推进“一带一路”建设重点工作分工方案》	2021 年 5 月
江苏	《江苏省“一带一路”交汇点建设 2021 年工作要点》	2021 年 5 月
湖北	《标准联通共建“一带一路”湖北行动计划（2021—2023）》	2021 年 6 月
湖南	《湖南省推进“一带一路”建设 2021 年工作要点》	2021 年 6 月
新疆	《关于进一步推动丝绸之路经济核心区商贸物流中心高质量建设的指导意见》	2021 年 6 月

资料来源：根据中国“一带一路”网、各省级政府官网整理。

二、“一带一路”助力民营企业“走出去”

自 2013 年以来，我国民营企业在“一带一路”沿线国家和地区共建设了 20 多个经贸合作区或产业园区，具体见表 3－20。园区相对比较多的集中在农业、矿产、林业、一般制造业等领域。原因在于：一是沿线的部分发展中国家自然资源禀赋优越，拥有我国经济

① 商务部：“‘一带一路’正加快向高质量发展”，中国经济网，http：//finance. china. com. cn。

发展所需要的丰富经济资源，同时也拥有潜在的广阔市场空间，园区的设立与合作有助于为民营企业的发展提供稳定的资源供给和更大的市场机遇；二是沿线的部分发展中国家尚处于工业化的初、中期发展阶段，十分需要其他国家的资本、技术等生产要素和工业制成品来满足工业化发展要求，我国部分民营企业已拥有较为雄厚的资本、较为先进的生产技术、较为成熟的工业制成品，可为沿线国家提供加快工业化发展的机遇。通过兴建境外园区，相关民营企业的国际化程度大幅提高，生产能力得以快速提升。如青山控股集团借助在印度尼西亚的优质镍矿，构筑了其在全球不锈钢领域的成本优势和规模优势，快速成长为我国最大的不锈钢生产企业和具有国际竞争力的跨国企业。

表 3-20 各省民营企业在“一带一路”沿线主导兴建的部分经贸合作区

省份	公司名称	工业园区名称	所在国家	始建时间
山东	中启控股集团	桔井省斯努经济特区	柬埔寨	2013 年
	桑莎集团	山东桑莎（柴桢）经济特区	柬埔寨	2013 年
	青岛恒顺众昇集团	苏拉威西镍铁工业园	印度尼西亚	2014 年
江苏	通州四建集团	北江省云中工业园区	越南	2013 年
	如皋双马化工有限公司	加里曼丹铝加工园区	印度尼西亚	2013 年
	江苏大宏纺织集团	中坦现代农业产业园	坦桑尼亚	2013 年
	如皋双马化工有限公司	东加里曼丹岛农工贸经济合作区	印度尼西亚	2014 年
	德龙镍业有限公司	镍铁合金工业园	印度尼西亚	2015 年
浙江	青山控股集团	中印综合产业园区青山园区	印度尼西亚	2013 年
	温州外贸工业品有限公司	贝尔麦克商贸物流园区	塞尔维亚	2014 年
上海	上海海城资源集团	中塔工业园	塔吉克斯坦	2015 年
	中国民生投资有限公司	中民投印度尼西亚产业园	印度尼西亚	2015 年
广东	中泰集团	中塔农业纺织产业园	塔吉克斯坦	2017 年
	新南方集团有限公司	珠江经济特区	肯尼亚	2017 年
黑龙江	牡丹江龙跃经贸有限公司	龙跃林业经贸合作区	俄罗斯	2013 年
辽宁	忠大集团	乌干达辽沈工业园	乌干达	2015 年
	万达集团	万达印度产业园	印度	2016 年
北京	华夏幸福基业	华夏幸福印度尼西亚卡拉旺产业园	印度尼西亚	2017 年
湖北	武汉光谷北斗控股集团有限公司	中国—东盟北斗科技城	泰国	2015 年
云南	海诚集团	老挝磨丁经济开发专区	老挝	2015 年
新疆	三宝集团	哈萨克斯坦中国工业园	哈萨克斯坦	2014 年
	华凌集团	华凌自由工业园	格鲁吉亚	2015 年

资料来源：中国民生银行研究院、企业官网，2019 年。

近年来，民营企业在“一带一路”沿线国家和地区的跨境收购也在扩大，尤其在发达国家的收购项目相对较多，具体见表 3-21。主要原因在于：一是沿线的部分发达国家深受产业空心化、境外市场需求不足等因素的困扰，虽然拥有品牌、技术、设备等优势，但限于国内产能不足、生产成本过高，无法有效开拓发展中国家市场，而我国民营企业的收购行为可以帮助解决前述困扰，品牌得以持续、市场得以拓展、盈利得以提升；二是沿线的部分发达国家其企业经营管理、生产技术能力等均具有一定先进性，我国民营企业的收购行为可倒逼自身推进技术、管理、服务和产品质量的全方位提升，在增强国际市场竞争力的同时，也推动了所在行业的开放程度和发展质量。

表3－21　近年来民营企业在“一带一路”沿线国家的部分跨境收购案例

民营企业	被收购企业	所属行业	并购标的金额	并购完成时间
阿里巴巴	印度Paytm40%的股权	移动支付	11亿美元	2015年9月
	泰国Accend Money20%的股权	移动支付	—	2016年6月
	增持东南亚电商平台Lazada股权至83%	电子商务	10亿美元	2017年6月
	全资收购南亚电商平台Daraz Group	电子商务	—	2018年5月
	并购美国电商平台Opensky	电子商务	—	2018年11月
吉利控股	马来西亚宝腾汽车49.9%的股份和路特斯51%的股份	汽车制造	约1.8亿美元	2017年6月
	德国戴姆勒9.69%的股份	汽车制造	90亿美元	2018年2月
海尔集团	美国GE家电	家用电器	56亿美元	2016年6月
美的集团	意大利Clivet80%的股权及相关资产	家用电器	—	2016年6月
	日本东芝白电业务	家用电器	514亿日元	2016年6月
	德国库卡集团94%的股权	智能机械	37亿欧元	2016年6月
万科集团	新加坡普洛斯公司	物流	116亿美元	2017年7月
复星集团	以色列飞顿激光有限公司95.6%的股权	医学设备	2.4亿美元	2013年6月
	全资收购以色列Ahava	化妆品	0.76亿美元	2016年4月
	印度GlandPharma制药公司74%股份	生物制药	10.9亿美元	2017年9月
	以色列BondIT公司	金融科技	0.14亿美元	2017年10月
山东岚桥集团	澳大利亚西部能源公司	天然气	2亿美元	2014年11月
	澳大利亚达尔文港	港口	3.7亿美元	2015年10月
	巴拿马玛格丽特岛港	港口	9亿美元	2016年5月
	新西兰RKM油气田	石油化工	—	2016年10月
科瑞集团	德国Biotest公司	生物制药	13亿欧元	2018年2月
安踏体育	芬兰始祖鸟公司	体育文化	46亿欧元	2019年2月

注：岚桥集团获得的是达尔文港为期99年的租赁权。

资料来源：中国民生银行研究院、企业官网，2019年。

2019 年 12 月，《中共中央　国务院关于营造更好发展环境支持民营企业改革发展的意见》明确指出，“鼓励民营企业积极参与共建‘一带一路’，在重大规划、重大项目、重大工程、重大活动中积极吸引民营企业参与”，这为民营企业高质量走出去，参与全球产业链、供应链、服务链、价值链注入了强大动力。根据商务部统计数据，2015—2019 年，我国民营企业 500 强参与“一带一路”建设的企业数量分别达到了 183 家、210 家、179 家和 191 家。民营企业作为“一带一路”建设的重要推动者、主要实践者和受益者，一方面将继续练好内功，不断提高“走出去”的核心竞争力，另一方面将切实增强风险意识，做好走出去的事前、事中、事后的风险防范工作，从而更好地服务并受益于高水平开放型新体制。

三、“一带一路”惠及沿线国家和地区

根据世界银行 De Soyres 等学者（2018）的研究，贸易成本等于关税、交通与时间成本之和，“一带一路”基础设施建设所带来的贸易便利化，“为沿线国家平均节省了 2. 8%—3. 2% 的贸易成本，并且由于基础设施改善具备外溢性，为全球贸易平均缩减了 2. 2%—2. 5% 的贸易成本”（De Sovres 等，2018）。从区域来看，研究所设计的低方案①东亚和太平洋地区最为受益，其次为南亚，且溢出效益还覆盖到了非“一带一路”的北美洲和拉丁美洲等地区（De Sovres 等，2018），具体见表 3－22。

表 3－22　“一带一路”基础设施对各地区的贸易成本缩减情况　单位:%

	东亚及太平洋	欧洲及中亚	拉丁美洲及加勒比	中东及北非	北美	南亚	撒哈拉以南的非洲
东亚及太平洋	1. 46	2. 42	0. 64	2. 50	0. 96	3. 55	2. 19
欧洲及中亚	2. 39	0. 91	0. 72	0. 32	0. 70	0. 74	0. 95
拉丁美洲及加勒比	0. 65	0. 71	0. 00	0. 04	0. 00	1. 08	0. 51
中东及北非	2. 69	0. 31	0. 04	0. 11	0. 17	0. 56	0. 79
北美	0. 99	0. 66	0. 00	0. 15	0. 00	1. 21	0. 41
南亚	3. 84	0. 81	1. 06	0. 57	1. 32	3. 17	2. 30
撒哈拉以南的非洲	2. 40	1. 03	0. 53	0. 85	0. 45	2. 44	0. 86

资料来源：De Soyers F、Mulabdic A、Murray S 等，2018 年。

不仅如此，Bird 和 Lebrand（2019）的研究表明，基础设施改善对沿线国家的居民收入水平也产生了明显影响，见表 3－23。基础设施改善的直接效应是运费成本下降，间接效应是市场准入放开和劳动力自由流动，而这些因素均可贡献于我国西部三省和中亚国家的实际收入增长。虽然各要素对实际收入增长的贡献度在各国呈现一定差异，但毫无疑问，沿线国家均是基础设施改善的受益者。

① 低方案是指交通工具无法在种类和国家之间有效转换的情况，高方案则是不同交通工具可以实现种类和国际的有效衔接。

表 3-23　　中国及部分中亚国家的实际收入增长情况　　单位：%

	运费成本下降的直接影响	平均实际收入增长		
		Armington 基准	市场准入	劳动力自由流动
中国西部三省	1.2	1.2	2.0	2.5
哈萨克斯坦	1.9	1.6	2.1	5.2
吉尔吉斯斯坦	1.6	4.9	4.4	4.6
巴基斯坦	1.5	1.8	2.3	6.3
塔吉克斯坦	1.6	1.7	1.5	1.0
土库曼斯坦	0.4	0.3	0.0	-0.3
乌兹别克斯坦	0.7	0.8	1.0	1.6
整体水平	1.4	1.4	1.9	4.0

资料来源：Bird、Lebrand 和 Venables，2019 年。

第三节　构建高水平制度型的开放格局

从要素和市场型开放向规则等制度型开放转变，符合全球经济一体化的新进程，符合全球经贸规则重构的新形势，符合我国新发展阶段高水平开放的新要求。新一轮高水平开放的核心在于，不再以过去 40 年“门槛式”开放即市场准入为核心，而是以规则、体制和制度安排上的改革为中心。制度型开放不仅仅是传统的解除政府对跨境经济活动的限制，即降低或解除准入或走出去的“门槛”，更是与市场经济规则的高水平接轨（李晓，2021）。在构建新发展格局的进程中，以规则、规制、管理、标准等与国际通行做法对接为重点，推进制度型开放进程，是加快建立开放型经济新体制的重大举措，促进我国更深度融入全球体系的战略选择（迟福林和郭达，2020）。

一、对标国际最高标准完善经贸规则

制度型开放适应从制造业领域开放向服务业领域开放扩展的趋势，注重货物贸易和服务贸易、双边贸易和双向投资的协同开放，要求从制度适配向体系建构转变，形成一整套与开放型经济发展相适应的制度体系和监管模式。从高标准国际经贸规则的接受跟随者向参与贡献者和完善制订者转变，在推动国内制度与国际规则接轨的同时，更加积极主动地参与国际经贸规则制定，体现了我国参与国际经济贸易规则制定能力的不断增强（张晖明和郑海鳌，2020）。

一是推动货物贸易规则朝着“三零”演进。“零关税、零壁垒、零补贴”的“三零”规则正在成为美欧日等发达经济体谈签自由贸易协定的重要内容，也代表了国际经贸规则的发展方向。“零”并非表示无，而是最大限度地消除绝大多数贸易品的关税；“零”也

并非表示立即取消，而是有一个时间段和过渡期。如日本与欧盟签署的《经济伙伴关系协定》（EPA）中提出，日本将对来自欧盟占关税税号86%的产品直接实施零关税，其他产品在15年过渡期后逐步实现零关税，最终达到94%的自由化水平，其中包括约82%的农林水产品和100%的工业品最终实现零关税。欧盟将对来自日本占关税税号96%的产品直接实施零关税，其他产品通过最长15年的过渡期逐步实现零关税，最终达到99%的自由化水平。

中长期来看，推进"三零"规则对我国改善与欧美之间贸易结构并促进贸易平衡、提高国内产业的国际竞争力并扩大消费者的需求、减轻财政负担并减少政府寻租行为等方面均将产生有利影响（王晓红等，2019）。鉴于我国在全球价值链中处于"微笑曲线"的中低端、部分产业国际竞争力较弱等问题，需循序渐进地推进"三零"规则在谈判过程中的适用，分国家、分行业、分产品、分阶段实施。

二是服务贸易规则采取分类推进策略。近年来，全球价值链贸易和数字贸易的快速发展创新了国际生产网络与国际贸易模式，对服务贸易规则提出了新诉求（国务院发展中心市场经济研究所课题组，2020），而WTO框架下的《服务贸易协定》（GATS）已无法满足服务贸易发展的需要。根据WTO的统计，全球范围内290余项的特惠贸易安排，一半集中于服务贸易，足见服务贸易的重要性。最新的服务贸易规则谈判的重点主要包括负面清单式开放、消除电子商务和数字贸易壁垒、竞争中性和知识产权保护等，并对金融、电信和专业服务等服务部门的开放制定了专门章节。尤其在金融领域，规则覆盖了市场准入、国民待遇、最惠国待遇、新的金融服务、特殊信息对待、支付和清算系统、金融服务投资争端等诸多内容。整体规则的制定代表了更高水平的服务贸易自由化，与我国建设开放型经济体制的改革方向相吻合。

当前，已经达成协议的《全面与进步跨太平洋伙伴关系协定》（CPTPP）和《美墨西加协定》（USMCA），以及正在谈判过程中的《国际服务贸易协定》（TISA），其核心在于通过制定、更新服务贸易规则来不断巩固和拓展发达经济体在服务贸易领域的国际竞争力和全球市场份额。尤其需要指出的是，USMCA不仅是一个贸易协定，而且是一个贸易、经济、政治的战略组合体，既体现了美国在促进贸易新规则的最高标准方面所做的努力，也体现了特朗普政府的美国优先、保护主义、单边主义的倾向，还折射出较为明显的遏制中国的意图（白洁和苏庆义，2020）。若将USMCA与《北美自由贸易协定》（NAFTA）、《跨太平洋伙伴关系协议》（TPP）相比对，显然USMCA的议题覆盖范围更为广泛、规则管辖范围更为宽广、标准设定更为严格，但"美国优先"的理念更为强化，具体见表3-24。

表3-24　NAFTA、TPP、USMCA的议题对比

NAFTA	TPP	USMCA
00 序言	00 序言	00 序言
02 一般定义	01 初始条款和一般定义	01 定义
03 货物国民待遇与市场准入	02 货物国民待遇与市场准入	02 货物国民待遇与市场准入

续表

NAFTA	TPP	USMCA
07 农业、卫生与植物检疫措施（农业部分）	02 货物国民待遇与市场准入的第 C 节农业	03 农业
04 原产地规则	03 原产地规则和原产地程序	04 原产地规则
		05 原产地程序
03 货物国民待遇与市场准入附件 300 - B	04 纺织品和服装	06 纺织品和服装
05 海关程序	05 海关管理和贸易便利化	05 海关管理和贸易便利化
无	无	08 对墨西哥拥有碳氢化合物的承认
07 农业、卫生与植物检疫措施（卫生与植物检疫措施部分）	07 卫生和植物卫生措施	09 卫生检疫措施
08 紧急行动（保障措施）	06 贸易救济	10 贸易救济
19 反倾销与反补贴税事宜的审议与争端解决		
09 标准相关措施	08 技术性贸易壁垒	11 技术性贸易壁垒
06 能源与基本石化产品	无	12 行业部门附件
10 政府采购	15 政府采购	13 政府采购
11 投资	09 投资	14 投资
12 跨境服务贸易	12 跨境服务贸易	15 跨境服务贸易
16 商务人员临时入境	12 商务人员临时入境	16 商务人员临时入境
14 金融服务	11 金融服务	17 金融服务
13 电信	13 电信	18 通讯
无	14 电子商务	19 数字贸易
17 知识产权	18 知识产权	20 知识产权
15 竞争政策、垄断机构与国有企业	16 竞争政策	21 竞争政策
	17 国有企业和指定垄断	22 国有企业和指定垄断企业
无（通过附属协议增补）	19 劳工	23 劳工
无（通过附属协议增补）	20 环境	24 环境
无	24 中小企业	25 中小企业
无	22 竞争力和上午便利化	26 竞争力
无	26 透明度和反腐败（反腐败部分）	27 反腐败
无	25 监管一致性	28 良好监管实践
18 法律的发布、通报与实施	16 透明度和反腐败（透明度部分）	28 公布和管理
20 机构安排与争端解决程序	27 管理和机制条款	30 管理和机制条款
	28 争端解决	31 争端解决
21 例外	29 例外和一般条款	32 争端

续表

NAFTA	TPP	USMCA
无	无	33 宏观政策和汇率
22 最终条款	30 最终条款	34 最终条款
01 目标	无	无
06 能源与基本石化产品	无	无
无	21 合作和能力建设	无
无	23 发展	无

资料来源：白洁、苏庆义（2020）。

面对服务贸易规则领域出现的新变化，我国在深入研究之后宜采取分类应对的策略。对于真正体现国际服务贸易规则发展方向和最高标准的规则，我国应尽快对标尽早对接；对于仅仅代表“美国优先”并将对我国当下利益造成一定侵蚀或损害的贸易规则，我国在做好做足研判的前提下，考虑取其精华练好内功，去其糟粕制订预案；对于彰显“遏制中国”意图并将干扰我国正常经贸秩序的贸易规则，我国将坚决抵制并提出有效的反制手段，具体见图 3 –7。

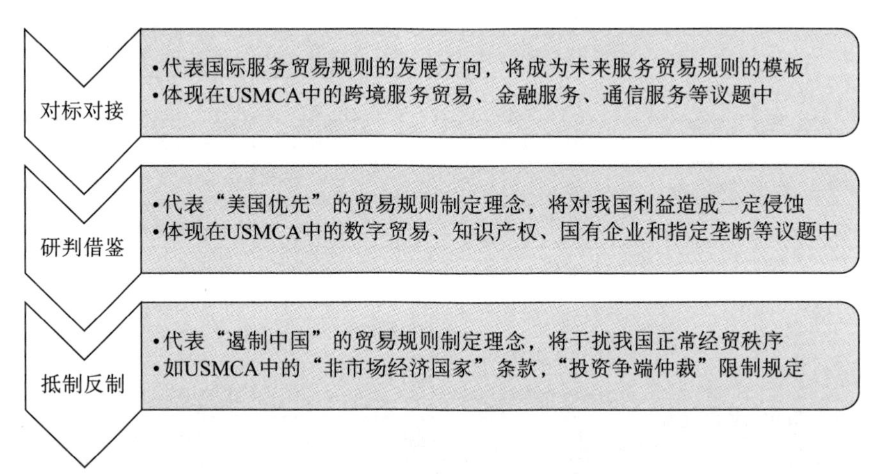

图 3 –7　国际服务贸易规则新趋势与我国的应对策略

三是增强数字贸易规则制定能力。USMCA 体现了数字贸易规则的“美国模板”，美国的核心诉求在于推动数字服务贸易赖以生存的数据跨境自由流动、限制数据本地化、在源代码以及网络中介方面保护数字知识产权、对数字产品实行非歧视待遇等（张俊娥和董晓红，2021）。USMCA 首次以数字贸易为题，取代电子商务标题，并在第 19 章数字贸易章节中明确了数字贸易的含义，避免陷入“以网络交易平台支撑的在线交易”的误解。协议覆盖的数字产品包括计算机程序、文本、视频、图像、录音或者其他经过数字编码、用于商业的、能够通过电子方式传输的产品，协议规定，对该类商品应实施零关税，且不应收取其他类型的费用；确保数据的跨境自由传输、最大限度减少数据存储与处理地点的限制以促进全球化的数字生态系统；为促进数字贸易，缔约方应确保产品供应商在应用数字化认证或签名时不受限制等。美国根据自身在数字技术领域的高水平所构筑的高标准规则将极大促进其国内数字贸易的发展，同时在国际经济中占据优势地位。美国快速制定并达成规则之举，根本原因在于试图维持其在全球经济治理体系中规则制定主导者的地位，引领国际贸易规则重构的趋势。

中美同为数字经济大国，但在数字贸易规则上两国存在明显分歧，具体见表3－25。相较于美国，我国对于高精尖的国际高水平领先技术掌握不足，容易形成技术限制，美国所制定的数字贸易规则是高于我国实际发展水平的标准（翁国民和宋丽，2020）。因此，我国提出的数字贸易规则是基于国情立足实际的主张，重点包括：营造良好的贸易政策环境，促进跨境电子商务等规则制定；改善跨境电子商务等数字基础设施和技术条件，提高跨境电子商务政策框架透明度；加强在线消费者保护、隐私保护和知识产权保护；[①] 加强数字经济领域国际合作，促进建立开放、安全的全球数字经济发展环境（钟山，2020）。

表3－25　WTO框架下中美提案涉及的数字贸易议题

议题	中国	美国
电子传输免关税	√	√
数字产品免关税		√
简化边境措施	√	√
无纸化贸易	√	
提高政策透明度	√	
改善数字基础设施	√	
电子签名和电子认证	√	
非歧视原则		√
数据跨境流动		√
本地化措施		√
保护关键源代码		√
在线消费者保护	√	√
建立统一标准		√

资料来源：张俊娥、董晓红（2020）。

二、提升全球经贸规则制定权

《区域全面经济伙伴关系协定》（RECP）[②] 是开启我国制度型高水平对外开放的重要平台。RCEP由15个国家正式签署协定，包括中国、日本、韩国、澳大利亚、新西兰、东盟十国（老挝、柬埔寨、缅甸、泰国、越南、马来西亚、新加坡、文莱、菲律宾、印度尼

① 来自2016年我国向WTO总理事会提交的涉及电子商务相关议题的文件（JOB/GC/110）。

② 英文全称为Regional Comprehensive Economic Partnership，缩写为RCEP。

西亚）。15 个成员覆盖全球约三分之一的人口，掌握全球 29%（超过 25 万亿美元）的国内生产总值，而 RCEP 的签署标志着全球当前人口最多、经贸规模最大的自由贸易区正式形成，这将提升我国与 RECP 成员国的国际贸易额和投资往来，推升我国“双循环”新发展格局，并将使我国对外开放更加全面深入多元，有助于构建更高水平的制度型开放新体制。

RCEP 不仅是目前全球最大的自贸协定，还是一个全面、现代、高质量和互惠的自贸协定。从内容上，RCEP 涵盖了从关税调减到降低非关税壁垒，从货物贸易到降低非关税壁垒，从货物贸易到服务贸易便利化，从金融到电信，从贸易到投资，从原产地规则到贸易便利化，从知识产权到争端解决，从中小企业到经济技术合作等多达 20 个章节（刘英，2020），具体见表 3－26。根据 RCEP 的规定，协定生效需 15 个成员中至少 9 个成员批准，其中要至少包括 6 个东盟成员和中国、日本、韩国、澳大利亚和新西兰中至少 3 个国家。

表 3－26　RCEP 主要内容

领域	主要内容
货物贸易	推动 RCEP 区域内高水平的贸易自由化，具体包括： 1. 基于其他缔约方的货物国民待遇； 2. 逐步实施关税自由化，给予优惠的市场准入； 3. 指定货物的临时免税； 4. 取消农业出口补贴； 5. 取消数量限制、进口许可程序管理； 6. 取消进出口费用及手续等非关税约束
原产地规则	1. 规则突出技术可行性、贸易便利性、商业友好型，强调了让中小企业易于理解和使用 RCEP 协定； 2. 确定货物是否使用关税优惠条件时，将来自 RCEP 任何缔约方的价值成分全部考虑在内； 3. 产品特定原产地规则涵盖了约 5 205 条 6 位税目产品
海关程序	简化每一缔约方的海关程序，推动海关法律法规可预测、一致、透明，促进货物快速通关，包含高于 WTO《贸易便利化协定》水平的增强条款
卫生方面	加强在病虫害非疫区和低度流行区风险分析、审核、认证、进口检查以及紧急措施等执行条款
标准、技术评定	推动缔约方在承认标准、技术法规和合格评定程序中减少不必要的技术性贸易壁垒
贸易救济	1. 设置过渡性保障措施，对各方因履行协议降税而受到损害提供救济； 2. 制定反倾销和反补贴调查相关的做法，促进贸易救济调查的透明度
服务贸易	消减各成员影响跨境服务贸易的限制性、歧视性措施，具体包括： 1. 金融服务：包括稳健的审慎例外，金融监管透明度义务、提供新的金融服务； 2. 电信服务：在现有的“东盟 10＋1 自由贸易协定”基础上增加监管方法、国际海底电缆系统、国际移动漫游等灵活性条款； 3. 专业服务：鼓励 RCEP 缔约方就专业服务部门资质、许可或注册进行磋商，鼓励缔约方在教育、行为道德规范、专业发展及再认证、执业范围、消费者保护等领域制定互相接受的专业标准和准则

续表

领域	主要内容
人员流动	列明了缔约方为促进从事货物贸易、提供服务或进行投资的自然人临时入境和停留所做的承诺，制定了缔约方批准此类入境与许可的规则，提高人员流动政策透明度
投资	1. 对原“东盟 10 +1 自由贸易协定”投资规则整合与升级； 2. 承诺最惠国待遇、禁止业绩要求、采取负面清单模式； 3. 简化投资申请程序； 4. 未来自由化水平不可倒退
知识产权	为区域知识产权保护和促进提供平衡包容的方案，整体保护水平相比《与贸易有关的知识产权协定》有所加强
电子商务	1. 要求缔约方为电子商务创造有利环境，保护电子商务用户和在线消费者； 2. 对非应邀商务电子信息加强监管与合作； 3. 维持当前不对电子商务征收关税的做法
中小企业	1. 开展旨在提高中小企业利用协定、并在协定所创造的机会中受益的经济合作项目和活动； 2. 将中小企业纳入区域供应链的主流之中； 3. 强调充分共享 RCEP 中涉及的中小企业信息
经济与技术合作	旨在让各方从协定的实施和利用中充分受益，缩小缔约方发展差距，优先考虑最不发达国家的需求

资料来源：RCEP 协定、商务部、西部证券研发中心，2020 年。

毫无疑问，RCEP 为正处于重构进程中的全球多边贸易体制注入了新的活力，为国际贸易新规则的谈判提供了可复制、可推广的经验，促进了基于制度规则的全球多边贸易体系的建设。对于各成员而言，RCEP 不仅促使成员之间达成相互间贸易和投资规则的统一，实现了多重制度框架的整合，促进了货物贸易、服务贸易和投资领域的全面互利互惠关系，而且增强了成员在全球贸易治理中的影响力，在全球贸易规则重构中的话语权。

三、立足国情开展制度集成创新

自贸试验区是以制度创新为核心的对外开放试验田。“十三五”时期，我国自贸试验区总量达到 18 个，片区达到 58 个。覆盖的地域范围从沿海省份到中部、东北、西北、西南等各大区域，各片区所在的 39 个城市具有不同的经济规模、不同的产业结构、不同的开放程度，从而使自贸试验区的试点更加全面。5 年期间，自贸试验区改革的主要任务集中在加快政府职能改变、扩大投资领域开放、推动贸易发展方式转变、深化金融领域开放等多个领域。尤其中国（上海）自贸试验区通过加快建立与国际通行规则相衔接的制度体系，提出了具有较强国际竞争力的开放政策和制度，更好地满足商品和要素流动型开放向规则等制度型开放转变的要求，为对外开放进入制度型开放新阶段探路前行，也为其他自贸试验区提供了可供复制和可供推广的经验。比如中国（上海）自贸试验区率先建立了准入前国民待遇加负面清单的外商管理模式，并不断缩小负面清单涉及的产业和减少限制措施数量，成为其他自贸试验区纷纷学习和跟进的重要制度创新。截至2020年，全国外商投资准入特别管理措施（负面清单）从最初的190条缩短到2020年版的30条，具体见表3－27。

表3－27　自贸试验区外商投资准入特别管理措施（负面清单）数量　单位：条

年份	特别管理措施	限制类措施	禁止类措施
2013	190	152	38
2014	139	110	29
2015	122	86	36
2017	95	61	34
2018	45	21	24
2019	37	17	20
2020	30	12	18

2013—2019年，自贸试验区累计有260项制度创新成果向全国复制推广，其中76项属于贸易便利化措施；2014—2020年，自贸试验区累计有143项改革经验复制推广，覆盖投资管理、贸易便利化、服务业开放、金融创新、事中事后监管、人力资源改革等多个领域。而且自贸试验区的试点经验集中复制推广实现常态化，每年集中复制推广一批改革经验，自贸试验区在制度创新方面的试点先行作用进一步凸显，具体见表3－28。

表3－28　国务院集中复制推广的自贸试验区改革经验数量　单位：项

范围	领域	第1批（2014年）	第2批（2016年）	第3批（2017年）	第4批（2018年）	第5批（2019年）	第6批（2020年）
全国	投资管理	9	3	1	6	5	9
	贸易便利化	5	7	1	9	6	7
	金融开放创新	4		1			4
	服务业开放	5			5		
	事中事后监管	5	2	2	7	6	6
	人力资源						5
特定区域	海关特殊监管区	6	7		3		1
	自贸试验区					1	3
	其他特定区域						2
合计		34	19	5	30	18	37

资料来源：商务部自贸区（港）建设协调司网站、中国银行研究院，2020年。

2018年4月，中央宣布支持海南全岛建设自由贸易试验区，支持海南逐步探索、稳步推进中国特色自由贸易港建设，分步骤、分阶段建立自由贸易港政策和制度体系。当下自由贸易港的建设与管理国际上并无统一的约定，除了一些海上离岛之外，世界上也没有超过一座城市范围大小的自由贸易港。我国决定在海南全岛建立自由贸易港，如果建成将是世界上范围最大的自由贸易港，可以作为国际商业规则的重要创新（徐康宁，2019）。2021 年 6 月，《海南自由贸易港建设总体方案》（以下简称《方案》）正式印发，在贸易自由便利、投资自由便利、跨境资金流动自由便利、人员进出自由便利、运输往来自由便利、数据安全有序流动、现代产业体系、税收制度、社会治理、法治制度、风险防控体系这些方面对海南自由贸易港做出了制度设计。总体来看，《方案》推出了诸多优惠政策，但更是把系统性、集成性的制度创新摆在了突出位置，或者说海南自由贸易港是政策洼地，更是制度高地。海南自由贸易港在贸易、投资、金融、税收、立法等领域的一系列制度创新，既推动建设具有国际竞争力的自由贸易港，也以高水平的制度型开放推动全面深化改革，在促进国内国际双循环的同时，积极参与全球经贸规则的重构和全球经济治理体系的变革。

第四节　本章小结

从国内来看，我国自贸试验区和海南自贸港的建设将对标国际高水平、高标准的经贸规则，形成具有国际竞争力的开放政策和制度，成为我国加快建立开放型经济新体制、深度参与全球经贸规则重构和深度融入全球经济治理体系的前沿地带。从国际来看，我国倡导的“一带一路”正在形成由参与国家“共商、共建、共享”的“发展导向”的规则体系（竺彩华，2019）。“一带一路”建设就是发展导向的新型国际规则体系的形成过程，将是漫长而曲折的，可以预见，未来将有更多互联互通规则从“一带一路”建设中产生。

规则之争就是制度竞争，也将主导国际经贸体系的重构。党的十九届四中全会总结概括了我国社会主义制度的十三个显著优势，既是历史成就和历史成就的总结，也是一个完整的、有机的整体（赵长茂，2019）。我国应该进一步发挥这十三个显著优势集成的、整体的作用，将制度的显著优势转化为科学的制度体系，运用制度威力应对外部风险挑战的冲击，用制度集成创新推动新发展格局行稳致远。

第四章
美日经济循环的事实特征

从世界经济的发展历程来看，主要国家都是以内循环为主体的经济，外循环在特定发展阶段可能会扮演十分重要的角色（徐鹏和李自磊，2021）。美国的经济循环受战争和经济危机影响几经调整，私人消费需求始终是其经济增长的首要动力；美国推动和参与国际大循环缘起于谋求和维护其全球经济治理主导地位的需要。日本的经济循环因日美贸易摩擦而被迫调整，但实体经济和虚拟经济的发展失衡导致其内需社会的转型未能成功。于各国而言，构建供给和需求、经济和金融、国内和国际良性循环的整体系统均是一项长期且充满挑战的任务。

第一节　美国经济循环的事实特征

美国的经济循环经历了从内转外再到“内外并修”的格局。立国之初，美国作为落后的农业国采取了系列保护主义扶持本国工业发展。19 世纪末和 20 世纪初，在第二次工业革命的驱动之下，美国重工业、采矿业和冶炼业等新兴工业迅猛发展，并取代英国成为世界工业强国，不仅覆盖了大陆范围内的国内市场，国际市场份额也越来越高。第二次世界大战后，美国主导了全球经济治理体系的构建，其经济对国际市场的依赖度也越来越高，经济循环的内外并行格局就此稳固。

一、1929 年经济大萧条之前以内为主，以外为辅的经济事实

从美国内战结束到一战全面爆发的这段时间，美国从一个农耕社会转变成了现代化社会。到 1914 年，“美国人已经开始喝可口可乐，开福特汽车，乘坐地铁，在摩天大楼上班，推崇‘科学管理方法’”（格林斯潘和伍尔德里奇，2019）。这一变化无疑是快速和高效的，相应的经济循环也从“只向内看”开始“朝外看”。

（一）1776—1870 年以内循环为主的阶段

美国建国之后，很大程度上只能算一个自给自足的经济体。或者说美国经济处于以

"内循环"为主的阶段，经济特征体现为"注重工业，统一市场"（江齐明，2021）。该阶段美国北方工业部门难以参与国际竞争，国内经济运转主要依靠南方的农业生产，"内循环"是受制于经济发展实力和南北发展差距的现实选择。在对外贸易上，美国向欧洲和加拿大等国出口廉价原材料，从英法等国进口昂贵的机器设备，贸易逆差常态化。1800 年，美国进出口贸易额在全球贸易总额中的占比仅为 5.3%，其中出口占比为 3.2%（Lipsey，1994）。法国外交家塔列朗（Talleyrand，1796）对初建国的美国曾如此描述：

"制造业还处于起步阶段，炼铁厂的数量很少，玻璃厂的数量也不多，有几家制革厂，生产开司米毛料的工厂技术不成熟，数量也不充足，有一些地方能够生产一定数量的棉花……这充分说明以前向这个国家出口日常消费制成品的力度还是远远不够的。"

1789 年，美国制定了第一个《关税税则》，平均税率为 8.5%。1791 年，第一任财政部长汉密尔顿（A. Hamilton）① 向国会提出了《关于制造业的报告》，建议通过关税和补助政策实现军事自主化和工业化，得到时任总统华盛顿和国会的支持。1816 年，麦迪逊总统（J. Madison）向国会提交报告认为，应该对美国工业采取贸易保护措施。这代表以汉密尔顿为奠基者的美国学派所倡导的"关税保护、内部改善和国民银行"的经济发展战略成为美国经济政策的主导力量，这一战略反映了建立和建设新国家的政治和经济需要，同时为美国南北战争后的迅速崛起奠定了基础，体现在政府收支上就是 1860 年前，关税收入在联邦政府收入中占比均在 80% 以上，见图 4－1。

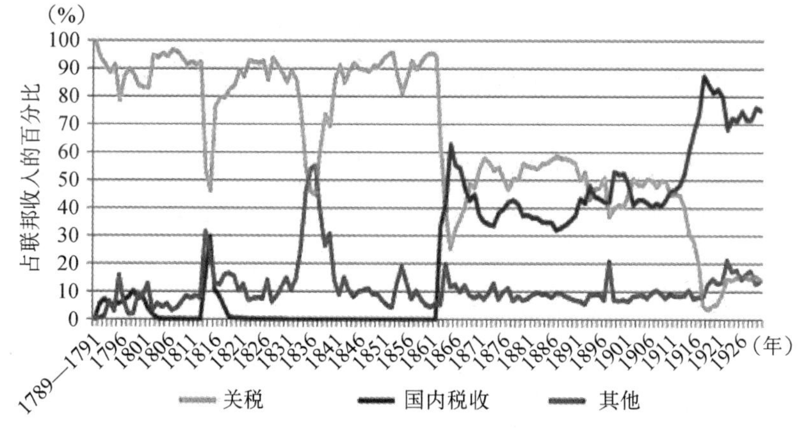

图 4－1 独立后 100 年间美国政府收入的构成

资料来源：USITC、民生证券研究院，2020 年。

（二）1871—1913 年尝试拓展"外循环"阶段

从 1871—1913 年，美国在"内循环"基础上开始拓展外循环的空间。得益于制定的

① 亚历山大·汉密尔顿也是美国学派的奠基者，该学派的经济思想实质上是美国经济崛起的经济意识形态，成为当时美国辉格党和共和党长达一个多世纪的施政纲领。当时美国许多著名的政治家如林肯等都是美国学派的坚定支持者。

《专利法》《宅地法》《鼓励外来移民法》等系列法令吸引了大量欧洲特别是英国的技术人才，并凭借英国的技术完成第一次工业革命，美国实现了技术与财富的积累（郭吴新，1996），而这些积累又使在第二次工业革命中独占鳌头。根据 Wallace（1953）的研究，美国在对外贸易中的比较优势可以从部门的出口/产出比率来观察。自 1869 年以来，尽管趋势不是相当明显，仍然可以观察到农业出口在 1879 年达到高峰后开始下降，资源型制造业产品出口也在 1879 年达到高峰，而其他制造业产品开始上升，具体见表 4-1。

表 4-1　　1869—1909 年美国农业和制造业的出口/产出比　　单位:%

产业	1869 年	1879 年	1889 年	1899 年	1904 年	1909 年
农业	9.8	18.3	13.2	13.2	11.0	10.5
资源型制造业①	8.2	12.1	9.8	11.3	9.4	7.3
其他制造业	1.6	3.3	1.9	4.3	4.6	4.2

注：①食品、烟草制品、石油和煤炭产品和林产品。

资料来源：Wallace（1953）。

与此同时，美国实施了极具保护性的贸易政策，相对自由的贸易只在 1913 年安德伍德减税计划和第一次世界大战的高通货膨胀期间存在了很短的时间，但高关税政策成为扶持美国国内工商业发展的利器，使美国快速由农业国蜕变为工业国。以钢铁业为例，1880—1913 年，世界钢铁消费的增长主要集中在具有关税壁垒的大陆国家，因为没有任何其他国家的钢铁市场比美国市场大，所以保护主义的政策保证了美国在任何情况下保持统治地位。根据恩格尔曼和高尔曼（Engerman 和 Gallman，2008）的研究结论，自 1868—1913 年美国是研究团队拥有统计数据的 24 个国家中贸易政策最具保护性的国家。美国国家经济研究局的研究也证实了该论断。表 4-2 显示，19 世纪下半叶以来全球关税税率呈逐渐抬升趋势，其中美国的关税税率冠绝全球，最高达平均值的 2.7 倍。

表 4-2　　9 世纪下半叶全球关税逐渐上升

国家	1875—1879 年	1880—1884 年	1885—1889 年	1890—1894 年	1895—1899 年	1900—1904 年	1905—1909 年	1910—1913 年
澳大利亚	9.7	9.2	10.7	12.8	14.2	19.0	19.7	19.0
加拿大	15.7	16.9	18.1	19.0	19.5	19.3	19.3	19.5
丹麦	11.9	11.6	12.6	9.2	9.0	8.1	6.8	5.0
法国	5.2	6.0	7.9	9.7	10.4	8.6	8.5	8.9
德国	3.7	6.1	8.2	8.9	9.3	8.4	7.6	7.0
意大利	7.9	8.3	9.0	9.6	10.2	10.8	11.7	11.7
挪威	10.2	12.6	11.1	11.2	11.6	11.7	11.5	12.8
瑞典	9.7	10.5	10.7	10.7	11.4	10.7	9.5	8.4
英国	5.3	4.8	5.3	4.8	4.8	6.1	5.3	4.8
美国	29.4	29.1	29.9	23.5	22.7	26.8	23.0	18.3
平均值	10.9	11.5	12.4	11.9	12.3	13.0	12.3	11.5

资料来源：美国国家经济研究局（1990）。

（三）1914—1929 年“外循环”得以拓展阶段

第一次世界大战爆发使得美国经济外循环的空间进一步拓展。1914 年，美国对外商品和劳务贸易顺差仅仅为 5 600 万美元，因欧洲交战国对军需物质的巨大需求及其在世界市场上竞争力的削弱，为美国增加工业生产和扩大商品服务输出提供了极好机会。1915 年，美国对外商品和劳务贸易顺差急剧飙升至 17. 48 亿美元，1919 年更是高达 48. 68 亿美元，具体见图 4 -2。

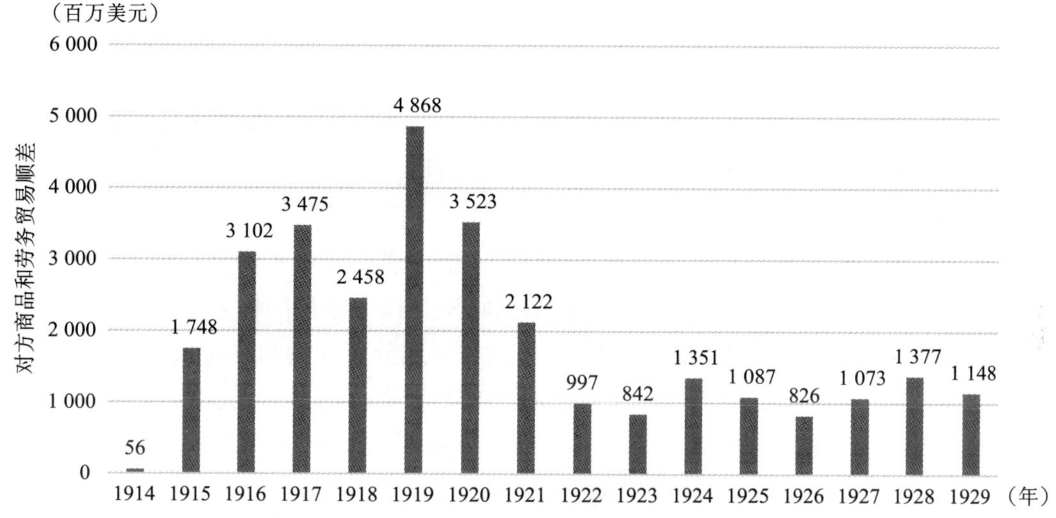

图 4 -2　1914—1929 年美国商品和劳务对外贸易差额

资料来源：Historical Statistics of the United States till 1970。

美国的对外投资也逐步增长，表 4 -3 显示，对外投资总额从 1914 年的 50 亿美元增长到 1919 年的 97 亿美元、1924 年的 151 亿美元和 1927 年的 179 亿美元，其中私人部门投资和公共部门投资均保持增长态势。第一次世界大战前，美国处于净负债国地位；战后，美国因远离战场不仅摆脱了负债，而且通过战争贷款变成了世界主要债权国。

表 4 -3　1914—1930 年美国的国际投资地位　单位：10 亿美元

年份	美国对外投资						
	总计	私人部门					政府投资
		私人部门合计	长期投资			短期投资	
			长期小计	直接投资	其他投资		
1914	5. 0	3. 5	3. 5	2. 7	0. 8	—	1. 5
1919	9. 7	7. 0	6. 5	3. 9	2. 6	0. 5	2. 7
1924	15. 1	10. 9	10. 0	5. 4	4. 6	0. 8	4. 2
1927	17. 9	13. 8	12. 5	6. 6	5. 9	1. 3	4. 1

续表

年份	外国对美投资						
	总计	长期投资			短期投资		
		长期小计	直接投资	其他投资	短期小计	私人债务	政府债务
1914	7.2	6.7	1.3	5.4	0.5	0.5	—
1919	3.3	2.5	0.9	1.6	0.8	0.8	—
1924	3.9	2.9	1.0	1.9	1.0	1.0	—
1927	6.6	3.7	—	—	2.9	—	—

资料来源：Historical Statistics of the United States till 1970。

第一次世界大战结束后的1921—1929年，美国GDP以5%的年均增速持续增长，增长的主要源泉来自交通、通信和能源产业的革新和投资，尤其是基础设施投资年均增速达到13%，成为经济增长重要的推动力。与此同时，福特生产方式①和福特主义（Fordism）② 推动美国完成了向现代大众消费社会的转变。学者们纷纷提出消费主义构成了社会体系再生产的新形式，并表示美国向消费社会的转变是社会转型的标志之一，从此消费就成了刺激美国经济发展、实现经济可持续增长和相对充分就业的长期主要动力（王晓德，2007）。美国关税保护主义的呼声则越来越高，1921年实行的《紧急关税法》和1922年颁布的《福德尼—麦坎伯关税法》进一步提高了关税税率，柯立芝总统（J. C. Coolidge）在1924年面向美国全国发言时称赞关税：

“为美国工人生产的产品确保了美国市场占有率，并且让我们的人民过上了好日子，比这个地球上有史以来任何地方、任何其他国家的人都获得更好的收入。”

由于生产能源从煤炭转向电力，到1929年美国70%的制造业依靠电力开展生产，劳动生产率和资本生产率显著提高，这也为美国开始大规模生产消费性商品并转向密集型资本积累提供了良好的基础，具体见表4-4。

表4-4　1899—1937年美国平均劳动生产率和资本生产率

时期	劳动生产率年均增速（%）	资本生产率年均增速（%）
1899—1909年	1.30	-1.62
1909—1919年	1.14	-1.95
1919—1929年	5.44	4.21
1929—1937年	1.95	2.38

资料来源：Devine（1983）。

① 福特生产方式是介于手工生产方式和精细或精益生产方式之间的过渡生产方式。以汽车生产为例，经历了单件订货手工生产方式—福特生产方式—丰田生产方式（即精益生产方式）—大量定制生产方式的演进。

② 福特主义一词最早起源于安东尼奥·葛兰西，他使用“福特主义”来描述一种基于美国方式的新工业生活模式。20世纪70年代末期，法国调节学派把福特主义作为一种资本主义生产方式的特殊历史形式，从它与社会、经济、政治职能的紧密联系方面开展了整体性研究。按照该学派的观点，福特主义的关键基础是从一种粗放型的资本战略积累向一种以泰勒制劳动组织和大规模生产消费性商品为特征的密集型资本积累战略的过渡。

二、经济大萧条之后美国正式步入“双循环”经济模式

经历了长达近 10 年的快速增长之后，美国经济进入了危机阶段。在 1929 年后的连续 4 年中，国民生产总值（GNP）平均每年下降了 8.6%。基础设施投资几乎完全停滞，物价水平平均下降了 25%，名义收入水平在通信产业下降了 38%，在交通和金融业下降了 55%。近 9 000 家银行倒闭，许多小型公用事业和铁路公司纷纷破产。到 1933 年，美国经济举步维艰，四分之一的劳动力处于失业之中，过去相对自由竞争的政治价值观完全崩溃（Engerman 和 Gallman，2008）。

（一）1929—1945 年对内实施立法干预、对外谋求自由贸易的“双循环”阶段

第二次世界大战之前，美国对“双循环”经济模式的追寻实则在摇摆中前进，一方面源自经济自身波动，另一方面源于保守主义长期、巨大的影响。1929 年，美国遭遇经济危机并随后波及整个资本主义世界，危机的根源在于前期无节制的过度负债，快速透支了未来消费能力，导致有效需求不足和生产过剩。这次大萧条深刻阐释了生产、分配、流通、消费各环节不畅对居民、企业和政府的冲击（徐鹏和李自磊，2021）。美国无法完全依靠外需走出经济低谷，国内不少保守人士明确指出自由贸易是经济危机传导的根本原因，1930 年出台的《斯穆特—霍利关税法》是对这种呼声的法律回应。这项法案对 900 种工业制成品和 575 种农产品加征关税，平均增税幅度高达 18%。该法案的通过是“经济学理性在特殊利益集团面前软弱不堪的又一最佳例证”，也是“愚蠢经济决策的典型案例”（格林斯潘和伍尔德里奇，2019）。法案很快遭到各国的反击，加拿大、欧洲等国纷纷采取进口配额、外汇管制、关税壁垒等手段反击美国。如针对美国对手表征收的高关税，瑞士对美国的打字机、汽车和收音机都强征了关税；又如德国宣布了全国自给自足的政策；英国作为全球自由贸易的倡导者，于 1932 年 2 月也采取了贸易保护主义政策。至 1932 年，美国对应税进口商品征收的关税税率平均为 59%，创造了美国内战以来的历史峰值，这也直接导致当年美国的进出口贸易额仅为 1929 年的三分之一。

1933 年 3 月，罗斯福总统（F. D. Roosevelt）正式就任。他果断采用凯恩斯主义的需求侧管理模式，适时中止了自由放任的经济政策，采取行政干预手段进行宏观经济调控，有效地拉动了国内需求，“内循环”也得以恢复运转。新政之下虽然失业率仍居高不下，甚至经历了“大萧条中的再次萧条”（1932—1938 年），但美国国民收入仍为德、日、意三国总和的两倍。1929—1937 年，美国劳动生产率年均增速达到 1.95%，资本生产率年均增速达到 2.38%，具体见表 4－5。新政推出了大量的法律法规，联邦政府通过立法监管的手段把管控权力延伸到所有经济和社会事务之上，包括产业发展、金融安全、市场监管、公用事业、劳工关系、社会保障、对外贸易等。同时，联邦政府还通过加征联邦税收，如个人所得税、公司所得税等来增加联邦收入来源，为不断膨胀的联邦政府支出提供资金来源，从而稳固联邦政府新增的权力。

表 4-5　针对经济大萧条的立法干预

立法时间	法案名称	立法目的
1933 年	《农业调整法》	提高农村购买力以解救当前全国经济危机，保持农产品的生产和消费之间的某种平衡，重新规定农产品的价格水平
1933 年	《国家工业复兴法》	建立公平竞争的规范体系，工业企业制定本行业的公平经营规章，确定本行业的生产规模、价格水平、工资标准、工作时长等，防止盲目竞争
1933 年	《银行法》	提高银行系统的稳定性，将投资银行业务和商业银行业务严格划分，保证商业银行规避证券业务的风险
1933 年	《农业信贷法案》	建立生产信贷协会向农场主提供生产贷款，并建立合作社银行体系为农业合作社提供服务
1933 年	《联邦证券法》	联邦政府监管联邦一级的跨州证券销售，督促上市公司公允地公开企业状况和证券情况
1934 年	《证券交易法》	联邦政府监管二级市场的证券销售，确保在证券交易中把投资者利益放在首位
1934 年	《联邦信用合作社法》	为合作金融业的发展创造更为完善的制度性环境，允许信用合作社向联邦政府注册
1934 年	《通讯法》	建立一个可利用的、高速有效、在全国范围乃至世界范围内拥有足够设备并且费用合理的无线电通讯服务网络
1934 年	《互惠贸易协定法》	淡化贸易保护主义色彩，授权总统同外国签订贸易互惠协定，降低关税税率，并取消其他进口限制，以换取其他国家对美国产品的关税优惠
1935 年	《联邦存款保险法》	将存款保险制度作为一项永久性制度加以固定，用永久性存款保险基金替代临时性存款保险基金
1935 年	《全国劳工关系法》	促进商业的充分流通，规定职工和雇主在牵涉到商业关系中的合法权利，在劳资争议中保护公众权利
1935 年	《社会保障法》	建立一种社会保障制度得以为老人、盲人、未成年人以及残疾儿童提供更为可靠的生活保障，为妇女保健、公共卫生及失业补助作出更为妥善的安排
1935 年	《公用事业控股公司法》	授权证券交易委员会监督公用事业控股公司的组织机构、经营活动和财务运营，确保公用事业为社会公众服务
1935 年	《汽车运输法》	将州际货车运输纳入联邦控制下，对运输路线和产品设定最低费率，发放营业许可证
1936 年	《反价格歧视法》	防止生产厂商或者销售商对与大经销商处于同一竞争层面上的小经销商在价格方面采取价格歧视
1937 年	《税收法》	提高税制的累进程度，加强税收再分配功能，提高个人所得税率和房产税率，减少税收激励和税收优惠
1938 年	《民用航空法》	将公共航运证书、批准或修改运费、制定费用标准、控制兼并和收购、控制竞争途径等纳入联邦政府管制范围
1938 年	《公平劳动标准法》	消除对维持工人健康、效率和福利所必需的最低生活水平有害的劳动条件，确定了最低工资和超时支付等标准
1939 年	《改组法》	成立总统执行局，加强总统对急剧扩张的执行部门的控制，通过协调和取消重复经济行为来实现压缩政府开支的目标

资料来源：根据美国国会官网资料整理。

从“外循环”来看，18 世纪初到 1934 年之前，美国两党因政治基础不同表现出明显的政党分野：民主党鼓励参与国际事务中的多边组织活动，共和党则趋于保守，追求实际利益（李春顶和林欣，2020）。1934 年以后，两党的贸易政治立场发生了逆转，民主党议员由支持自由贸易转变为反对自由贸易，而共和党议员开始反对政府干预经济，提倡自由贸易（周俊，2017）。这也决定了美国贸易政策的出台是一个多方博弈的过程，是国会、总统、利益集团和公众之间博弈的结果。罗斯福新政时期的贸易政策以建设世界多边贸易体系为基本目标，美国政府力求大幅度降低关税，并要求其他国家做出对等让步，这一转变奠定了近一个世纪美国对外政策的基调（郭凛和余振，2020）。《美国互惠贸易协定法》颁布后，1934—1939 年，美国与其他国家共签署了 22 个旨在降低各自关税的贸易协定。同期美国向这 22 个有贸易协定国家的出口增长了 61%，大大高于同期向没有贸易协定国家的出口增长 38% 的水平（Bailey 等，1997）。美国关税的对外贸易保护主义渐渐被冲破，而实行非保护主义政策。此后各届总统都基于当时美国是世界上最重要的贸易输出国这一现实考虑，强调“自由贸易”的重要性，该法对以后产生的《关税及贸易总协定》也有着重要的影响。戴斯勒（Destler，1995）认为：通过确立贸易决策的互惠原则，美国贸易政治中的贸易保护主义者和自由贸易论者之间的天平出现倾斜，原因是出口商的利益加入了贸易政治博弈中，关税削减获得了更多的支持，它被当作替美国商品赢得海外新市场的直接手段。但需要指出的是，《互惠贸易协定法》在美国国会立法中的妥协性和互惠性特点使其不能将美国带入“自由贸易”阶段，它只能将美国带入“嵌入式自由主义妥协”阶段，这种妥协试图将自由贸易的收益与国内增加的社会和政治压力相协调（谈谭，2010）。

通过前述立法努力和政治博弈，第二次世界大战前美国对外投资呈稳定增长态势，从 1930 年的 215 亿美元增长到 1945 年的 369 亿美元。从投资结构来看，私人部门对外投资先降后升，而政府部门对外投资快速增长，1945 年美国政府对外投资达 222 亿美元，为 1930 年的 5 倍。从外国对美投资来看，同样呈现稳定增长态势，1940 年前以长期投资为主，之后短期投资逐渐提高，直至与长期投资平分秋色，具体见表 4 -6。

表 4 -6　　1930—1945 年美国的国际投资情况　　单位：10 亿美元

年份	美国对外投资						
	总计	私人部门					政府投资
		私人部门合计	长期投资			短期投资	
			长期小计	直接投资	其他投资		
1930	21.5	17.2	15.2	8.0	7.2	2.0	4.3
1931	20.1	15.9	14.6	8.1	6.5	1.3	4.2
1935	23.6	13.5	12.6	7.8	4.8	0.9	10.1
1940	34.3	12.2	11.3	7.3	4.0	0.9	22.1
1945	36.9	14.7	18.7	8.4	5.3	1.0	22.2

续表

年份	外国对美投资						
	总计	长期投资			短期投资		
		长期小计	直接投资	其他投资	短期小计	私人债务	政府债务[①]
1930	8.4	5.7	1.4	4.3	2.7	2.7	—
1931	3.8	2.3	—	—	1.5	—	—
1935	6.4	5.1	1.6	3.5	1.2	1.2	—
1940	13.5	8.1	2.9	5.2	5.4	5.1	—
1945	17.0	8.0	2.5	5.5	9.0	5.3	—

注：①包括长期和短期。

资料来源：Historical Statistics of the United States till 1970。

整体而言，1930—1944 年，美国年均实际 GDP 增速达到 5.69%，其中私人消费年均贡献率为 1.25%，私人国内投资年均贡献为 -0.26%，商品和服务净出口年均贡献为 -0.14%，政府消费和投资年均贡献为 4.75%，具体见图 4-3。毫无疑问，经济大萧条为罗斯福新政的推行提供了契机，而“新政的实施使美国政府手中的权力获得了永久性提升”（格林斯潘和伍尔德里奇，2019），这种提升是依靠两种机制来确保权力向华盛顿集中：一套机制是由联邦政府掌控国内经济项目建设，其中包括基础设施投资，这些建设项目由联邦提供资金支持，州和地方政府实际管理；另一套机制是把国防支出和老年人社会保障实行全国一体化管理。因此，虽然美国遭遇了历史上持续时间最长、危害程度最深的经济大萧条，GDP 增速和通胀率持续为负值，失业率最高达到 24.9%，但罗斯福新政挽救了走向泥潭的美国经济，而第二次世界大战“奇迹般地把一个负面事件变成一个正面事件”，“美国不仅生产出大量的战争机器，而且生产了大量的消费品”，这样美国在第二次世界大战结束后的新历史阶段获得了巨大的领先优势，仍然成为全球最强的经济体。尤其需要指出的是，美国经济的强大来自于它有大规模的国内市场，在这样的市场上，可以大力开展国内贸易，并且建立复杂的工业专业化分工体系。巨大国内市场的存在使得美国在 1945 年之前，国内企业无论是汽车行业还是化工行业的企业，都比欧洲竞争对手更能最大限度地发挥规模经济的优势。

（二）1945—2008 年对内依靠技术革命，对外主导全球治理的“双循环”阶段

不同于第二次世界大战前以国内立法干预为主线的“双循环”阶段，战后的“双循环”一方面依托于联邦政府主导构建的研发体系，另一方面立足于美国主动谋划未来国际政治经济秩序建设。研发体系促进了美国的生产扩张，全球治理体系推动了美国海外投资和国际贸易的扩张。

1. 美国联邦政府主导构建的研发体系成为经济循环的重要动力

第二次世界大战结束后的 40 多年，联邦政府主导了美国的重要科技创新，而且在该创新体系下，新技术新产品又大量转为民用。科技成果转化的过程不仅为资本开辟了广阔的投资空间，也促使产业链条不断延伸，企业生产不断扩张，整体带动了经济增长和社会发展。

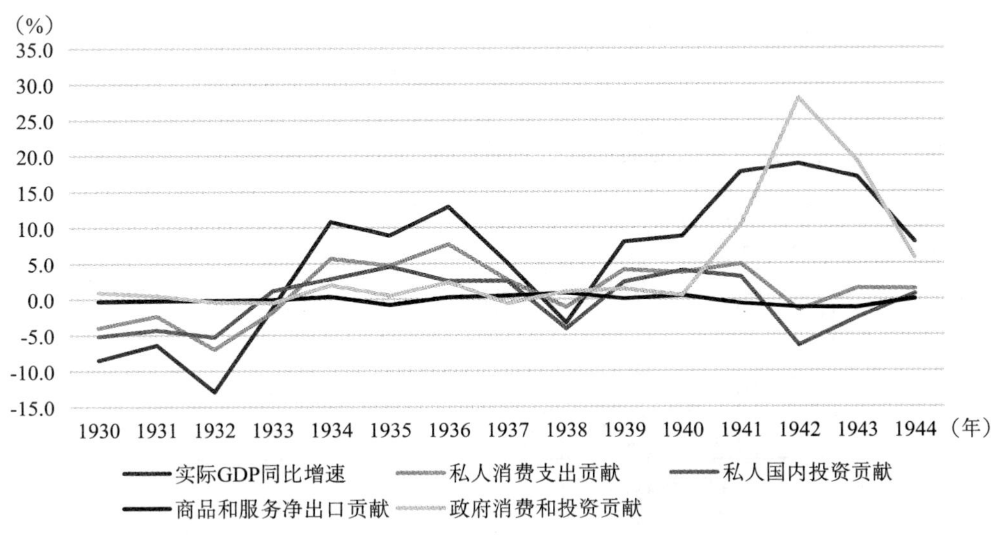

图 4－3　1930—1944 年美国实际 GDP 增速及要素贡献

资料来源：美国经济分析局（2020）。

联邦政府资助的基础研究为工业开发提供了丰富的新科学原料。表 4－7 显示，1955—1992 年，联邦政府出资的研发支出在美国全国研发总支出的占比维持在 50% 左右，无论在基础研究、应用研究还是技术开发，联邦政府的资助都发挥了至关重要的作用。

表 4－7　美国联邦政府在研发企业中的角色　　单位：%

时　间	1955 年	1960 年	1970 年	1980 年	1992 年
联邦研发支出占总研发支出的比例	57	65	57	47	43
联邦政府占比					
基础研究	*	60	70	70	61
应用研究	*	56	54	45	37
开发	*	68	55	43	41
联邦国防研发支出占总支出的比例	48	52	33	24	26
联邦医疗卫生研发支出占总支出的比例	2	3	4	6	6
联邦太空研发支出占总支出的比例	1	3	10	5	5
联邦能源研发支出占总支出的比例	*	3	2	6	2
联邦研发资金占行业研发总额的比例	47	59	43	32	28
联邦研发资金占学术研发总额的比例	54	63	71	68	57

资料来源：National Science Foundation（1990、1992）。

从学术研究来看，第二次世界大战后美国国立卫生研究院（National Institution of Health，缩写为 NIH）、国家科学基金会（National Science Foundation，缩写为 NSF）、国防部（Department of Defense，缩写为 DOD）为各个大学和研究机构开展研究提供了最主要的资金来源。表 4－8 显示，1960—1991 年，来自联邦政府的资金占比始终在 60% 以上。正是有了大量丰厚的资金支持，美国大学和研究机构可以在市场上招募最为优秀的人才，开展最为前沿的研究。美国人才队伍也深受资金资助的影响，20 世纪 50 年代和 60 年代研究人员和工程师队伍的扩张正是得益于此。

表 4-8　美国学术研究中的资金来源构成　单位:%

年　份	1960	1970	1980	1991
联邦政府	62.7	70.5	67.5	56.1
州和地方政府	13.2	9.4	8.2	9.0
产业	6.2	2.6	3.9	7.3
学术机构	9.9	10.4	13.8	19.7
其他来源	8.0	7.1	6.6	7.8
总计	100.0	100.0	100.0	100.0

资料来源：National Science Board（1991）。

技术创新和技术产品的商业化过程沿循了一种机制：政府资助大公司的研发，研发推进了基础性技术的开发，新公司将基础性技术进行商业化，商业化的产品再卖给联邦政府机构，尤其是国防部。不仅半导体产业如此，电子计算机、计算机软件等行业也沿循了这样的一种科技成果转化模式。在 20 世纪 60 年代，军用计算机的研发和采购向民用领域产生大量的、纯粹的技术“溢出效应”，许多新企业进入该行业，于是推动了大型和小型计算机的发展。而这些新型计算机又逐步被运用于工业，帮助这些行业降低了每单位产出的能耗强度（Schurr 等，1991）。同时计算机为新工艺中的建模和模拟提供了支持，从而使新的制造工艺顺利地用于商业生产。计算机行业也渐成气候，到 80 年代不仅涌现了专业性越来越强的计算机公司，也带动了国内外计算机及其软件的消费，盈利能力也快速提升，具体见表 4-9。于是，政府投入与企业产出之间相互促进的良性循环逐渐形成：联邦政府财政资金投入→“军事系统研发 + 大学/机构合作”→军事系统应用和政府大量采购→新企业进入→新产品开发和新技术创造→工业和商业领域应用→提高劳动生产率和多要素生产率→推动经济增长。对此，恩格尔曼和高尔曼（Engerman 和 Gallman，2008）指出：

“技术进步可以通过许多渠道直接或间接地形成美国经济发展的路径。当然，我们把这种发展看成是对提高经济生产要素的总利用效率的贡献，但技术进步的作用实际超过了这些，它对提供生产投入的内生性过程也有着重要影响。这一点不仅适用于技术进步对可再生性的厂房建设、设备等大宗传统资本需求的影响，不可再生的自然资源勘探、开采与加工，以及中间投入品都在此列。此外，它对劳动服务市场也有着直接或间接的影响。”

表 4-9　1963—1986 年美国计算机公司数据处理业务的收入　单位：百万美元

公司名称	1963 年	1973 年	1983 年	1986 年	1993 年
国际商用机器公司（IBM）	1 244	8 695	31 500	49 591	62 716
伯乐斯公司（Burroughs）	42	1 091	3 848	与斯佩里公司合并	

续表

公司名称	1963 年	1973 年	1983 年	1986 年	1993 年
斯佩里公司（Sperry）	145	958	2 801	9 431①	7 200
数字设备公司（Digital Equipment）	10	265	4 019	8 414	13 637
惠普公司（Hewlett - Packard）	n. a	165	2 165	4 500	15 600
计算机服务公司（NCR）	31	726	3 173	4 378	9 860
数据控制公司（Control Data）	85	929	3 301	3 347	452
科学数据系统/施乐公司（Scientific Data System /Xerox）	8	60	n. a	2 100	3 330
霍尼韦尔公司（Honeywell）	27	1 147	1 685	1 890	n. a
通用数据公司（Data General）	n. a	53	804	1 288	1 059
阿姆达尔公司（Gene Amdahl）	n. a	n. a	462	967	1 680
通用电气公司（General Electric）	39	174	862	900	684
科尔曼研究集团（Cary Research）	n. a	n. a	141	597	895
飞哥公司（Philco）	74	n. a	n. a	n. a	n. a

注①：伯乐斯公司和斯佩里公司合并后，成立了优利系统公司（Unisys Corporation，缩写为 UIS）。

资料来源：Flamm（1988）；Datamation（1994）。

20 世纪 90 年代的美国则得益于信息技术引领的新经济促进了经济增长，信息化的主要表现在于硅谷产业园的兴起和发展，美国领先于全世界发展了现代信息技术产业，占据新世纪经济发展的先机。随着信息技术生产商的效率提高，相同的投入创造了更多的信息技术设备和软件，从而提高了信息技术行业的生产率并有助于美国整体上全要素生产率的增长。对信息技术的投资促使利用信息技术的行业提高了生产能力，因为劳动力正在使用更多更好的设备，资本深化导致了劳动生产率的提高。乔根森（Jorgenson，2001）研究了以计算机、软件、通信设备和信息服务为核心的信息技术对经济增长的促进作用。表 4 - 10显示，1995—1999 年信息技术对 GDP 的贡献远远超过其他任何时段，较 1990—1995 年也提高了 0. 57%。从投入来看，信息技术的资本投入 1995—1999 年较 1990—1995 年提高了 0. 51%。

表 4 - 10　　第二次世界大战后美国增长的源泉　　单位:%

	1948—1999 年	1948—1973 年	1973—1990 年	1990—1995 年	1995—1999 年
	产出				
GDP 年均增速	3. 46	3. 99	2. 86	2. 36	4. 08
信息技术的贡献	0. 40	0. 20	0. 46	0. 57	1. 18
计算机	0. 12	0. 04	0. 16	0. 18	0. 36
软件	0. 08	0. 02	0. 09	0. 15	0. 39
通信设备	0. 10	0. 08	0. 10	0. 10	0. 17

续表

	1948—1999 年	1948—1973 年	1973—1990 年	1990—1995 年	1995—1999 年
	产出				
信息技术服务	0.10	0.06	0.10	0.15	0.25
非信息技术的贡献	3.06	3.79	2.40	1.79	2.91
非信息技术投资	0.72	1.06	0.34	0.23	0.83
非信息技术消费	2.34	2.73	2.06	1.56	2.08
	投入				
GDI（国内总收入）平均增速	2.84	3.07	2.61	2.13	3.33
信息技术资本服务的贡献	0.34	0.16	0.40	0.48	0.99
计算机	0.15	0.04	0.20	0.22	0.55
软件	0.07	0.02	0.08	0.16	0.29
通信设备	0.11	0.10	0.12	0.10	0.14
非信息技术资本服务的贡献	1.36	1.77	1.05	0.61	1.07
劳动力服务的贡献	1.14	1.13	1.16	1.03	1.27
全要素生产率平均增速	0.61	0.92	0.25	0.24	0.75

注：1. GDP 年均增速分解为信息技术贡献和非信息技术贡献，其中“信息技术的贡献”包括计算机、软件、通信设备和信息技术服务的贡献，“非信息技术的贡献”包括非信息技术投资和非信息技术消费的贡献。2. GDI 年均增速分解为信息技术资本服务的贡献、非信息技术资本服务的贡献和劳动力服务的贡献，其中“信息技术资本服务的贡献”包括计算机、软件和通信设备的贡献。

资料来源：Jorgenson（2001）。

2. 美国主导构建了“货币—金融—贸易”三位一体的全球经济治理机制

第二次世界大战后期到结束，基于自身利益和国际义务的考量，美国摒弃了中立和孤立主义，主动谋划未来国际政治经济秩序建设，并与英国展开了一场围绕战后建立国际新秩序的经济外交博弈，布雷顿森林体系的最终形成意味着大国历经制度博弈后的国际领导权的和平交接，预示着美国主导全球经济治理的时代到来（陈伟光和蔡伟宏，2019），也意味着美国构建的“货币—金融—贸易”三位一体的全球经济治理机制开始深度影响世界经济发展进程。

以贸易为例，在美国倡议和领导之下，联合国贸易和就业会议于 1947 年 10 月审议通过了《哈瓦那宪章》。该宪章因美国国会认定不符合美国利益而被拒绝，使得国际贸易组织未能就此成立，取而代之的是临时性的《关税及贸易总协定》（GATT）。以该协定为基本框架所构建的全球多边贸易体系，遵循“实质性降低关税和其他贸易壁垒”的精神推动了国际贸易的迅速发展。直至 1993 年 12 月，第 8 轮乌拉圭回合谈判后参与各方经协商决定成立世界贸易组织（WTO）。1996 年 1 月，WTO 正式取代 GATT，成为多边贸易体制的运行基础和法律载体。在 GATT/WTO 多边贸易规则作用下，全球关税水平整体下降，贸易自由化进程明显加快。美国也不例外，自 GATT 签署之后的平均关税水平急剧下跌，

1990 年为 3.92%，2000 年为 2.10%，2010 年为 1.66%，2016 年为 1.65%，2018 年为 1.59%，具体见图 4－4。美国从关税下降中获益匪浅，一方面使得美国过剩的生产能力成功转移到海外，另一方面从发展中国家进口的廉价商品和原材料维持了美国较低的物价水平。

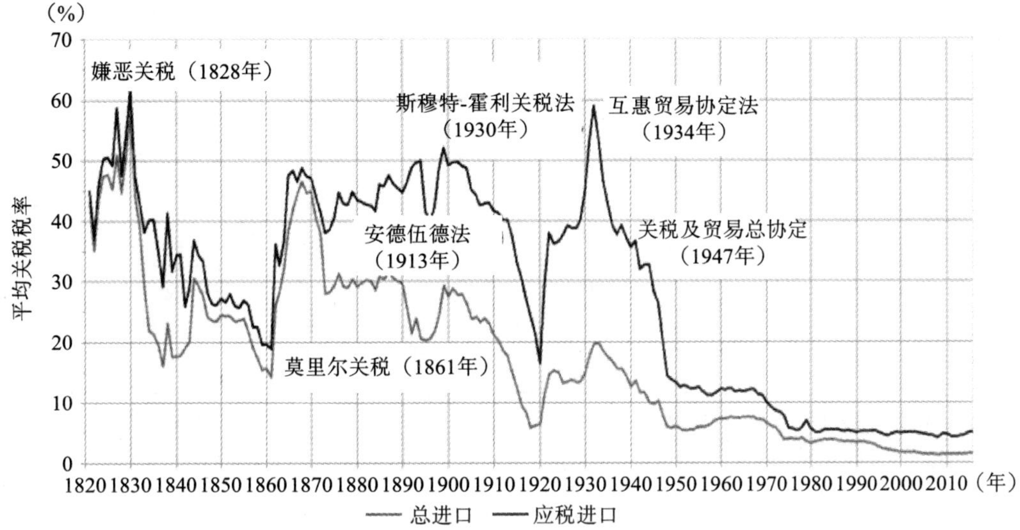

图 4－4　1821—2016 年美国平均关税税率

资料来源：美国商务部，人口统计局，美国历史数据统计 1789—1945 年，美国国际贸易委员会。

但必须指出的是，在构建全球贸易治理框架的过程中，美国的贸易保护主义始终存在。如两次石油危机引发的经济危机导致欧共体与美国围绕农产品和钢铁的贸易争端不断升级，美国向欧共体的农产品两次强制征收惩罚性关税，并对进口钢材征收反倾销和反补贴税。又如向日本施压，迫使其签订自愿出口限制协议，限定日本对美出口相关产品的总量。不仅如此，美国使用资源出口约束、进口产品配额、产品保护和补贴等非关税壁垒手段推进贸易保护主义，并将《1974 年贸易法》中的 301 条款使用到针对各国的贸易制裁之中（胡冬敏，2019）。

通过货币—金融—贸易全球治理体系的构建，同时抓住第二次工业革命和第三次工业革命的机遇，美国全球化的主要表现是，各大制造业公司为降低成本、提高利润，纷纷将自己的制造产业由美国本土迁往亚洲的新兴经济体，以及大量跨国公司的兴起和发展。从跨国公司的发展来看，1982 年美国跨国公司的增加值为 10 197 亿美元，2007 年达到 38 864 亿美元，雇员人数从 1982 年的约 2 533 万人增加到 2007 年的约 3 320 万人。2008 年，全球金融危机的爆发致使跨国公司发展受到一定影响，增加值和雇员数量都有所下挫，具体见表 4－11。

跨国公司也是美国国际贸易繁荣的源泉，与跨国公司关联的进出口在其贸易体系中占据了主导地位。在金融危机爆发之前，美国跨国公司的进出口均呈上扬态势，这一趋势甚至延伸至了 2008 年。表 4－12 显示，2008 年美国商品出口同比增长了 12.1%，进口同比

表 4-11　　2007—2008 年美国跨国公司的部分统计

	增加值			雇员数量		
	10 亿美元		同比变化（%）	千人		同比变化（%）
	2007 年	2008 年		2007 年	2008 年	
美国跨国公司	3 886.4	3 796.3	-1.8	33 203.0	33 049.1	-0.5
银行类①	198.2	188.2	-5.0	1 642.0	1 821.9	11.0
非银行类	3 668.2	3 608.1	-1.6	31 561.0	31 227.2	-1.1
母公司	2 705.1	2 529.3	-6.5	22 831.5	22 484.9	-1.5
银行类	156.7	133.0	-15.1	1 282.6	1 381.5	7.7
非银行类	2 548.4	2 396.3	-6.0	21 548.9	21 103.4	-2.1
控股外国子公司	1 161.2	1 267.0	9.1	10 371.5	10 564.2	1.9
银行类②	41.5	55.1	32.8	359.4	440.4	22.5
非银行类	1 119.7	1 211.9	8.2	10 012.1	10 123.8	1.1

注：①包括银行母公司，银行和非银子公司；②除了银行类子公司之外，还包括非银行类子公司。

资料来源：Barefoot 和 Mataloni Jr.（2010）。

增长了7.5%；非银行类的跨国公司与跨国公司关联的出口同比增长了6.4%，进口同比增长了6.6%；其中跨国公司内部出口增长了6.4%，进口同比增长了3.3%。

表 4-12　　2007 年和 2008 年美国非银行类跨国公司的商品贸易额　　单位：10 亿美元

	2007 年	2008 年
与跨国公司关联的出口	559 984	595 644
跨国公司内部贸易	214 051	227 721
由美国母公司运输给海外控股子公司	203 949	215 693
由美国母公司运输给其他海外子公司	10 102	12 028
跨国公司与其他公司间贸易	345 932	367 923
美国母公司运输给除其子公司之外的海外客户	303 836	323 243
除母公司之外的美国公司运输给其海外子公司	42 096	44 680
与跨国公司关联的进口	720 779	768 127
跨国公司内部贸易	267 376	276 107
由海外控股子公司运输给美国母公司	253 125	262 826
由其他海外子公司运输给美国母公司	14 251	13 281
跨国公司与其他公司间贸易	453 403	492 020
由子公司之外的海外客户运输给母公司	396 876	431 070
由海外子公司运输给除母公司之外的美国公司	56 527	60 950
美国商品出口总额	1 148 199	1 287 442
与跨国公司关联的出口占出口总额比例	48.8%	46.3%
跨国公司内部出口占出口总额比例	18.6%	17.7%

续表

	2007 年	2008 年
美国商品进口总额	1 956 962	2 103 641
与跨国公司关联的进口占进口总额比例	36.8%	36.5%
跨国公司内部进口占进口总额比例	13.7%	13.1%

资料来源：Survey of Current Business（2010）。

从经济运行结果来看，1945—2008 年美国实际 GDP 年均为 3.05%。其中私人消费贡献为 2.26%，私人投资贡献为 0.82%，政府消费和投资贡献为 0.004%，商品和服务净出口贡献为 -0.0325%，具体见图 4-5。数据表明，美国“双循环”的经济模式已形成稳定的运行态势，内需仍然是其经济增长的长期动力，外需服务于跨国公司盈利最大化的需求、国内居民对质优价廉商品服务的需求，以及美国在全球经济治理体系中的地位需要。

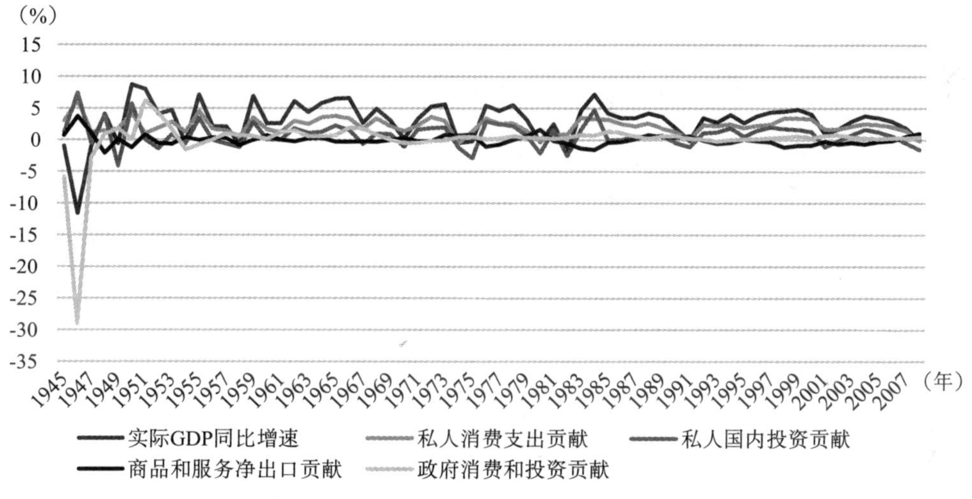

图 4-5 1945—2007 年美国需求要素对经济增长的贡献

资料来源：美国经济分析局（2020）。

（三）2009 年至今“双循环”效果衰退阶段

从经济循环的动力来看，美国经济仍处于危机后的“新平庸时代”。2009—2019 年间，实际 GDP 增速为 1.86%，私人消费对经济增长的贡献为年均 1.40%，私人投资为 0.51%，政府消费和投资为 0.05%，商品和服务出口则为 -0.09%，具体见图 4-6。这与美国经济存在的深层次结构问题密切相关，或者说与美国经济的“金融化”趋势密切相关。阿瑞基（Arrighi，2001）认为，“世界资本主义发展的历史证明，资本积累会经历物质扩张和金融扩张的交替”。金融扩张到一定程度会导致经济活动的重心从产业部门转向金融部门，金融因素在资本增值中也将占据主导和统治地位。从近十余年的美国金融扩张趋势来看，美国于 2007 年第三季度达到上一轮金融周期顶峰，2014 年第三季度落至低谷后进入新一轮金融周期的扩张通道，目前美国仍处于本轮金融周期的扩张期内。金融保险业增加值在美国 GDP 中的占比在 2008—2013 年间呈“微波化”波动，均值为 19.6%；2014 年占比开始温和上升，2014—2019 年均值达到 20.8%，明显高出危机后的紧缩阶段。相较而言，制造业和农业增加值在 GDP 中的占比呈现小幅下降趋势，制造业占比从 2008 年的 12.2% 降至 2014 年的 11.7%，再降至 2019 年的 11%，农林牧渔业占比从 2008 年的 1% 升至 2014 年的 1.1%，再降至 2019 年的 0.8%。[①] 数据表明，正是由于金融资本相对独立和不断膨胀，美国经济增长的主要推动力量改变，经济结构中金融业和实体经济发生了相应调整，金融市场、金融参与者和金融机构在其国内经济运行中的地位不断提升，金融资本在时间和空间上，对资本的使用价值的生产实现了全面地、不间断地、有效地控制。此外，美国是政客迎合金融行业利益最明显的国家之一，美国大银行在国会的广泛游说，金融家为政治活动“捐献”巨额资金，华尔街和华盛顿之间还有一道“旋转门”，这些都对经济增长产生深远的危害，最为明显的是大量人才和资金没有流向创新和研发活动，从而使经济丧失长远发展的真正动能。

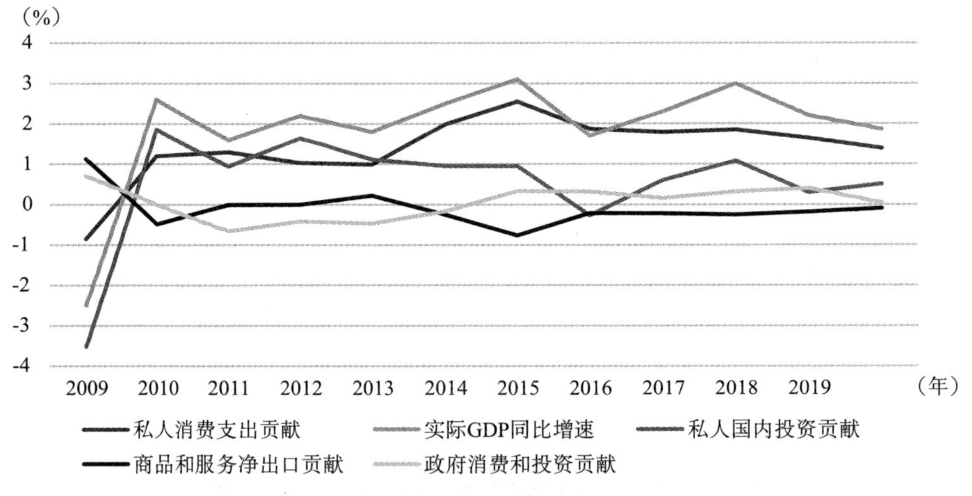

图 4-6 2009—2019 年美国需求要素对经济增长的贡献

资料来源：美国经济分析局（2020）。

从循环流程来看，美国最大的挑战出现在收入分配环节。美国人口普查局的数据显示，1967 年美国的基尼系数为 0.397，1977 年为 0.402，1997 年为 0.459，2007 年为 0.463，2017 年为 0.489。显然，基尼系数呈现了明显的上升趋势。图 4-7 显示了 2002 年以来美国的基尼系数和不同人群的基尼系数，趋势线显示白人的基尼系数一直低于全国水平，黑人的基尼系数却一直高于全国水平。这说明美国不仅存在不同收入群体之间的收入分配不平等，还存在不同种族之间的收入分配不平等，且这两种不平等都有加剧态势。

① 资料来源于美国经济分析局。

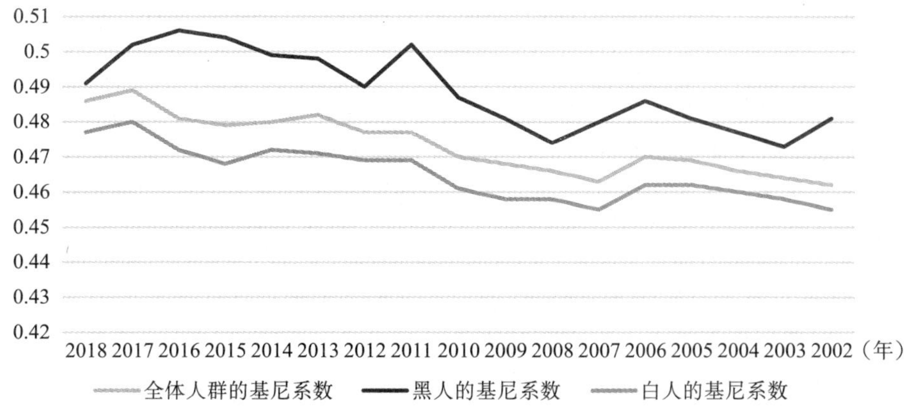

图4－7 美国的收入分配不公平日益上升

资料来源：美国人口普查局（2020）。

再看高收入与低收入群体的收入对比数据，图4－8显示了20世纪80年代以来的比率为90:10，即最富有的10%的美国人与最贫穷的10%的美国人的平均收入比率。该比率从1980年的9.1逐步上升到2018年的12.6，表明过去40年间美国的收入不平等在逐渐加剧。若以2000年为分水岭，进一步对比该比率在20世纪后20年与21世纪前18年的差额变化，则会发现进入21世纪以来美国的收入不平等状况更加恶化。数据显示，2000年的90:10比率较之1980年高出1.5，2018年的90:10比率较之2000年则高出了2.0，在大致相同的时间间隔内，该比率在21世纪呈现了相对更快的增长。这是因为在经济金融化时代，美国许多实体企业将来自资本市场的负担转移到工人身上，尤其是2008年全球金融危机之后，企业大幅削减工资甚至裁员，导致工人收入锐减。而美国政府推行的一轮又一轮减税政策虽然即时提高了低收入者的收入，但中长期来看却让最高收入者真正受益。因此政府同市场一样，对于收入不平等束手无策甚至加剧了不平等，具体见图4－8。

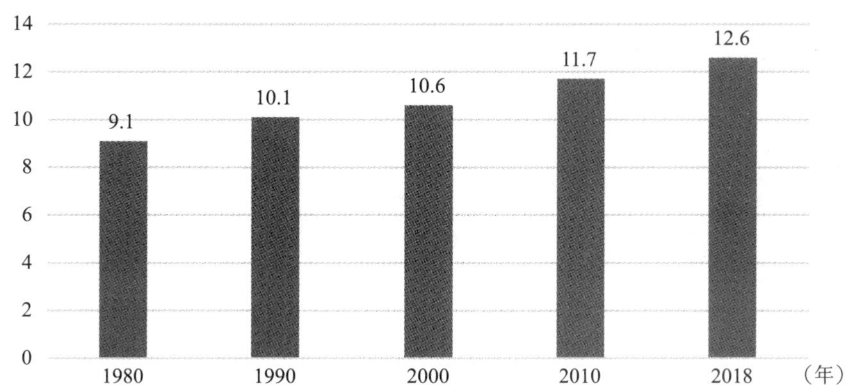

图4－8 美国的收入分配不平等日益上升

资料来源：Pew Research Center（2020）。

导致收入不平等的原因，既有经济因素也有政治因素，甚至说是有意识的政治选择的结果。戈登（Gordon，2015）认为，美国近年经济增长至少由于4个方面的原因产生了向下的压力，从而导致缓解收入不平等的努力也受到重重约束：

“1970年前后创新流的节奏是美国增长起落的根本原因。近年来，来自四个方面的阻力对增长率产生了向下的压力，正在缓慢地抑制美国增长的动力。日益增长的不平等将导致收入增长转向1%的顶层收入阶层，只给99%的底层收入阶层留下很少一部分。受教育程度不再像20世纪大部分时间那样提升得很快，从而减缓了生产率提高。随着婴儿潮一代的退休，人均工时也在减少。退休人员比例上升、劳动年龄人口比例下降、预期寿命延长，都将在2020年后共同推动联邦债务占GDP的比例迈向不可持续的上行轨道。这四大阻力非常强大，足以在今后25年间给实际人均可支配收入增长不留任何空间。”

从国际大循环来看，在以金融为主导的资本积累方式之下，当处于资本积累中心的国家经济增长越来越依赖于金融企业收益、利息和红利，从而成为世界市场实际财富的“净消费者”时，其国内消费必然会越来越依赖于其他国家的生产活动（孙景宇，2018）。但金融危机爆发后，美国越来越多采用单边治理模式来刺激经济增长。一方面持续采取量化宽松政策，借助美元作为国际主导货币之利，向市场注入资金以降低市场利率，同时频繁借着“公平贸易”的旗号发动贸易战。奥巴马（B. H. Obama）就任美国总统后，美国就希望通过参与并主导TPP来实现“重返亚洲”的战略，并以此干扰中国在东亚区域经济的布局。特朗普（D. J. Trump）任期内则在贸易、投资以及金融等领域采取各类保护措施的大规模国际保护主义，先后宣布退出TPP、全球气候组织，并多次威胁退出WTO和北美自由贸易协定（NAFTA）等多边制度。尤其是2018年美国基于《美国国家安全战略报告（2017）》框架安排，启动对世界经济的再平衡战略，对全球贸易、投资格局产生巨大冲击，并引发全球经贸规则重构。

第二节　二战后日本经济循环的事实特征

第二次世界大战后，日本经济发展经历了战后经济恢复（1945—1955年）、高速发展（1955—1972年）、低速发展（1973—1990年）和经济停滞（1991年）这四个阶段。针对本国自然资源贫瘠、市场狭小的特点，其力推“出口导向型”经济，重点发展煤炭、钢铁、造船、汽车产业，并大量出口纺织等劳动密集型产品。

一、出口导向型经济发展的事实特征

与第二次世界大战前的1934—1936年相比，1946年日本国民经济和生产能力大幅度下降：实际GNP为过去的62%，人均实际GDP为55%，人均实际个人消费为57%，工矿

业生产为31%，农业生产为79%。对外贸易几乎完全中断，1947 年出口下降为 1934—1936 年的7%，进口下降为 14%。战后初期日本在决定走经济发展道路的问题上存在着“开发主义”和“贸易主义”两种争论。前者认为因战后全球市场分割，日本应有计划地有限开发国内资源；后者则认为日本国内资源匮乏，开发潜力有限，只能通过扩大对外贸易来推进工业化进程。

（一）经济增长贡献从消费主导转向出口主导

1955—1960 年，商品和服务出口在 GDP 中的占比均在 10% 以上，随后 4 年跌至 10% 以下。从 1965 年开始至 1987 年的 22 年，除 1967 年占比为 9. 64% 之外，其余年份占比始终维持在 10% 以上，最高为 1984 年的 14. 82%，均值为 12. 02%。2000—2020 年的 20 年，商品和劳务出口在 GDP 中的占比较上一个 20 年有所提高且保持相对稳定态势，峰值为 2018 年的 18. 33%，均值为 13. 32%，具体见图 4 –9。

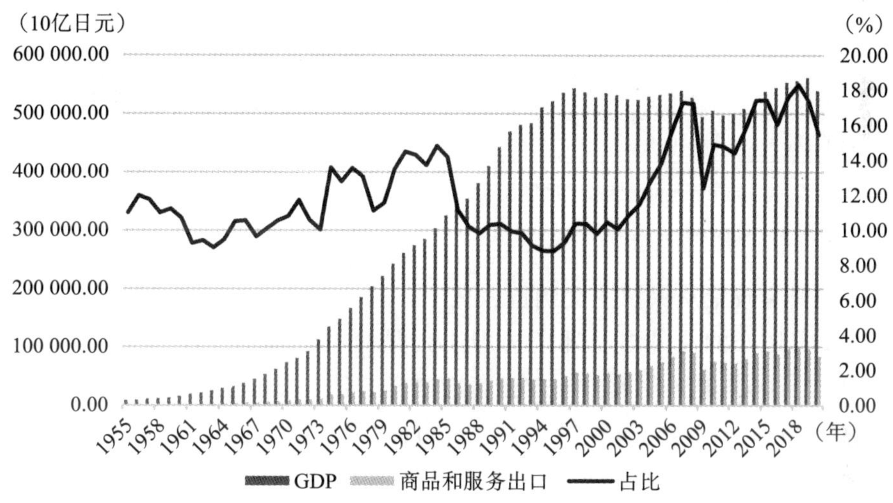

图 4 –9　1955 年以来日本商品和服务出口占 GDP 比重

资料来源：WIND。

（二）出口产业扶植对象从劳动密集型向资本技术密集型转变

按照传统的比较优势理论，战后日本适合发展劳动密集型产业，如纺织、服装等轻工业。但事实上，日本在战后经济恢复期更注重轻工业产品的出口。同时，日本政府依据动态比较优势原理，逐步将出口产业的扶植对象确定为化工、五金和机械等重工业产品，后续又拓展到汽车、微电子等高附加值产品。根据日本学者名岛太郎的计算，1958—1963 年日本钢铁、机械、化工产品的收入弹性值均在 1. 6—2. 2，而纺织、木材和食品的收入弹性值在 0. 5—0. 8（名岛太郎，1968）。显然，重工业的收入弹性值高于轻工业，日本政府将出口扶植政策重点聚焦在重工业之上，最大化了本国产业价值。

表 4 –13 显示的数据印证了这一转变过程。第二次世界大战后初级产品出口越来越少，生丝和铜锭不再出口，逐步被纺织类的轻工业品而取代。到了 20 世纪 70 年代末，重

工业品又取代了轻工业品，在整个出口总额的比重达到了87.1%。这一组数据折射了在1973年第一次石油危机之后日本相对优势从基础材料生产部门到加工装配部门的转变。此外，加工装配部门还逐步从劳动密集型产业（如造船和收音机装配）向技术密集型产业（如汽车和录像机）转变，这意味着日本进入了产业转型的第三个阶段（Yamazawa，1990）。

表4-13　　战后日本出口产品的构成　　单位：%

时期	初级产品			工业品		
	全部	生丝	铜锭	全部	纺织品	化工、五金和机械
1930—1939年	19.9	13.1	0	80.1	35.0	26.5
1951—1955年	4.7	—	—	95.3	39.5	39.9
1956—1960年	4.5	—	—	95.5	32.0	45.1
1961—1965年	3.5	—	—	96.5	21.3	58.6
1966—1970年	1.7	—	—	98.3	13.7	71.2
1971—1975年	1.4	—	—	98.5	7.4	82.9
1976—1980年	0.9	—	—	99.1	4.7	87.1

注：生丝和铜锭是出口的主要初级产品，纺织品、化工品、五金和机械是出口的主要工业品。

资料来源：Yamazawa和Yamamoto（1979）。

（三）对外贸易政策从保护主义到自由化

1949年12月颁布的《外汇及外贸管理法》是战后日本第一项关于对外贸易的法律。法案旨在采取贸易保护主义政策，一方面通过实行“原则禁止、个别批准”的方针对进口商品的种类、数量和外汇进行直接管制，另一方面采取各种措施大力振兴出口。这种政府主导型的“管理贸易”具有两个突出特征（邵冰，2020）：一是贸易补贴多。在对美出口时，以美国市场销售价格扣除运费、保险费、贸易公司的利润及其他成本来确定日本政府在国内的收购价格；对美进口时，则在美国市场销售价格基础上加上运费、保险费和美国贸易公司的利润和其他费用来形成进口价格，由此产生的出口价低、进口价高的问题都通过补贴方式来解决。二是“饥饿出口”。政府建立了“复兴金融金库”，通过“倾斜生产方式”将财力集中投入到运输、煤炭、钢铁、电力等重点产业和大企业，同时压缩国内消费以达到振兴出口的目的。

经过10年的努力，1956年日本《经济白皮书》正式宣布战后恢复期已经终结。1956—1973年，日本经济进入了高速增长阶段，年均GDP增速达到9.8%。日本政府对外贸易政策也发生了重大变化，从贸易保护主义开始向自由开放体制过度，从限制进口、替代进口向出口导向、扩大出口转变。自1961年开始，日本政府推进了第一次贸易自由化的进程并确定了循序推进的四项原则：一是对产业发展必需的原材料尽早实行自由化；二是对具备较强竞争能力及不与本国产品存在激烈竞争的产业，如纺织、钢材等可在最近的将来实行自由化；三是对处于技术开发过程中的产品和正在扶植的产业，如汽车、机床、重工机械等根据其竞争能力的提升情况实行自由化；四是对中小企业产品和农林渔牧产品等推迟实现自由化。在上述原则指引之下，1961—1964 年，日本政府逐步对棉毛、化纤原料、原糖等原料和纺织品、汽车等商品实行了自由化，使其自由化比率从 1961 年的 62% 提高到 1964 年的 93%，非自由化商品数量降至 174 种，残余进口限制商品数量同步降至 136 种（山本繁绰，1986）。日本的第二次贸易自由化高潮始于 20 世纪 70 年代初。迫于各方压力，日本开始先后对彩色胶卷（1971 年）、高级计算器及电子会计计算机（1973 年）、集成电路（1974 年）、电子计算机（1975 年）实施了自由化（马成山，1991）。从 1972 年开始，日本的自由化比率稳定在了 97%，残余进口限制商品数量从 1968 年的 120 种降至 1976 年的 27 种，具体见表 4 – 14。

表 4 – 14　　日本贸易自由化的进展

年份	自由化比率（%）	非自由化商品数量（种）	残余进口限制商品数量（种）
1958	33	—	—
1959	34	—	—
1960	37	—	—
1961	62	—	—
1962	73	429	466
1963	89	229	195
1964	93	174	136
1966	93	165	122
1968	93	163	120
1970	94	141	98
1971	94	123	80
1972	97	79	33
1973	97	83	32
1974	97	83	32
1975	97	83	29
1976	97	82	27
1977	97	80	27
1978	97	79	27
1979	97	79	27
1980	97	77	27

资料来源：山本繁绰（1986）。

但出口导向型经济逐渐暴露出缺陷，除频繁的贸易摩擦之外，最为突出的两个缺陷在于：一是该模式受海外政策与市场环境的影响太大，经济发展的主动权很难为自己控制，如 1973 年石油危机导致原油价格上涨，日本由此陷入严重滞涨，经济随之步入萧条。二是对出口的片面重视，引发了日本经济结构的失衡，也限制了日本的产业升级，而劳动力成本的上涨又日益制约了日本的出口竞争力。

二、内需主导型经济发展的事实特征

20 世纪 70 年代以后，日本经济进入“中等收入”阶段，居民收入稳定提升，收入差距明显缩小，基尼系数从 1970 年的 0. 414 降至 1980 年的 0. 334。伴随着收入水平的提高，居民消费意愿和水平也随之提升，消费热点也由 60 年代的物质型消费向 70 年代后期的服务型消费转型升级，加之产业转型的成功，日本内需主导型经济已具备了微观经济基础。

（一）日美贸易摩擦是日本经济向“内需主导型”转变的加速器

日本出口导向型经济一度使其保持较高的经济增速。20 世纪 80 年代，日元继续保持坚挺，但日本对西方，特别是对美国的工业品出口没有放缓的迹象，对美贸易保持持续顺差，具体见表 4 - 15。1978 年日本对美贸易顺差达到 100 亿美元，1987 年继续扩大到 600 亿美元，2000 年达到 810 亿美元。70 年代末对美出口占日本出口总额的比重略低于 26%，1984 年上升到35%，90 年代保持在30%左右的水平。另外，自 1980 年以来，从美国进口的商品占日本总进口商品的比例保持在 20%左右，1998 年达到峰值，也略低于 24%（Abe，2017）。

表 4 - 15　日本对美国贸易顺差

年份	日本对美国贸易顺差（百万日元）	对美出口占出口总值（%）A	对美进口占进口总值（%）B	A - B（%）
1977	1 934 824	24. 4	17. 5	6. 9
1978	2 150 306	25. 6	18. 6	7. 0
1979	1 315 897	25. 6	18. 4	7. 2
1981	1 559 956	24. 2	17. 4	6. 9
1982	2 966 483	25. 5	17. 6	7. 8
1983	3 024 634	26. 2	18. 3	7. 8
1984	4 323 246	29. 2	19. 5	9. 6
1985	7 857 636	35. 3	19. 7	15. 6
1986	9 369 335	37. 1	20. 0	17. 2
1987	8 645 809	38. 4	22. 8	15. 6
1988	7 566 095	36. 5	21. 1	15. 4
1989	6 099 125	33. 8	22. 4	11. 4
1990	6 183 550	33. 9	22. 9	11. 0
1991	5 133 282	29. 1	22. 5	6. 6
1992	5 498 902	28. 2	22. 4	5. 8
1993	5 572 546	29. 2	23. 0	6. 2

续表

年份	日本对美国贸易顺差（百万日元）	对美出口占出口总值（%）A	对美进口占进口总值（%）B	A－B（%）
1994	5 611 396	29. 7	22. 9	6. 9
1995	4 256 548	27. 3	22. 4	4. 9
1996	3 546 143	27. 2	22. 7	4. 5
1997	5 019 659	27. 8	22. 3	5. 5
1998	6 691 887	30. 5	23. 9	6. 6
1999	6 965 805	30. 7	21. 7	9. 1
2000	7 577 006	29. 7	19. 0	10. 7

资料来源：《对外贸易调查》、日本关税协会。

不仅如此，日、美两国贸易的商品结构发生了显著变化。20 世纪 70 年代，美国对日本出口以精密仪器、化学制品和汽车为大宗，约占 50%，初级产品约占 30%。至 1984 年，美对日出口主要为食品、饮料、烟草、原材料等；美从日进口的商品构成以精密仪器、电视机、半导体、各类汽车为主。虽然日本依旧从美国进口精密仪器、电视机和半导体，但较同类产品日本对美国的出口而言，两者差距高达 26. 3%，具体见表 4－16。以汽车为例，1980—1982 年，日本汽车占据了美国市场的 22%。日本汽车在平均成本和故障率上明显优于美国汽车，日本汽车的平均成本比美国汽车要低 2 000 美元。每辆新福特的故障率为 6. 7%，新通用的故障率为 7. 4%，新克莱斯勒的故障率为 8. 1%，而每辆日本汽车的故障率仅为 2. 0%。因此，日本汽车因能耗低、价廉物美、竞争力强而一直处于上升趋势。

表 4－16　　1984 年日本对美国进出口商品结构

商品类别	日本从美国进口的商品构成（%）	日本对美国出口的商品构成（%）
原材料	19. 0	0. 1
食品、饮料、烟草	22. 1	0. 8
矿物燃料	7. 7	0. 1
化学制品	12. 5	2. 3
精密仪器、电视机、半导体	16. 7	43. 0
各类汽车	0. 8	26. 5
轻纺工业品	6. 0	12. 7
交通、电讯机器	4. 4	4. 9
其他	10. 8	9. 6
总计	100. 0	100. 0

资料来源：史惠康（1987）。

在经济高速增长时期，日美之间围绕纺织品的争端已经存在，而在石油危机之后的一段时期，争端主要集中在彩电、钢铁和汽车等重工业领域。尤其是当美国汽车工业受多次能源危机影响开始衰退并导致底特律周边地区经济萧条之时，汽车及相关产业的企业家们大力游说从当地选区选出的政治家们对日本实施制裁。到20世纪80年代，争议重点放在了半导体等高科技产业。日本依靠政府的一揽子扶持计划快速发展了半导体产业，并取代美国成为全球主要供应国。1989年日本芯片全球市场占有率高达53%，远高于美国的37%、欧洲的12%，具体见表4－17。日本在高端产业上的全球领先地位，直接威胁了美国的核心竞争力，日美贸易冲突难以避免。

表4－17　　　　1989年全球十大半导体公司

排名	公司名称	国家	销售额（百万美元）
1	NEC	日本	48
2	东芝	日本	48
3	日立	日本	39
4	英特尔	美国	37
5	摩托罗拉	美国	30
6	富士通	日本	28
7	三菱	日本	28
8	德州仪器	美国	25
9	飞利浦	荷兰	19
10	松下	日本	19

资料来源：尹力（2018）。

自20世纪70年代中期开始，美国政府对日本采取了近10年的制裁政策，包括通过反倾销法律诉讼来关闭进口商品，对日本政府施加政治压力，要求相关产业采取自愿出口限制，让日本企业开始在美国本土生产等。1985年，里根政府开始了面向市场的部门选择（MOSS）谈判，广场协议之后又宣布了新的贸易政策。这一事实表明，从传统上控制日本进口的被动政策，到扩大美国对日出口的更积极的政策，美国政府的思路发生了大胆转变。MOSS会谈旨在通过放松管制和降低关税等措施消除贸易障碍，这些措施特别针对了美国有意进入日本市场的电子通信、医疗设备和药品、电子和林业等行业。新的贸易政策还宣布打算根据1974年《贸易法》第301条对日本实施制裁。进入80年代之后，美国多次在汽车、半导体、电信、金融等领域对日本开展制裁，由于过度依赖美国市场，日本被迫妥协，自愿限制出口，以外循环为主导的经济模式难以为继（见表4－18）。

表 4－18　　日美贸易摩擦是日本经济转型的催化剂

时期	行业	措施	结果
20 世纪 50 年代	纺织	多边与双边贸易谈判，Wills 配额法案，232 条款	美日纺织品贸易协定
20 世纪 60 年代	钢铁	要求资源限制出口，1977 反倾销起诉，301 条款	美日钢铁产品协议，自愿限制出口，配额限制
20 世纪 70 年代	彩电	美国国际贸易委员会裁定，反倾销反补贴调查	
20 世纪 80 年代	汽车	卡特汽车行业救济政策，要求资源限制出口，开放市场	美汽车及零部件协议
	半导体	301 条款，反倾销诉讼，禁止日资在美投资与并购	日美半导体协议
	电信	301 条款，里根特使，系统性全行业的市场开放	系统性全行业市场开放
	全行业	1989 国家贸易评估报告，超级 301 条款，以美国国务院、财政部、贸易代表处三部门为主导进行多轮谈判	美日结构性障碍协议

资料来源：民生证券研究院（2020）。

（二）政策支持是日本经济向“内需主导型”转变的推进器

1985 年，日本制定了著名的《前川报告》，报告包括了局势判断、方向指引、基本理念和五大举措等主要内容，具体见图 4－10。报告认为，“继续这种失衡局面，不利于世界经济和谐，非常危险”，而贸易失衡的责任在于出口导向型经济，因此日本“进入一个需要改变传统经济政策和人民生活方式的时代”。改变的主要目的是在不损害经济的前提下压缩贸易顺差，改变的思路有二：一是由于国内储蓄相对过多而投资和消费相对不足，无论是为了贸易收支平衡本身还是实现经济增长动能的转换，核心点都在于扩大内需。二是由于美国国内储蓄相对较少且国内需求相对较多，日本单方面的调整不能改变本质问题，为此政府应鼓励日本企业扩大对外投资，将原先日本的出口转移成投资目的地的出口，鼓励日本企业加大对美投资，将原有日本的出口额转化成美国的国内贸易额。《前川报告》的总结是：“为了实现国际经济的相互合作，推进日本国际化，以及促进内需驱动的经济增长方式，推动进出口产业结构的根本转变是必要的。同时，要实现和稳定适当的汇率，进一步放开金融资本市场的国际化。此外，通过国际合作积极为世界做贡献也很重要。在实施这些措施时，包括税收在内的财政政策的作用也很重要，特别需要大幅度审查储蓄税收优惠政策。”

由于政策层的推动，《前川报告》作为政策指引逐步被纳入日本的经济政策中。1986 年 4 月，日本政府通过了《经济结构调整推进纲要》，同年 12 月内阁议会制定了《调整经济结构的基础》。1987 年，新任日本首相竹下登（Takeshita Noboru）上台之后，又出台了

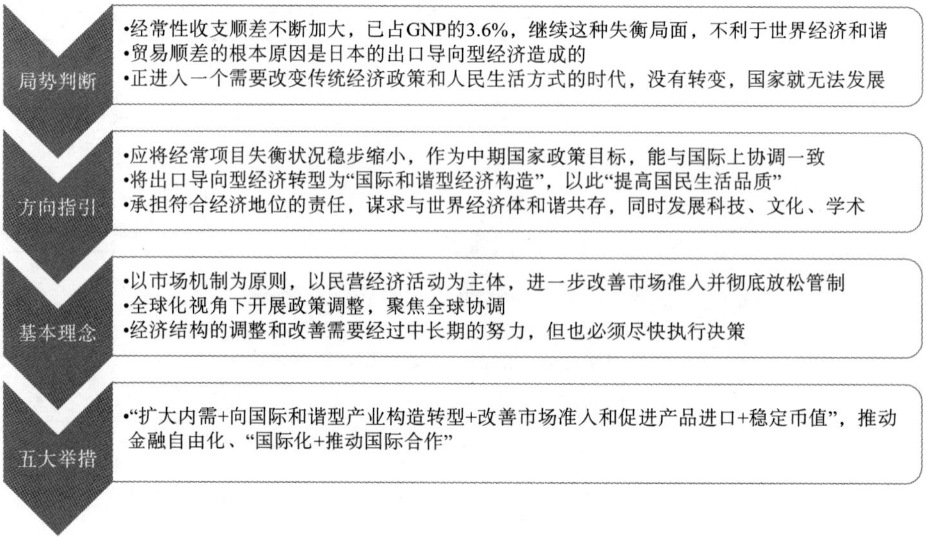

局势判断
•经常性收支顺差不断加大，已占GNP的3.6%，继续这种失衡局面，不利于世界经济和谐
•贸易顺差的根本原因是日本的出口导向型经济造成的
•正进入一个需要改变传统经济政策和人民生活方式的时代，没有转变，国家就无法发展

方向指引
•应将经常项目失衡状况稳步缩小，作为中期国家政策目标，能与国际上协调一致
•将出口导向型经济转型为“国际和谐型经济构造”，以此“提高国民生活品质”
•承担符合经济地位的责任，谋求与世界经济体和谐共存，同时发展科技、文化、学术

基本理念
•以市场机制为原则，以民营经济活动为主体，进一步改善市场准入并彻底放松管制
•全球化视角下开展政策调整，聚焦全球协调
•经济结构的调整和改善需要经过中长期的努力，但也必须尽快执行决策

五大举措
•“扩大内需+向国际和谐型产业构造转型+改善市场准入和促进产品进口+稳定币值”，推动金融自由化、“国际化+推动国际合作”

图 4-10 《前川报告》基本框架

资料来源：《前川报告》、天风证券研究所，2018 年。

《经济审议会经济结构调整专门委员会报告》，也称《新前川报告》。1988 年，在《新前川报告》的基础上，政府着手制定了《与世界共生存的日本——经济运行 5 年计划》，更具体地提出了日本经济结构调整的课题、政策运行的基本方向、重点课题的对策以及经济计划实施的程序（天风证券固收团队，2018）。这些政策文件的共同点在于聚焦经济结构调整，力图使日本摆脱过分依赖出口的状况，着力扩大内需并建立与各国良好的对外经济关系。

新经济计划把日本中期宏观经济增长率设定为 4%，其中内需增长目标为 4.5%，出口则为 -0.5%。为切实实现从出口主导型的经济发展模式向内需主导型的经济发展模式转变，日本政府推行了一系列的对内对外政策。对内政策主要包括增加居民收入、降低企业和个人税负、加大政府对经济金融的干预力度、调整产业结构、扩大政府支出、大力开展基建投资等诸多方面。

1. 提高最低工资水平，增加居民收入

日本的最低工资法制定于 1959 年，通过审议会方式和参照劳动协约方式确定最低工资水平，前者即由设置在劳动省和各都道府县的最低工资审议会进行调查审议，然后由劳动大臣或都道府县劳动基准局局长根据审议结果，分别确定某个地区、某个行业或某种职业的最低工资标准；后者即参照同行业、同类职业中已有的劳动协约（或劳动合同）来确定最低工资标准。20 世纪 60—70 年代，日本发起过“国民收入倍增计划”，民众收入与生活水平得以大幅度提升。到 80 年代，日本政府持续提高最低工资水平和劳动者报酬占国民总收入的比重。1990 年，以审议会方式确定的最低日工资额为 4 319 日元，以参照劳动协约方式确定的最低日工资额为 4 871 日元（罗肇鸿和王怀宁，1995）。

2. 推行税制改革，降低企业和个人税负

1987 年，日本国会部分通过了中曾根（Yasuhiro Nakasone）内阁提出的“税制改革法

案”，法案对个人所得税进行了局部调整，税率调整为 10. 5%—60%，税率级次简化为 12 级，起征点由 50 万日元提高到 150 万日元，同时增加了对工薪者配偶的特别扣除。法人税税率由 52. 92% 下调至 51. 56%，废除了小额储蓄存款免税的优惠待遇，并对利息所得一律按 20% 的税率课征。接替中曾根内阁执政的竹下登内阁对进行以引进消费税为主的税制改革进行了持续努力，最终于 1988 年 12 月凭借执政党在国会的多数席位而强行通过了税收法案。法案决定于 1989 年 4 月 1 日引入税率为 3% 的消费税，并进一步下调了个人所得税税率至 10%—50%，税率级次简化为 5 级，进一步削减和统一了法人税率（余炳雕和吴宇，2004），税改后的日本个人所得税税率见表 4 – 19。通过实施各类免税和扣除措施，90% 的日本工薪阶层只需面对最低边际税率。

表 4 – 19　　　　1988 年税制改革后的日本个人所得税税率

应税所得（百万日元）	税率（%）	各级次的所得上限/人均收入
300 万日元以下	10	0. 98
300 万—600 万日元	20	1. 97
600 万—1 000 万日元	30	3. 28
1 000 万—2 000 万日元	40	6. 56
2 000 万日元以上	50	—

资料来源：日本国家税务厅（2005a）；统计局、公共管理部（2005）。

日本个人所得税的另一个功能是收入再分配。表 4 – 20 显示，通过改变税前的财富分配，日本个人所得税的累进性较为有效地改善了收入不均等。1987 年日本基尼系数为 0. 3879，个人所得税的改善程度达 4. 2%。进入 20 世纪 90 年代以后由于税率累进性的降低，日本收入分配的改善水平一直在下降，2002 年个人所得税的改善程度仅为 0. 8%。

表 4 – 20　　　　个人所得税征收前后的基尼系数

年份	税前所得	税后所得	
	基尼系数	基尼系数	改善程度（%）
1980	0. 3491	0. 3301	5. 4
1983	0. 3975	0. 3824	3. 8
1986	0. 4049	0. 3879	4. 2
1987	0. 4049	0. 3879	4. 2
1990	0. 4334	0. 4027	2. 9
1993	0. 4394	0. 4255	3. 2
1996	0. 4412	0. 4338	1. 7
1999	0. 4720	0. 4660	1. 3
2002	0. 4983	0. 4941	0. 8

注：改善程度 =（税前所得的基尼系数 – 税后所得的基尼系数）/税前所得的基尼系数

资料来源：Nakamura（1995）；Kanazawa（2005）。

3. 推行低利率政策，加大对金融的干预

1986—1987 年，日本银行连续 5 次下调官方利率至 2.5%。此后利率下调趋势一直没有改变，到 1992 年 2 月日本几乎实行的是“零利率”政策。低利率一方面削弱了存款对居民的吸引力，使储蓄转化为消费与投资；另一方面助推了估价上升，使持股家庭的潜在资产收入增加，并可通过抛售股票实现财富增值，进而促进持股家庭的消费提升。根据当时的数据测算，股价每上升 10%，消费支出约增加 0.4%—0.6%。低利率还会推动地价的上涨，拥有空闲土地的家庭可通过出售土地实现资产增值并扩大消费（曹旭特，2020）。同时，长期稳定的低利率政策降低了银行贷款的利率风险，降低了企业筹措的成本，有利于资金供给，推动了设备投资。但人为低利率的结构也给日本经济带来了不利的影响，如忽视价格机制的作用，造成了资金的不合理配置；又如限制了金融机构相互之间的竞争，保护了低效率金融机构的存在（杜士平，1996）。

4. 实施扩大进口政策，推动国内市场开放

1982 年 10 月，日本贸易会议协调小组委员会首次提出了全面和具体的促进进口政策。借助分别成立于 1958 年和 1978 年的日本对外贸易组织（Japan External Trade Organization，缩写为 JETRO）和制成品进口促进组织（Manufactured Imports Promotion Organization，缩写为 MIPRO），日本政府开始了促进海外出口扩张的努力。1985 年 7 月、日本制定了“改善市场准入行动纲领框架”，该框架提出：一是实施扩大进口政策，培育和提供有利于公平竞争的市场环境，自觉增加进口，支持伙伴国以增加进口为目的的出口努力；二是实施开放日本市场的政策，消除外国向日本出口时的系统性障碍，包括放宽进口管制、降低关税、改进标准和认证制度等。相关政策得到了有力地落实，如日本国际贸易和工业部（Ministry of International Trade and Industry，缩写为 MITI）积极督导主要商业企业扩大进口并为企业提供出口融资，同时积极举办进口博览会。又如，通过多次降低关税，日本的关税税率在 20 世纪 80 年代中期降至 2.5%—2.6%，在主要发达国家处于最低水平，具体见表 4－21。

表 4－21　日本关税税率的国际比较　单位:%

国家	1979 年	1980 年	1981 年	1982 年	1983 年	1984 年	1985 年
日本	3.1	2.5	2.5	2.6	2.5	2.5	2.6
美国	3.9	3.1	3.2	3.6	3.5	3.4	3.3
欧共体	3.1	2.6	2.5	2.7	2.7	2.8	2.7
加拿大	4.6	4.5	4.5	4.3	4.2	4.0	3.7
澳大利亚	9.5	9.5	9.0	9.3	9.7	11.1	9.5

资料来源：［日］通产省《通商白皮书》1988 年版。

1989 年巴黎“拱门峰会”期间，其宣言明确指出，贸易顺差国家有责任扩大进口，因此日本政府于 1990 年 4 月实施了为期 3 年的全面扩大进口政策。这项政策的主要内容包括：放松管制；实行优惠税收制度，促进制成品进口；取消 1 004 项工业品的关税；实

施扩大进口的扩张性财政政策；实施“1 亿美元基层进口扩大项目”，即通过 JETRO 向海外派遣长期和短期专家，在日本地方建立和管理经济国际化中心。对于日本的扩大进口之举，日本国内著名学者安倍（Abe，2017）曾评论：

“20 世纪 70 年代末至 90 年代，西方国家对扩大内需和开放市场的需求，是由于普遍认同的一种观念，即像日本这样的经济大国的市场并非完全可以进入。然而，日本政府和一些企业，尤其三井重工没有完全意识到这种看法，只有在与外国打交道的过程中才开始认识到向日本进口存在的诸多障碍，并开始实施放松管制。”

20 世纪 90 年代，扩大进口政策转向了直接增加进口的刺激措施。但由于市场封闭的形象不易消除，日本开放市场的努力仍在继续。在 1995 年 11 月举行的贸易大会上，会议商定了“改善日本市场准入的指导方针”，提出以进一步促进放松管制和改善商业惯例作为改善市场准入的支柱。1999 年 8 月，日本政府颁布了《关于组织和精简与国际贸易和工业部有关标准和认证的法案》，法案目的在于通过审查政府和私营部门之间的责任分工，建立一套充分利用并发挥私营部门作用和能力的制度体系，并使规章制度实现精简甚至达到极简，如法案批准了私营企业可作为政府指定的代理机构来开展检查、认证等各项工作。通过历届政府的努力，日本的进口额发生了显著的变化，从 1985 年 2 862 亿日元增长到 2000 年的 3 696 亿元，增长了 1.3 倍，具体见表 4 – 22（Abe，2013）。

表 4 – 22　　日本进出口额和汇率的变化

年份	出口（百万日元）	出口变化（%）	进口（百万日元）	进口变化（百万日元）	汇率（日元/美元）	汇率变化（%）
1985	415 719	n. a.	286 202	n. a.	254	n. a.
1986	345 997	–16.8	194 747	–32	185	37.3
1987	325 233	–6.0	192 915	–0.9	151	22.5
1988	334 258	2.8	216 113	12.0	127	18.9
1989	373 977	11.9	263 567	22.0	130	–2.3
1990	406 879	8.8	306 350	16.2	150	–13.3
1991	414 651	1.9	285 423	–6.8	135	11.1
1992	420 816	1.5	263 055	–7.8	130	3.8
1993	391 640	–6.9	236 823	–10.0	118	10.2
1994	393 485	0.5	246 166	3.9	107	10.3
1995	402 596	2.3	279 153	13.4	93	15.1
1996	435 659	8.2	344 693	23.5	106	–12.3
1997	495 190	13.7	372 087	7.9	120	–11.7
1998	488 665	–1.3	328 820	–11.6	130	–7.7
1999	457 948	–6.3	317 793	–3.4	118	10.2
2000	495 257	8.1	369 622	16.3	106	11.3

注：n. a. 表明数据不可得。

资料来源：Takesbi Abe ed.（2013）。

5. 调整产业结构，发展新型产业

自 20 世纪 70 年代开始，日本经济从高速增长阶段转向稳定增长阶段，在该阶段日本不仅实现了第一产业向第二产业、第二产业向第三产业过渡的经典产业调整趋势，同时制造业内部也实现了从低技术附加值向高技术附加值的升级，具体表现为以食品、纺织、造纸等为代表的低技术附加值产业占制造业的比重不断降低，而以运输机械、精密机械等为代表的技术密集型和成长性产业的比重不断上升。尤其是在政府以制造业为核心的出口立国模式之下，日本制造业相对全球的竞争优势也不断加强，1973—1991 年，日本的制造业总体显示比较优势指数从 1. 18 上升为 1. 29，具体见图 4 - 11。

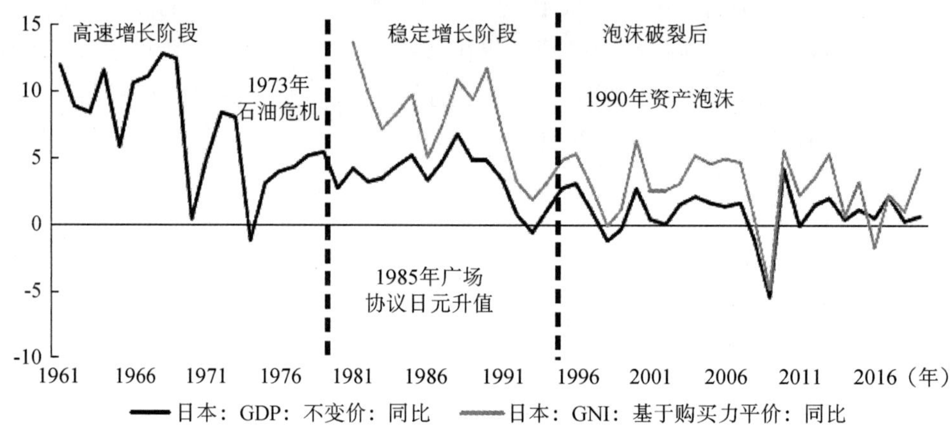

图 4 - 11　日本经济转型期间实现制造业产业结构升级

资料来源：WIND、东兴证券研究所，2021 年。

日本通产省的产业政策在产业转型中发挥了重要作用。20 世纪 70 年代后期日本工业体系已日臻完善，在发达国家限制技术进口和石油危机背景之下，通产省的产业政策向“技术立国”和“科技立国”转变，技术政策则向自主创新转变，具体见表 4 - 23。第二次世界大战后，日本工业生产技术较欧美发达国家大约落后 20—30 年，从 1950 年起，日本开始引进国外先进技术，到 20 世纪 60 年代进入高潮。1961—1964 年，共引进甲类技术① 5 256 项，乙类技术② 3 291 项，分别比前期增长 207% 和 80. 4% 。1971—1975 年，共引进甲类技术 8 368 项，乙类技术 2 406 项，其中甲类技术增长 59. 2% 。1976—1980 年，共引进甲类技术 8 303 项，略低于前期水平。③ 技术引进产生了较强的溢出效应，更为重要的是把创新思想深深地根植于日本人的头脑中。在技术立国战略的引领下，日本不仅引进技术，还重视积极消化、吸收、推广和扩散；不仅重视研究开发，更重视技术与创新在生产中的具体应用。如美国研究人员发明了超大规模集成电路方面的突破性技术，但没人

① 甲类技术：合同期限或付款期限超过一年的项目。

② 乙类技术：合同期限或付款期限不满一年的项目。

③ 日本经济企划厅：《经济白皮书》，日本科学技术厅相关数据。

能生产出来。不久日本研究人员后来居上，主要是在大规模集成电路生产工艺上做了增强改进（刘忠远和张志新，2010）。整个20世纪70年代，日本通过技术引进，叠加企业自发模仿和改进，发展了大规模集成电路、光导纤维、智能机器人、新型陶瓷等先进技术。进入80年代以后，在科技立国战略之下，日本更注重自主研发并出口新技术。

表4－23　　20世纪七八十年代日本产业政策和技术创新方式

时间	目标	主要内容	主流技术创新方式
第二次世界大战后	贸易立国战略	发展劳动密集型的轻纺工业	进口成套设备
20世纪50年代中期至60年代	重工业发展战略	发展重工业体系，重点发展电力、钢铁、化工等产业，向资本密集型产业转型	购买技术专利，技术合资建立合营公司
20世纪70年代	技术立国战略	在油价攀升、贸易摩擦和发达国家技术限制背景之下，依托技术创新和技术进步调整产业结构	依赖技术引进，通过企业自发模仿和改进进行研发
20世纪80年代	科技立国战略	重点支持知识密集型新兴产业，大力发展超大规模集成电路、第五代电子计算机、高清电视、智能机器人等高端产业及生物产业等下一代基础产业部门	注重科技自主创新

资料来源：小宫隆太郎（1988）；王永生（1999）。

同时，日本制造商开始郑重其事又不失积极地在国外建立分厂，尤其是那些明确存在贸易摩擦的国家。通产省针对1980年以来在发达国家建立过子公司的日本公司进行了一次调查，各相关行业开展跨国投资的行为动机以具体百分比数值表示，具体见表4－24。表中数据显示，日本对外直接投资第二次高潮所表现出来的新特征包括：主要动机是解决贸易摩擦问题，涉足的产业基本是高技术产业，投资东道国是发达国家（都留重人，2020）。

表4－24　　日本不同产业在发达国家建立子公司的动机

产业	解决贸易摩擦问题占比（%）	维持或增加在东道国的市场份额（%）
办公设备	96.7	忽略不计
机床	77.1	14.3
家用电器	53.6	13.6
电子器件	30.0	32.1
汽车	66.0	24.0

资料来源：《通产省白皮书》（1986）。

（三）消费者保护是日本经济向“内需主导型”转变的稳定器

1961年被称为日本的“消费者行政元年”，该年成立了“日本消费者协会”，经济企划厅成立了“提高国民生活对策审议会”，并提出从产业优先转化为消费者优先的指导方针。随后，日本相继成立了“国民生活审议会”“国民生活局”“消费者保护会议”“经合组织消费者政策委员会”等各类机构以期共同推动和制定保护消费者利益的政策和措施。2009 年，日本政府设立“消费者厅”和“消费者委员会”，从而进一步完善了消费者利益保护的组织机构体系。一系列消费者保护措施推动了日本从消费社会向消费者公民社会迈进，具体见表 4－25。

表 4－25　　日本消费社会发展的四个阶段

阶段	消费社会时代	消费者运动时代	绿色消费者运动时代	消费者公民社会时代
时段	至 20 世纪 60 年代末	至 20 世纪 70 年代末	20 世纪 80 年代	进入 21 世纪以来
关注焦点	家庭生活与货币购买力、市场经济机制的理解	消费者权利、消费者市场结构、消费者政策法制化	生活质量、社会、环境意识、全球化市场、可持续消费	消费者公民权利与责任、积极参与公益事业、责任与批判

资料来源：日本内阁《国民生活白皮书》（2008）；孙章伟（2012）。

与机构体系的逐步齐全同步，日本持续推进消费法规的健全和完善，并且随着消费方式的改变而及时出台或修订法律，如伴随着电子商务的兴起，出台了《电子消费者合同法》和《电子署名法》；又如为制止消费金融带来的负面社会影响，出台了《贷金业规制法》《贷金企业法》和《利息限制法》，具体见表 4－26。消费法规起到了良好的消费者权益保护作用，如国民生活中心自成立以来就定位于消费者权益保护，特别是其处理投诉和解决纠纷功能被日本国民高度关注并加以利用。对于社会中发生的消费生活纠纷信息，国民生活中心通过整理后向社会公布，避免同样问题再次发生（陶建国等，2011）。

表 4－26　　日本消费者保护法规

年份	法律法规	立法目的
1968	《消费者保护基本法》	保护和增进消费者利益，确保国民消费生活的安定和提高
1970	《国民生活中心法》	在全国范围内成立国民生活中心，主要业务包括收集和提供消费生活信息，接受消费者和消费生活的咨询和投诉，对市场上出售的产品开展安全性测试
1976	《访问销售法》	谋求访问销售、通信销售和连锁销售交易的公平，防止消费者遭受损害，促使商品正当顺畅流通
1983	《贷金业规制法》	限制高利贷的滥用，规定贷款业采取登记制，禁止过剩贷款并对贷款的追讨等业务行为进行限制
1994	《制造物责任法》	对生产厂家制造的质量低劣产品并导致消费者生命、身体及财产安全造成损失者，依法追究其责任，保护受害者，保护国民生活安定向上
2000	《消费者合同法》	构筑消费者与经营者之间的市场规则等符合缓和规制时代的体制，实现安全、安心和充满欢乐的国民生活

续表

年份	法律法规	立法目的
2000	《金融商品交易法》	完善投资者保护规则，提高投资者便利性，确保市场功能从储蓄向投资转变，应对金融资本市场的国际化
2001	《电子消费者合同法》	保护消费者通过网络签订合同的有效性，后续发布《电子署名法》，明确了电子署名的合法性
2003	《食品安全基本法》	进一步规范国家、公共团体、食品关联企业及消费者责、权、利的同时，筹划并制定确保食品安全的基本方针
2003	《独立行政法人国民生活中心法》	赋予国民生活中心获得行政法人资格，2008 年的修订又赋予该中心解决“重要消费者纠纷”的功能
2006	《贷金企业法》	逐次降低贷款利息上限，并引入信贷总量规制（信贷总额限制在年收入三分之一以下）等规定
2006	《利息限制法》	设定利息上限，所有超过上限的利息均为无效，且贷款额不得超过借贷者年收入的三分之一，之前多出的利息部分，要全部退还给借贷者

通过一系列扩大内需的政策措施和法律法规的发布，内需对日本经济增长的贡献逐年提高，从 1980 年的 0.9% 提高到 1987 年的 5.0%，外需对经济增长的拉动从 1980 年的 3.4% 下降到 1987 年的 -0.7%。以每 10 年为考察期，1981—1990 年，私人消费对实际 GDP 的拉动年均达 2.25%，出口为 0.72%。进入 20 世纪 90 年代之后，私人消费对实际 GDP 的拉动年均为 0.78%，出口为 0.45%；2001—2010 年，私人消费年均为 0.47%，出口年均为 0.58%；2011—2020 年，私人消费年均为 -0.11%，出口年均为 0.19%，具体见图 4-12。

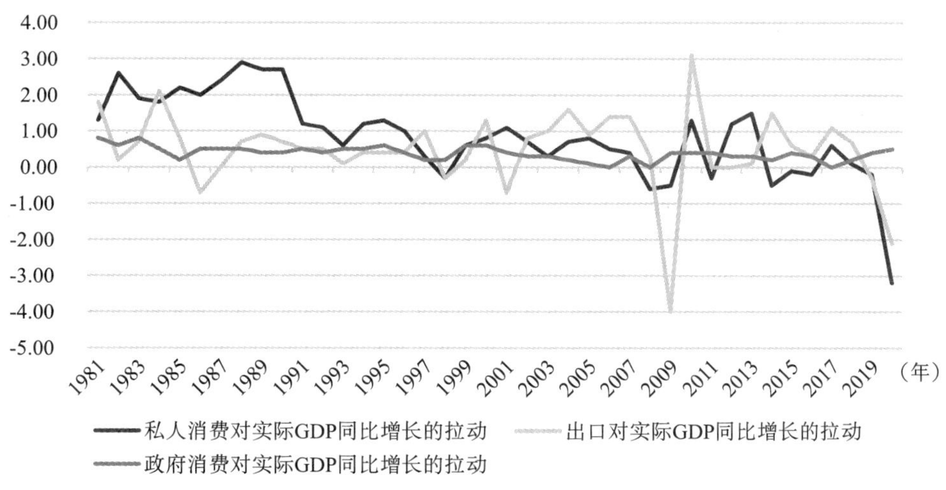

图 4-12 1981—2020 年日本经济需求要素对 GDP 增长的拉动

资料来源：WIND。

数据表明，日本经济内需主导型的转变只取得了短期效果，长期来看转型效果并不显著，主要原因在于：一是20世纪80年代后的转型伴随着日元大幅升值，直至80年代末期日本房地产泡沫破灭，制造业出现严重产能过剩，银行出现大量不良债权，新兴制造业未能带来国内投资和消费的大量增加，日本经济转型陷入困境。二是内需主导型经济的建成需以产业发展为支撑，但日本政府加速了扩大海外投资规模，实体经济中的大量生产资本加速向外转移，忽略了发展本国高端技术产业，造成产业出现严重“空心化”。表4－27显示了日本三大产业的从业人数和GDP分布情况，80年代开始日本的经济结构就以第三产业为主导，第二产业逐步萎缩，对股票、证券和房地产的投机行为造成了表面为消费旺盛、实际为泡沫经济的虚假繁荣。三是内需主导型经济有赖于大规模的国内市场，大规模市场优势既包含了地域广阔、生产要素完备等自然禀赋，也包含了基础设施不断完善、人口基数持续扩大、市场纵深持续推进等后发因素，日本无疑缺乏这些优势。

表4－27　　日本三大产业的从业人数和GDP分布情况

年份	雇员人数①			GDP②		
	第一产业	第二产业	第三产业	第一产业	第二产业	第三产业
1950	48.6	21.8	29.7	…	…	…
1955	41.2	23.4	35.5	19.2	33.7	47.0
1960	32.7	29.1	38.2	12.8	40.8	46.4
1965	24.7	31.5	43.7	9.5	40.1	50.3
1970	19.3	34.1	46.6	5.9	43.1	50.9
1975	13.9	34.2	52.0	5.3	38.8	55.9
1980	10.9	33.6	55.4	#3.5	#36.2	#60.3
1985	9.3	33.2	57.5	3.0	34.9	62.0
1990	7.2	33.5	59.4	2.4	35.4	62.2
1995	#6.0	#31.3	#62.7	#1.7	#31.6	#66.7
2000	5.2	29.5	65.3	1.5	29.5	69.0
2005	4.9	26.4	68.6	1.1	27.2	71.7
2010	4.2	25.2	70.6	1.1	25.7	73.1
2015	4.0	25.0	71.0	1.1	26.6	72.3

注：①由于日本工业分类标准的变化，自1995年始，数据与1990年及以前并非严格一致。1995年数据用“#”号特别标注。②1955—1979年的数据以1968年国民账户体系为基础，1980年开始以1993年国民账户体系为基础。1994年及其后数据差别在于估测方法的不同。1980年和1995年数据用“#”号特别标注。

资料来源：日本公务省、统计局；日本内阁办公厅、经济和社会研究院。

第三节　本章小结

市场是经济循环最为重要的资源。美国因为有大规模国内市场的优势，在遭遇经济大萧条之际，依靠国内大循环也能实现经济的复苏。第二次世界大战结束后，美国一心替代英国主导国际经济治理体系，打造了世界贸易组织、布雷顿森林体系和国际货币基金组织三个治理支柱。在主导全球经济治理规则的过程中，美国对国际市场占有的比例越来越高，也越来越从国际大循环收益。相较而言，日本因国内市场的限制，战后呈现明显的外向型经济特征。20 世纪 80 年代的内需型经济转型并没有完全成功，既因自然禀赋的限制，更因宏观经济政策未能与时俱进地根据转型需要进行适时、适当调整。

在参与全球经济大循环的过程中，各国各行其道。美国首先凭借自然资源优势进入国际市场，然后引进人才和技术，再以技术资源型产品占据国际市场。日本最初依靠原材料和初级产品参与国际贸易，在学习模仿国外先进技术的过程中不断开展技术创新和产品创新，最终以质优价廉的产品获得更多国际市场。无论哪种参与模式，均是立足国内市场，优化供给体系，再以技术创新推动产业转型和产业升级，以产品和服务的质量和成本优势逐步扩大全球市场份额。纵观两国经济循环的历史进程，自主可控的技术创新是畅通国内大循环的根本动力，也是国内国际双循环相互促进的关键所在。

第五章
要素供给改革与经济增长分析

基于前述章节对构建新发展格局进程中供给体系和供给要素新特征的阐释，本章从人力资本、资本要素和技术要素三个方面分析要素供给的新变化。通过对现有文献的梳理，测算了我国省际层面的人力资本存量和物质资本存量，从分布结构、资源配置等方面进行分析；基于 DEA 方法和 Malmquist 指数测算了三大产业的全要素生产率及其分解结果，在时间维度上进行纵向的演变分析，在空间维度上进行横向的比较分析。进一步利用三种要素的省级面板数据，通过面板 Granger 因果检验法验证了供给要素与经济增长间的因果关系，包括经济发展规模、贸易开放和金融开放等，并通过面板 VAR 模型实证分析了三种供给要素与经济增长间的互动关系。

第一节 人力资本供给的新变化

改革开放以来，我国制造业的高速增长和总量扩展，并在入世后迅速发展成为“世界工厂”。究其原因，在于我国大量劳动力形成了价格优势，低端制造业创造了就业机会，“世界工厂”成功推动了我国经济的高速增长。但与此同时，简单的加工贸易也导致我国产业体系陷入低端锁定的循环机制（邵敏和武鹏，2019），这种模式已不能满足经济实现高质量发展的现实需求。新发展格局的本质是高水平的自立自强、提高科技创新能力，需要进一步提升人力资本，从依靠低成本的人口红利转向依靠高质量的人力资本红利（李世美等，2020；黄群慧，2021）。

一、人力资本水平测算

人力资本水平的测算大致可以分为收入法、成本法和教育指标法三类，于潇和陈世坤（2020）、张勇（2020）、李钢和秦宇（2020）对这三类指标的优缺点进行了详尽阐述。考虑到教育年限数据的可得性等优点，教育指标法受到广泛应用。具体而言，根据《中国劳动统计年鉴》中的数据，将从业人员的受教育程度分为未上过学、小学、初中、高中、大专和本科以及研究生共6个层次。根据现有文献的普遍做法，将6个层次的教育年限分别设定为0年、6年、9年、12年、16年和20年，以此为权重，对各教育层次的从业人员人数比重进行加权计算得到劳动力平均受教育年限。在测算过程中，以2002—2019年为样本区间，同时根据国家统计局的划分标准，将31个省、自治区和直辖市分为东部①、东北部②、中部③和西部④地区，具体见表5-1。

表5-1　部分年份平均受教育年限测算结果　单位：年

省份	2003年	2005年	2007年	2009年	2011年	2013年	2015年	2017年	2019年
北京	11.53	11.78	11.96	12.04	13.37	13.39	13.57	13.81	14.21
天津	10.13	10.13	10.46	10.65	11.30	11.61	11.95	12.03	12.58
河北	9.01	8.68	8.57	8.84	9.73	9.55	10.24	10.38	10.45
上海	11.27	10.85	11.46	11.79	11.75	12.06	12.74	12.94	13.11
江苏	8.36	8.65	8.67	8.89	9.87	10.16	10.79	10.96	10.97
浙江	8.43	8.18	8.45	8.83	9.84	10.08	10.64	10.92	11.18
福建	8.18	8.16	8.22	8.97	9.82	9.91	9.98	10.17	10.39
山东	8.49	8.19	8.49	8.72	9.94	10.11	10.07	10.11	10.34
广东	8.96	9.19	9.37	9.42	10.10	10.18	10.66	10.88	11.13
海南	8.93	8.74	8.65	8.85	9.80	10.14	9.95	10.12	10.71
辽宁	9.51	9.28	9.29	9.56	9.84	10.13	10.55	10.65	10.81
吉林	9.16	8.99	9.03	9.21	9.69	9.78	10.01	10.29	10.44
黑龙江	8.97	9.05	9.12	9.13	9.27	9.36	10.35	10.20	10.54
山西	9.16	9.16	9.23	9.23	10.13	10.30	10.63	10.75	10.93
安徽	7.86	7.25	7.27	7.73	8.74	8.87	9.10	9.08	9.64
江西	8.97	8.03	8.69	8.94	9.36	9.66	9.66	9.65	9.97
河南	8.41	8.40	8.47	8.73	9.32	9.62	9.88	9.90	10.36
湖北	8.14	8.15	8.47	8.76	9.87	9.93	10.04	10.08	10.41
湖南	8.49	8.44	8.57	8.79	10.20	10.23	9.97	10.33	10.80
内蒙古	8.23	8.76	8.58	8.75	9.98	10.00	10.07	10.39	10.72
广西	8.25	8.21	8.41	8.49	9.23	9.32	9.75	9.82	9.92
重庆	7.89	7.65	7.91	8.08	9.05	9.29	9.92	10.00	10.69
四川	7.79	7.06	7.53	7.83	9.03	9.21	9.08	9.23	9.70
贵州	7.16	6.46	6.88	7.18	8.14	8.63	8.23	8.32	8.79
云南	6.18	6.53	6.79	7.08	8.16	8.53	8.46	8.63	9.07

① 东部地区包括北京、天津、河北、上海、江苏、浙江、福建、山东、广东、海南。

② 东北部地区包括辽宁、吉林、黑龙江。

③ 中部地区包括山西、安徽、江西、河南、湖北、湖南。

④ 西部地区包括内蒙古、广西、重庆、四川、贵州、云南、西藏、陕西、甘肃、青海、宁夏、新疆。

续表

省份	2003 年	2005 年	2007 年	2009 年	2011 年	2013 年	2015 年	2017 年	2019 年
西藏	3. 02	3. 51	4. 28	4. 11	9. 08	7. 17	5. 91	6. 46	7. 26
陕西	8. 51	8. 47	8. 54	8. 69	10. 23	10. 44	10. 24	10. 51	10. 80
甘肃	7. 20	6. 97	6. 80	7. 18	8. 99	9. 14	9. 16	9. 34	9. 50
青海	7. 04	6. 94	7. 31	7. 56	9. 21	9. 35	9. 18	9. 52	9. 98
宁夏	7. 66	7. 75	7. 98	8. 42	9. 34	9. 14	9. 75	10. 15	10. 72
新疆	8. 99	8. 82	8. 86	9. 02	9. 70	9. 87	10. 49	10. 67	10. 84

从测算结果来看，各个省市的平均教育年限较为接近。经济发达地区如北京、天津、长三角和部分沿海地区的平均受教育年限处于领先地位，西部地区的平均受教育年限与其他地区具有明显的差距。根据 Barro 和 Lee（2013）的测算，2010 年美国、德国、韩国和日本 15 岁以上平均受教育年限分别为 13. 2 年、12. 37 年、12. 05 年和 11. 6 年，据此来看，中国的平均受教育年限与发达国家之间仍有一定的差距。从增长速度来看，2011 年后平均受教育年限增速有明显下降，2012—2018 年，全国和各地区的平均增速平稳保持在 0. 89% 附近，2019 年较之前有明显提升，平均增速约为 2. 57%，具体见图 5 - 1。

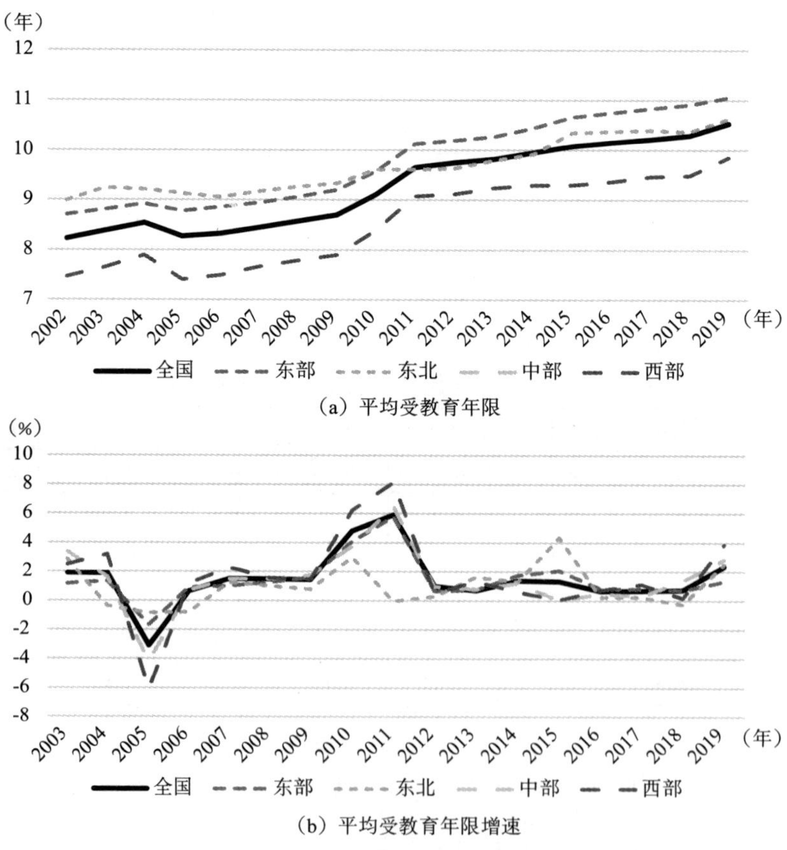

（a）平均受教育年限

（b）平均受教育年限增速

图 5 - 1　全国和各地区平均受教育年限及其增速

再通过 Dagum 基尼系数及其分解对人力资本存量的区域差异进行分析。Dagum 基尼系数是一种计算地区差异的测度方法，并且通过将省份划分为不同地区（东部、东北部、中部和西部），可以将差异分解为地区内差异、地区间差异和超变密度（刘华军和赵浩，2012）。所谓的超变密度指的是区域间交叉项，即发展水平较低的地区可能存在某些省市超过发展水平较高的地区（王晶晶等，2021）。

人力资本水平的总体 Dagum 基尼系数整体呈现下降后上升的变化趋势，由 2006 年最高 0.0886 下降至 2011 年最低 0.0493，下降幅度达 44.34%，此后开始反弹，2015 年达到 0.0640 后再次逐步下降，具体见图 5-2。根据贡献率的计算，地区间差异贡献率最大，平均约为 66.19%，其次是地区内差异贡献率，平均约为 25.22%，超变密度反映了地区间差异和地区内差异的交互作用，其贡献率最小，平均约为 8.58%，具体见图 5-2。

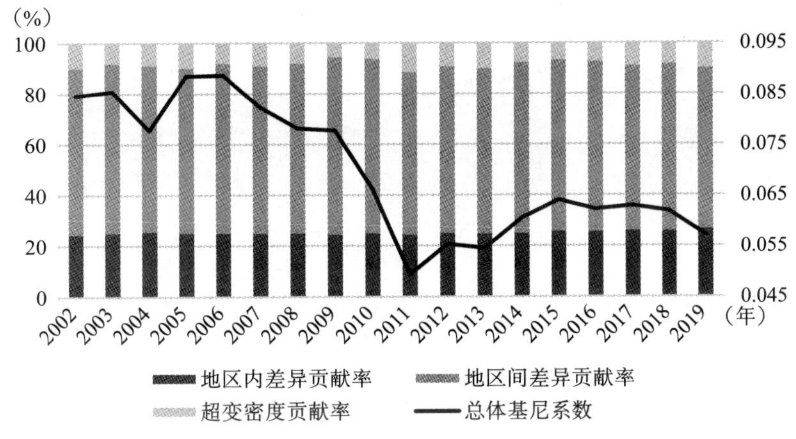

图 5-2 人力资本水平 Dagum 基尼系数及其分解

人力资本水平在东部地区内差异和西部地区内差异与总体 Dagum 基尼系数基本持平，而中部地区内和东北部地区内差异则远小于总体 Dagum 基尼系数，具体见图 5-3（a）。东部与西部地区间差异长期高于其他地区间的差异，且高于总体 Dagum 基尼系数；东北部与西部地区间的差异在 2011 年以前高于总体 Dagum 基尼系数，此后东北部人力资本水平增速放缓，与西部地区间的差异逐渐缩小；东北部地区与中部地区间差异最小，近年来中部与西部、东部与中部、东部与东北部地区间差异程度较为接近，略低于总体 Dagum 基尼系数，具体见图 5-3（b）。

二、人力资本存量测算

人力资本存量的测算方法为劳动力数量与人力资本水平的乘积（岳书敬和刘朝明，2006）。劳动力采用从业人员数量进行衡量，单位为万人；人力资本水平即采用平均受教育年限进行衡量，单位为年；因此人力资本存量的单位为万人×年，表 5-2 显示了部分年份我国省级政府的人力资本存量测算结果。

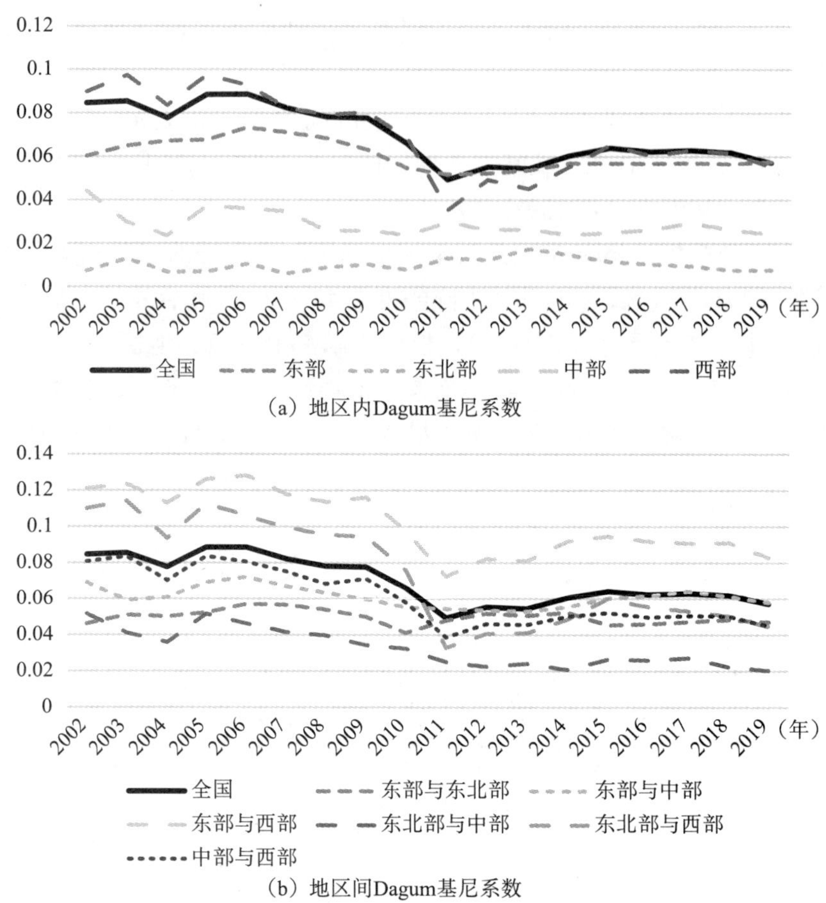

（a）地区内Dagum基尼系数

（b）地区间Dagum基尼系数

图 5-3　人力资本水平地区内与地区间 Dagum 基尼系数演变

表 5-2　　部分年份人力资本存量测算结果

省份	2003 年	2005 年	2007 年	2009 年	2011 年	2013 年	2015 年	2017 年	2019 年
北京	8 111. 86	10 344. 77	11 278. 46	12 021. 53	14 297. 61	15 277. 99	16 099. 29	17 222. 05	18 091. 88
天津	5 176. 44	5 498. 50	6 424. 16	7 209. 40	8 619. 89	9 834. 77	10 718. 08	10 765. 70	11 282. 31
河北	31 249. 42	30 988. 94	31 412. 46	33 518. 03	38 554. 35	39 969. 08	43 117. 28	43 665. 13	43 689. 98
上海	9 160. 63	9 369. 32	11 739. 85	12 547. 38	12 970. 36	13 716. 44	17 343. 27	17 756. 60	18 046. 11
江苏	37 597. 25	39 608. 68	40 533. 83	42 009. 49	46 949. 46	48 365. 24	51 322. 74	52 135. 97	52 069. 08
浙江	24 613. 73	25 375. 60	28 768. 93	31 702. 82	36 134. 87	37 365. 45	39 708. 87	41 452. 32	43 323. 73
福建	14 376. 91	15 254. 11	16 561. 98	19 456. 84	24 157. 20	25 338. 80	27 619. 09	28 537. 18	28 908. 42
山东	47 707. 65	47 840. 55	51 643. 25	54 904. 31	64 486. 32	66 508. 10	66 775. 50	66 321. 11	61 890. 93
广东	39 396. 32	46 158. 29	50 601. 22	53 228. 65	60 179. 63	62 296. 34	66 324. 59	75 733. 29	79 546. 53
海南	3 217. 84	3 319. 01	3 437. 63	3 756. 51	4 502. 19	5 219. 70	5 531. 69	5 906. 63	6 276. 28
辽宁	19 197. 72	19 673. 24	20 249. 98	21 773. 63	23 267. 96	25 506. 08	25 430. 87	24 320. 21	24 878. 02
吉林	11 013. 70	11 137. 77	11 432. 88	11 949. 43	12 959. 27	13 845. 44	14 827. 16	15 315. 18	15 209. 19

续表

省份	2003 年	2005 年	2007 年	2009 年	2011 年	2013 年	2015 年	2017 年	2019 年
黑龙江	14 474.35	15 820.31	16 671.37	17 137.97	17 899.98	18 083.52	20 837.81	20 440.98	18 724.97
山西	13 457.68	13 734.61	14 726.72	15 043.92	17 608.10	19 002.64	19 787.15	20 577.65	20 801.94
安徽	27 848.73	26 603.27	27 760.68	30 839.20	36 024.91	37 910.13	39 520.96	39 764.47	42 248.61
江西	19 444.42	18 283.96	20 579.98	21 852.75	23 695.01	25 010.40	25 277.48	25 532.69	26 245.81
河南	46 552.22	47 590.58	48 885.76	51 938.80	57 732.97	61 419.74	65 567.00	67 018.98	68 005.98
湖北	28 308.54	28 837.77	30 349.31	31 739.59	36 231.62	36 650.48	36 726.44	36 399.63	36 927.58
湖南	31 376.07	32 099.49	33 296.36	34 586.56	40 859.32	41 272.70	39 702.74	39 416.61	39 590.65
内蒙古	8 266.95	9 118.76	9 280.35	9 995.38	12 471.76	14 080.59	14 735.31	14 798.63	14 266.99
广西	21 458.25	22 181.08	23 294.10	24 184.87	27 099.93	25 927.88	27 484.03	27 897.07	28 312.30
重庆	11 840.92	11 146.01	11 624.64	12 228.07	14 344.11	15 641.49	16 936.17	17 147.21	18 218.12
四川	36 493.83	33 196.14	35 610.84	37 220.55	43 188.87	44 362.52	43 990.17	44 978.30	47 418.41
贵州	13 058.47	14 369.48	12 876.27	13 219.46	14 595.18	16 078.81	16 039.81	16 839.09	18 018.32
云南	14 533.98	16 083.55	17 463.23	19 003.01	23 309.04	24 833.69	25 053.21	25 832.55	27 131.72
西藏	401.22	503.48	677.04	694.88	1 684.79	1 473.52	1 386.71	1 714.23	1 819.10
陕西	16 274.94	16 731.65	17 182.97	17 891.10	21 065.63	16 447.14	17 811.59	19 285.85	22 308.20
甘肃	10 882.65	9 695.72	9 616.12	10 694.32	13 481.34	13 749.41	14 068.84	14 515.97	14 717.15
青海	2 039.61	2 020.61	2 182.18	2 292.04	2 846.00	2 936.29	2 950.75	3 113.74	3 296.06
宁夏	2 233.29	2 321.38	2 469.63	2 764.66	3 171.86	3 211.23	3 530.90	3 815.76	4 131.96
新疆	6 482.77	6 983.48	7 359.18	7 814.41	9 249.30	10 817.96	12 541.07	13 955.59	14 413.18

人力资本存量同时取决于地区的平均受教育年限和劳动力数量。从省份分布来看，人力资本存量较高的省份同时具有经济发达和人口大省两个特点。从历年的分布情况来看，各省市的人力资本存量分布没有较大变化，东南地区的人力资本存量总体高于西北地区。

2003—2019 年，我国人力资本存量有明显的提升，全国总体提升 56.55%，东部地区提升幅度最大，达到了 70.58%，其次是西部和中部地区，东北部地区的提升幅度最小，为 35.94%，具体见图 5－4。从人力资本存量增速来看，2005—2011 年，人力资本存量增长速度逐渐加快，此后迅速放缓，2012 年后各地区的平均增速处于 1.07%—1.97%。这其中的原因在于，一方面，在部分地区，仍有超过三分之一的就业人员受教育程度为未上过学、小学和初中，即在接受义务教育后就踏上工作岗位；另一方面，受计划生育和人口老龄化等因素的综合影响，近年来劳动力数量的增速也逐渐出现下降趋势。

人力资本存量的总体 Dagum 基尼系数整体呈现下降趋势，由 2002 年的 0.3970 下降至 2019 年的 0.3686，下降幅度为 7.16%，具体见图 5－5。这意味着人力资本存量在省际间的差异正在逐渐减小，但减小的幅度并不十分显著。原因在于，这种差异缩小主要源于平均受教育程度差异的缩小，劳动力数量在省际间的差异并未发生较大变化。

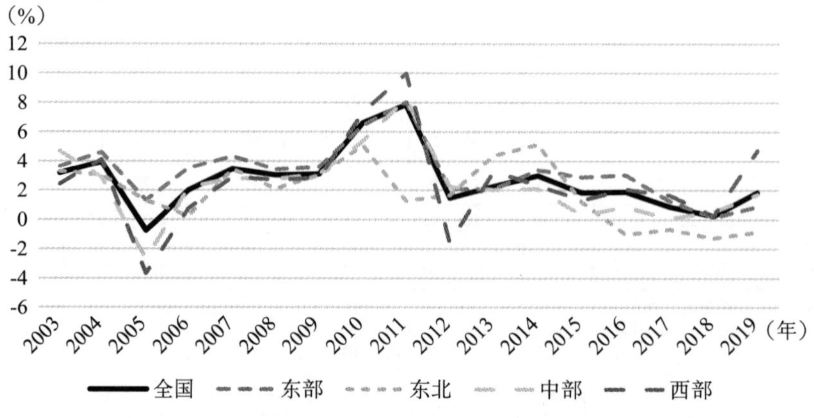

图 5-4　全国和各地区人力资本存量增速

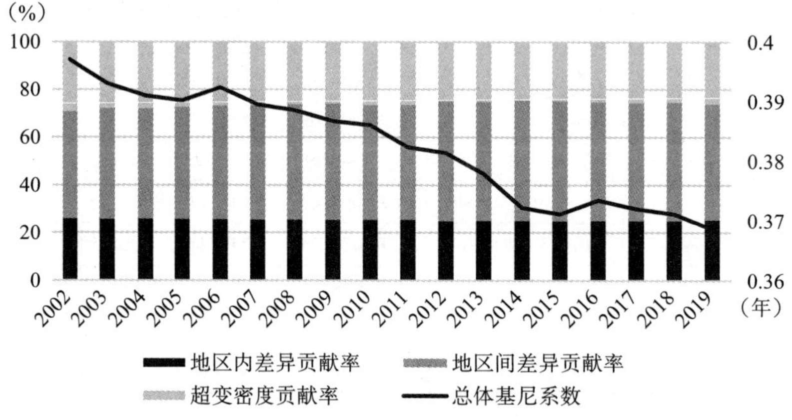

图 5-5　人力资本存量 Dagum 基尼系数及其分解

根据贡献率的计算，地区内差异贡献率较为稳定，2012—2019 年的平均贡献率为 25.09%；超变密度贡献率自 2002 年起下降，2012 年后保持平稳且平均贡献率为 25.26%；地区间差异贡献率最大，且有所上升，2012—2019 年的平均贡献率为 49.65%，具体见图 5-5。

人力资本存量在东部地区内差异和西部地区内差异与总体 Dagum 基尼系数基本持平，而中部地区内和东北部地区内差异则远小于总体 Dagum 基尼系数，具体见图 5-6（a）。东部与东北部地区间 Dagum 基尼系数与总体 Dagum 基尼系数总体持平，自 2015 年以来两地区差异有所扩大；2002—2010 年东部与中部、东北部与中部、东北部与西部地区差异程度较为接近，且均低于总体 Dagum 基尼系数；但自 2011 年后，东北部与中部地区差异有所扩大，东部与中部地区差异没有较大变化，东北部与西部地区差异有所缩小；东部与西部、中部与西部地区差异均高于总体 Dagum 基尼系数，且东部与西部地区差异最大，主要由于西部地区的人力资本水平、劳动力数量均低于东部地区和中部地区，具体见图 5-6（b）。

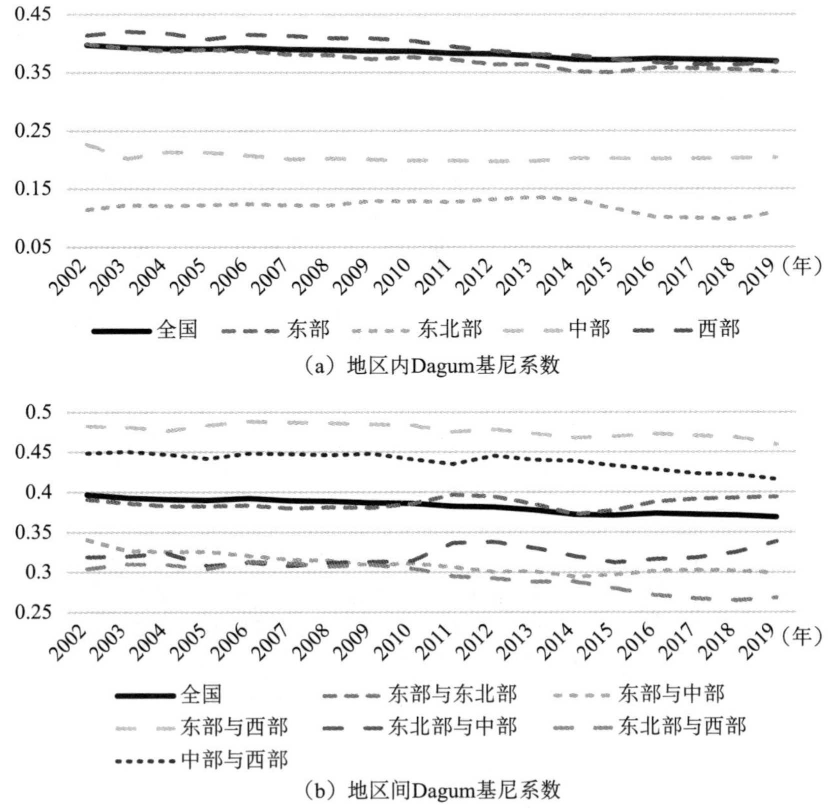

图 5-6　人力资本存量地区内与地区间 Dagum 基尼系数演变

三、人力资本结构

从经济增长的可持续性来看，人力资本结构相比人力资本数量更为重要。参考张国强等（2011）的做法，我们将小学定义为初等教育，将初中和高中定义为中等教育，将大专、本科和研究生定义为高等教育，计算初等教育、中等教育和高等教育的占比情况。

总体来看，我国就业人员受教育程度仍以中等教育为主。2002—2010 年，东北部地区和东部地区高等教育占比最高，西部地区高等教育占比低于全国水平；初等教育占比明显高于高等教育占比，东部地区和东北部地区的高等教育占比高于全国水平，西部地区初等教育占比明显高于其他地区。2011—2019 年，初等教育占比较前期下降约 9.54%，中等教育占比较前期上升约 3.35%，高等教育占比较前期上升约 9.68%；东部地区和东北部地区的高等教育占比已高于初等教育占比，中部地区、全国平均的初等教育占比和高等教育占比正逐步接近，西部地区的高等教育占比仍低于初等教育占比约 11.23%，具体见图 5-7。

以下我们采用基尼系数分析人力资本水平的分布结构，人力资本水平基尼系数越大，代表受教育程度越不平等。人力资本水平基尼系数计算公式为：

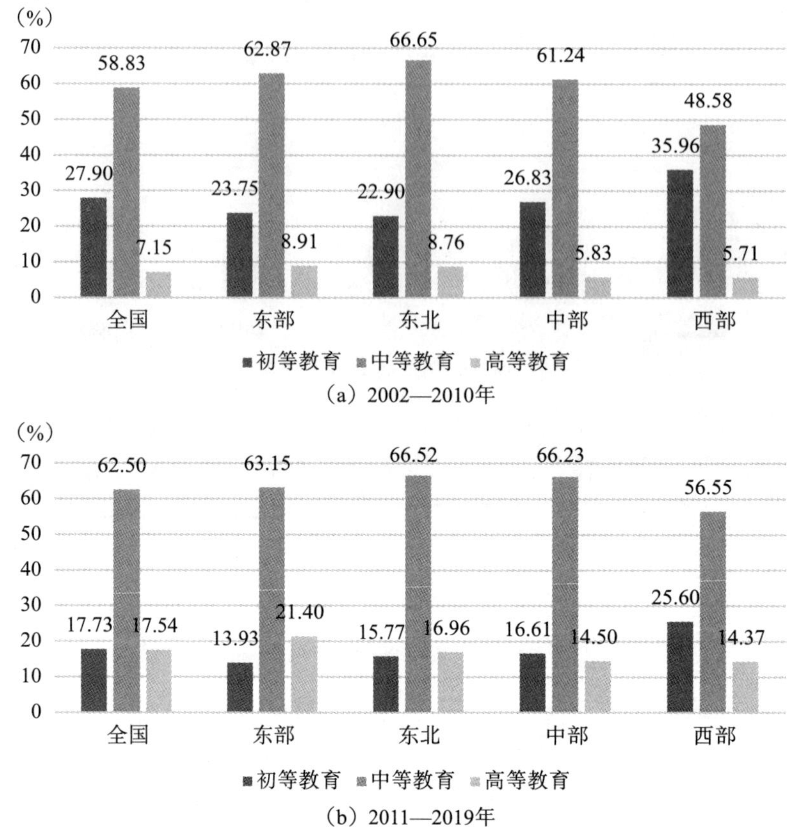

(a) 2002—2010年

(b) 2011—2019年

图 5-7 全国和各地区不同教育程度占比情况

$$G^h = \frac{1}{2H}\sum_{i=1}^{n}\sum_{j=1}^{m} | x_i - x_j | n_i n_j \quad (5-1)$$

其中，H 为平均受教育年限；x_i代表第 i 种教育水平的受教育年数；n_i代表第 i 种教育水平的劳动力占比。据此计算得到各省市和地区的人力资本水平基尼系数，具体见表 5-3。

表 5-3 部分年份人力资本水平基尼系数测算结果

省份	2003 年	2005 年	2007 年	2009 年	2011 年	2013 年	2015 年	2017 年	2019 年
北京	0.1583	0.1669	0.1707	0.1734	0.1466	0.1477	0.1386	0.1343	0.1289
天津	0.1709	0.1728	0.1713	0.1641	0.1646	0.1643	0.1684	0.1643	0.1601
河北	0.1812	0.1672	0.1593	0.1536	0.1490	0.1633	0.1686	0.1632	0.1677
上海	0.1469	0.1786	0.1691	0.1646	0.1645	0.1587	0.1621	0.1573	0.1554
江苏	0.2254	0.2128	0.1948	0.1831	0.1761	0.1798	0.1887	0.1904	0.1940
浙江	0.2339	0.2207	0.2178	0.2085	0.1865	0.1971	0.2033	0.1935	0.1927
福建	0.2318	0.2322	0.2261	0.2149	0.1896	0.1923	0.2040	0.1976	0.1957
山东	0.2189	0.2137	0.1828	0.1736	0.1721	0.1765	0.1814	0.1813	0.1856
广东	0.1794	0.1681	0.1563	0.1560	0.1542	0.1574	0.1689	0.1604	0.1661

续表

省份	2003 年	2005 年	2007 年	2009 年	2011 年	2013 年	2015 年	2017 年	2019 年
海南	0.2058	0.2002	0.1838	0.1705	0.1582	0.1533	0.1758	0.1677	0.1692
辽宁	0.1666	0.1651	0.1647	0.1648	0.1538	0.1532	0.1683	0.1644	0.1688
吉林	0.1670	0.1777	0.1686	0.1651	0.1647	0.1698	0.1846	0.1729	0.1772
黑龙江	0.1623	0.1798	0.1592	0.1542	0.1591	0.1673	0.1703	0.1689	0.1746
山西	0.1582	0.1610	0.1542	0.1551	0.1413	0.1514	0.1737	0.1741	0.1717
安徽	0.2341	0.2854	0.2608	0.2259	0.1940	0.2049	0.2308	0.2248	0.2323
江西	0.2015	0.2114	0.2057	0.1824	0.1503	0.1633	0.1896	0.1764	0.1848
河南	0.1794	0.1881	0.1713	0.1611	0.1617	0.1588	0.1730	0.1685	0.1743
湖北	0.2287	0.2283	0.2145	0.2015	0.1783	0.1712	0.2001	0.1930	0.1972
湖南	0.1983	0.1916	0.1784	0.1685	0.1617	0.1632	0.1859	0.1745	0.1727
内蒙古	0.2451	0.2344	0.2124	0.2012	0.1818	0.1830	0.1912	0.1900	0.1907
广西	0.1976	0.1916	0.1635	0.1596	0.1495	0.1485	0.1781	0.1669	0.1710
重庆	0.1977	0.2366	0.1971	0.1990	0.1973	0.2007	0.2155	0.2124	0.2018
四川	0.2243	0.2668	0.2214	0.2205	0.1801	0.1819	0.2181	0.2127	0.2206
贵州	0.3114	0.3296	0.2757	0.2410	0.2291	0.1927	0.2471	0.2476	0.2485
云南	0.2859	0.2980	0.2698	0.2422	0.2183	0.2010	0.2297	0.2126	0.2234
西藏	0.5932	0.5292	0.3937	0.4432	0.2466	0.2323	0.4489	0.3967	0.3120
陕西	0.2396	0.2209	0.2213	0.2045	0.1661	0.1667	0.1896	0.1860	0.1865
甘肃	0.3256	0.3304	0.3189	0.2937	0.2112	0.2266	0.2315	0.2193	0.2319
青海	0.3517	0.3844	0.3301	0.2997	0.2464	0.2398	0.2534	0.2427	0.2361
宁夏	0.3024	0.3144	0.2773	0.2366	0.2202	0.2255	0.2322	0.2215	0.2166
新疆	0.2257	0.2297	0.1968	0.1890	0.1871	0.1910	0.1977	0.1902	0.1878

从人力资本水平基尼系数计算结果来看，人力资本水平不平等现象较为严重的省份主要集中在西部地区，包括西藏、青海、甘肃、云南、贵州等地。近年来，中部地区的安徽、湖北等地同样表现出严重或较为严重的人力资本不平等现象，东部地区存在受教育程度不平等现象的省份主要出现在“长三角”和沿海地区，如江苏、浙江和福建等。

图 5－8 反映了全国和各地区人力资本水平基尼系数的动态演变过程。2004—2011 年，全国和各地区的劳动力受教育程度不平等性逐渐改善，2011—2013 年保持在较低的水平，此后略有回升。2015 年后，西部地区的劳动力受教育程度不平等问题最为严重，中部、东部地区的不平等程度较为接近，且接近于全国平均水平，东北部地区的不平等现象最轻。总体来看，西部地区劳动力同时面临着人力资本水平低和人力资本水平不平衡两方面的问题。

人力资本结构高级化反映了低教育程度人力资本比重下降、高教育程度人力资本比重上升的变化过程（刘智勇等，2018）。根据刘智勇等（2018）的做法，采用向量夹角法对

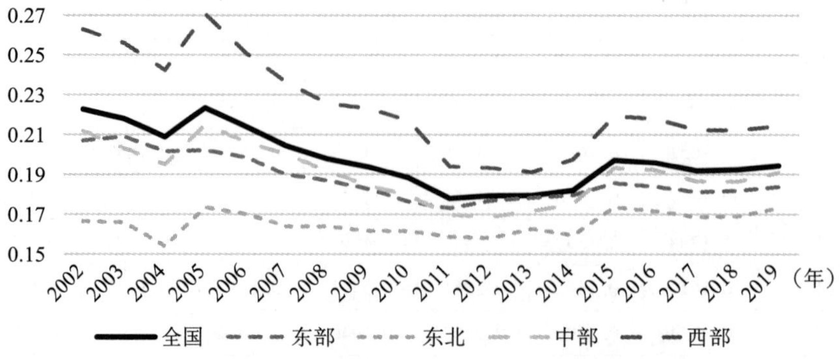

图 5－8　全国和各地区人力资本水平基尼系数

6 个层次受教育程度分类下的人力资本结构高级化进行度量①。将 6 个层次人力资本占比作为空间向量中的分量，得到一组六维人力资本空间向量 $X_0 = (x_{0,1}, x_{0,2}, x_{0,3}, x_{0,4}, x_{0,5}, x_{0,6})$。选择单位向量 $X_1 = (1, 0, 0, 0, 0, 0)$、$X_2 = (0, 1, 0, 0, 0, 0)$、$X_3 = (0, 0, 1, 0, 0, 0)$、$X_4 = (0, 0, 0, 1, 0, 0)$、$X_5 = (0, 0, 0, 0, 1, 0)$、$X_6 = (0, 0, 0, 0, 0, 1)$ 作为基准向量，依次计算人力资本空间向量与基准向量的夹角 θ_j（$j = 1, 2, \cdots, 6$）：

$$\theta_j = \arccos\left[\frac{\sum_{i=1}^{6} x_{j,i} \cdot x_{0,i}}{\left(\sum_{i=1}^{6} x_{j,i}^2\right)^{1/2} \cdot \left(\sum_{i=1}^{6} x_{0,i}^2\right)^{1/2}}\right] \tag{5-2}$$

其中，$x_{j,i}$ 即单位向量 X_j 的第 i 个分量；$x_{0,i}$ 即人力资本空间向量 X_0 的第 i 个分量。将 6 个层次受教育程度（未上过学、小学、初中、高中、大专和本科以及研究生）依次赋权为 6、5、4、3、2、1，加权计算人力资本结构高级化指数：

$$Hstruc = \sum_{j=1}^{6} W_j \cdot \theta_j \tag{5-3}$$

其中，W_j 即第 j 种层次受教育程度的权重。θ_j 越大，代表低教育程度人力资本比重下降越快、高教育程度人力资本比重上升越快。加权后的人力资本结构化指数 Hstruc 综合反映了各层次人力资本变化对人力资本结构高级化的影响，Hstruc 越大，代表人力资本结构高级化水平越高。据此我们测算了各省市和地区的人力资本高级化指数，具体见表 5－4。

表 5－4　　部分年份人力资本高级化指数测算结果

省份	2003 年	2005 年	2007 年	2009 年	2011 年	2013 年	2015 年	2017 年	2019 年
北京	26.5584	26.5672	26.6273	26.6476	27.6703	27.6843	27.9340	28.0935	28.3147

① 现有文献中关于人力资本结构高级化的度量将受教育程度分为 5 个层次，即将专科和本科、研究生合并为 1 个层次。考虑到本专科和研究生的累计受教育年限不同，并且研究生占比有上升趋势，因此在计算人力资本结构高级化的过程中，同样将专科和本科、研究生分为两个层次。

续表

省份	2003 年	2005 年	2007 年	2009 年	2011 年	2013 年	2015 年	2017 年	2019 年
天津	25.7015	25.6830	25.8459	26.0185	26.3837	26.6288	26.6920	26.7953	27.1806
河北	25.3179	25.4335	25.5110	25.6290	25.8908	25.7025	25.8484	25.9718	25.9573
上海	26.6018	25.9626	26.3681	26.6129	26.6382	26.8676	27.2720	27.4724	27.5672
江苏	24.6958	24.8968	25.0862	25.2667	25.5702	25.6532	25.8862	25.9371	25.8980
浙江	24.5853	24.7312	24.8095	24.9553	25.4669	25.4271	25.6644	25.8890	26.0100
福建	24.5284	24.5644	24.6428	24.8813	25.3673	25.3717	25.3134	25.4289	25.5499
山东	24.8639	24.9087	25.2589	25.3877	25.6143	25.6935	25.6641	25.6534	25.6906
广东	25.2434	25.4437	25.6226	25.6357	25.8937	25.8952	25.9496	26.1537	26.1953
海南	24.9773	25.0674	25.2675	25.4415	25.8199	25.9840	25.7082	25.8467	26.0940
辽宁	25.5868	25.5716	25.5682	25.6795	25.9099	26.0198	26.0655	26.1822	26.1689
吉林	25.4112	25.2954	25.3990	25.5019	25.7024	25.6613	25.4930	25.7784	25.8065
黑龙江	25.4925	25.3020	25.5544	25.6308	25.6437	25.5877	25.9221	25.8681	25.9255
山西	25.5968	25.5772	25.6725	25.6719	26.1433	26.0979	26.0185	26.0222	26.1269
安徽	24.6665	24.1794	24.4573	24.8199	25.2209	25.1426	24.9260	24.9955	25.0688
江西	24.9720	24.7873	24.9197	25.1884	25.7088	25.6351	25.3352	25.4816	25.5110
河南	25.2761	25.2457	25.4146	25.5543	25.6438	25.7350	25.6936	25.7423	25.8554
湖北	24.6316	24.6422	24.8126	25.0167	25.5181	25.6461	25.3712	25.4569	25.5135
湖南	24.9267	25.0620	25.2308	25.3791	25.8303	25.8130	25.4942	25.7272	25.9867
内蒙古	24.4928	24.6721	24.8679	25.0603	25.5864	25.5847	25.5543	25.7088	25.8332
广西	24.9789	25.0647	25.4228	25.4824	25.7112	25.7550	25.5820	25.7057	25.7096
重庆	24.9298	24.5084	24.9436	24.9521	25.1068	25.0680	25.1090	25.1525	25.5621
四川	24.6391	24.2332	24.6771	24.7219	25.3072	25.3201	24.8822	24.9788	25.0121
贵州	23.8144	23.7348	24.1874	24.5466	24.7880	25.2462	24.5843	24.5519	24.6029
云南	24.0522	23.9583	24.1847	24.4595	24.7978	25.0872	24.7617	24.9670	24.8743
西藏	23.7504	23.8248	23.9936	23.8077	24.7341	24.4961	23.4144	23.6938	24.2199
陕西	24.5481	24.8074	24.8065	25.0405	25.8912	26.0077	25.6488	25.8177	25.9366
甘肃	23.6396	23.6298	23.8016	23.9865	24.9499	24.8281	24.7248	24.9524	24.8587
青海	23.4474	23.2677	23.6286	23.9493	24.6291	24.7328	24.6544	24.8511	25.1124
宁夏	23.8465	23.8397	24.2280	24.7102	25.0268	24.8755	25.0318	25.3349	25.7598
新疆	24.8024	24.7438	25.1540	25.2936	25.3975	25.4493	25.6832	25.8122	25.8985

2002—2011 年，东北部地区的人力资本结构高级化程度明显高于全国其他地区。此后京津冀地区的人力资本结构高级化水平开始提升。近年来，北京、天津、“长三角”地区和广东的人力资本结构高级化水平处于领先地位。相比之下，整个西南地区的人力资本结构高级化水平长期落后于其他地区，部分中部地区的省份如湖北、江西等地的人力资本结构高级化程度同样处于较低水平。

从变化趋势来看，全国和各地区人力资本结构高级化指数整体呈现上升趋势，这说明我国就业人员中高等教育程度的人员占比正在持续提升，具体见图5-9。东部地区的人力资本结构高级化速度最快，且近年来超过了东北部和其他地区，处于领先地位；中部地区的人力资本结构高级化程度与全国平均水平较为接近；西部地区的人力资本结构化程度则与其他地区有较大差距，这意味着西部地区仍需加快提升就业人员中的中高等教育人员占比。

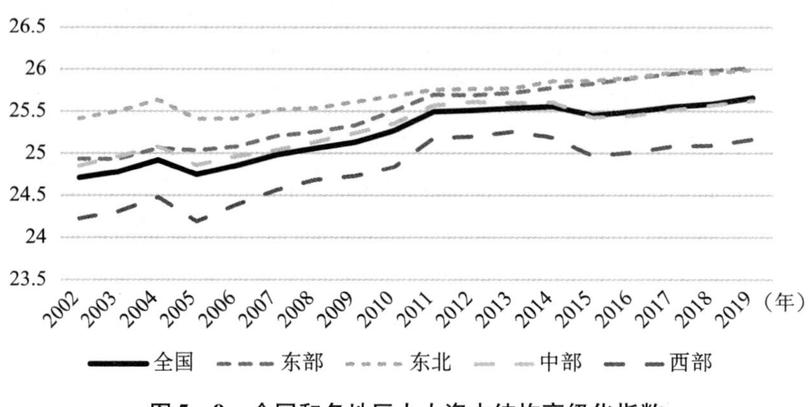

图5-9　全国和各地区人力资本结构高级化指数

四、人力资本存量流动

参考白俊红等（2017）的做法，我们采用引力模型度量人力资本存量在省级层面的流动情况。考虑到工资和房价是显著影响劳动力流动的变量，高工资和低房价对劳动力具有一定的吸引力，计算i省流动到j省的人力资本流动量Hfl_{ij}：

$$Hfl_{ij} = \ln M_i \cdot \ln(Wage_j - Wage_i) \cdot \ln(House_i - House_j) \cdot R_{ij}^{-2} \tag{5-4}$$

式（5-4）中，M_i为i省的人力资本存量；$Wage_i$为i省的城镇单位就业人员平均工资；$House_i$为i省的住宅平均售价；R_{ij}为i省和j省省会城市之间的距离。进一步，i省的人力资本总流动量可以表示为：

$$Hfl_i = \sum_{j=1} Hfl_{ij} \tag{5-5}$$

人力资本的流动依附于人口流动，为进行比较，同时对省际人口流动进行测算。参考李拓和李斌（2015）的方法，通过常住人口和户籍人口数据计算省际人口流动指标。定义省际人口流出量为户籍人口减去常住人口，如果人口流动量为正，则代表人口净流出。

表5-5显示2015—2019年各省市（除西藏）的人力资本与人口平均流出情况，排名越高，代表人力资本或人口流出量越多。从计算结果来看，人力资本平均流出量与人口平均流出量的相关性约为0.28，两者不具有较强的相关性，这是由于尽管中部地区和西部地区人口流出量较高，但是相对较低的平均受教育年限反而会拉低部分省市的人力资本流出量，同样，东部地区省市尽管人口流出量较少，但相对较高的平均受教育年限会提高其人力资本流出量。

表 5－5　　2015—2019 年各省市（除西藏）人力资本与人口平均流出情况

省份	人力资本		人口		省份	人力资本		人口	
	流出量	排名	流出量	排名		流出量	排名	流出量	排名
北京	26.29	29	－798.24	28	江西	9 853.70	3	1 815.46	1
天津	118.59	25	－495.89	26	河南	4 506.28	10	261.14	9
河北	21 221.05	1	193.15	10	湖北	7 051.46	7	444.25	6
上海	0.00	30	－140.01	21	湖南	1 952.87	18	－1 845.66	30
江苏	174.69	24	－85.26	18	内蒙古	1 101.86	20	729.30	5
浙江	377.14	21	－160.07	23	广西	4 170.50	11	－10.10	15
福建	3 074.54	14	－92.97	19	重庆	2 963.47	15	321.64	8
山东	2 570.22	16	－169.06	24	四川	5 903.47	8	817.94	3
广东	267.53	22	－965.40	29	贵州	55.47	28	907.13	2
海南	3 954.95	13	－229.55	25	云南	3 957.72	12	－73.82	17
辽宁	7 578.67	6	－718.49	27	陕西	9 081.01	5	153.81	11
吉林	1 401.26	19	790.70	4	甘肃	12 773.54	2	145.34	12
黑龙江	4 548.85	9	－96.39	20	青海	69.14	27	－15.31	16
山西	9 654.84	4	378.20	7	宁夏	101.27	26	－4.47	14
安徽	2 300.95	17	13.88	13	新疆	247.41	23	－146.41	22

具体来看，人力资本流出量较高的省市在各地区均有出现，但主要集中在内陆地区，如东部地区的河北、山东和福建，东北部地区的辽宁，中部地区的山西、河南、湖北和江西，西部地区的陕西、甘肃、四川和广西等。主要流入的省市则集中在一线城市和沿海地区，包括北京、天津、“长三角”和广东。

五、人力资本要素扭曲

现有文献中，关于要素市场扭曲的测度主要包括生产函数法、前沿技术分析法、影子价格法和市场化指数法等（王宁和史晋川，2015）。生产函数法是较为常用的一种做法，因此我们采用该方法对要素市场扭曲进行测度。假设生产函数具有超越对数形式：

$$\ln Y_{it} = \beta_0 + \beta_1 \ln L_{it} + \beta_2 \ln K_{it} + \frac{1}{2}\beta_3 \ln^2 L_{it} + \frac{1}{2}\beta_4 \ln^2 K_{it} + \beta_5 \ln L_{it} \ln K_{it} + \varepsilon_{it} \qquad (5-6)$$

式（5－6）中，Y_{it}为 i 省第 t 年的产出；L_{it}为 i 省第 t 年的人力资本要素投入；K_{it}为 i 省第 t 年的资本投入。对 L 求导后得到劳动力的边际产出：

$$MP_L = (\beta_1 + \beta_3 \ln L_{it} + \beta_5 \ln K_{it}) Y_{it}/L_{it} \qquad (5-7)$$

将人力资本要素扭曲定义为人力资本要素边际产出与其要素价格之比，即：

$$DIST_L = MP_L/w_{it} \qquad (5-8)$$

式（5－8）中，w_{it}为资本要素价格。

如果$DIST_L$大于 1，表明人力资本要素投入的边际产出大于其实际所得，认为人力资本要素存在反向扭曲，人力资本要素使用成本过低、人力资本要素投入不足，反之则表明人力资本要素存在正向扭曲。

在测算过程中，产出采用各省市生产总值进行衡量，以2003年为基期，采用GDP平减指数进行平减；人力资本要素投入采用人力资本存量进行衡量，资本投入采用物质资本存量进行衡量。模型（5-6）采用“全面的可行广义最小二乘法”（全面FGLS）进行估计，样本区间为2003—2019年。

关于劳动力要素价格，王宁和史晋川（2015）、李健和盘宇章（2018）采用就业人员数量衡量劳动力要素投入，并且同时考虑了城镇和农村就业人员的工资水平。参照这一做法，可以用以下公式测算单位人力资本存量的要素价格：

$$w=\frac{\text{农村工资总额}+\text{城镇工资总额}}{\text{人力资本存量}}$$

$$=\frac{\text{农村居民工资性收入}\times\text{农村人口}+\text{城镇单位就业人员工资总额}}{\text{人力资本存量}} \quad (5-9)$$

为确保价格具有可比性，我们以2003年为基期，采用居民消费价格指数对工资总额进行平减。

表5-6计算了2015—2019年各省市的人力资本与劳动力的平均要素价格、平均要素扭曲和排名，排名越高，代表人力资本或劳动力要素扭曲值越大。从计算结果来看，人力资本平均要素价格与劳动力平均要素价格的相关性约为0.98，人力资本平均要素扭曲程度与劳动力平均要素扭曲程度的相关性约为0.96，说明人力资本和劳动力的边际产出、要素价格和要素扭曲程度都具有非常强的相关性。

表5-6 2015—2019年各省市人力资本与劳动力平均要素价格与扭曲程度

省份	人力资本			劳动力		
	要素价格（元）	要素扭曲	要素扭曲排名	要素价格（元）	要素扭曲	要素扭曲排名
北京	67230.9317	0.8155	28	4855.2243	0.7691	26
天津	22924.2265	2.4041	7	1885.7556	2.2168	7
河北	9974.5929	1.8555	15	962.9099	1.2798	18
上海	34603.3150	1.4290	21	3209.2525	1.5298	13
江苏	56393.5878	0.7923	29	5426.3177	0.5587	28
浙江	27972.1118	1.1934	24	2628.5074	0.8709	25
福建	22861.2627	1.3232	22	2232.1200	0.9863	24
山东	29986.2881	0.8801	27	2905.5385	0.5298	29
广东	85227.6096	0.3649	31	6585.9444	0.1918	31
海南	4629.4066	3.7432	3	423.8988	3.6965	3
辽宁	10607.1671	2.6700	6	973.6456	2.0294	8
吉林	5429.5519	4.0195	2	586.1299	3.7263	2
黑龙江	8196.3159	1.9122	14	805.7167	1.6210	12
山西	10268.8656	1.5522	19	1052.5537	1.4580	15
安徽	7085.8708	2.2782	8	696.0900	1.3764	17
江西	5393.7892	3.5166	4	538.2957	2.5974	4
河南	12594.2575	1.1363	26	1239.9022	0.6788	27
湖北	11369.7169	2.1294	11	1098.9773	1.4945	14

续表

省份	人力资本			劳动力		
	要素价格（元）	要素扭曲	要素扭曲排名	要素价格（元）	要素扭曲	要素扭曲排名
湖南	6856.8523	2.9364	5	629.8984	2.0045	9
内蒙古	7104.4153	4.5526	1	725.5321	4.0158	1
广西	30871.7816	0.4980	30	3019.8285	0.3603	30
重庆	14494.9232	2.0010	13	1429.9839	1.6414	11
四川	10387.9344	1.6019	17	1119.9535	1.0322	22
贵州	9985.0317	1.5281	20	1191.5066	1.1835	21
云南	7510.0417	1.6345	16	865.2421	1.1838	20
西藏	11771.0153	1.3019	23	1778.7632	1.2726	19
陕西	14860.5922	2.0954	12	1413.8961	1.6952	10
甘肃	8765.4015	1.1852	25	938.1718	1.0258	23
青海	10601.2315	2.1814	10	1109.9223	2.2566	6
宁夏	10850.8764	2.2514	9	1068.4710	2.3403	5
新疆	12999.1805	1.5850	18	1221.5148	1.4190	16

具体来看，人力资本要素视角下，仅北京、江苏、山东、广东和广西存在要素正向扭曲现象，劳动力视角下，北京、江苏、浙江、福建、山东、广东、河南、广西存在要素正向扭曲现象。人力资本或劳动力要素正向扭曲严重的省市共同的特点是具有相对较高的要素价格，并且主要为一线城市或沿海省份。人力资本要素负向扭曲最严重的省份依次为内蒙古、吉林、海南、江西和湖南，劳动力要素负向扭曲最严重的省份依次为内蒙古、吉林、海南、江西和宁夏。可以发现，人力资本或劳动力要素负向扭曲严重的省份同时或部分具有要素价格低、人力资本水平低和人力资本流出严重等问题。

从分地区的结果来看，全国和东部、东北部地区均呈现人力资本要素正向扭曲现象，西部和中部地区的人力资本要素先后由负向扭曲转变为正向扭曲。从演化过程来看，2013年后，东部、中部、西部和全国总体的人力资本要素正向扭曲程度较为接近，且均呈现上升趋势，东北部地区的人力资本要素正向扭曲程度逐渐缓解，趋近于全国总体平均水平，具体见图 5 - 10。

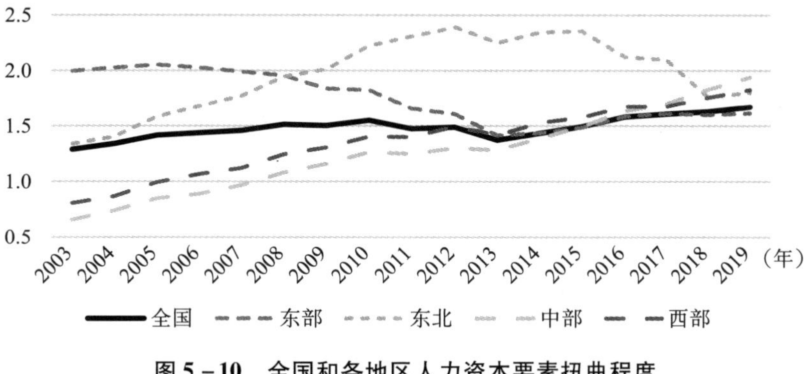

图 5 - 10　全国和各地区人力资本要素扭曲程度

第二节 资本要素供给的新变化

改革开放以来，资本存量持续快速增长，我国资本形成总额占全球资本形成总额比重由1980年的1.8%增加至2018年的26%，与劳动力要素相比，资本要素已成为相对充裕的要素（江小涓和孟丽君，2021）。通过对我国三大产业省级层面资本存量进行测算和分析，我们能够更全面地了解“双循环”格局下资本要素供给的现状。

一、资本存量测算

资本存量的测算采用了目前常用的永续盘存法，根据张军等（2004）的研究，这一方法可写为：

$$K_{it} = K_{it-1}(1-\delta_{it}) + I_{it} \tag{5-10}$$

式（5-10）中，K_{it}为i产业第t年的资本存量；δ_{it}为i产业第t年的折旧率；I_{it}为i产业第t年的实际投资额。以2003年为基年，采用各产业的固定资产投资额作名义投资额，利用固定资产投资价格指数进行平减，得到实际投资额。根据杨廷干和吴开尧（2017）的研究，取折旧率$\delta=6\%$。关于基年的资本存量K_{i2003}计算公式为：

$$K_{i2003} = \frac{I_{i2003}}{v_i + \delta} \tag{5-11}$$

式（5-11）中，v_i为17年间各产业GDP的平均增长率。表5-7显示了各省级政府部分年份的资本存量测算结果。

表5-7 部分年份资本存量测算结果 单位：亿元

省份	2003年	2005年	2007年	2009年	2011年	2013年	2015年	2017年	2019年
北京	47 183.47	46 661.99	47 773.31	49 351.63	52 517.36	56 530.27	61 369.03	67 021.51	70 647.11
天津	11 732.74	12 835.38	15 003.79	19 820.14	27 771.62	37 372.43	49 790.06	61 747.85	68 794.85
河北	24 711.04	28 459.31	35 765.30	48 293.64	66 221.75	89 746.94	120 547.24	153 487.79	184 405.92
上海	12 080.19	13 650.15	16 488.52	21 010.79	27 961.29	38 412.19	52 345.37	59 992.64	61 270.18
江苏	10 946.24	13 700.78	18 662.13	26 469.71	37 237.67	50 889.23	66 669.58	79 127.74	83 104.80
浙江	19 932.30	24 183.95	32 711.95	46 558.15	66 429.52	92 506.08	112 619.19	109 234.17	105 945.20
福建	8 213.42	9 945.32	14 257.64	21 816.38	30 971.78	41 825.92	55 018.63	69 021.99	76 247.37
山东	9 910.06	11 656.73	14 693.06	19 867.37	27 987.28	39 542.89	49 000.57	58 622.45	66 198.17
广东	95 954.95	90 724.60	87 522.60	85 413.83	83 271.88	81 714.88	81 645.25	82 665.55	83 738.03
海南	58 191.82	64 449.97	75 890.10	93 260.10	117 745.40	150 800.01	195 036.98	243 828.33	287 141.50
辽宁	61 864.25	65 933.65	72 358.05	80 091.90	90 710.64	108 296.29	133 769.64	163 333.15	191 077.98
吉林	14 479.46	16 865.96	22 364.89	32 238.88	46 049.79	64 489.19	89 723.39	118 511.05	149 351.69

续表

省份	2003 年	2005 年	2007 年	2009 年	2011 年	2013 年	2015 年	2017 年	2019 年
黑龙江	15 431.99	17 581.72	21 986.60	28 875.95	39 650.11	56 072.72	79 600.21	107 307.85	137 131.23
山西	12 466.35	14 531.46	17 917.01	24 604.22	34 477.63	46 508.34	63 467.09	84 361.17	106 197.75
安徽	52 729.50	61 114.71	74 000.47	92 491.27	118 819.93	153 439.78	200 732.44	254 363.34	293 108.12
江西	21 670.11	25 656.32	34 314.60	48 938.39	68 150.48	93 289.91	129 283.99	172 955.99	215 428.74
河南	17 162.01	19 643.69	23 978.98	31 752.10	44 483.56	63 159.57	89 326.20	119 904.26	150 491.49
湖北	15 619.51	18 053.89	22 086.25	29 381.91	40 801.30	57 148.74	79 955.61	107 654.24	138 745.96
湖南	49 290.27	55 161.50	63 920.58	75 916.76	92 613.52	112 441.03	140 931.97	175 361.40	211 187.49
内蒙古	8 408.05	10 106.99	13 533.20	19 455.32	29 044.92	42 217.23	60 007.88	81 893.63	105 262.52
广西	2 351.87	2 704.22	3 197.29	4 116.02	5 733.67	8 336.93	11 792.45	15 797.72	18 131.91
重庆	11 025.74	12 915.48	16 192.94	21 446.05	29 466.09	39 633.88	53 991.24	71 409.73	88 179.65
四川	23 208.56	26 219.09	31 517.57	41 429.41	55 679.97	74 381.17	98 750.60	127 210.66	157 043.17
贵州	6 511.92	7 468.09	8 983.10	11 362.90	15 583.79	23 242.96	34 897.34	51 228.67	70 003.66
云南	8 592.50	10 290.26	13 200.18	17 758.29	24 262.31	33 961.49	47 420.41	65 768.32	85 584.48
西藏	1 310.89	1 492.62	1 806.49	2 265.72	2 953.23	4 141.84	5 973.18	8 753.76	11 981.33
陕西	10 435.44	12 314.92	15 932.12	22 473.08	32 441.13	46 971.04	65 456.34	87 130.42	108 997.09
甘肃	5 347.65	6 186.56	7 453.11	9 784.81	13 871.98	20 467.20	29 878.62	37 293.14	40 253.55
青海	2 386.92	2 688.42	3 165.49	3 881.10	5 210.02	7 511.46	10 765.44	14 453.26	18 268.30
宁夏	2 904.23	3 317.57	3 899.21	4 963.40	6 651.02	9 203.18	12 833.86	16 557.95	18 548.35
新疆	8 220.30	9 542.16	11 387.90	13 911.18	18 066.00	25 548.79	36 604.59	47 687.67	53 456.57

从全国分布来看，资本存量较高的省份主要出现在东部和中部地区，并且三大产业的资本存量分布存在差异。第一产业资本存量由东北向中部再向西南地区转移，目前主要集中在农业大省，资本存量最高的省份在东部、中部和西部地区均有出现，如东部的河北、山东，中部地区的河南和湖南，以及西部地区的四川；第二产业资本存量最初集中在东部沿海地区，此后中部地区和东南沿海地区的资本存量迅速积累，目前资本存量最高的省份主要出现在东部地区，以河北、山东、河南和江苏为主；第三产业资本存量最初集中在北上广和长三角地区，此后东部地区其他省份和中部地区的资本存量开始提升，目前资本存量最高的省份集中在东部地区的山东、江苏和广东。

三大产业的资本存量总体均呈现上升趋势。从变化趋势上来看，东部地区的资本存量占比在逐渐降低，但除第一产业外，东部地区资本存量占比仍远高于其他地区，近5年三大产业资本存量占比依次为27.51%、45.42%、46.64%；东北部地区的资本存量占比长期没有较大变化，近5年三大产业资本存量占比依次为12.08%、9.06%、7.34%；中部地区和西部地区的资本存量均呈现较为明显的上升趋势，中部地区近5年三大产业资本存量占比依次为27.56%、25.25%、20.71%，西部地区近5年三大产业资本存量占比依次32.84%、20.27%、25.31%，具体见图5-11。

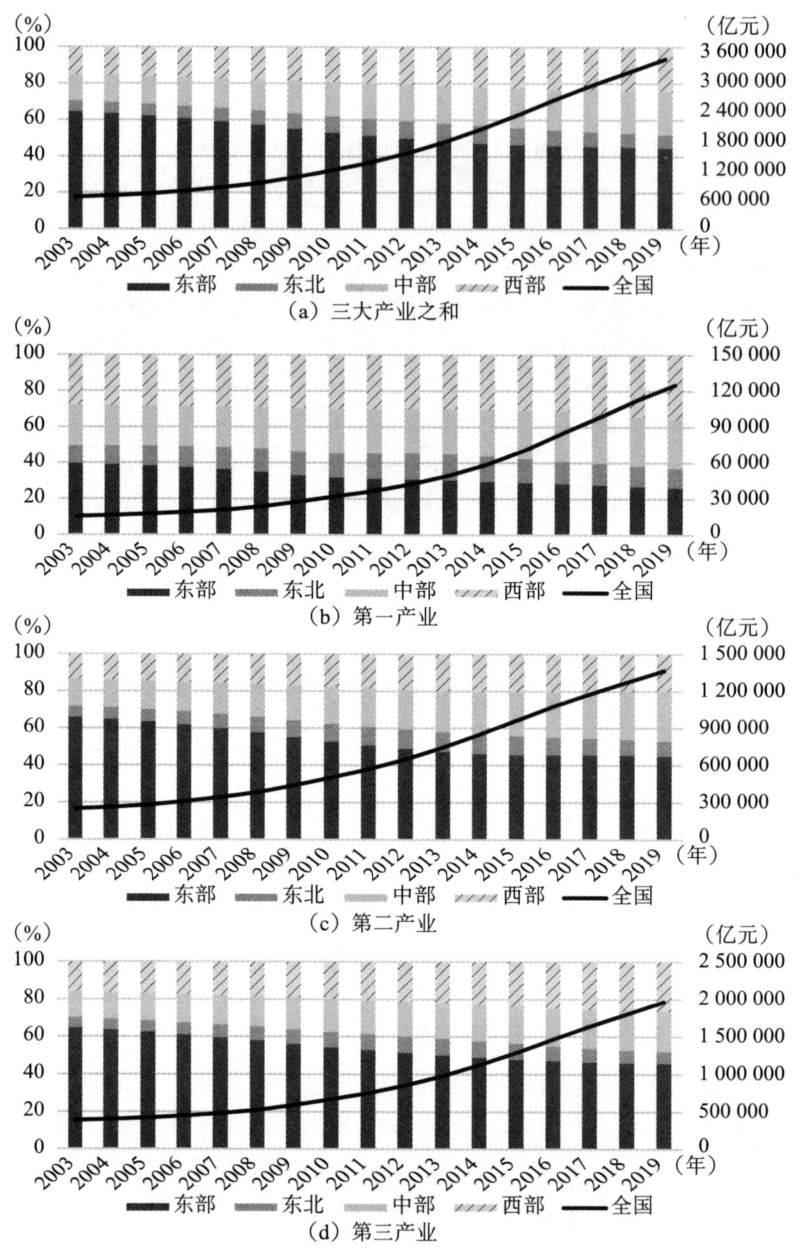

图 5－11 全国和各地区资本存量测算结果

全国和各地区的三大产业资本存量增速均呈现倒“U”形的走势，意味着近年来我国资本存量增速有所放缓，具体见图 5－12。第一产业资本存量增速仍保持较高水平，全国第一产业资本存量近 5 年平均增速约为 16. 38%，并且西部和中部地区的增速高于全国平均水平；第二产业资本存量增速最低，全国第二产业资本存量近 5 年增速约为 10. 02%，其中东北部地区平均增速仅为 4. 19%，东部地区和西部地区平均增速也略低于全国平均水平，从资本存量的角度佐证了我国制造业存在过早、过快减速的现象（蔡昉，2021）；第三产业资本存量近 5 年增速约为 11. 86%，东部地区平均增速略低于全国平均水平，东北部地区平均增速仅为 4. 71%。可以发现，近年来东北部地区的三大产业资本存量增速下降明显，并且远低于其他地区平均水平。

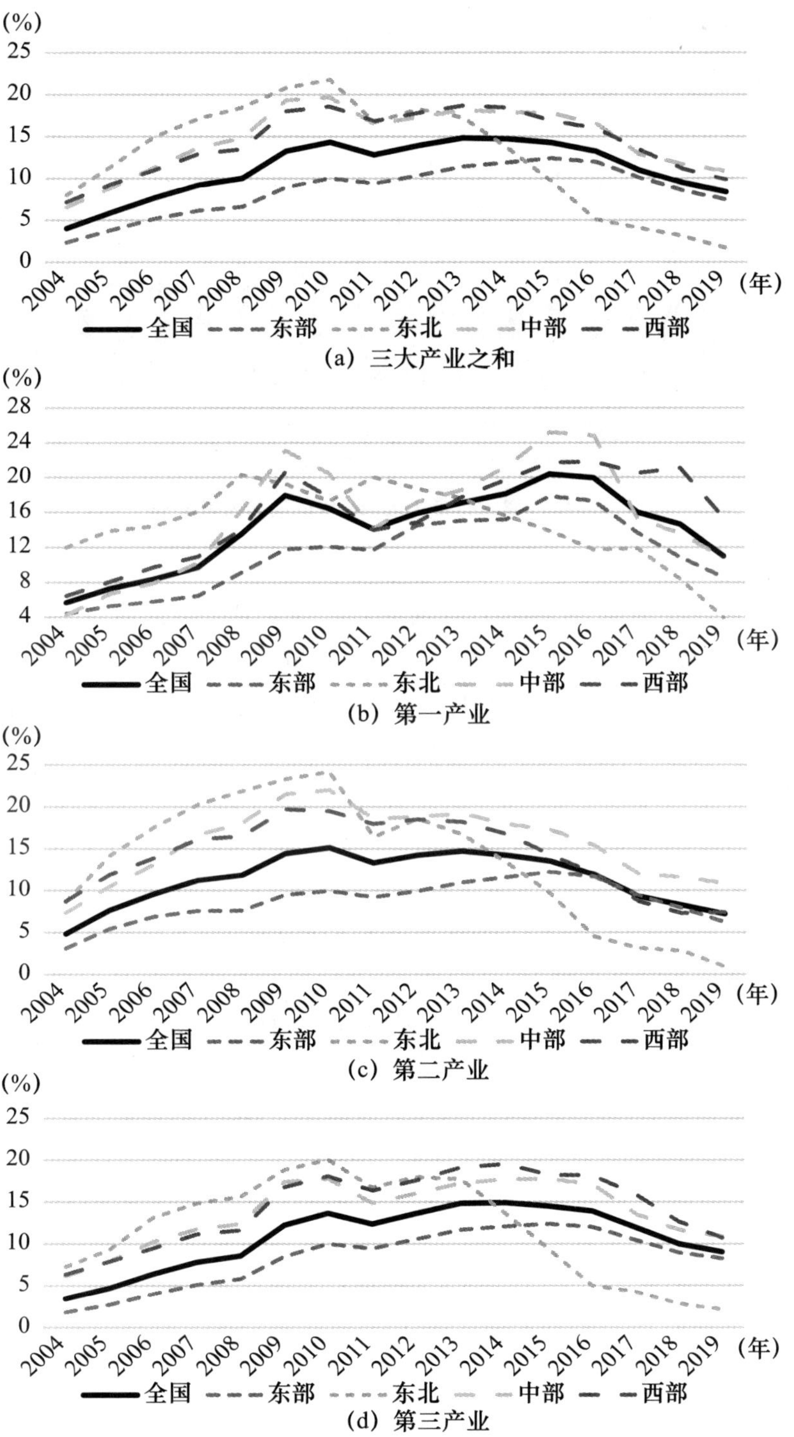

图 5－12　全国和各地区资本存量增速

资本存量的总体 Dagum 基尼系数整体呈现下降趋势，但在近年来略有回升，由 2002 年的 0.4935 下降至 2019 年的 0.3534，下降幅度为 28.36%，具体见图 5-13。这意味着，我国资本存量在总量增长的同时，各地区之间的资本存量差异也正在逐渐缩小，主要表现为中西部地区资本存量正在迅速积累。

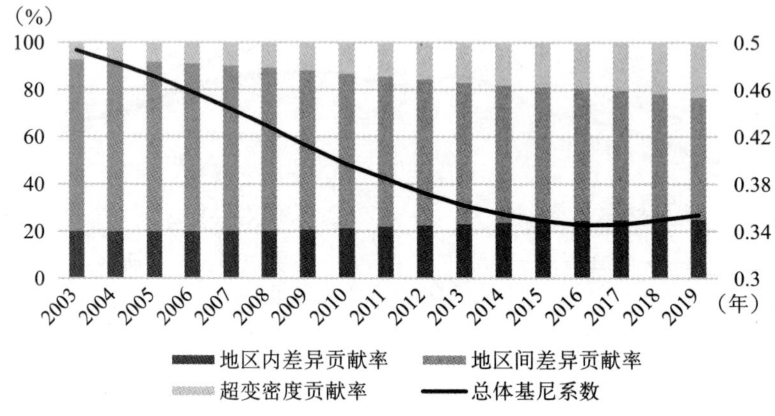

图 5-13 资本存量 Dagum 基尼系数及其分解

根据贡献率的计算，地区间差异是主要原因，尽管其贡献率正在逐渐降低，但 2012—2019 年的平均贡献率仍高达 54.58%；其次是地区内差异，贡献率自 2003—2019 年上升了近 5 个百分点，2012—2019 年的平均贡献率为 24.63%；超变密度贡献率最小，但上升速度更快，贡献率自 2003—2019 年上升了约 16 个百分点，2012—2019 年的平均贡献率为 20.80%。

资本存量在各地区内的差异均小于全国总体的差异，资本存量在西部地区和东部地区内差异较高，西部地区内差异呈现先扩大后缩小的变化趋势，东部地区则与之相反；东北部地区和中部地区内的差异较小，并且近年来东北部地区内的差异下降明显，其地区内 Dagum 基尼系数已低于中部地区，具体见图 5-14（a）。

东部与西部地区间的差异最大，其 Dagum 基尼系数长期明显高于全国总体 Dagum 基尼系数；近年来东部与东北部、中部与西部地区的 Dagum 基尼系数与全国总体 Dagum 基尼系数基本持平；东北部与西部、东部与中部、东北部与中部地区间 Dagum 基尼系数低于全国水平，但东北部与中部地区间差异近年来有所扩大，具体见图 5-14（b）。

二、资本深化

我们进一步采用资本产出以及其增速对三大产业的资本深化程度进行测算。从测算结果来看，近年来资本产出比仍表现出与“东高西低”经济梯度相反的分布，即中、西部地区的资本深化程度高于东部地区（朱铁和涂斌，2011）。表 5-8 显示了各省级政府近 5 年资本产出以及其增速均值的情况。

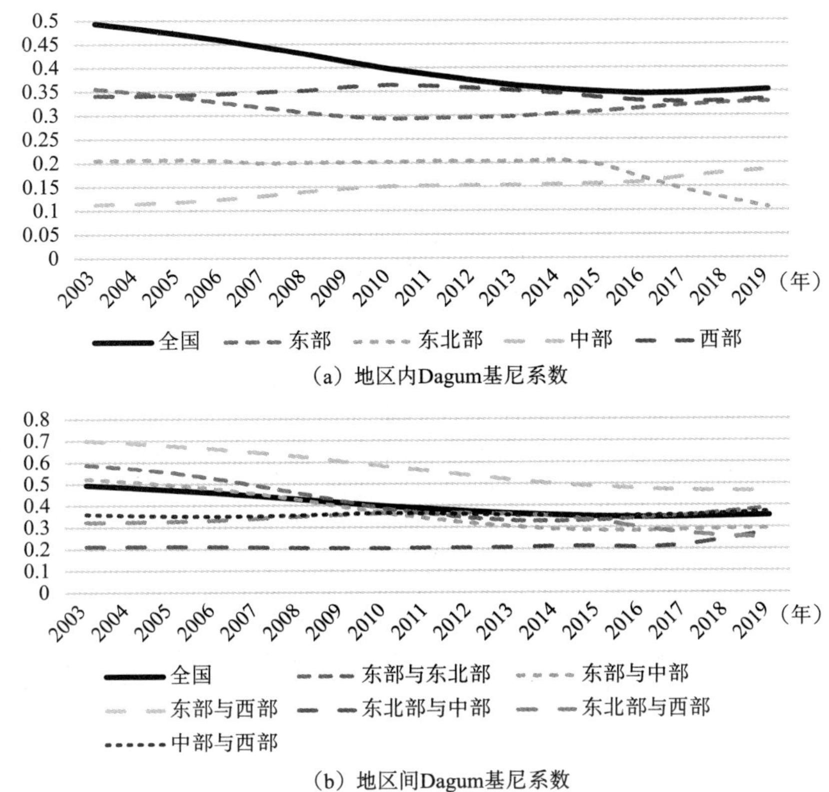

(a) 地区内Dagum基尼系数

(b) 地区间Dagum基尼系数

图 5-14　资本存量地区内与地区间 Dagum 基尼系数演变

表 5-8　　近 5 年资本产出比及其增速均值

省份	三大产业之和		第一产业		第二产业		第三产业	
	均值	增速（%）	均值	增速（%）	均值	增速（%）	均值	增速（%）
北京	4.2730	-3.43	12.7623	15.06	1.9450	-2.32	4.9511	-4.24
天津	6.1481	16.05	13.7207	18.48	4.6021	19.32	7.5162	12.09
河北	7.9505	11.00	4.5333	15.74	7.4676	16.28	9.4923	4.19
山西	6.7687	3.20	11.3628	17.88	5.8770	2.73	7.3568	2.05
内蒙古	7.7228	10.41	5.5296	7.79	7.4227	13.85	8.6703	6.97
辽宁	7.7070	6.28	2.9344	3.79	6.8708	10.22	9.4093	2.17
吉林	8.9274	17.76	5.3351	22.88	9.5911	26.21	9.2177	9.01
黑龙江	7.2853	13.97	3.7719	9.30	8.4684	18.89	7.8375	13.24
上海	4.7090	-6.15	2.9972	0.04	3.6757	-6.20	5.3210	-6.65
江苏	4.7955	3.85	1.0157	11.68	4.5803	3.81	5.4138	3.39
浙江	5.2608	2.69	1.7815	6.90	3.7316	0.41	7.2664	3.27
安徽	6.9836	4.46	2.7504	14.09	5.7946	8.98	9.6681	-2.37

续表

省份	三大产业之和		第一产业		第二产业		第三产业	
	均值	增速（%）	均值	增速（%）	均值	增速（%）	均值	增速（%）
福建	5.3537	5.09	2.8521	22.52	3.3776	4.94	8.7570	3.45
江西	6.8969	6.71	2.6063	11.17	6.5568	9.75	8.3368	1.79
山东	6.2534	9.69	3.0152	11.28	6.0436	11.95	7.0089	6.88
河南	6.4058	7.02	4.0936	17.02	5.5624	7.54	8.1301	3.93
湖北	5.4812	5.81	2.1708	13.99	4.5376	6.41	7.3776	3.55
湖南	5.4305	9.36	2.7542	21.48	4.4650	12.19	7.0749	4.93
广东	3.3128	3.44	1.3609	4.92	2.1935	3.70	4.6861	2.39
广西	7.4941	11.99	2.8209	15.89	6.1771	17.32	10.8065	6.33
海南	6.2534	6.19	0.7874	-0.59	3.0548	0.23	9.9863	6.25
重庆	6.2399	5.27	3.4813	4.27	4.0422	7.29	9.2004	3.42
四川	5.7983	4.80	2.2904	18.98	3.8977	5.78	8.7064	0.27
贵州	6.5603	8.65	1.9589	33.65	3.4345	3.46	11.4328	8.85
云南	6.4687	5.84	2.8355	18.29	3.5703	1.16	10.4610	4.99
西藏	11.3777	7.52	8.2087	17.75	5.8347	1.82	17.6411	9.99
陕西	6.6562	8.24	5.7966	21.43	3.5948	6.63	11.4979	5.68
甘肃	8.3102	7.80	4.4448	14.59	8.0001	6.78	9.4535	7.15
青海	9.2038	12.34	5.4328	4.65	7.6359	14.19	12.0135	9.29
宁夏	8.0915	6.84	6.0755	10.65	6.8563	7.64	10.0369	5.30
新疆	7.1752	6.12	2.9537	7.94	6.7298	5.64	8.9995	5.47

从分区域的结果来看，三大产业总体的资本产出比在全国和东部地区呈现“U”形变化趋势，在东北部地区、中部和西部地区则均呈现上升趋势，并且东北部地区上升速度最快。最初东北部地区资本产出比低于其他地区，近年来则已超过其他地区，仅东部地区资本产出比低于全国水平。第一产业资本产出比在全国和各地区均呈现上升趋势，东北部地区资本产出比最高，中部地区和西部地区的资本产出比较为接近，近年来略高于全国平均水平，东部地区的资本产出比则低于全国平均水平。第二产业资本产出比在东北地区上升趋势最为明显，上升幅度达283.99%，全国和其余地区表现为先下降后上升的变化趋势，上升幅度相对较小。全国和东部地区的第三产业资本产出比同样呈现“U”形走势，且东部地区近年来的资本产出比已低于2003年前后的水平，中部、西部和东北部地区则表现出上升趋势，且东北部地区上升最为明显，具体见图5-15。总体来看，近年来全国总体和东部地区的资本深化程度低于其他地区，东北部地区的资本深化程度最高且上升幅度最为明显，其次为中部地区和西部地区。

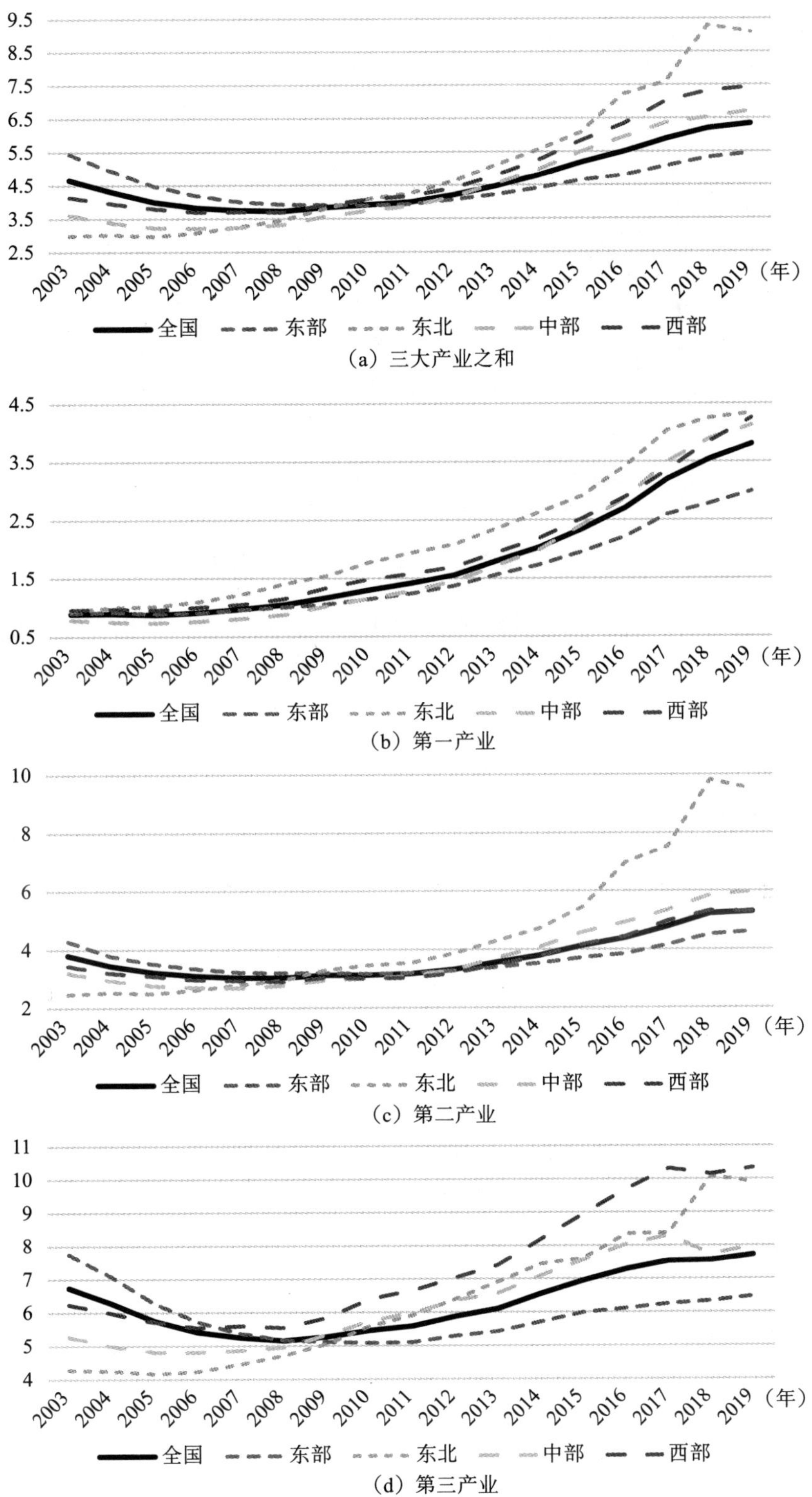

图 5－15　全国和各地区资本产出比测算结果

资本产出比的总体 Dagum 基尼系数呈现先下降后上升的趋势，在 2013 年达到最低点，此后开始不断回升，这说明我国资本深化的区域差异近年来正在不断扩大，见图 5-16。

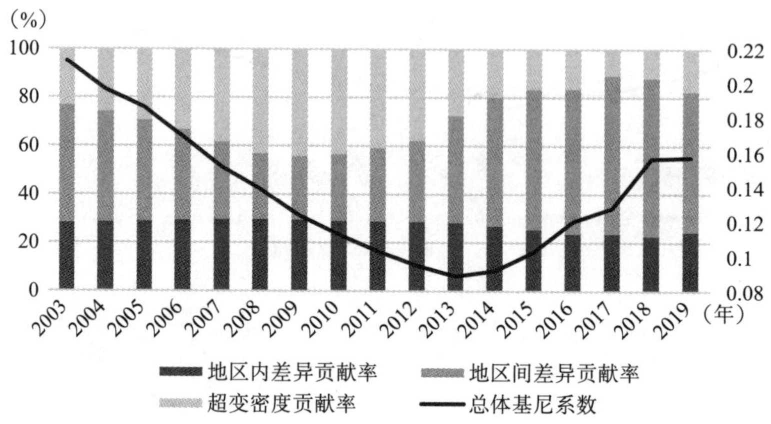

图 5-16 资本产出比 Dagum 基尼系数及其分解

根据贡献率的计算，近年来地区间差异贡献率最高，尽管呈现出下降的迹象，但近 5 年平均贡献率达到了 61.32%；在 2007—2012 年，超变密度贡献率最高，尽管近年来超变密度贡献率最低，但已出现上升的迹象，近 5 年平均贡献率为 14.76%；地区内差异贡献率长期保持平稳，近 5 年平均贡献率为 23.92%，见图 5-16。

资本深化在东部地区内差异近年来与全国总体的差异较为接近，并且高于其他地区内差异。中部地区和东北部地区内差异较小，但东北部地区内差异有扩大的迹象，并且超过中部地区内差异。资本深化在各地区间的差异走势相近，均呈现下降后上升的变化过程，东部与东北部、东部与西部地区间差异最大；东北部与中部地区间差异近年来明显扩大，且已超过全国总体的差异，仅次于东部与东北部、东部与西部地区间差异；东部与中部、中部与西部、东北部与西部的地区间差异相近，且逐渐上升趋近于全国总体的差异，具体见图 5-17。

资本产出比增速呈现倒"U"形走势，说明资本深化的进程正在放缓，并且近年来第二产业和第三产业资本产出比增速在个别地区已出现了负增长，具体见图 5-18。近年来，东北部地区三大产业总体的资本产出比增速最高，其次是中部和西部地区，东部地区的资本产出比增速最低，且低于全国平均水平；第一产业资本产出比增速在中部和西部地区最高，东部和东北部地区的资本产出比增速低于全国平均水平，且除东北地区外的其他地区中，第一产业资本产出比增速高于其他产业的资本产出比增速；第二产业资本产出比增速在东北部地区增速最高，其次是中部和西部地区，东部地区的资本产出比增速低于全国平均水平；第三产业资本产出比增速低于其他产业资本产出比增速，东北部地区和西部地区的第三产业资本产出比增速最高，中部和东部地区资本产出比增速均低于全国平均水平。

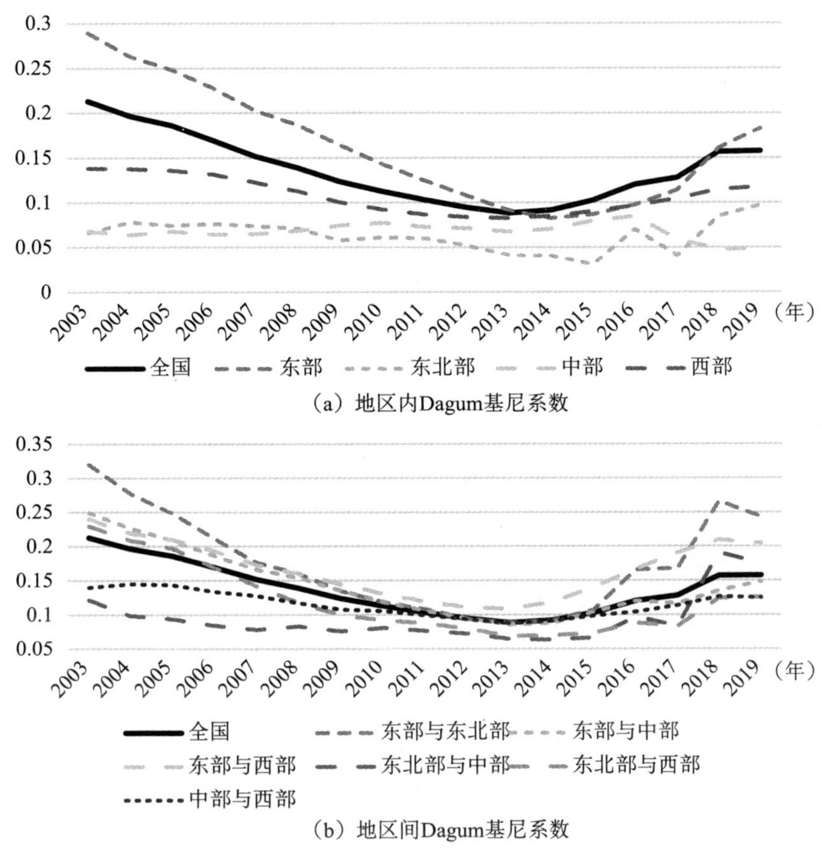

图 5－17　资本产出比地区内与地区间 Dagum 基尼系数演变

资本产出比增速的总体 Dagum 基尼系数同样呈现先下降后上升的趋势，在 2014 年达到最低点，但 2018 年和 2019 年的总体 Dagum 基尼系数达到了样本期内的最高点，这说明近年来我国资本深化变化速度的区域差异在不断扩大，具体见图 5－19。根据贡献率的计算，地区间差异是主要的差异来源，近 5 年的平均贡献率为 46.88%；地区内差异和超变密度的贡献率较为接近，近 5 年的平均贡献率分别为 24.89% 和 28.23%。

2004—2017 年，资本深化增速在各地区内差异没有较大变化。2018 年后，资本深化增速在地区内差异开始不断扩大，东部、东北部地区内差异最大且高于全国总体差异，西部、中部地区内差异相对较小。资本深化增速在各地区间差异具有同样的变化过程，近两年东部与东北部、东北部与中部、东北部与西部的地区间差异最大，东部与西部、东部与中部的地区间差异与全国总体的差异较为接近；中部与西部的地区间差异最小，且小于全国总体的差异，具体见图 5－20。

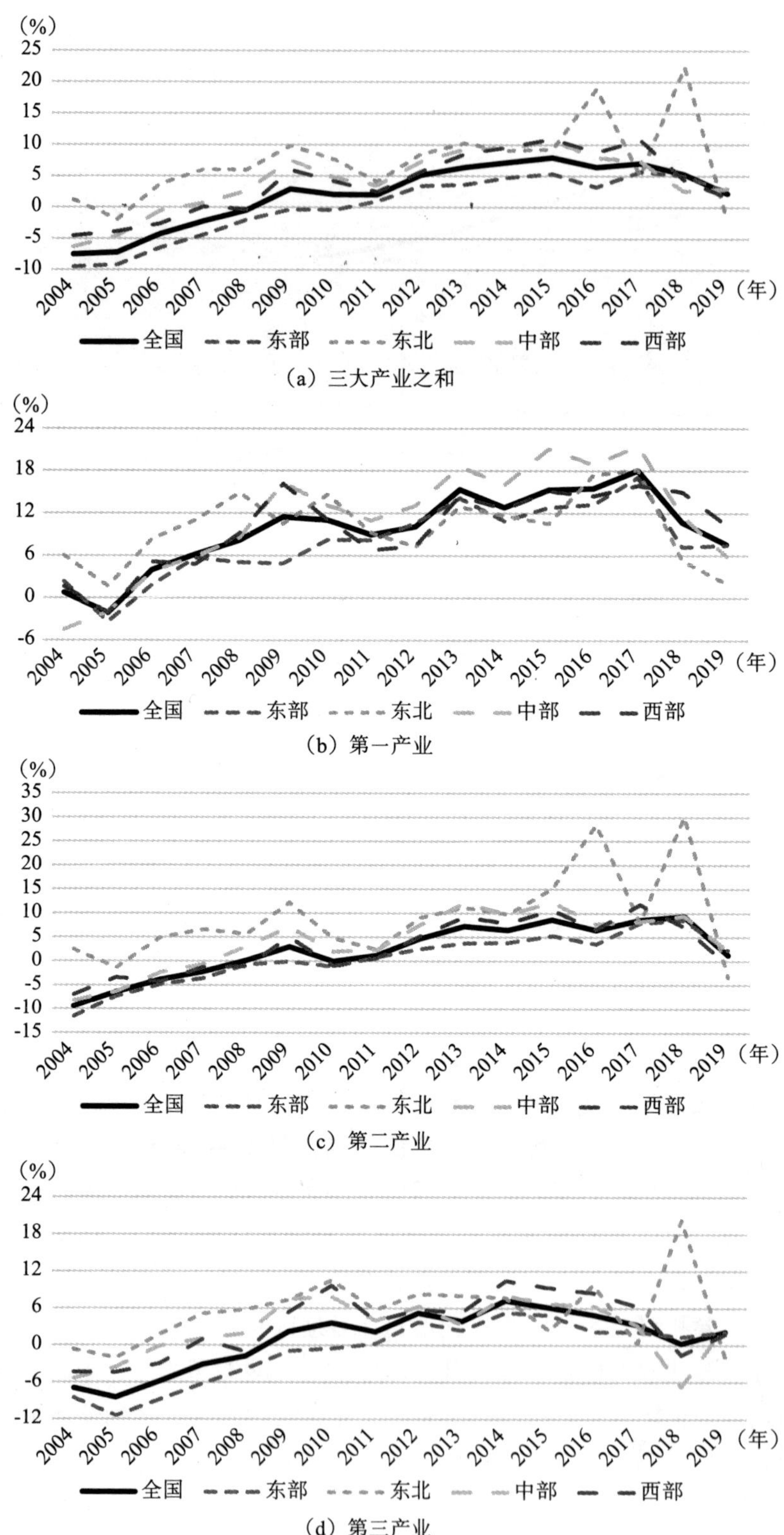

(a) 三大产业之和

(b) 第一产业

(c) 第二产业

(d) 第三产业

图 5-18 全国和各地区资本产出比增速测算结果

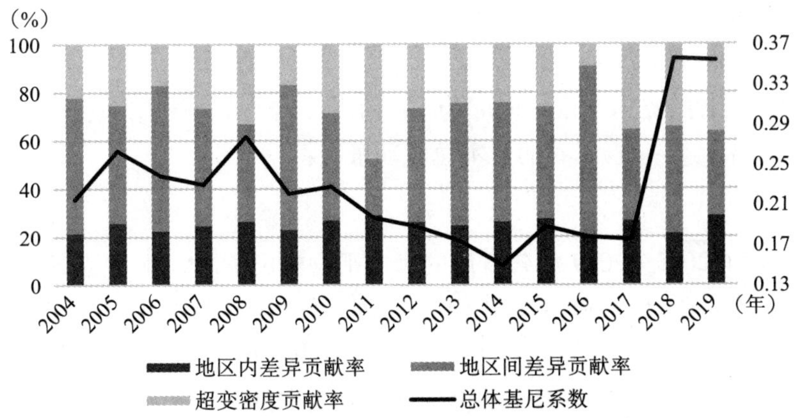

图5-19　资本产出比增速 Dagum 基尼系数及其分解

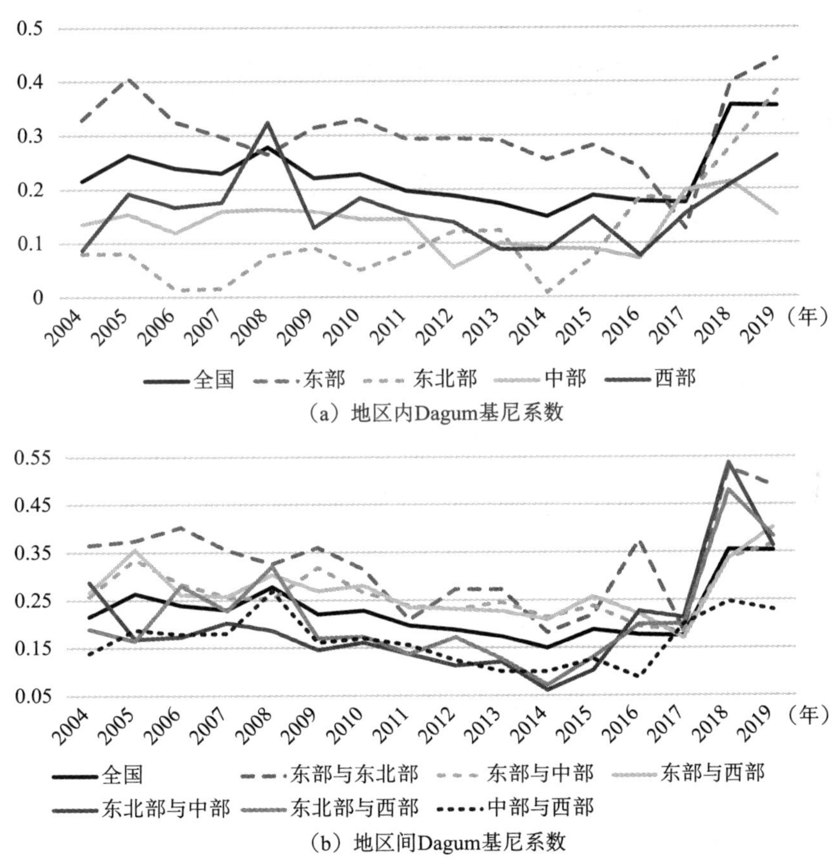

图5-20　资本产出比增速地区内与地区间 Dagum 基尼系数演变

三、资本流动

我们参考白俊红等（2017）、王钺和刘秉镰（2017）的做法，采用引力模型度量资本存量在省级层面的流动情况，并且将各省市的企业利润率作为资本的吸引力变量，即资本总是从低利润率的地区流向高利润率的地区。计算 i 省流动到 j 省的资本流动量FC_{ij}：

$$FC_{ij} = \ln CP_i \cdot \ln(Rate_j) \cdot R_{ij}^{-2} \tag{5-12}$$

其中，CP_i为 i 省的资本存量；$Rate_j$为 j 省的规模以上企业利润率；R_{ij}为 i 省和 j 省省会城市之间的距离。进一步，i 省的资本总流动量为：

$$FC_i = \sum_{j=1} FC_{ij} \tag{5-13}$$

表 5-9 计算了 2015—2019 年各省市的资本平均流出情况，排名越高，代表资本流出量越高。总体来看，近年来资本主要由东部地区流向中西部地区，与李小平和陈勇（2007）、陈燕儿和白俊红（2019）对 1998—2004 年和 1998—2016 年样本的测算结果大致符合，说明近年来我国的资本要素流动仍呈现“资本向西”的特点。具体来看，近 5 年资本流出量较高的省市包括安徽、天津、河北、山东和浙江，资本流出量较低的省市包括陕西、贵州、西藏、新疆和上海。

表 5-9 2015—2019 年各省市资本平均流出情况

省份	流出量	排名	省份	近 5 年均值	排名
北京	1 115.41	8	河南	478.20	19
天津	1 755.42	2	湖北	926.93	10
河北	1 750.38	3	湖南	943.01	9
上海	68.61	27	内蒙古	131.09	26
江苏	1 179.32	7	广西	508.31	18
浙江	1 595.77	5	重庆	668.21	14
福建	210.35	24	四川	547.73	15
山东	1 614.19	4	贵州	42.84	30
广东	385.54	22	云南	385.86	21
海南	199.02	25	西藏	57.86	29
辽宁	758.12	12	陕西	15.18	31
吉林	282.44	23	甘肃	809.83	11
黑龙江	455.28	20	青海	526.59	17
山西	1 552.55	6	宁夏	543.44	16
安徽	2 187.75	1	新疆	60.32	28
江西	703.70	13	—	—	—

四、资本要素扭曲

以下我们采用生产函数法对资本要素扭曲进行测度。假设生产函数具有超越对数形式，如公式（5-6）所示。对 K 求导后得到资本的边际产出为：

$$MP_K = (\beta_2 + \beta_4 \ln K_{it} + \beta_5 \ln L_{it}) Y_{it}/K_{it} \tag{5-14}$$

将资本要素扭曲定义为资本要素边际产出与其要素价格之比，即：

$$DIST_K = MP_K / r_{it} \tag{5-15}$$

其中，r_{it}为资本要素价格。

如果$DIST_K$大于1，表明资本要素投入的边际产出大于资本要素投入的实际所得，认为资本要素存在反向扭曲，资本要素使用成本过低、资本要素投入不足，反之则表明资本要素存在正向扭曲。

关于资本要素价格，参考白俊红和卞元超（2016）的做法，我们采用利率水平进行衡量，具体选取各年度一年期金融机构法定贷款利率均值作为替代指标。

表5－10 2015—2019年各省市资本存量要素扭曲程度

省份	要素扭曲	排名	省份	要素扭曲	排名
北京	3.3640	2	河南	2.3918	13
天津	2.2433	17	湖北	2.6790	6
河北	1.8222	26	湖南	2.8917	3
上海	2.8828	4	内蒙古	1.7512	28
江苏	2.6299	8	广西	2.1273	22
浙江	2.5804	10	重庆	2.2918	15
福建	2.6466	7	四川	2.6064	9
山东	2.1886	18	贵州	2.4248	12
广东	4.6780	1	云南	2.4996	11
海南	2.7681	5	西藏	1.3436	31
辽宁	1.7549	27	陕西	2.0762	23
吉林	1.6862	30	甘肃	2.0041	24
黑龙江	2.2608	16	青海	1.6987	29
山西	2.3130	14	宁夏	1.9084	25
安徽	2.1500	20	新疆	2.1303	21
江西	2.1770	19			

表5－10计算了2015—2019年各省市的资本存量平均要素扭曲和排名，排名越高，代表资本存量要素扭曲值越大。从结果来看，近5年所有省市的资本要素均呈现正向扭曲。资本要素正向扭曲最为严重的省市包括广东、北京、湖南、上海和海南等，说明这些省市的资本要素投入相对较高；正向扭曲最弱的省市主要出现在东北部地区和西部地区，包括西藏、吉林、青海、内蒙古、辽宁。

从分地区的结果来看，全国和各地区的资本要素正向扭曲现象整体趋于弱化，说明资本要素投入过高的问题正在逐渐趋于缓解。近年来，全国和各地区的资本要素扭曲程度正趋于一致，2019年全国资本要素扭曲程度为1.7088，并且正逐渐接近于1，说明资本要素配置正趋于合理，具体见图5－21。

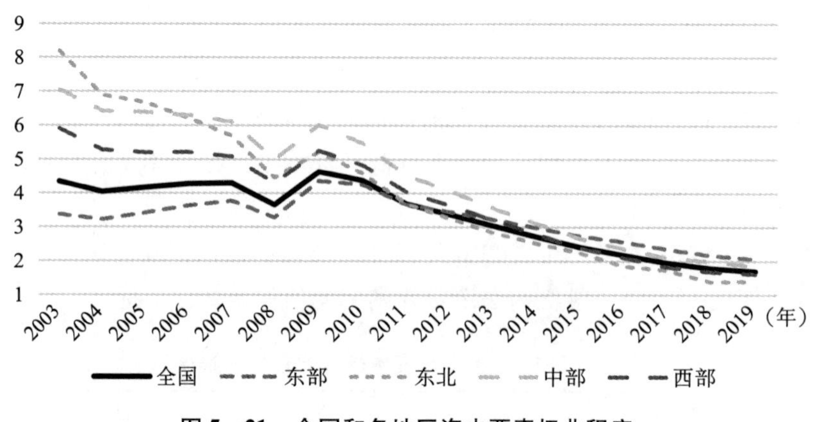

图 5－21　全国和各地区资本要素扭曲程度

第三节　技术要素供给的新变化

关于技术要素供给，一般采用全要素生产率（Total Factor Productivity，缩写为 TFP）进行刻画，可以反映经济发展的长期活力。尤其是在迎来经济结构转折点后，提升全要素生产率对实现经济高质量发展具有关键作用。基于此，通过测算我国三大产业全要素生产率，从技术要素供给的视角评估新发展格局下的经济发展现状。

一、全要素生产率测算与分解方法

数据包络分析（Data Envelopment Analysis，缩写为 DEA）作为一种非参数方法，可以通过数学规划理论计算生产技术前沿，进而评价生产效率。在测算全要素生产率方面，目前广泛应用的是基于 Malmquist 指数的 DEA 方法。Malmquist 指数即为距离函数的比值（刘兴凯和张诚，2010），通过投入产出数据测算每个决策单元在 t 期和 t＋1 期与生产前沿面的距离，代表两个时期生产效率的变化，进而通过 DEA 方法对距离函数进行求解，从而得到相对效率变动，即全要素生产率的增长率。

根据 Fare 等（1994）的研究，Malmquist 全要素生产率变化指数（Total Factor Productivity change，TFPch）可表示为：

$$M_0(x^{t+1},\ y^{t+1},\ x^t,\ y^t)=\left[\left(\frac{D_0^t\ (x^{t+1},\ y^{t+1})}{D_0^t\ (x^t,\ y^t)}\right)\left(\frac{D_0^{t+1}\ (x^{t+1},\ y^{t+1})}{D_0^{t+1}\ (x^t,\ y^t)}\right)\right]^{1/2} \tag{5-16}$$

其中，D_0^t（x^t，y^t）和D_0^t（x^{t+1}，y^{t+1}）分别表示（x^t，y^t）和（x^{t+1}，y^{t+1}）与 t 期的前沿面技术相比较得到的产出距离函数；D_0^{t+1}（x^t，y^t）和D_0^{t+1}（x^{t+1}，y^{t+1}）分别表示（x^t，y^t）和（x^{t+1}，y^{t+1}）与 t＋1 期的前沿面技术相比较得到的产出距离函数。该 Malmquist 指数反映了生产点（x^{t+1}，y^{t+1}）相对于生产点（x^t，y^t）的全要素生产率的变

化，指数值大于 1 则表示生产点的全要素生产率变化为正增长。

进一步，可将 Malmquist 全要素生产率变化指数分解为技术效率变化（technical efficiency change，effch）和技术进步变化（technological change，techch），即：

$$M_0(x^{t+1},y^{t+1},x^t,y^t)=\frac{D_0^{t+1}(x^{t+1},y^{t+1})}{D_0^t(x^t,y^t)}\cdot\left[\left(\frac{D_0^t(x^{t+1},y^{t+1})}{D_0^{t+1}(x^{t+1},y^{t+1})}\right)\left(\frac{D_0^t(x^t,y^t)}{D_0^{t+1}(x^t,y^t)}\right)\right]^{1/2} \quad (5-17)$$

其中，$D_{TE}^{t+1}(x^{t+1}, y^{t+1}, x^t, y^t)=\frac{D_0^{t+1}(x^{t+1}, y^{t+1})}{D_0^t(x^t, y^t)}$，即为技术效率变化率，是 t+1 期和 t 期资源配置效率的比值，与技术水平变化无关，代表两个时期生产资源配置水平的变化率；$D_{TC}^{t+1}(x^{t+1}, y^{t+1}, x^t, y^t)=\left[\left(\frac{D_0^t(x^{t+1}, y^{t+1})}{D_0^{t+1}(x^{t+1}, y^{t+1})}\right)\left(\frac{D_0^t(x^t, y^t)}{D_0^{t+1}(x^t, y^t)}\right)\right]^{1/2}$，即为技术进步变化率，反映 t+1 期和 t 期的最优技术的变化。

在规模报酬可变（variable returns to scale，VRS）的情况下，可将技术效率变化更进一步地分解为纯技术效率变化（pure technical efficiency change，pech）和规模效率变化（scale efficiency change，sech），即：

$$\begin{aligned}D_{TE}^{t+1}(x^{t+1}, y^{t+1}, x^t, y^t)&=\frac{D_0^{t+1}(x^{t+1}, y^{t+1})}{D_0^t(x^t, y^t)}\\&=\frac{s_0^t(x^t, y^t)}{s_0^t(x^{t+1}, y^{t+1})}\cdot\frac{D_0^t(x^{t+1}, y^{t+1}/VRS)}{D_0^t(x^t, y^t/VRS)}\end{aligned} \quad (5-18)$$

其中，$\frac{s_0^t(x^t, y^t)}{s_0^t(x^{t+1}, y^{t+1})}$为纯技术效率变化率，纯技术效率变化大于 1 代表管理改善使效率得到了改进；$\frac{D_0^t(x^{t+1}, y^{t+1}/VRS)}{D_0^t(x^t, y^t/VRS)}$为规模效率变化率，规模效率变化大于 1 代表要素投入的改变使规模效率得到了提升。

根据上述分解，Malmquist 全要素生产率变化指数可表示为

$$\begin{aligned}&M_0(x^{t+1}, y^{t+1}, x^t, y^t)\\&=\frac{s_0^t(x^t, y^t)}{s_0^t(x^{t+1}, y^{t+1})}\cdot\frac{D_0^t\left(x^{t+1}, \frac{y^{t+1}}{VRS}\right)}{D_0^t\left(x^t, \frac{y^t}{VRS}\right)}\cdot\left[\left(\frac{D_0^t(x^{t+1}, y^{t+1})}{D_0^{t+1}(x^{t+1}, y^{t+1})}\right)\left(\frac{D_0^t(x^t, y^t)}{D_0^{t+1}(x^t, y^t)}\right)\right]^{1/2}\end{aligned} \quad (5-19)$$

公式（5-19）中的 4 个距离函数可采用 DEA 方法进行求解，即：

$$\begin{aligned}&[D_0^t(x^{q,t}, y^{q,t})]^{-1}=\max\theta^q\\&s.t.\ \theta^q y_m^{q,t}\leqslant\sum_{q=1}^{Q}z^{q,t}y_m^{q,t}\\&x_m^{q,t}\geqslant\sum_{q=1}^{Q}z^{q,t}y_m^{q,t}\\&z^{q,t}\geqslant 0\end{aligned} \quad (5-20)$$

$$[D_0^{t+1}(x^{q,t}, y^{q,t})]^{-1} = \max \theta^q$$

$$\text{s. t. } \theta^q y_m^{q,t} \leqslant \sum_{q=1}^{Q} z^{q,t+1} y_m^{q,t+1}$$

$$x_m^{q,t} \geqslant \sum_{q=1}^{Q} z^{q,t+1} y_m^{q,t+1}$$

$$z^{q,t+1} \geqslant 0 \tag{5-21}$$

$$[D_0^{t}(x^{q,t+1}, y^{q,t+1})]^{-1} = \max \theta^q$$

$$\text{s. t. } \theta^q y_m^{q,t+1} \leqslant \sum_{q=1}^{Q} z^{q,t} y_m^{q,t}$$

$$x_m^{q,t+1} \geqslant \sum_{q=1}^{Q} z^{q,t} y_m^{q,t}$$

$$z^{q,t} \geqslant 0 \tag{5-22}$$

$$[D_0^{t+1}(x^{q,t+1}, y^{q,t+1})]^{-1} = \max \theta^q$$

$$\text{s. t. } \theta^q y_m^{q,t+1} \leqslant \sum_{q=1}^{Q} z^{q,t+1} y_m^{q,t+1}$$

$$x_m^{q,t+1} \geqslant \sum_{q=1}^{Q} z^{q,t+1} y_m^{q,t+1}$$

$$z^{q,t+1} \geqslant 0 \tag{5-23}$$

在该线性规划中，共包含 Q 个决策单元。$x^{q,t}$和$y^{q,t}$分别表示第 q 个决策单元在 t 期的投入和产出；$1/\theta$ 即为技术效率；$z^{q,t}$表示 t 期第 q 个决策单元的权重。

二、数据说明

根据现有文献的梳理，我们将测算全要素生产率所需的数据分为产出变量和投入变量。

产出变量：将各省市三大产业的地区生产总值作为产出。

投入变量：包括人力投入和资本投入两部分。由于人力资本存量无法细分至三大产业，因此在三大产业全要素生产率测算过程中采用从业人数作为人力投入，在测算总体全要素生产率时采用人力资本存量作为人力投入①；资本投入采用资本存量进行衡量。

为采用实际值指标进行研究，产出变量和资本存量均已进行平减。产出变量采用 GDP 平减指数进行平减，基期为 2003 年。

三、全要素生产率测算与分解结果

我们利用三大产业的宏观数据基于 DEA - Malmquist 模型对全要素生产率进行测算和分解。根据测算和分解结果，从时间和空间两个维度分析其时空演变特征。

---

① 测算发现，采用人力资本存量作为人力投入得到的结果与采用从业人数作为人力投入的结果非常接近。

（一）总体全要素生产率

从总体全要素生产率的计算结果来看，东部和西部地区的总体全要素生产率增速高于东北部地区和中部地区，并且在样本期内，东北部地区全要素生产率放缓最为明显。2004—2011 年，总体全要素生产率平均增速较高的省市包括东部地区的江苏、天津、浙江、上海和山东等地，以及西部地区的内蒙古、宁夏、青海、重庆和新疆等地；平均增速为负的省市包括西藏、黑龙江、广西、云南、安徽、河南、甘肃和海南。2012—2019 年，仅北京、西藏、上海、江苏、福建、重庆和浙江的平均全要素生产率增速为正增长，平均全要素生产率放缓最为严重的省市包括黑龙江、吉林、广西、甘肃和湖南等地，具体见表 5－11。

表 5－11　　2004—2019 年总体平均 TFP 增长率及其分解

省份	2004—2011 年					2012—2019 年				
	TFP	EC	TC	PECH	SECH	TFP	EC	TC	PECH	SECH
北京	3.70%	－2.06%	6.05%	－1.26%	－0.87%	3.54%	2.30%	1.31%	1.36%	0.93%
天津	5.50%	0.00%	5.50%	0.00%	0.00%	－4.20%	－5.34%	1.40%	－4.91%	－0.45%
河北	0.72%	－0.86%	1.54%	－2.21%	1.37%	－4.50%	－5.51%	1.28%	－4.53%	－1.13%
山西	2.98%	1.33%	1.59%	1.77%	－0.43%	－2.27%	－2.56%	0.30%	－2.04%	－0.47%
内蒙古	7.34%	3.32%	3.82%	3.57%	－0.22%	－4.29%	－5.07%	0.81%	－5.26%	0.21%
辽宁	1.81%	－1.47%	3.35%	－0.42%	－1.03%	－3.45%	－4.53%	1.22%	－5.07%	0.75%
吉林	0.57%	－1.42%	2.04%	－1.46%	0.05%	－6.55%	－7.12%	1.10%	－7.11%	－0.02%
黑龙江	－3.38%	－3.02%	－0.41%	－2.46%	－0.56%	－6.92%	－7.20%	0.45%	－7.43%	0.20%
上海	4.73%	0.00%	4.73%	0.00%	0.00%	2.51%	0.18%	2.30%	0.05%	0.05%
江苏	6.15%	2.28%	3.80%	2.65%	－0.30%	1.46%	0.57%	0.98%	0.00%	0.57%
浙江	5.18%	0.26%	5.17%	－0.36%	0.71%	0.24%	－0.67%	1.04%	－0.32%	－0.34%
安徽	－2.77%	－1.73%	－1.06%	－2.61%	0.89%	－1.48%	－0.95%	－0.58%	－0.63%	－0.30%
福建	1.00%	－2.22%	3.30%	－2.11%	－0.12%	0.66%	－0.77%	1.47%	－0.27%	－0.49%
江西	0.65%	0.89%	－0.28%	0.54%	0.34%	－1.00%	－1.48%	0.56%	－1.53%	0.05%
山东	4.42%	0.85%	3.48%	1.38%	－0.53%	－1.53%	－2.70%	1.50%	－2.47%	－0.39%
河南	－2.41%	－1.42%	－1.06%	－3.32%	1.93%	－4.81%	－3.23%	－1.66%	－2.73%	－0.49%
湖北	0.39%	1.47%	－1.06%	0.18%	1.29%	－1.47%	－1.45%	－0.02%	－0.80%	－0.63%
湖南	0.56%	1.63%	－1.06%	0.59%	1.02%	－5.14%	－3.90%	－1.26%	－3.78%	－0.12%
广东	2.65%	0.00%	2.65%	0.00%	0.00%	－1.61%	0.00%	－1.61%	0.00%	0.00%
广西	－3.10%	－2.07%	－1.06%	－1.76%	－0.31%	－6.51%	－5.86%	－0.62%	－6.18%	0.35%
海南	－0.40%	－0.51%	0.09%	0.00%	－0.51%	－4.80%	－3.53%	－1.35%	0.13%	－3.42%
重庆	4.02%	0.76%	3.28%	0.88%	－0.11%	0.61%	－0.61%	1.45%	－0.90%	0.29%
四川	1.48%	1.89%	－0.43%	－0.10%	1.99%	－1.50%	－0.72%	－0.79%	－0.46%	－0.25%
贵州	0.95%	2.03%	－1.06%	2.66%	－0.60%	－3.11%	－2.41%	－0.62%	－3.48%	1.13%

续表

省份	2004—2011 年					2012—2019 年				
	TFP	EC	TC	PECH	SECH	TFP	EC	TC	PECH	SECH
云南	-2.86%	-1.81%	-1.06%	-1.33%	-0.48%	-3.28%	-1.56%	-1.84%	-1.91%	0.37%
西藏	-3.78%	-9.49%	6.11%	0.00%	-9.49%	3.39%	2.65%	0.78%	0.00%	2.65%
陕西	0.96%	1.34%	-0.43%	1.65%	-0.31%	-0.67%	-1.38%	0.95%	-1.79%	0.33%
甘肃	-1.33%	-0.28%	-1.06%	0.15%	-0.43%	-6.14%	-4.73%	-1.54%	-3.54%	-1.07%
青海	6.29%	2.68%	3.51%	5.74%	-2.85%	-2.65%	-3.82%	1.35%	-4.91%	1.18%
宁夏	7.03%	3.46%	3.47%	5.72%	-2.02%	-2.93%	-3.86%	1.17%	-2.14%	-1.68%
新疆	3.30%	-0.16%	3.49%	0.24%	-0.38%	-2.43%	-3.34%	0.92%	-3.55%	0.22%

注：TFP、EC、TC、PECH、SECH 分别代表全要素生产率变化、技术效率变化、技术进步变化、纯技术效率变化以及规模效率变化。下同。

图 5-22 显示，2005 年后全国总体 TFP 增速进入放缓期，并且自 2009 年起表现为负增长，于 2014 年到达最低点 -3.68%，此后开始回升，2018 年和 2019 年总体 TFP 增速重回正增长，分别为 0.01% 和 0.74%。从分解结果来看，2004—2008 年，技术进步变化是 TFP 增速的主要驱动因素，技术进步变化反映了由于技术改进引起的产出增加，说明这段时间内存在明显的“扩散效应”；2009—2017 年，TFP 增速主要源于技术效率变化中的规模效率变化，技术效率变化反映了实际产出水平与最大潜在产出的差距，即认为存在明显的“追赶效应”，而规模效率的提升则意味着要素投入改变使得效率得到提升；2018—2019 年，TFP 增速的主要来源再次归因于技术进步变化，期间技术效率变化为负向变化，并且以纯技术效率变化的衰退最为严重，说明效率的降低是由于管理改善方面存在明显不足。

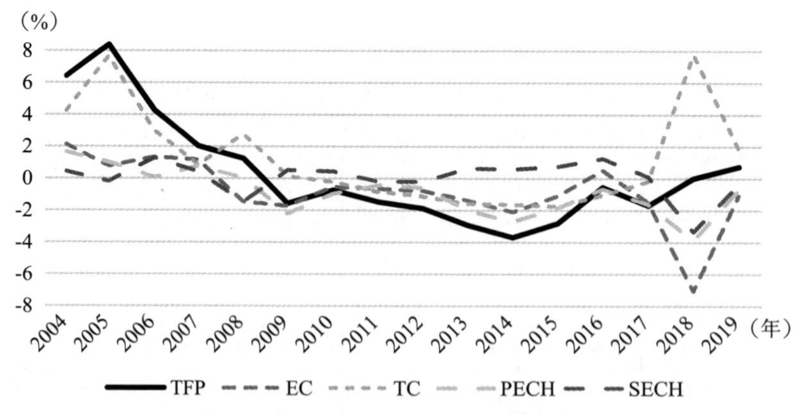

图 5-22 全国总体 TFP 增长率及其分解

从全国与各地区总体 TFP 增长率均值来看，东部地区最高且高于全国平均水平，西部地区、中部地区和东北部地区均低于全国平均水平，具体见图 5-23。

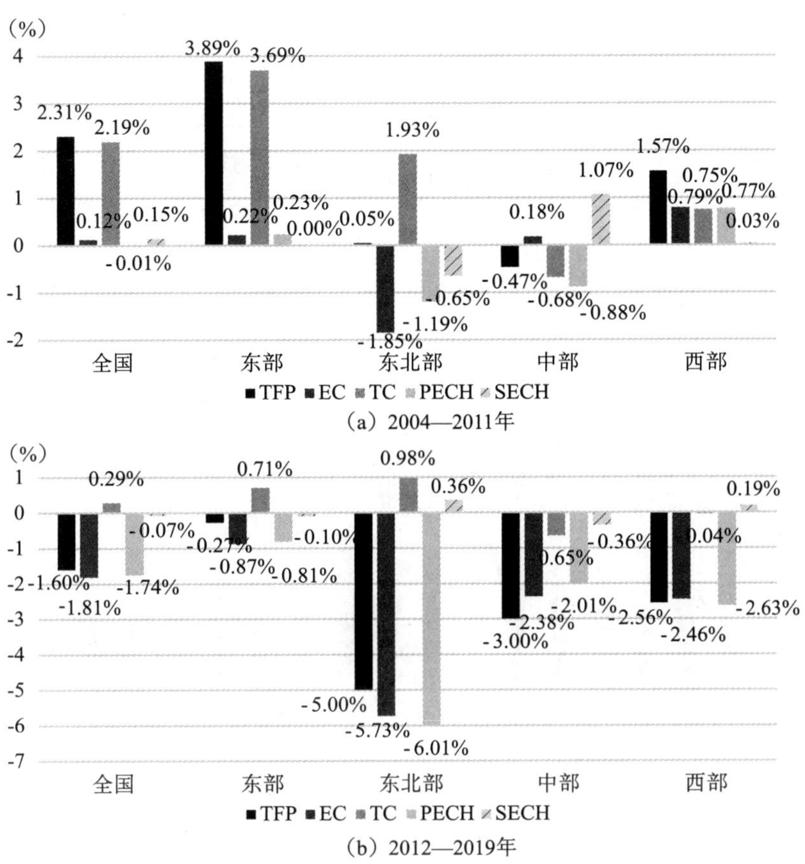

(a) 2004—2011年

(b) 2012—2019年

图 5-23 全国与各地区总体 TFP 平均增长率及其分解

2004—2011 年，中部地区 TFP 平均增速最低且为负值。从分解结果来看，全国、东部地区、东北部地区的 TFP 增长表现为以技术进步变化为主的“单轮驱动”型增长，并且技术进步变化的贡献与技术效率变化的贡献具有明显的差距；中部地区表现为以技术效率变化为主的“单轮驱动”型增长，但由于技术进步衰退严重，导致总体 TFP 表现为负增长，而尽管技术效率表现为正增长，但从进一步分解结果可以看出，技术效率的正增长主要由于规模效率的提升，纯技术效率同样表现为负增长；西部地区表现为以技术效率变化和技术进步变化共同推动的“双轮驱动”型增长，但进一步分解表明，西部地区的技术效率变化主要是源于纯技术效率的提升。

2012—2019 年，全国和各地区的 TFP 增速均值表现出较大幅度的衰退，大多数指标存在明显下降。仅全国、东部和东北部地区技术进步变化以及东北部和西部地区的规模效率变化表现为正增长，技术效率变化的衰退是全国和各地区 TFP 增速放缓的主要原因，而进一步分解结果表明，主要归因于技术效率变化中的纯技术效率下降明显。

从上述结果来看，一方面，总体 TFP 增速的严重放缓值得警醒，说明在经济发展的过程中应更注重发展质量和长期活力；另一方面，分解的结果表明，大多数地区表现为“单轮驱动”型的增长模式，恢复总体 TFP 增速需重点关注如何提升纯技术效率。

TFP 增长率的总体 Dagum 基尼系数表现为先上升后下降的变化过程，于 2008 年达到最高 0. 3954，此后整体表现为下降的趋势，2019 年的 Dagum 基尼系数为 0. 1778，说明近年来总体 TFP 增速的区域差异正在逐渐缩小。从分解结果来看，近年来地区间差异贡献率最高，2015—2019 年的平均贡献率为 44. 45%；超变密度贡献率在 2011—2014 年超过了地区间差异贡献率和地区内差异贡献率，2015 年下降后再次表现出上升的迹象，近 5 年平均贡献率为 30. 10%，说明应注重地区间差异和地区内差异的交互作用对 TFP 增速区域发展不平衡的影响；地区内差异贡献率最小并且变化较为平稳，近 5 年平均贡献率为 25. 45%，具体见图 5 – 24。

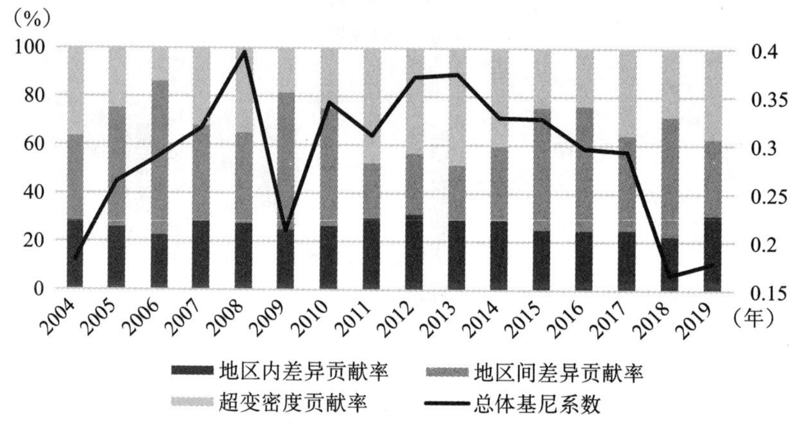

图 5 – 24 总体 TFP 增长率 Dagum 基尼系数及其分解

大部分时期内总体 TFP 增长率在各地区内差异小于全国总体差异。总体 TFP 增长率在东部地区和中部地区内差异较小，近年来西部地区内差异与全国总体差异基本持平，东北部地区内 Dagum 基尼系数波动较大，且近年来高于总体 Dagum 基尼系数。总体 TFP 增长率在各地区间差异的变化过程与全国总体差异较为接近，2006—2009 年，东北部与其他地区间的差异最大，且明显高于全国总体差异，此后有所缓解，但在近年来再次回升，主要原因在于东北部地区总体 TFP 增长率的衰退程度较其他地区更为严重，具体见图 5 – 25。

（二）第一产业全要素生产率

从第一产业全要素生产率的计算结果来看，东北部和东部地区的第一产业 TFP 增长率高于全国平均水平，西部地区第一产业 TFP 增长率长期表现为负增长。样本期内，东北部地区和西部地区的第一产业 TFP 增长率略有提升，全国和各地区第一产业 TFP 增长率整体高于总体 TFP 增长率。2004—2011 年，第一产业 TFP 增长率增长较高的省市包括西部地区的陕西、青海、宁夏等地，中部地区的河南、山西等地，东部地区的浙江、上海、山东等地，东北部地区的黑龙江、辽宁；平均增长率为负的省市主要集中在西部地区，包括广西、四川、贵州、云南等地。2012—2019 年，第一产业 TFP 增长率较高的省市包括黑龙江、重庆、青海、福建、西藏等地；平均增长率为负的省市仍集中在西部地区，包括贵州、云南、甘肃等地，具体见表 5 – 12。

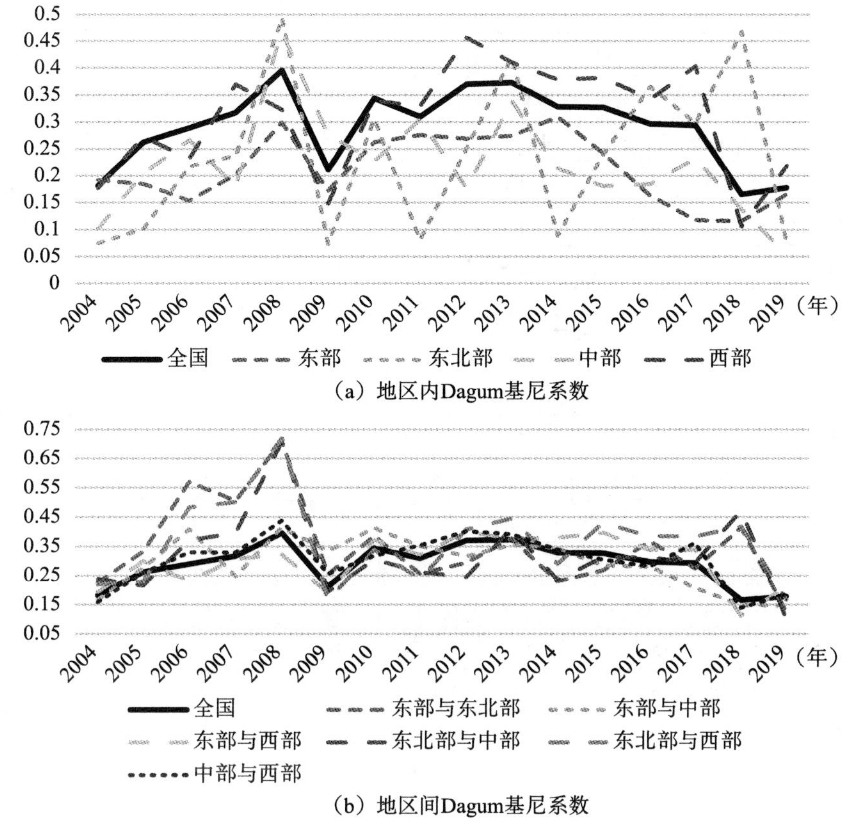

（a）地区内Dagum基尼系数

（b）地区间Dagum基尼系数

图 5－25　总体 TFP 增长率地区内与地区间 Dagum 基尼系数演变

表 5－12　2004—2019 年第一产业平均 TFP 增长率及其分解

省份	2004—2011 年					2012—2019 年				
	TFP	EC	TC	PECH	SECH	TFP	EC	TC	PECH	SECH
北京	－0.69%	－4.27%	4.30%	－3.91%	－0.48%	0.13%	－4.51%	5.23%	4.81%	－8.55%
天津	－0.95%	－4.20%	3.56%	－4.22%	0.77%	3.20%	－1.75%	5.23%	3.78%	－5.16%
河北	5.40%	1.40%	4.27%	－0.51%	1.84%	1.46%	－4.27%	6.14%	－1.94%	－2.43%
山西	6.28%	－0.71%	6.96%	－0.52%	－0.13%	0.87%	－5.10%	6.44%	－5.19%	0.09%
内蒙古	4.76%	1.02%	3.89%	－0.36%	1.42%	2.83%	－2.49%	5.66%	－3.20%	0.74%
辽宁	4.43%	0.30%	4.31%	－0.28%	0.58%	－0.27%	－5.73%	5.92%	－6.33%	0.61%
吉林	0.67%	－3.93%	4.88%	－3.64%	－0.31%	1.25%	－4.60%	6.21%	－4.69%	0.08%
黑龙江	6.03%	2.08%	4.05%	0.51%	1.54%	11.04%	5.26%	5.86%	4.67%	0.57%
上海	6.01%	1.53%	4.39%	1.03%	0.55%	－4.72%	－9.48%	5.39%	0.00%	－9.48%
江苏	1.91%	1.89%	0.20%	0.00%	1.89%	0.34%	0.00%	0.34%	0.00%	0.00%
浙江	6.57%	0.54%	5.96%	0.23%	0.31%	5.12%	－1.08%	6.44%	－0.87%	－0.20%
安徽	－0.53%	1.30%	－1.50%	0.24%	0.95%	－4.71%	－3.83%	－0.90%	0.07%	－3.92%
福建	3.54%	－2.39%	6.13%	－2.28%	－0.10%	6.31%	0.00%	6.49%	0.03%	－0.03%

续表

省份	2004—2011 年					2012—2019 年				
	TFP	EC	TC	PECH	SECH	TFP	EC	TC	PECH	SECH
江西	3.13%	-3.55%	7.01%	-4.18%	0.64%	5.79%	-0.60%	6.54%	-0.66%	0.06%
山东	5.53%	0.12%	5.52%	0.00%	0.12%	4.96%	-1.23%	6.38%	0.00%	-1.23%
河南	7.91%	1.26%	6.81%	0.86%	0.28%	3.56%	-2.62%	6.51%	0.26%	-2.89%
湖北	-4.50%	0.51%	-4.74%	2.12%	-1.63%	1.08%	-0.51%	1.59%	0.46%	-0.98%
湖南	-3.62%	1.85%	-5.31%	1.83%	0.07%	-4.63%	-4.27%	-0.49%	-1.41%	-2.95%
广东	-0.86%	-1.02%	0.24%	-0.98%	-0.07%	-3.86%	-0.72%	-3.22%	2.21%	-2.81%
广西	-12.38%	-6.02%	-6.78%	-4.83%	-1.13%	-4.19%	-4.05%	-0.33%	1.19%	-5.22%
海南	4.09%	-0.42%	4.54%	0.00%	-0.42%	1.98%	0.49%	1.57%	0.00%	0.49%
重庆	2.27%	-2.02%	4.80%	-1.92%	0.43%	9.77%	3.28%	6.36%	3.35%	-0.07%
四川	-6.06%	-1.57%	-4.33%	-0.62%	-1.09%	-3.56%	-1.29%	-2.28%	1.10%	-2.33%
贵州	-5.24%	2.09%	-7.15%	5.13%	-2.68%	-8.53%	-3.86%	-4.29%	-3.49%	-1.02%
云南	-5.21%	1.81%	-6.84%	0.17%	1.61%	-5.37%	-1.30%	-4.09%	4.74%	-5.95%
西藏	-2.55%	-7.42%	5.29%	0.00%	-7.42%	6.00%	-0.22%	6.37%	-9.72%	20.42%
陕西	11.62%	4.72%	6.69%	3.94%	0.75%	4.79%	-1.36%	6.40%	-0.81%	-0.53%
甘肃	1.92%	-0.23%	2.40%	-0.20%	-0.02%	-5.28%	-2.81%	-2.37%	-2.22%	-0.51%
青海	8.64%	4.47%	4.19%	4.32%	0.20%	8.58%	2.78%	5.94%	5.38%	-2.48%
宁夏	6.12%	1.86%	4.39%	1.81%	0.08%	4.93%	-1.22%	6.24%	0.43%	-1.64%
新疆	3.13%	-1.05%	4.18%	-2.14%	1.23%	3.21%	-2.34%	5.88%	-2.80%	0.48%

2006—2016 年，全国第一产业 TFP 增速长期在 0 上下浮动，2017 年后第一产业 TFP 增速迅速提升。图 5-26 显示，第一产业 TFP 增速在 2017 年以前主要归因于技术进步变化的贡献，即存在明显的“扩散效应”，技术效率表现较弱，而技术效率变化主要以纯技术效率变化为主；2018—2019 年，技术效率提升明显，主要表现为纯技术效率的迅速提升，此阶段第一产业 TFP 增速存在明显的“追赶效应”。

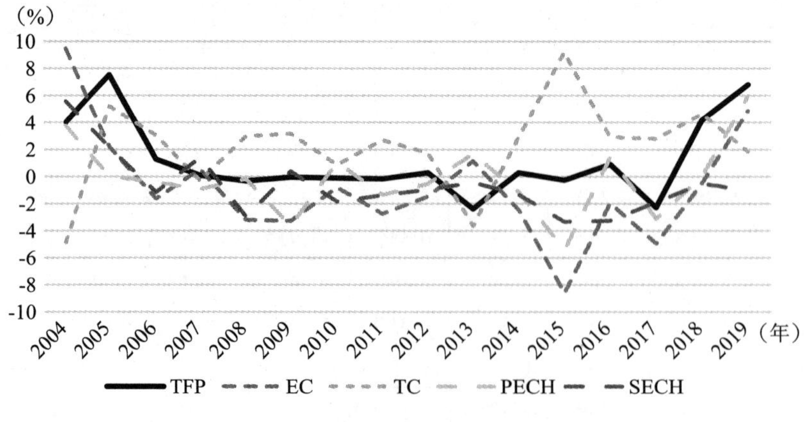

图 5-26 全国第一产业 TFP 增长率及其分解

从全国与各地区第一产业 TFP 增长率均值来看，东北部地区和东部地区均高于全国平均水平，中西部地区低于全国平均水平且西部地区第一产业 TFP 增长率长期为负，具体见图 5－27。

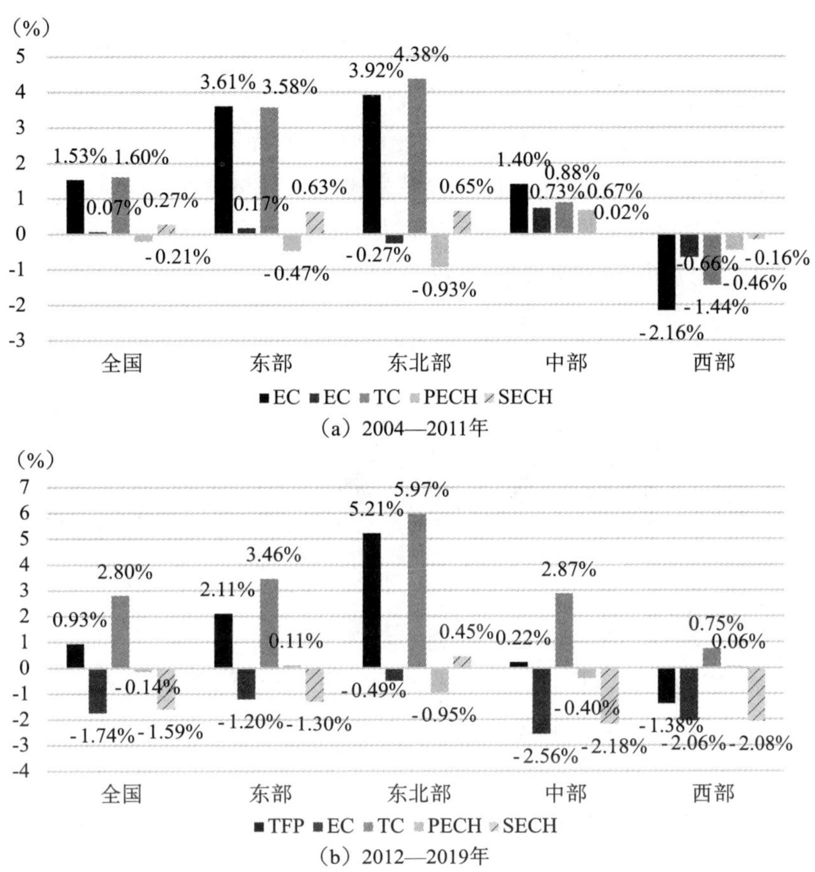

图 5－27　全国与各地区第一产业 TFP 平均增长率及其分解

2004—2011 年，东北部地区第一产业 TFP 增长率均值最高为 3.92%，西部地区第一产业 TFP 增长率均值最低为－2.16%。从分解结果来看，全国、东部地区、东北部地区和西部地区均表现为以技术进步变化为主的“单轮驱动”型增长，主要原因在于技术进步变化中的纯技术效率存在衰退现象，全国、东部地区和东北部的技术进步变化与技术效率变化有明显差距，西部地区技术进步变化与技术效率变化的差距相对较小；中部地区的技术进步变化与技术效率变化较为接近，表现为技术效率和技术进步共同推动的“双轮驱动”型增长，并且中部地区的纯技术效率变化明显，而规模效率提升不足。

2012—2019 年，东北部地区第一产业 TFP 增长率均值进一步提升至 5.21%，西部地区第一产业 TFP 增长率均值略有回升，至－1.38%。从分解结果来看，全国和各地区均表现为技术进步变化为主的“单轮驱动”型增长，并且技术进步变化与技术效率变化均有较大差距。全国、东部地区、中部地区和西部地区的规模效率变化下降明显，拖累了技术效率变化的提升，而东北部地区则是由于纯技术效率的下降给效率变化带来拖累。

从上述结果来看，第一产业 TFP 增长率同样以“单轮驱动”型增长为主，应注重技术效率的提升。从前后两阶段的分析来看，技术效率中的纯技术效率和规模效率的提升都应受到重视。

图 5-28 显示，第一产业 TFP 增长率的总体 Dagum 基尼系数呈现“M”形走势。自 2012 年后整体表现为下降趋势，2019 年的 Dagum 基尼系数为 0.0882，小于总体 TFP 增长率的 Dagum 基尼系数，说明第一产业 TFP 增速的区域差异波动较大，但近年来下降明显，且小于总体 TFP 增长率的区域差异。从分解结果来看，地区间差异和超变密度交替成为区域差异的主要原因，近年来以地区间差异贡献为主，但超变密度贡献率呈现上升趋势，近 5 年地区间差异和超变密度贡献率分别为 42.05% 和 32.23%。地区内差异贡献率最小且较为平稳，近 5 年平均贡献率为 25.72%。

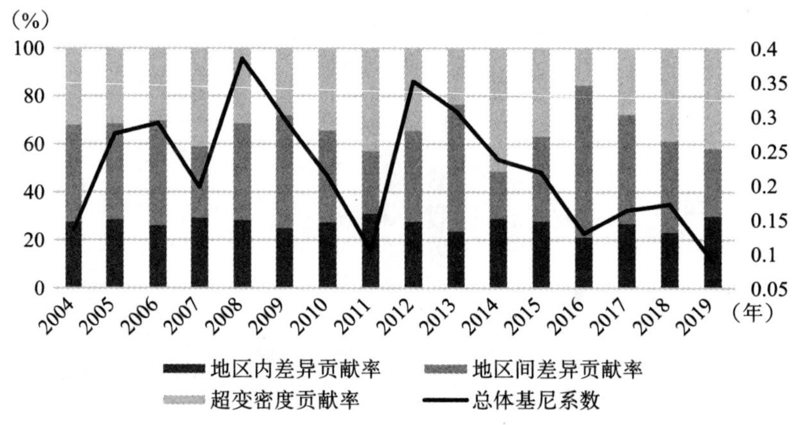

图 5-28 第一产业 TFP 增长率 Dagum 基尼系数及其分解

图 5-29 显示，东部地区第一产业 TFP 增长率的地区内 Dagum 基尼系数小于总体 Dagum 基尼系数，中部地区和西部地区的地区内 Dagum 基尼系数与总体 Dagum 基尼系数基本持平，近年来东北部地区内差异有所扩大，并且超过了全国总体差异。第一产业 TFP 增长率在大多数地区间的差异均大于全国总体差异，近年来东北部地区与其他地区间差异最大且明显高于全国总体差异，原因在于东北部地区第一产业 TFP 增长率明显高于其他地区。

（三）第二产业全要素生产率

从第二产业全要素生产率的计算结果来看，西部和东部地区第二产业 TFP 增长率相对较高。2004—2011 年各地区第二产业 TFP 增长率均值大于 0，但在 2012—2019 年仅东部地区第二产业 TFP 增长率均值略大于 0，制造业过早、过快减速的现象需要受到重视（蔡昉，2021）。2004—2011 年，第二产业 TFP 增长率较高的省市包括西部地区的内蒙古、宁夏、贵州、青海、四川等地，中部地区的山西、湖北等地，东部地区的北京、海南、天津、浙江、江苏等地，仅河南和黑龙江两地的第二产业 TFP 增长率均值小于 0。2012—

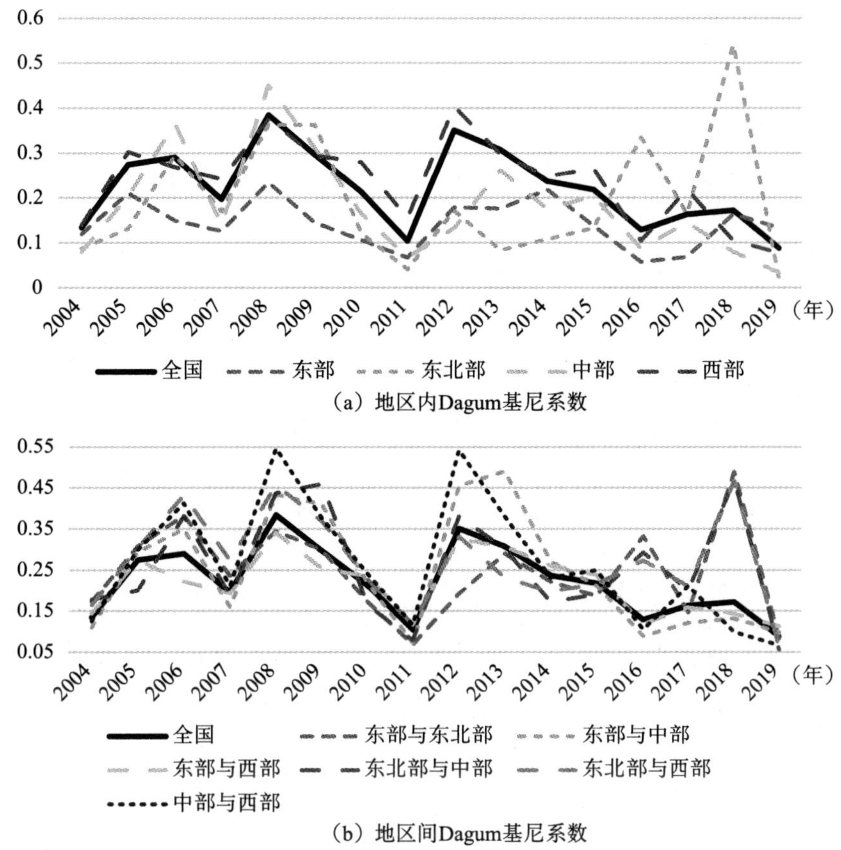

（a）地区内Dagum基尼系数

（b）地区间Dagum基尼系数

图 5－29　第一产业 TFP 增长率地区内与地区间 Dagum 基尼系数演变

2019 年，第二产业 TFP 增长率较高的省市包括东部地区的上海、北京、江苏等地，西部地区的陕西、云南、贵州等地；平均增长率为负的省市主要包括黑龙江、吉林、河北、天津等地，具体见表 5－13。

表 5－13　　　2004—2019 年第二产业平均 TFP 增长率及其分解

省份	2004—2011 年					2012—2019 年				
	TFP	EC	TC	PECH	SECH	TFP	EC	TC	PECH	SECH
北京	6.66%	1.40%	5.39%	1.21%	0.24%	5.09%	0.00%	5.09%	0.00%	0.00%
天津	5.38%	0.84%	4.52%	1.01%	－0.19%	－3.88%	－6.23%	2.92%	－6.44%	0.23%
河北	2.45%	2.09%	0.43%	1.04%	1.16%	－5.15%	－9.80%	5.10%	－6.34%	－3.53%
山西	8.25%	3.97%	4.19%	3.93%	0.12%	0.63%	－3.51%	4.38%	－2.39%	－1.27%
内蒙古	14.14%	2.30%	11.66%	2.03%	0.24%	－2.26%	－1.19%	－1.33%	－0.67%	－0.54%
辽宁	4.68%	0.78%	3.90%	1.61%	－0.71%	－3.14%	－5.46%	2.71%	－5.76%	0.44%
吉林	3.91%	－0.39%	4.44%	－0.30%	－0.10%	－6.40%	－6.41%	0.34%	－6.47%	0.08%
黑龙江	－1.15%	－1.40%	0.25%	－0.93%	－0.47%	－8.83%	－11.54%	3.10%	－11.85%	0.42%
上海	4.03%	－5.22%	10.39%	－3.00%	－2.06%	7.35%	4.83%	2.47%	3.14%	1.69%
江苏	4.96%	1.28%	3.77%	1.39%	－0.08%	2.64%	－1.17%	3.97%	0.00%	－1.17%

续表

省份	2004—2011 年					2012—2019 年				
	TFP	EC	TC	PECH	SECH	TFP	EC	TC	PECH	SECH
浙江	4.96%	0.73%	4.38%	-0.93%	1.76%	0.24%	-2.56%	2.93%	0.64%	-3.19%
安徽	1.98%	2.46%	-0.45%	1.60%	0.88%	-2.03%	-6.18%	4.43%	-1.38%	-4.86%
福建	1.09%	1.74%	-0.53%	0.26%	1.46%	0.78%	-2.43%	3.25%	2.01%	-4.41%
江西	0.81%	1.35%	-0.49%	1.56%	-0.19%	-0.82%	-5.66%	5.16%	-2.00%	-3.65%
山东	4.06%	0.32%	3.86%	0.76%	-0.40%	-1.45%	-6.00%	4.83%	-4.34%	-1.46%
河南	-1.58%	-1.15%	-0.44%	-2.39%	1.32%	-3.42%	-7.16%	3.98%	-2.06%	-5.22%
湖北	7.76%	7.96%	0.01%	6.33%	1.51%	1.10%	-2.92%	4.16%	0.27%	-3.17%
湖南	3.53%	4.05%	-0.41%	3.00%	1.00%	-1.02%	-5.23%	4.43%	-1.55%	-3.61%
广东	2.84%	3.49%	-0.53%	0.00%	3.49%	-2.38%	-2.83%	0.53%	0.00%	-2.83%
广西	2.21%	2.88%	-0.62%	2.81%	0.09%	-3.37%	-7.35%	4.20%	-5.46%	-1.83%
海南	6.58%	3.08%	3.55%	2.51%	0.57%	-1.90%	-4.65%	2.96%	0.00%	-4.65%
重庆	4.71%	3.71%	1.16%	3.85%	-0.14%	0.92%	-4.18%	5.28%	-2.55%	-1.58%
四川	5.72%	6.26%	-0.44%	4.27%	1.93%	-3.68%	-5.82%	2.32%	-1.78%	-4.12%
贵州	10.16%	6.62%	3.17%	6.43%	0.27%	1.54%	-2.19%	3.82%	0.93%	-3.12%
云南	0.42%	-0.62%	1.24%	-0.71%	0.09%	2.46%	-2.81%	5.49%	0.52%	-3.31%
西藏	3.51%	-0.09%	3.81%	0.00%	-0.09%	0.52%	-3.40%	4.36%	0.00%	-3.40%
陕西	2.45%	3.40%	-0.89%	3.41%	-0.01%	3.85%	1.40%	2.33%	1.24%	0.14%
甘肃	4.66%	3.80%	0.88%	3.38%	0.41%	-3.37%	-6.31%	3.12%	-6.02%	-0.28%
青海	8.92%	3.67%	5.18%	3.50%	0.21%	-1.86%	-4.45%	2.81%	-0.80%	-3.58%
宁夏	10.18%	6.34%	3.70%	6.89%	-0.38%	0.13%	-0.38%	0.66%	3.11%	-3.14%
新疆	4.87%	-2.20%	7.05%	-2.06%	-0.14%	-0.79%	-1.29%	0.84%	-0.59%	-0.56%

2004—2013 年，全国第二产业 TFP 增长率由 9.23% 下降至 -4.11%，此后逐步回升 5.97%。图 5-30 表明，全国第二产业 TFP 增长率在 2011 年后主要表现为技术进步变化为主的“单轮驱动”型增长，即存在明显的“扩散效应”，技术效率变化受规模效率变化的影响表现较弱。

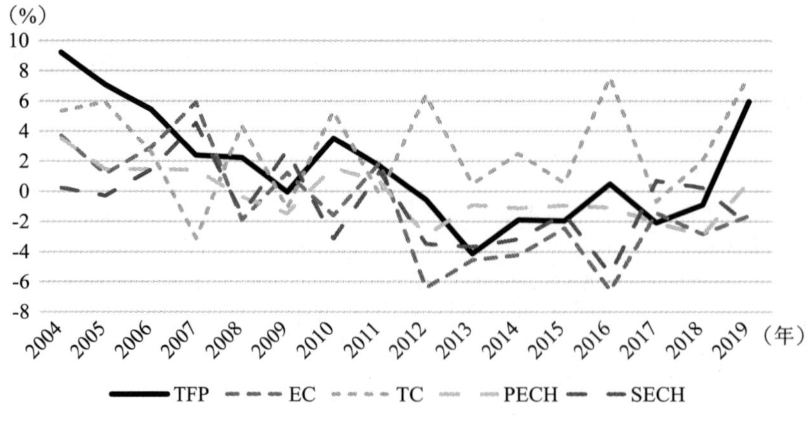

图 5-30 全国第二产业 TFP 增长率及其分解

2004—2011 年，西部地区第二产业 TFP 平均增速最高，其次是东部地区，东北部地区和中部地区平均增速基本持平，具体见图 5－31。从分解结果来看，全国和西部地区的技术效率变化与技术进步变化较为接近，表现为“双轮驱动”型增长，但技术效率变化的进一步分解结果存在差异，全国的纯技术效率变化和规模效率变化较为接近，而西部地区的规模效率变化明显低于纯技术效率变化。东部地区和东北部地区均表现为以技术进步变化为主的“单轮驱动”型增长，东部地区纯技术效率提升缓慢，东北部地区规模效率存在衰退现象。中部地区则表现为以技术效率变化为主的“单轮驱动”型增长，技术进步提升缓慢。

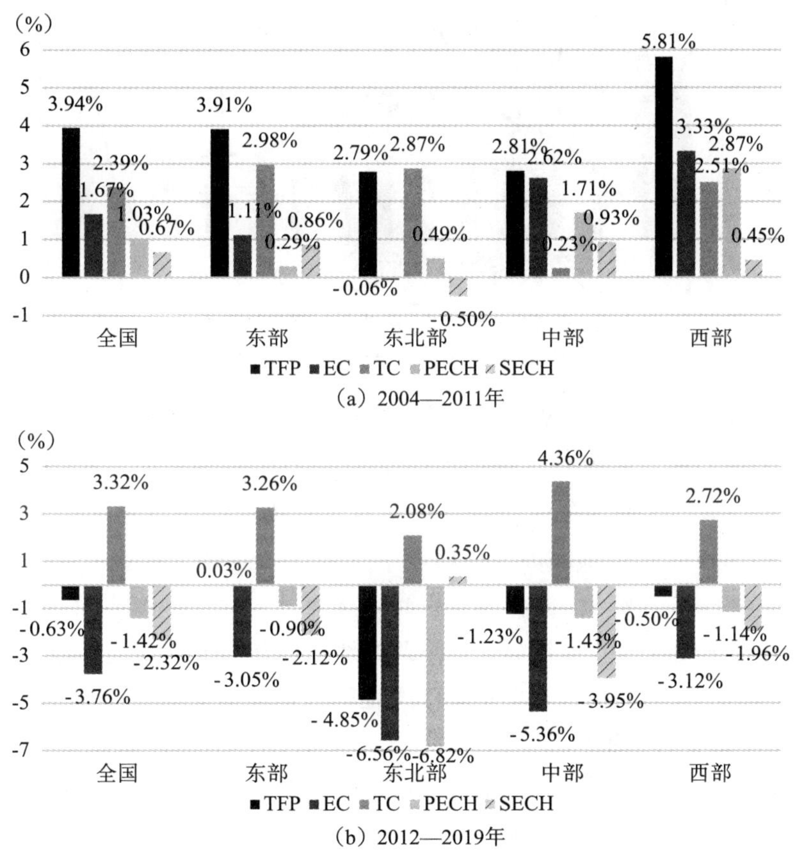

图 5－31 全国与各地区第二产业 TFP 平均增长率及其分解

2012—2019 年，仅东部地区第二产业平均增速略大于 0，东北部地区平均增速最低，全国平均增速小于 0。全国和各地区技术进步均表现为正增长，但技术效率严重衰退，仅东北部地区规模效率表现为正增长，全国和其他地区均出现了纯技术效率和规模效率共同衰退的现象。

从上述结果来看，近年来第二产业 TFP 增长率转变为以技术进步为主的“单轮驱动”型增长，同样应注重技术效率的提升，并且应同时重视纯技术效率和规模效率的共同发展。

图5－32显示了第二产业TFP增长率的总体Dagum基尼系数呈现“W”形走势。2012—2018年，第二产业TFP增长率的区域差异逐渐减小，但2019年迅速扩大，Dagum基尼系数回升至0.3065，远高于同期第一、第三产业和总体TFP增速的区域差异。从分解结果来看，超变密度是区域差异的主要原因，尽管2019年有所下降，但近5年超变密度贡献率达到了49.44%；地区内差异贡献率变化较为平稳，近5年平均贡献率为28.72%；地区间差异贡献率最小，但在2019年有明显的回升，近5年平均贡献率为21.84%。

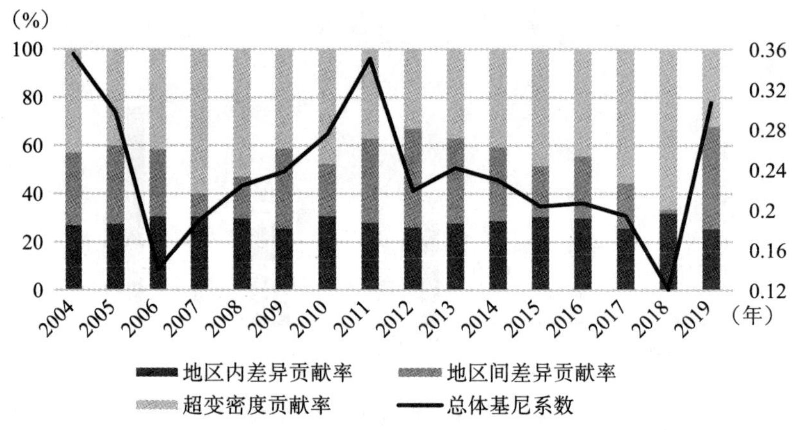

图5－32 第二产业TFP增长率Dagum基尼系数及其分解

2006—2017年，第二产业TFP增长率在西部地区内差异明显大于全国总体差异，中部地区内差异在全国总体差异上下浮动，东部、东北部地区内差异长期小于全国总体差异，而在2018—2019年，各地区内差异趋近于全国总体差异。第二产业TFP增长率在中部与西部、东北部与其他地区间差异在个别时间点大于全国总体差异，2018—2019年，各地区间差异变化与全国总体差异相似，但东北部地区与其他地区间差异较大，主要原因在于东北部地区第二产业TFP增长率明显低于其他地区。具体见图5－33。

（四）第三产业全要素生产率

从第三产业全要素生产率的计算结果来看，东部地区的第三产业TFP增长率领先于其他地区，东北部地区的第三产业TFP增长率最低，具体见表5－14。样本期内，全国各地区的第三产业TFP增长率都表现出明显的衰退迹象。2004—2011年，第三产业TFP增长率较高的省市包括东部地区的江苏、浙江、上海、天津、北京等地，西部地区的内蒙古、宁夏、贵州等地；平均增长率为负的省市包括安徽、广西、吉林、黑龙江、河南和辽宁等地。2012—2019年，仅北京、重庆、上海、江苏、陕西、浙江和辽宁的第三产业TFP增长率均值大于0，平均增长率较低的省市主要集中在东北部地区和西部地区，如黑龙江、甘肃、吉林、青海等地。尽管近年来第三产业发展较快，但从TFP增长率测算结果来看，应更注重第三产业的经济发展质量，确保第三产业的长期发展活力。

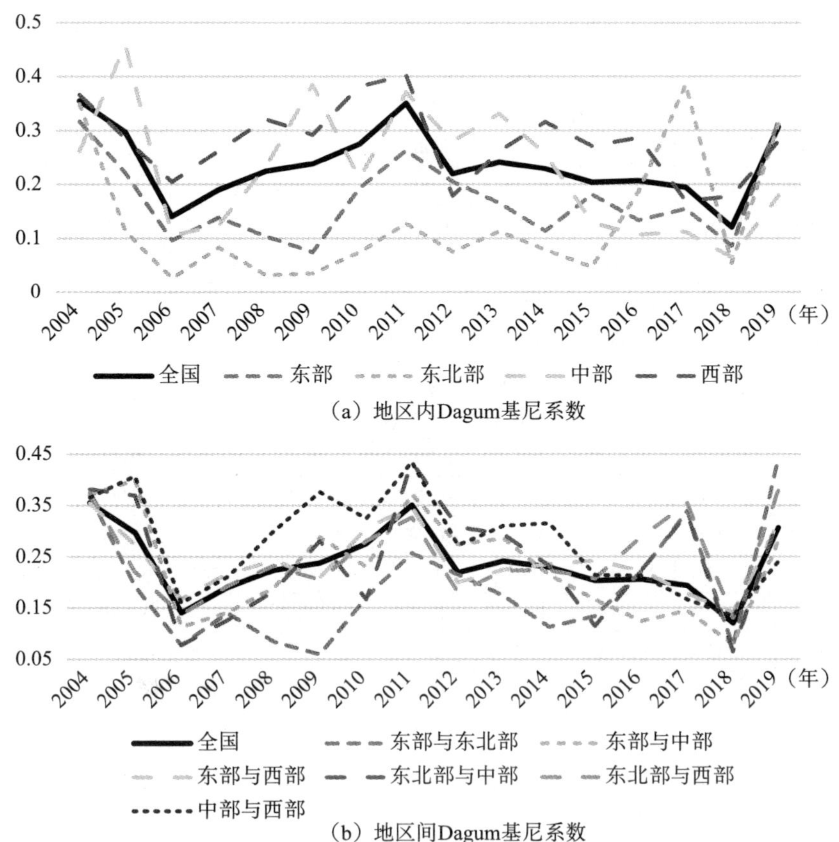

图 5－33 第二产业 TFP 增长率地区内与地区间 Dagum 基尼系数演变

表 5－14 2004—2019 年第三产业平均 TFP 增长率及其分解

省份	2004—2011 年					2012—2019 年				
	TFP	EC	TC	PECH	SECH	TFP	EC	TC	PECH	SECH
北京	4.60%	0.01%	4.55%	0.00%	0.00%	3.64%	0.00%	3.64%	0.00%	0.00%
天津	5.39%	1.56%	3.81%	0.51%	1.03%	-3.59%	-6.57%	3.26%	-5.68%	-0.89%
河北	-1.67%	-2.31%	0.62%	-2.72%	0.41%	-4.43%	-4.37%	0.09%	-3.42%	-1.00%
山西	-1.58%	-1.60%	-0.05%	-0.84%	-0.81%	-4.38%	-2.74%	-1.68%	-2.25%	-0.45%
内蒙古	5.55%	1.49%	3.98%	1.14%	0.37%	-3.60%	-5.17%	1.80%	-4.52%	-0.72%
辽宁	-2.11%	-4.05%	2.07%	-4.41%	0.35%	0.08%	-3.02%	3.41%	-3.01%	-0.02%
吉林	-3.53%	-3.62%	0.11%	-3.01%	-0.63%	-6.24%	-5.50%	-0.49%	-5.13%	-0.33%
黑龙江	-2.50%	-2.35%	-0.09%	-1.60%	-0.76%	-8.59%	-6.70%	-1.77%	-6.14%	-0.42%
上海	5.42%	0.34%	5.06%	0.24%	0.10%	3.37%	-0.06%	3.39%	-0.01%	-0.06%
江苏	8.89%	5.15%	3.59%	4.98%	0.17%	1.60%	-0.60%	2.46%	0.28%	-0.88%
浙江	5.86%	2.13%	3.71%	2.36%	-0.21%	0.84%	-1.83%	2.95%	-1.31%	-0.56%
安徽	-4.72%	-4.61%	-0.08%	-5.08%	0.47%	-0.20%	1.27%	-1.63%	1.25%	-0.06%
福建	-1.24%	-2.54%	1.32%	-2.30%	-0.25%	-2.61%	-3.49%	1.00%	-3.34%	-0.16%
江西	2.08%	2.06%	0.09%	1.97%	0.08%	-2.14%	-0.63%	-1.52%	-0.84%	0.20%

续表

省份	2004—2011 年					2012—2019 年				
	TFP	EC	TC	PECH	SECH	TFP	EC	TC	PECH	SECH
山东	1.96%	1.17%	0.74%	0.19%	0.96%	-3.25%	-2.68%	-0.22%	-0.94%	-1.91%
河南	-2.14%	-2.07%	-0.05%	-3.15%	1.09%	-3.10%	-1.66%	-1.44%	-0.96%	-0.70%
湖北	-1.66%	-1.59%	-0.08%	-2.16%	0.57%	-3.32%	-2.32%	-1.05%	-1.95%	-0.38%
湖南	0.37%	0.49%	-0.08%	-0.20%	0.65%	-4.48%	-3.41%	-1.02%	-3.30%	-0.10%
广东	2.28%	0.00%	2.28%	0.00%	0.00%	-2.06%	-1.21%	-0.81%	0.00%	-1.21%
广西	-4.54%	-4.49%	-0.08%	-3.92%	-0.57%	-4.75%	-4.27%	-0.44%	-4.76%	0.52%
海南	-1.97%	-2.16%	0.22%	-1.52%	-0.62%	-5.97%	-5.22%	-0.79%	-4.26%	-1.00%
重庆	1.19%	-1.30%	2.60%	-1.07%	-0.25%	3.60%	1.72%	2.12%	1.67%	0.10%
四川	-0.83%	-0.84%	-0.01%	-2.12%	1.29%	-0.95%	-0.01%	-0.83%	1.36%	-1.35%
贵州	3.77%	3.51%	0.17%	4.46%	-0.89%	-3.09%	-4.57%	1.47%	-5.15%	0.63%
云南	-1.49%	-1.72%	0.28%	-1.14%	-0.59%	-4.86%	-4.03%	-1.04%	-4.74%	0.71%
西藏	0.71%	-2.28%	3.11%	0.00%	-2.28%	-1.89%	-1.74%	0.19%	0.00%	-1.74%
陕西	-0.36%	-0.82%	0.47%	-0.67%	-0.18%	1.13%	-1.86%	3.34%	-2.20%	0.33%
甘肃	-1.48%	-1.41%	-0.07%	-0.37%	-1.03%	-6.51%	-5.46%	-1.11%	-5.05%	-0.41%
青海	-0.25%	-0.54%	0.28%	0.21%	-0.75%	-6.05%	-5.46%	-0.39%	-3.16%	-2.08%
宁夏	5.47%	3.40%	2.11%	5.01%	-1.35%	-3.66%	-4.91%	1.45%	0.00%	-4.90%
新疆	0.03%	-1.20%	1.35%	-0.51%	-0.67%	-3.46%	-2.35%	-1.18%	-2.29%	-0.06%

2009—2017 年，全国第三产业 TFP 增速进入长期负增长状态，2018 年短暂回升至 3.01%后，2019 年第三产业 TFP 增速再次下降至 -0.25%。从分解结果来看，2004—2008 年、2017—2019 年表现为以技术进步变化为主的“单轮驱动”型增长，即存在明显的“扩散效应”；2009—2016 年，技术进步变化和技术效率变化较为接近，具体见图 5-34。

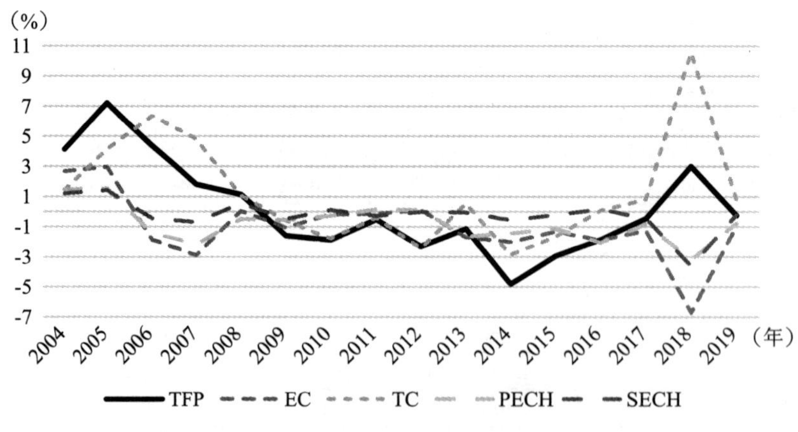

图 5-34 全国第三产业 TFP 增长率及其分解

从全国与各地区第三产业 TFP 增长率均值来看，东部地区高于全国平均水平，东北部、中部地区长期表现为负增长，西部地区则由正增长转变为负增长，具体见图 5-35。

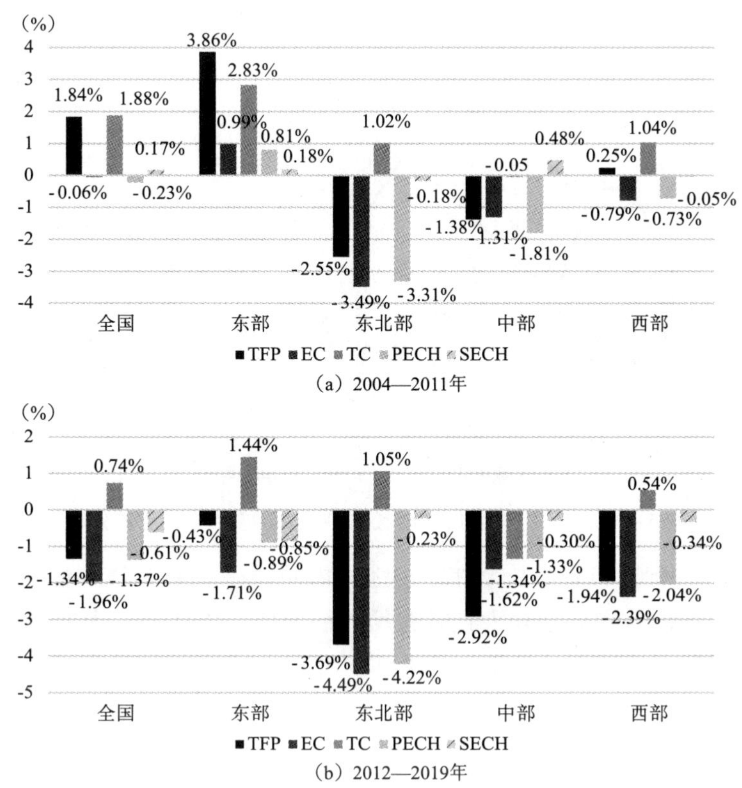

图5-35 全国与各地区第三产业TFP平均增长率及其分解

2004—2011年，东部地区第三产业TFP平均增速最高为3.86%，其次是西部地区平均增速为0.25%，中部地区和东北部地区平均增速均小于0，分别为-1.38%和-2.55%。从分解结果来看，全国和各地区均表现为技术进步为主的“单轮驱动”型增长，仅东部地区的技术效率表现为正增长。进一步分解结果表明，东部地区技术效率增长缓慢原因在于规模效率增长较低，而全国和其他地区则归因于纯技术效率衰退严重。

2012—2019年，全国和各地区第三产业TFP平均增速均小于0，东部地区最高为-0.43%，东北部地区最低仅为-3.69%。从分解结果来看，全国、东部、东北部和西部地区仍表现为以技术进步为主的“单轮驱动”型增长，且技术进步为正增长，技术效率中的纯技术效率衰退严重。中部地区的技术效率变化和技术进步变化较为接近，纯技术效率衰退是技术效率下降的主要原因。

从上述结果来看，近年来第三产业TFP增长普遍衰退。作为全国和地方产业结构的主导产业，第三产业越来越成为经济增长和经济转型的主要动力，因此在保持制造业比重基本稳定的同时，第三产业应更加注重技术效率中的纯技术效率的提升。

图5-36显示，第三产业TFP增长率的总体Dagum基尼系数近年来下降明显，自2011年的0.3418下降至2019年的0.1143，下降幅度达66.55%，说明第三产业TFP增速的区域差异正在逐渐缩小。从分解结果来看，地区间差异和超变密度贡献率非常接近，近

5 年平均贡献率分别为 36.46% 和 36.52%；地区内差异贡献率略小，近 5 年平均贡献率为 27.02%。

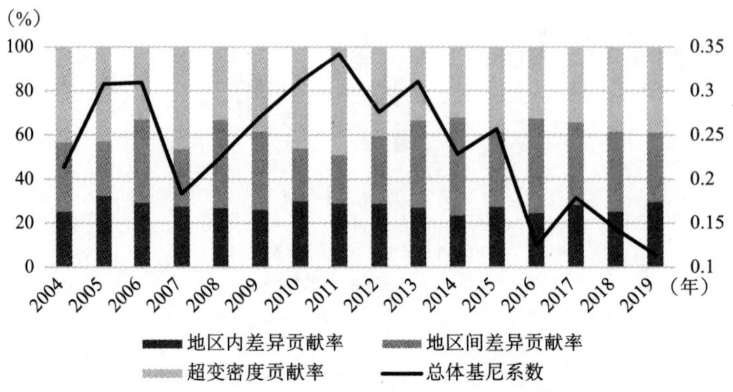

图 5-36　第三产业 TFP 增长率 Dagum 基尼系数及其分解

整体来看，第三产业 TFP 增长率在东部地区内差异小于全国总体差异，但近年来有上升趋势；东北部地区内差异波动较大且时有反复；中部、西部地区内差异与全国总体差异走势较为接近，近年来逐渐缩小。第三产业 TFP 增长率在中部与西部、东北部与其他地区间差异长期大于全国总体差异，东部与中部、东部与西部地区间差异与全国总体差异较为接近，具体见图 5-37。

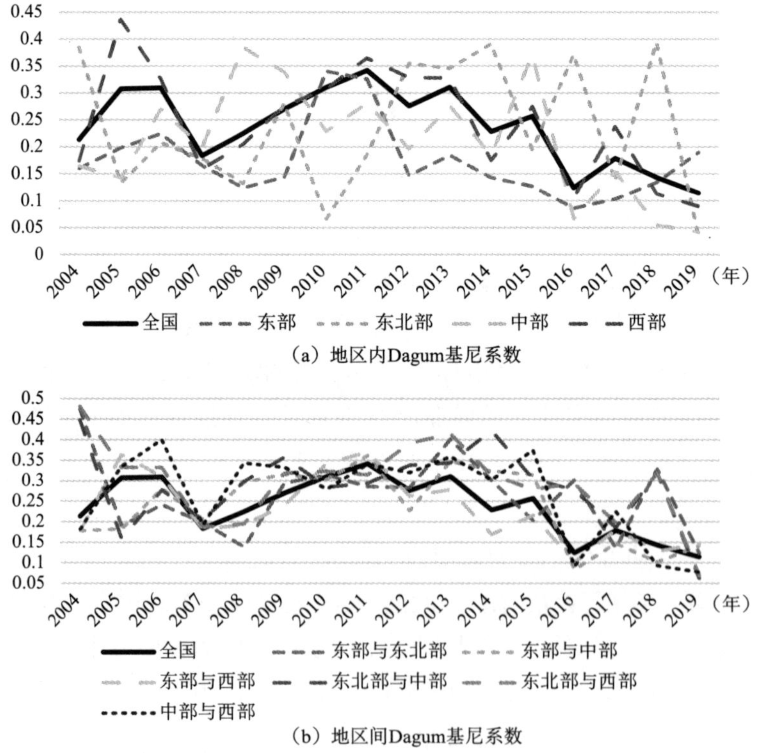

（a）地区内Dagum基尼系数

（b）地区间Dagum基尼系数

图 5-37　第三产业 TFP 增长率地区内与地区间 Dagum 基尼系数演变

第四节　要素供给与经济增长的实证分析

新发展格局同时包含国内大循环、国内国际双循环两方面，需在开放背景下考察供给要素与经济增长之间的相互关系。具体而言，本节将考察供给要素与国内经济发展规模、对外开放间的关系。

一、变量选取与研究方法

关于经济发展规模，采用人均 GDP 增速进行衡量。关于对外开放，将其分为贸易开放与金融开放两方面，贸易开放采用进出口总额与名义 GDP 之比进行度量，金融开放采用实际利用外资额与对外直接投资额之和同名义 GDP 之比进行度量（张成思和朱越腾，2017）。研究对象为 2007—2019 年的省级面板数据，数据来源于 WIND 数据库。

考虑到变量间可能存在相互的影响关系，因此采用面板 VAR 模型进行分析：

$$X_{i,t} = \beta_0 + \sum_{j=1}^{q} \beta_j X_{i,t-j} + \tau_i + \gamma_t + \varepsilon_{it} \qquad (5-24)$$

其中 $i=1, 2, \cdots, N$，代表 N 个省和直辖市；$t=1, 2, \cdots, T$，代表样本长度为 T 个时间点；τ_i代表地区固定效应；γ_t代表时间效应；ε_{it}为随机扰动项；$X_{i,t}$表示由 k 个变量组成的列向量，包括供给要素、人均 GDP 增速、贸易开放度、金融开放度。

在采用面板 VAR 模型进行分析前，首先检验供给要素与各经济增长变量间是否构成因果关系。考虑到本书的数据集为短面板数据，因此采用 Dumitrescu 和 Hurlin（2012）提出的方法进行面板 Granger 因果检验，该方法的优势在于适用于检验异质性短面板数据间的因果关系。考虑到样本期较短以及模型设定要求，滞后阶数均取滞后 1 期。同时，由于东北部地区仅包含 3 个省市，单独进行分析会存在样本量不足的问题，因此将东北部地区与东部地区合并。

二、人力资本与经济增长

表 5－15 检验了人力资本增速与经济发展规模、贸易开放度、金融开放度之间的双向 Granger 因果关系。在全国的 Granger 因果检验结果中，人力资本与经济发展规模、贸易开放和金融开放之间均存在双向的 Granger 因果关系。分区域 Granger 因果检验说明区域间存在一定的异质性，东部地区未检验出贸易开放对人力资本的影响；中部地区检验出人力资本与贸易开放间存在双向影响，金融开放对人力资本增速有重要影响；西部地区的检验表明人力资本与经济发展规模、贸易开放和金融开放之间均存在双向 Granger 因果关系。

表 5-15　　人力资本与经济增长间的 Granger 因果检验结果

原假设	统计量	P 值	结论
全国			
人力资本增速不是经济发展规模的 Granger 原因	4.8079***	0.0000	拒绝原假设
经济发展规模不是人力资本增速的 Granger 原因	3.7921***	0.0001	拒绝原假设
人力资本增速不是贸易开放度的 Granger 原因	14.9880***	0.0000	拒绝原假设
贸易开放度不是人力资本增速的 Granger 原因	4.6591***	0.0000	拒绝原假设
人力资本增速不是金融开放度的 Granger 原因	11.3037***	0.0000	拒绝原假设
金融开放度不是人力资本增速的 Granger 原因	5.9032***	0.0000	拒绝原假设
东部			
人力资本增速不是经济发展规模的 Granger 原因	4.8020***	0.0000	拒绝原假设
经济发展规模不是人力资本增速的 Granger 原因	2.8872***	0.0039	拒绝原假设
人力资本增速不是贸易开放度的 Granger 原因	17.7444***	0.0000	拒绝原假设
贸易开放度不是人力资本增速的 Granger 原因	0.0397	0.9683	不能拒绝原假设
人力资本增速不是金融开放度的 Granger 原因	12.6926***	0.0000	拒绝原假设
金融开放度不是人力资本增速的 Granger 原因	2.5284**	0.0115	拒绝原假设
中部			
人力资本增速不是经济发展规模的 Granger 原因	1.2857	0.1986	不能拒绝原假设
经济发展规模不是人力资本增速的 Granger 原因	0.6165	0.5375	不能拒绝原假设
人力资本增速不是贸易开放度的 Granger 原因	3.5881***	0.0003	拒绝原假设
贸易开放度不是人力资本增速的 Granger 原因	2.8808***	0.0040	拒绝原假设
人力资本增速不是金融开放度的 Granger 原因	-0.4238	0.6717	不能拒绝原假设
金融开放度不是人力资本增速的 Granger 原因	4.7949***	0.0000	拒绝原假设
西部			
人力资本增速不是经济发展规模的 Granger 原因	1.8205*	0.0687	拒绝原假设
经济发展规模不是人力资本增速的 Granger 原因	2.6538***	0.0080	拒绝原假设
人力资本增速不是贸易开放度的 Granger 原因	3.0837***	0.0020	拒绝原假设
贸易开放度不是人力资本增速的 Granger 原因	5.4101***	0.0000	拒绝原假设
人力资本增速不是金融开放度的 Granger 原因	5.2569***	0.0000	拒绝原假设
金融开放度不是人力资本增速的 Granger 原因	3.4659***	0.0005	拒绝原假设

注：***、**和*分别代表在0.01、0.05和0.1显著性水平下显著。

经济发展方面，全国和各地区的人力资本均对经济发展规模有显著的正向影响，东部地区的影响最强，全国、东部和西部地区人力资本对经济发展规模的正向影响在大约3—4期后趋近于0，中部地区则在2期后趋近于0；全国和各地区的经济发展规模同样对人力资本存在正向影响，西部地区的影响最强，全国、东部和中部地区的影响大致接近，均在大约3期后趋近于0。这说明不仅人力资本对经济发展规模有促进作用，地方的经济发展同样有助于人力资本的提升。

对外开放方面，全国和各地区的人力资本对贸易开放度有正向影响，但影响程度相对较为微弱①；贸易开放度在第1期对人力资本存在正向影响，此后迅速衰减，尤其是西部地区在第2期转变为负向影响，但影响程度同样较为微弱。全国、东部和西部地区的人力

① 样本期内，全国和各地区的外贸开放度均值为30.28%。

资本对金融开放度有显著的正向影响，而对西部地区的金融开放度表现为微弱的负向影响；全国、东部和西部地区的金融开放度在第 1 期对人力资本存在正向影响，在第 2 期迅速衰减，而西部地区的金融开放度则对人力资本存在微弱的负向影响。

从人力资本与经济增长的脉冲响应结果来看，人力资本与经济发展规模间的相互正向影响最为显著，人力资本与贸易开放、金融开放间的关系大致相近，即全国、东部和西部地区的人力资本与对外开放间存在长期的正向影响，对外开放对人力资本的影响期较短，而中部地区的人力资本与对外开放间的影响较弱，具体见图 5－38。

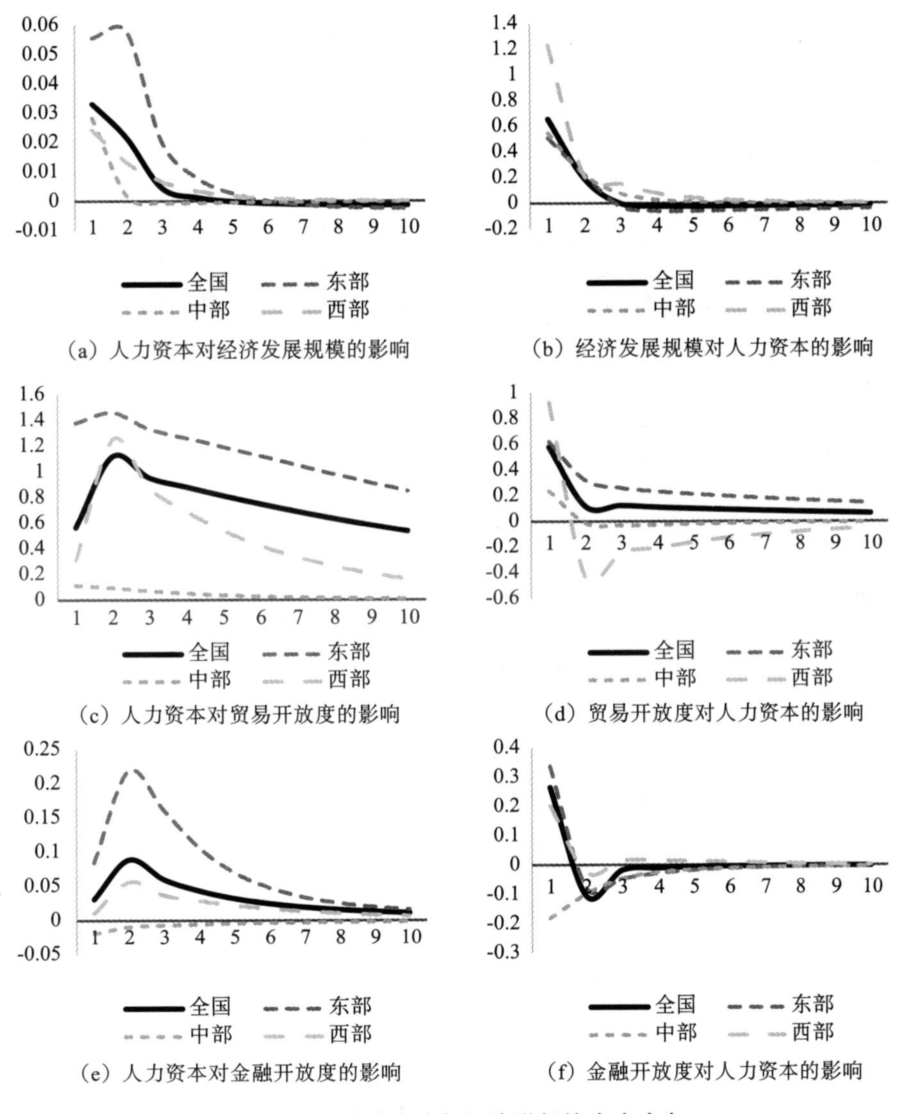

图 5－38　人力资本与经济增长的脉冲响应

三、资本要素与经济增长

表5－16检验了资本存量增速与经济发展规模、贸易开放度、金融开放度之间的双向Granger因果关系。全国、东部和西部地区的检验表明，资本存量与经济发展规模、贸易开放和金融开放之间均存在双向的Granger因果关系；中部地区未检验出资本存量对经济发展规模的影响。

表5－16　资本存量与经济增长间的Granger因果检验结果

原假设	统计量	P值	结论
全国			
资本存量增速不是经济发展规模的Granger原因	1.7727*	0.0763	拒绝原假设
经济发展规模不是资本存量增速的Granger原因	79.1753***	0.0000	拒绝原假设
资本存量增速不是贸易开放度的Granger原因	9.2896***	0.0000	拒绝原假设
贸易开放度不是资本存量增速的Granger原因	16.7228***	0.0000	拒绝原假设
资本存量增速不是金融开放度的Granger原因	12.0937***	0.0000	拒绝原假设
金融开放度不是资本存量增速的Granger原因	22.9693***	0.0000	拒绝原假设
东部			
资本存量增速不是经济发展规模的Granger原因	8.9034***	0.0000	拒绝原假设
经济发展规模不是资本存量增速的Granger原因	9.6574***	0.0000	拒绝原假设
资本存量增速不是贸易开放度的Granger原因	5.1102***	0.0000	拒绝原假设
贸易开放度不是资本存量增速的Granger原因	10.8557***	0.0000	拒绝原假设
资本存量增速不是金融开放度的Granger原因	4.9486***	0.0000	拒绝原假设
金融开放度不是资本存量增速的Granger原因	25.1584***	0.0000	拒绝原假设
中部			
资本存量增速不是经济发展规模的Granger原因	1.6145	0.1064	不能拒绝原假设
经济发展规模不是资本存量增速的Granger原因	5.6571***	0.0000	拒绝原假设
资本存量增速不是贸易开放度的Granger原因	2.2160*	0.0267	拒绝原假设
贸易开放度不是资本存量增速的Granger原因	4.7710***	0.0000	拒绝原假设
资本存量增速不是金融开放度的Granger原因	4.3081***	0.0000	拒绝原假设
金融开放度不是资本存量增速的Granger原因	5.6167***	0.0000	拒绝原假设
西部			
资本存量增速不是经济发展规模的Granger原因	2.3985**	0.0165	拒绝原假设
经济发展规模不是资本存量增速的Granger原因	2.3412**	0.0192	拒绝原假设
资本存量增速不是贸易开放度的Granger原因	8.0451***	0.0000	拒绝原假设
贸易开放度不是资本存量增速的Granger原因	12.2057***	0.0000	拒绝原假设
资本存量增速不是金融开放度的Granger原因	11.2410***	0.0000	拒绝原假设
金融开放度不是资本存量增速的Granger原因	6.7606***	0.0000	拒绝原假设

注：***、**和*分别代表在0.01、0.05和0.1显著性水平下显著。

经济发展方面，全国、东部和西部地区的资本存量对经济发展规模有显著的正向影响，中部地区资本存量在第1期对经济发展规模表现为负向影响，此后迅速转为正向影响，但影响程度较为微弱；全国、东部和西部地区的经济发展规模同样对资本存量有正向影响，中部地区则表现为负向影响，直至第 6 期后转为正向影响。

对外开放方面，全国和各地区的资本存量对贸易开放度的影响程度相对较为微弱，而贸易开放度对资本存量的影响在第 2—3 期后表现为正向影响，并且影响期数较长；全国和各地区的资本存量对金融开放度存在较为显著的正向影响，东部地区的影响最强，中部和西部地区的影响最弱，全国、东部和西部地区的金融开放度同样对资本存量存在正向影响，而中部地区金融开放度对资本存量的影响在第 2 期迅速转为负向影响。

从资本存量与经济增长的脉冲响应结果来看，全国、东部和西部地区的资本存量与经济发展规模间存在相互的正向影响，资本存量对金融开放的影响同样较为显著，而对贸易开放的影响非常微弱，具体见图 5－39。

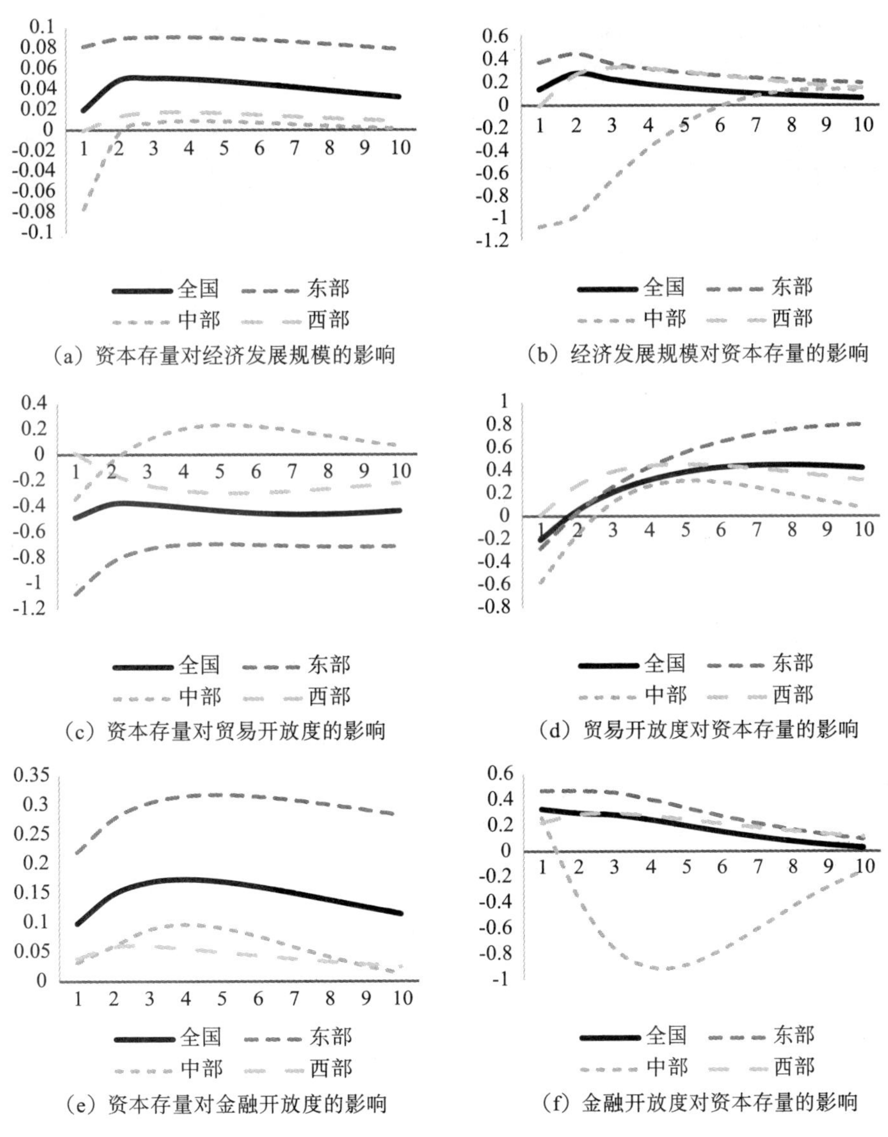

图 5－39　资本存量与经济增长的脉冲响应

四、技术要素与经济增长

表5-17检验了全要素生产率增速与经济发展规模、贸易开放度、金融开放度之间的双向Granger因果关系。

表5-17　技术要素与经济增长间的Granger因果检验结果

原假设	统计量	P值	结论
全国			
TFP增速不是经济发展规模的Granger原因	-0.7953	0.4265	不能拒绝原假设
经济发展规模不是TFP增速的Granger原因	4.0730***	0.0000	拒绝原假设
TFP增速不是贸易开放度的Granger原因	-0.1720	0.8634	不能拒绝原假设
贸易开放度不是TFP增速的Granger原因	5.7134***	0.0000	拒绝原假设
TFP增速不是金融开放度的Granger原因	6.2474***	0.0000	拒绝原假设
金融开放度不是TFP增速的Granger原因	3.7437***	0.0002	拒绝原假设
东部			
TFP增速不是经济发展规模的Granger原因	-1.7992*	0.0720	拒绝原假设
经济发展规模不是TFP增速的Granger原因	2.3944**	0.0166	拒绝原假设
TFP增速不是贸易开放度的Granger原因	-1.5200	0.1285	不能拒绝原假设
贸易开放度不是TFP增速的Granger原因	5.9482***	0.0000	拒绝原假设
TFP增速不是金融开放度的Granger原因	8.5749***	0.0000	拒绝原假设
金融开放度不是TFP增速的Granger原因	0.9153	0.3600	不能拒绝原假设
中部			
TFP增速不是经济发展规模的Granger原因	0.0775	0.9382	不能拒绝原假设
经济发展规模不是TFP增速的Granger原因	2.2274**	0.0259	拒绝原假设
TFP增速不是贸易开放度的Granger原因	-0.9779	0.3281	不能拒绝原假设
贸易开放度不是TFP增速的Granger原因	-0.7568	0.4492	不能拒绝原假设
TFP增速不是金融开放度的Granger原因	0.5501	0.5822	不能拒绝原假设
金融开放度不是TFP增速的Granger原因	5.1894***	0.0000	拒绝原假设
西部			
TFP增速不是经济发展规模的Granger原因	0.5397	0.5894	不能拒绝原假设
经济发展规模不是TFP增速的Granger原因	2.4794**	0.0132	拒绝原假设
TFP增速不是贸易开放度的Granger原因	1.9970**	0.0458	拒绝原假设
贸易开放度不是TFP增速的Granger原因	3.5271***	0.0004	拒绝原假设
TFP增速不是金融开放度的Granger原因	0.7272	0.4671	不能拒绝原假设
金融开放度不是TFP增速的Granger原因	1.3950	0.1630	不能拒绝原假设

注：***、**和*分别代表在0.01、0.05和0.1显著性水平下显著。

在全国的Granger因果检验结果中，经济发展规模、贸易开放是TFP增速的Granger原因，TFP增速与金融开放间存在双向Granger因果关系。由分区域的检验结果汇总可知，东部地区的TFP增速与经济发展规模间存在双向Granger因果关系，中部和西部地区未检验出TFP增速对经济发展规模的影响；东部地区的贸易开放对TFP增速有重要影响，中部地区未检验出TFP增速与贸易开放间的双向影响，西部地区则表明TFP增速与贸易开放间存在双向Granger因果关系；东部地区检验出TFP增速对金融开放有重要影响，中部地区与之相反，而西部地区未检验出TFP增速与金融开放间的双向影响。

经济发展方面，全国和各地区的技术要素与经济发展规模之间均存在显著的正向影响，且全国和各地区的影响强度非常接近，在第2期迅速开始趋近于0。

对外开放方面，全国和各地区的技术要素对贸易开放度的影响程度相对较为微弱，全国和东部地区的贸易开放度对技术要素的影响非常微弱，中部和西部地区贸易开放度对技术要素在第1期存在显著的正向影响，但在第2期迅速衰退并趋近于0；全国和各地区的技术要素对金融开放度的影响同样微弱，全国、东部和中部地区金融开放度对技术要素的正向影响在第2期达到最大，此后开始衰减，西部地区金融开放度对技术要素的正向影响则在第3期趋近于0。

从技术要素与经济增长的脉冲响应结果来看，全国和各地区的技术要素与经济发展规模间存在显著的双向正向影响，技术要素对对外开放的影响微弱，而对外开放对技术要素具有显著的正向影响，但存在区域异质性，具体见图5-40。

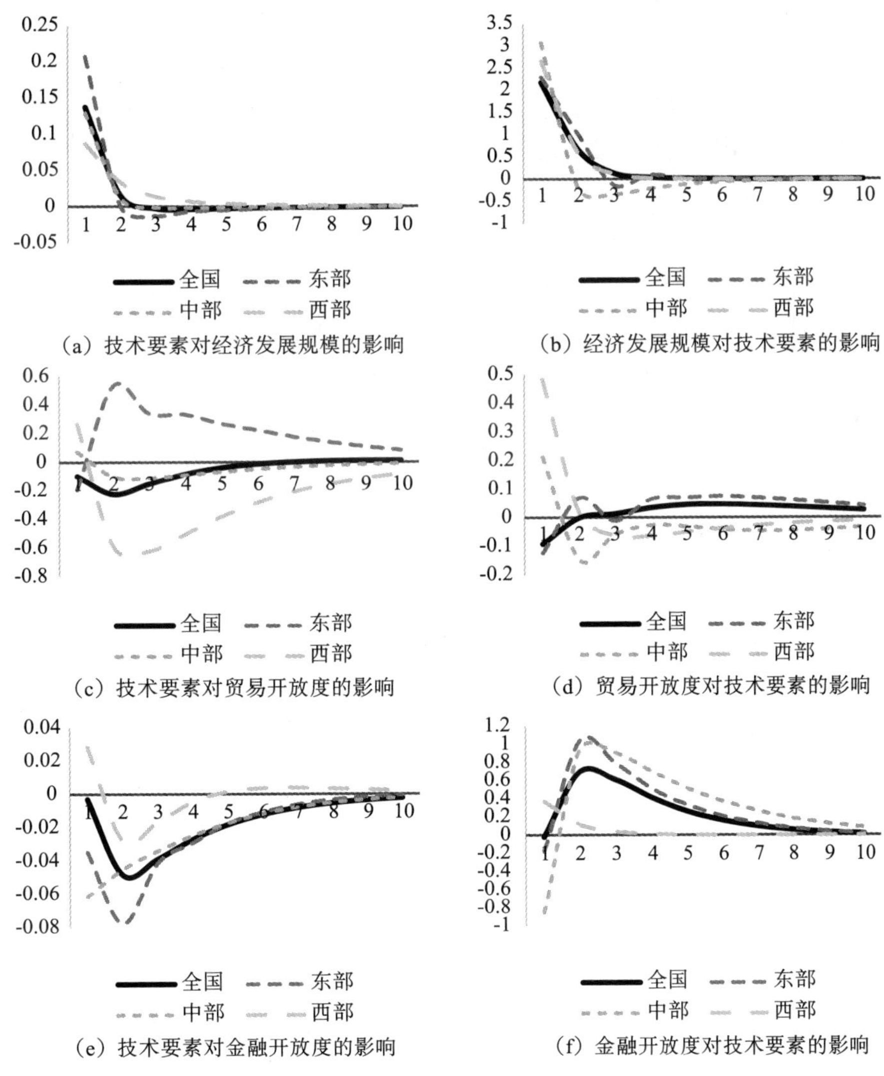

(a) 技术要素对经济发展规模的影响

(b) 经济发展规模对技术要素的影响

(c) 技术要素对贸易开放度的影响

(d) 贸易开放度对技术要素的影响

(e) 技术要素对金融开放度的影响

(f) 金融开放度对技术要素的影响

图5-40　技术要素与经济增长的脉冲响应

第五节 本章小结

人力资本要素测算的结果表明，我国人力资本水平总体处于上升过程，但与欧美等发达国家仍有一定差距。人力资本存量较高的省份主要集中在经济发达的人口大省，东南地区的人力资本存量总体高于西部地区，西部地区的劳动力受教育程度不平衡问题最为严重。根据对资本要素的测算，我国三大产业资本存量总体呈现上升趋势，但上升速度有所放缓，且东北部地区三大产业的资本存量增速下降尤为明显，同时资本深化表现出与“东高西低”经济梯度相反的分布。无论是资本深化程度还是资本深化的速度，区域差异都在不断扩大。技术要素的测算结果显示，全国和各区域的总体全要素生产率增速和三大产业全要素生产率增速严重放缓，近年来均处于较低水平。三种供给要素与经济发展规模、贸易开放和金融开放三种经济增长变量存在相互的 Granger 因果关系，但在区域间存在异质性，通过省级面板 VAR 模型发现供给要素与经济增长变量间的影响关系同样具有区域异质性。

市场经济发展的经验和规律表明，建设统一开放、竞争有序的市场体系，是使市场在资源配置中起决定性作用的基础和条件。改革开放以来，我国的商品和服务市场快速发展，但要素市场发展明显滞后。劳动力、资本、技术等要素配置范围受限、自由流动受限、配置效率受限，本章的实证分析是一佐证。“十四五”时期要持续推进和有效落实国务院《关于构建更加完善的要素市场化配置体制机制的意见》，促进要素自主有序流动，缓解区域间要素配置失衡，加快要素价格市场化改革，健全要素市场运行机制，从而推动我国经济高质量发展。

第六章
需求结构优化与经济增长分析

本章从新基建、消费升级和新型城镇化三个方面分析构建新发展格局进程中的需求结构特征。基于 DEA 方法和 Malmquist 指数测算了新基建相关行业的全要素生产率及其分解结果，结合新发展格局背景下消费升级和新型城镇化的基本内涵和新特征，基于熵值法在省级层面编制了消费升级指数和新型城镇化指数，在时间维度上进行纵向的演变分析，在空间维度上进行横向的比较分析。同时利用省级层面的测度结果，通过面板 Granger 因果检验法验证了需求要素与经济增长间的因果关系，包括经济发展规模、贸易开放和金融开放等方面，并通过面板 VAR 模型实证分析了三种需求要素与经济增长间的互动关系。

第一节　新基建全要素生产率的测算与时空演变特征

对于新基建，不仅要从数量上关注其投入和规模增长情况，更要从发展质量上进行分析。通过测算新基建全要素生产率，有助于更客观地认识新发展格局下新基建的发展现状。

一、数据说明

根据国家发改委的文件精神，新基建主要包括信息类基础设施、融合类基础设施和创新类基础设施。关于新基建所涉及的行业，现有文献在研究过程中有着不同的认识。结合文件精神和现有文献的研究成果（见表 6－1），同时考虑数据的可获性，在测算新基建全要素生产率的过程中，最终选取计算机、通信和其他电子设备制造业、互联网相关服务业、电信、广播电视和卫星传输服务业以及软件和信息技术服务业共 1 个制造业和 3 个服务业作为新基建涉及行业。

表 6 – 1 关于新基建涉及行业的不同看法

文献	选取行业
郭凯明等（2020）	专用设备制造业；计算机、通信和其他电子设备制造业；信息传输、软件和信息技术服务业；科学研究、技术服务和地质勘查业
钞小静等（2020）	通信及相关设备制造业；计算机及相关设备制造业
姜卫民等（2020）	信息传输、计算机服务与软件业；卫生和社会工作
尚文思（2020）	电力供应业；铁路运输业；互联网和相关服务业；软件和信息技术服务业
马文涛和董松柯（2021）	信息传输、计算机服务与软件业；科学研究、技术服务和地质勘查业

关于行业层面测算全要素生产率时采用的数据主要可以分为两类。一类是直接采用行业层面的投入产出数据，另一类是通过微观企业层面数据汇总得到行业层面数据（王恕立和刘军，2014；任曙明和魏梦茹，2015；肖挺，2021）。新基建同时涉及制造业和服务业，并且属于国民经济行业划分中的大类行业①，相关行业层面的投入产出统计数据难以获取，因此选择采用微观企业层面数据进行汇总计算行业层面的全要素生产率。

本章根据证监会行业分类标准选择相应行业的上市企业，参考肖挺（2021）的做法，剔除以下三类企业：（1）员工人数出现过但少于 100 人；（2）存在“借壳上市”现象；（3）经营不善的 ST 企业。最终保留共 636 家上市企业，涉及 23 个省和直辖市，样本区间为 2007—2020 年。相关投入产出数据选择如下：

产出变量：采用主营业务收入和净利润作为产出。

投入变量：包括资本投入和人力投入两部分，资本投入采用固定资产净额进行衡量，人力投入采用员工总数进行衡量。

为了对实际值进行研究，测算经济意义上的全要素生产率，对价值型经济指标进行平减。制造业产出数据采用工业品出厂价格指数进行平减，服务业产出数据采用商品零售价格指数进行平减，资本投入数据采用固定资产投资价格指数进行平减（鲁晓东和连玉君，2012；王恕立和刘军，2014）。

在基于微观数据测算行业全要素生产率时，根据现有文献的做法，由于企业产出越高，对总体 TFP 的贡献越大（Saliola 和 Seker，2011），因此本章采用各企业的全要素生产率加权平均得到行业层面的全要素生产率，权重为企业主营业务收入在行业中的占比。

二、新基建全要素生产率的时空演变特征

利用上市公司数据基于 DEA – Malmquist 模型测算并分解新基建以及 4 个相关行业的全要素生产率。② 根据测算和分解结果，从时间和空间两个维度分析其时空演变特征。根

① 2017 年国民经济行业分类（GB/T 4754 – 2017），http：//www. stats. gov. cn/tjsj/tjbz/hyflbz/201710/t20171012_1541679. html。

② 模型具体方法见第五章相关阐述。

据国家统计局的划分标准，将31个省和直辖市分为东部①、东北部②、中部③和西部④地区。

（一）新基建整体全要素生产率

新基建上市企业共涉及23个省、自治区和直辖市，样本期内的年平均TFP增长率及其分解结果如表6－2所示。从区域上的分布情况来看，2007年，TFP增长领先的省市主要出现在东部地区和中部地区，随着相关产业的发展，TFP增长领先的省市逐渐转移到内陆省市以及沿海的广东省。近几年，新基建TFP增长较为落后的省份主要出现在东北部和西部地区，如东北部的黑龙江和辽宁、西部地区的广西。

表6－2　　新基建2007—2020年平均TFP增长率及其分解

省份	TFP	EC	TC	PECH	SECH
北京	2.86%	2.27%	9.04%	0.74%	3.32%
天津	7.32%	－3.06%	17.67%	0.06%	－0.40%
河北	19.25%	11.29%	17.44%	4.01%	8.59%
上海	18.15%	11.07%	11.14%	8.93%	2.85%
江苏	11.85%	6.86%	11.44%	7.05%	2.25%
浙江	9.95%	4.29%	16.86%	5.64%	1.48%
福建	10.82%	3.54%	14.56%	3.17%	4.25%
山东	15.78%	6.32%	17.39%	6.63%	1.37%
广东	14.04%	5.96%	11.40%	2.73%	3.93%
辽宁	－7.07%	－2.74%	3.45%	－10.17%	2.58%
吉林	0.09%	－5.01%	9.99%	－11.53%	5.85%
黑龙江	－2.63%	－17.19%	15.75%	－19.51%	1.72%
安徽	3.75%	0.68%	12.13%	0.08%	－5.34%
江西	5.48%	－2.21%	10.91%	－5.94%	6.22%
河南	6.72%	－1.76%	10.54%	－1.89%	－1.83%
湖北	7.31%	－0.99%	7.52%	0.51%	－1.63%
湖南	10.04%	1.88%	13.26%	－0.65%	－4.64%
广西	－3.19%	5.53%	10.77%	－12.95%	6.07%
重庆	－11.00%	－3.42%	8.17%	－2.44%	－1.69%
四川	4.46%	－4.73%	11.01%	－2.00%	－1.60%
贵州	8.67%	－3.66%	10.37%	－3.06%	1.46%
西藏	－4.97%	－14.74%	17.43%	－16.18%	3.21%
陕西	14.78%	6.08%	12.58%	2.27%	－0.17%

注：TFP、EC、TC、PECH、SECH分别代表全要素生产率变化、技术效率变化、技术进步变化、纯技术效率变化以及规模效率变化。下同。

---

① 东部地区包括北京、天津、河北、上海、江苏、浙江、福建、山东、广东、海南。

② 东北部地区包括辽宁，吉林、黑龙江。

③ 中部地区包括山西、安徽、江西、河南、湖北、湖南。

④ 西部地区包括内蒙古、广西、重庆、四川、贵州、云南、西藏、陕西、甘肃、青海、宁夏、新疆。

2008 年后，全国新基建 TFP 增长率整体呈现上升趋势，意味着新基建的发展质量正在加速提升，具体见图 6－1。从分解结果来看，2007—2008 年、2013—2014 年、2020 年 TFP 增长主要源于技术效率变化，技术效率变化反映了实际产出水平与最大潜在产出的差距，即认为存在明显的“追赶效应”；2009—2012 年、2015—2019 年主要源于技术进步变化，技术进步变化反映了由于技术改进引起的产出增加，即认为存在明显的“扩散效应”。进一步对技术效率变化进行分解，可以发现，2007—2017 年纯技术效率变化较为平稳，2018 年起纯技术效率变化的贡献开始提升，即意味着管理改善使得效率得到提升；规模效率变化与技术效率变化的趋势非常接近，说明技术效率变化对 TFP 增长的贡献更多是来自于规模效率变化的贡献，而规模效率的提升则意味着要素投入改变使得效率得到提升。

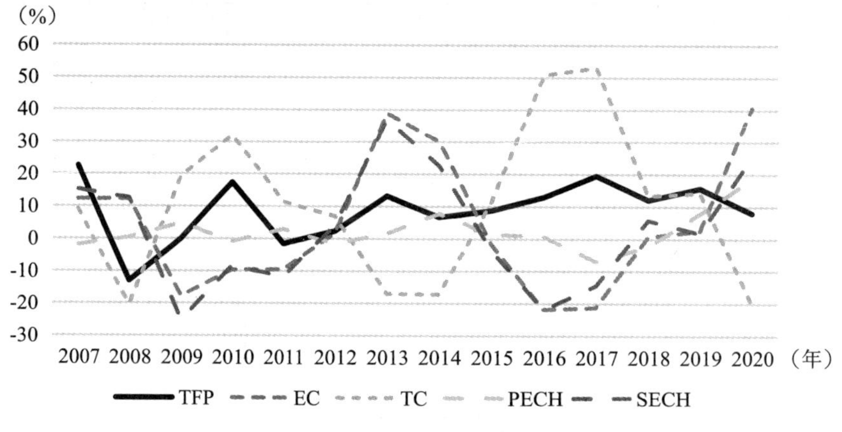

图 6－1 全国新基建 TFP 增长率及其分解

从全国与各地区新基建的 TFP 增长率均值来看，东部地区的平均增长率最高，其余地区的 TFP 增长率均低于全国水平，且东北部地区的平均增长率为负，具体见图 6－2。从全国层面的分解结果来看，新基建的全要素生产率增长仍然表现为以技术进步变化贡献为主的“单轮驱动”型增长，东部技术进步变化的贡献是技术效率变化贡献的 2. 08 倍；中部地区技术进步变化贡献与技术效率变化贡献之间的差距更为明显；而东北部和西部地区的技术效率变化表现为负增长。究其原因，仅东部地区的纯技术效率变化和规模效率变化均为正增长，东北部地区技术效率负增长主要由于纯技术效率出现了－10. 55% 的衰退，中部和西部地区更是出现了纯技术效率和规模效率均为负增长的现象。从上述结果来看，纯技术效率成为新基建提升发展活力的痛点，一定程度上甚至对部分地区 TFP 增长造成了拖累。

Dagum 基尼系数是一种计算地区差异的测度方法，并且通过将省份划分为不同地区（东部、东北部、中部和西部），可以将差异分解为地区内差异、地区间差异和超变密度（刘华军和赵浩，2012）。所谓的超变密度指的是区域间交叉项，即发展水平较低的地区可能存在某些省市超过发展水平较高的地区（王晶晶等，2021）。图 6－3 显示，新基建 TFP 增长的总体 Dagum 基尼系数由 2007 年的 0. 3556 下降至 2019 年的 0. 2197，下降幅度达到

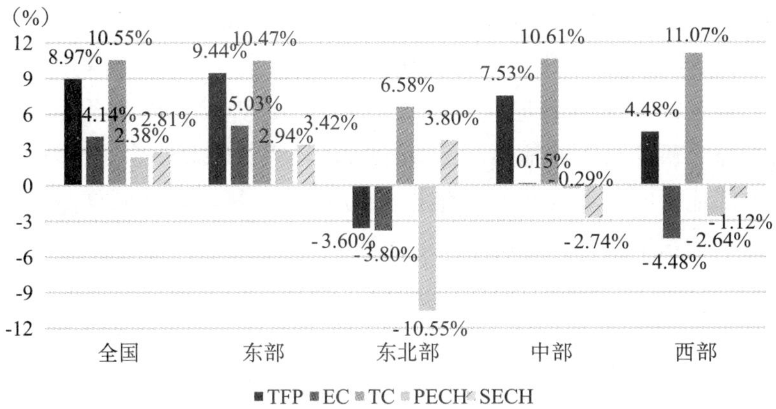

图 6-2　全国与各地区新基建 2007—2020 年平均 TFP 增长率及其分解

了 38.21%。尽管新基建 TFP 增长整体向着均衡的方向发展，但区域间的不平衡时有发生，尤其是 2016 年总体 Dagum 基尼系数反弹最为明显，甚至达到了样本期内的最高水平，因此在新基建的发展过程中应当重视区域的协调性。

从分解结果来看，地区内差异贡献率较为稳定，在 2007—2016 年大约为 26.86%，此后略有下降，近年来保持在 19.87% 附近；地区间差异贡献率自 2009 年后开始逐渐上升，并且与超变密度贡献率保持此消彼长的变化，近年来地区间差异和超变密度的贡献率分别为 50.61% 和 29.52%，具体见图 6-3。

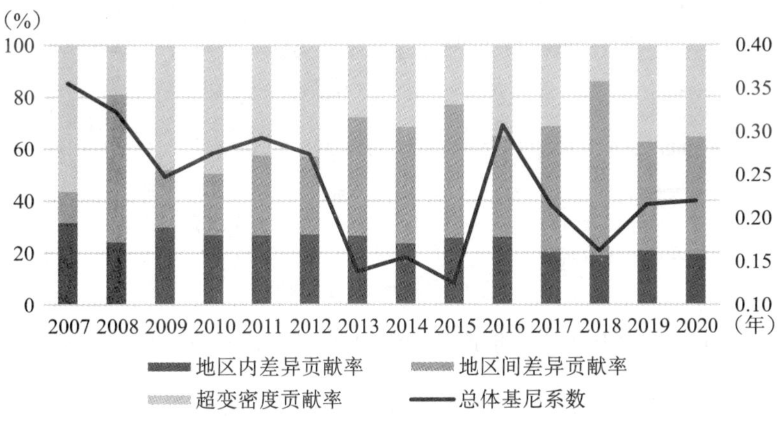

图 6-3　新基建 TFP 增长率 Dagum 基尼系数及其分解

从趋势上来看，新基建 TFP 增长东部地区内 Dagum 基尼系数长期小于全国平均水平，中部地区内 Dagum 基尼系数在个别年份超过了全国平均水平，近年来东北部地区内 Dagum 上升明显，高于其他地区和全国平均水平，西部地区内 Dagum 基尼系数与总体 Dagum 基尼系数较为接近。根据近年来的地区内 Dagum 基尼系数走势，新基建 TFP 增长在中部地区内的不均衡现象最为严重，其次是西部地区，中部地区内的不均衡现象有所抬头，东部地区发展较为均衡，具体见图 6-4（a）。

新基建 TFP 增长的地区间 Dagum 基尼系数在 2009—2015 年走势较为接近，呈现逐步下降的态势，2015 年后开始回升并出现分化。2015 年后，东北部与其他地区间的不均衡现象最为严重，地区间 Dagum 基尼系数呈现“V”形走势，短暂下降后自 2018 年起再次回升；西部与东部、西部与中部地区间的 Dagum 基尼系数略高于全国平均水平，走势较为平稳；东部与中部地区间的差异最小，地区间的 Dagum 基尼系数同样呈现“V”形走势，但明显低于全国平均水平。具体见图 6-4（b）。

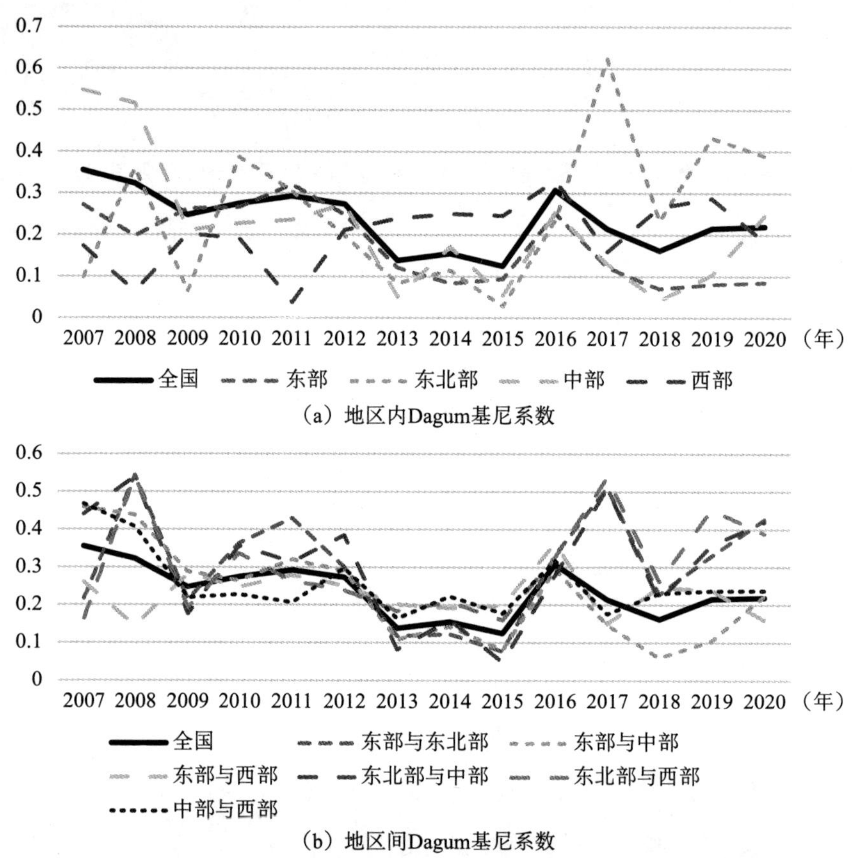

图 6-4 新基建 TFP 增长率地区内与地区间 Dagum 基尼系数演变

（二）计算机、通信和其他电子设备制造业的全要素生产率

我国计算机、通信和其他电子设备制造业（简称新基建相关制造业）上市企业共涉及 20 个省和直辖市，样本期内的年平均 TFP 增长率及其分解结果如表 6-3 所示。近几年，长三角、贵州省等地的新基建相关制造业 TFP 增长处于全国领先地位，落后的省份主要出现在东北部地区。

表 6-3 新基建相关制造业 2007—2020 年平均 TFP 增长率及其分解

省份	TFP	EC	TC	PECH	SECH
北京	9.44%	13.16%	4.91%	1.07%	11.37%

续表

省份	TFP	EC	TC	PECH	SECH
天津	6.35%	5.19%	6.98%	1.28%	4.87%
河北	17.65%	23.54%	8.51%	13.96%	8.04%
上海	6.68%	11.96%	1.25%	2.28%	9.63%
江苏	13.99%	21.69%	-0.10%	9.90%	11.49%
浙江	8.59%	18.38%	8.03%	7.19%	11.60%
福建	10.79%	21.45%	4.98%	10.69%	10.46%
山东	14.95%	16.65%	12.44%	2.12%	15.85%
广东	12.06%	13.99%	5.46%	2.22%	11.87%
辽宁	2.58%	9.74%	7.32%	-5.19%	9.19%
吉林	2.74%	13.50%	-3.67%	-6.91%	17.43%
黑龙江	-2.06%	17.29%	6.81%	15.78%	-0.33%
安徽	1.82%	15.42%	-1.34%	3.07%	8.57%
江西	7.87%	12.63%	0.42%	-3.17%	18.06%
河南	5.74%	12.60%	-1.08%	1.04%	8.80%
湖北	6.16%	12.90%	-4.21%	2.88%	9.82%
湖南	3.40%	-4.49%	2.95%	-6.33%	3.34%
四川	3.98%	0.55%	4.26%	-2.10%	3.74%
贵州	9.81%	6.51%	1.12%	0.72%	6.20%
陕西	9.04%	21.08%	-0.84%	12.27%	6.96%

2008—2011 年新基建相关制造业 TFP 增长率呈现倒“U”形走势，此后进入稳步提升的阶段，2020 年受新冠肺炎疫情影响，新基建相关制造业的发展活力有所下降。从分解结果来看，2007—2008 年、2010—2011 年、2013—2016 年、2019—2020 年 TFP 增长主要表现为“追赶效应”，即主要源于技术效率变化；2009 年、2012 年、2017—2018 年主要表现为“扩散效应”，即主要源于技术进步的变化。进一步对技术效率变化进行分解，可以发现与新基建 TFP 增长率具有同样的特征，即技术效率变化主要源于规模效率的提升，纯技术效率并未给出较大的贡献，具体见图 6 -5。

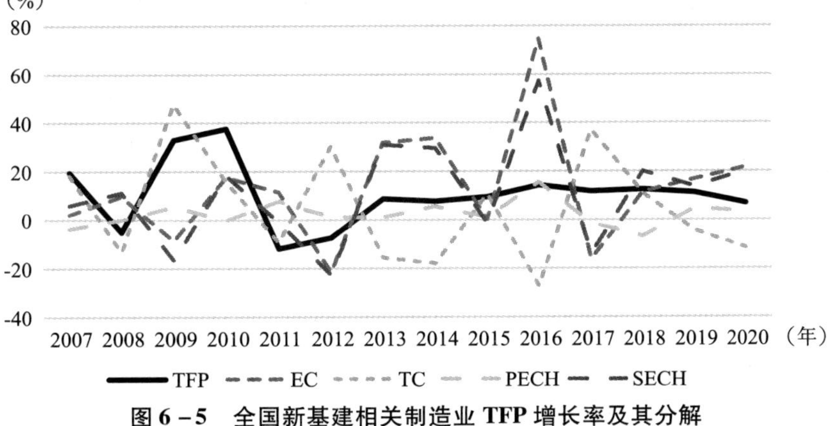

图 6 -5 全国新基建相关制造业 TFP 增长率及其分解

从全国与各地区新基建相关制造业的TFP增长率均值来看，各地区总体均表现为正增长，东部地区的平均增长率最高，其余地区的TFP增长率均低于全国水平，具体见图6-6。从分解结果来看，新基建中技术进步变化的贡献更为突出，在相关制造业中则以技术效率变化的贡献为主。在全国层面和东部地区，技术效率变化的贡献分别约为技术进步变化贡献的2.58倍和2.64倍，仅西部地区技术进步变化的贡献略高于技术效率变化的贡献，而东北部地区和中部地区技术进步表现为负增长。尽管全国和大部分地区新基建相关制造业TFP增长主要源于技术效率变化的贡献，但进一步分解结果表明，技术效率变化的来源仍存在严重的不平衡，主要源自规模效率变化的贡献，全国、东部和中部地区规模效率变化的贡献分别是纯技术效率的4.44倍、3.87倍和6.21倍，西部和东北部地区的纯技术效率更是表现为负增长，东北部地区纯技术效率总体出现了-5.96%的衰退。与新基建相比，纯技术效率在新基建相关制造业方面的短板现象更为严重，同时也存在“重规模、轻技术”的问题，应同时从技术进步和纯技术效率两方面着手，共同带动相关制造业的发展活力。

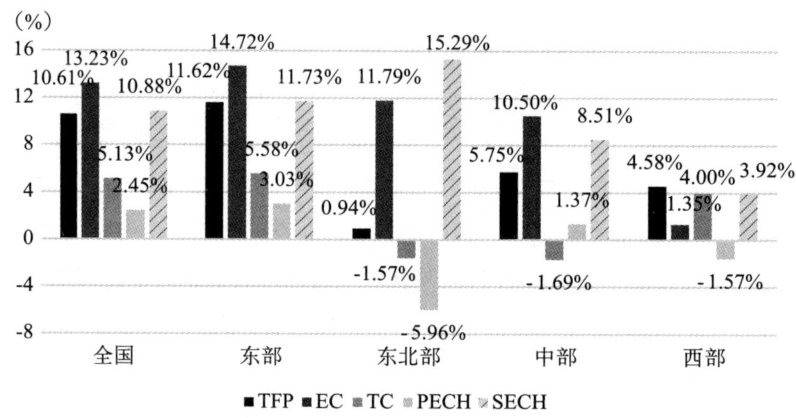

图6-6 全国与各地区新基建相关制造业2007—2020年平均TFP增长率及其分解

新基建相关制造业TFP增长的总体Dagum基尼系数在2015年达到最高点，此后迅速下降，2017—2018年小幅回升。2018年后，新基建相关制造业TFP增长在全国省际层面的发展愈发均衡，具体见图6-7。

从分解结果来看，地区内差异贡献率较为稳定，在2007—2016年大约为29.88%，此后略有下降，近年来保持在21.42%附近；地区间差异贡献率自2009年后开始逐渐上升，并且与超变密度贡献率保持此消彼长的变化，近年来地区间差异和超变密度的贡献率分别为53.78%和24.80%。

从趋势上来看，2007—2014年，新基建相关制造业TFP增长在地区内的差异小于全国省际层面的差异，此后开始出现分化。2015—2016年，东部地区和中部地区内的差异较大，2017年和2018年分别为东北部地区和西部地区内的差异较大。自2018年起，新基建相关制造业TFP增长在东部地区内差异逐渐缩小且低于总体平均水平；中部地区内的差异

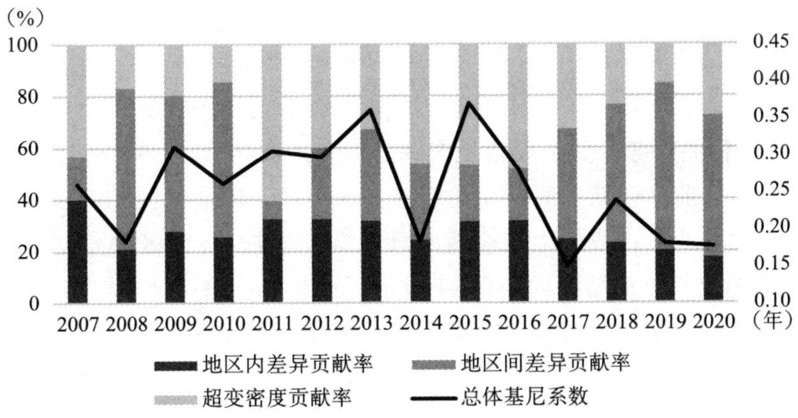

图 6－7　新基建相关制造业 TFP 增长率 Dagum 基尼系数及其分解

缩小后有再次放大的迹象；西部地区内差异同样逐渐缩小，且在 2020 年小于总体平均水平；东北部地区内差异扩大幅度明显，高于其他地区以及全国平均水平，具体见图 6－8（a）。

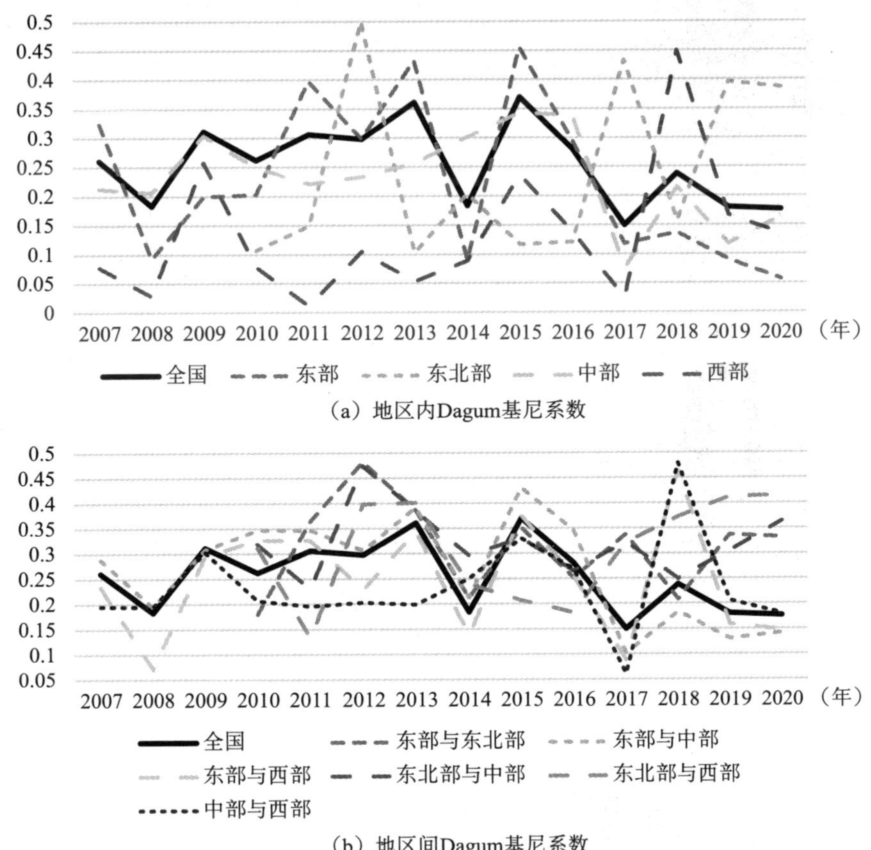

图 6－8　新基建相关制造业 TFP 增长率地区内与地区间 Dagum 基尼系数演变

总体来看，新基建相关制造业 TFP 增长的地区间差异具有较大的波动性，地区间 Dagum 基尼系数在 2007—2009 年、2010—2013 年、2015—2018 年出现了三次“V”形走势。2018 年后，东北部与其他地区间的差异逐渐扩大，中部与西部、东部与西部、东部与中部地区间的差距总体有所缩小，且东部与中部地区间的差异最小，地区间的 Dagum 基尼系数同样呈现“V”形走势，但明显低于全国平均水平，具体见图 6－8（b）。

（三）互联网相关服务业的全要素生产率

新基建相关服务业即包括互联网相关服务业、电信、广播电视和卫星传输服务业以及软件和信息技术服务业，选取的上市企业共涉及 21 个省、自治区和直辖市，样本期内的年平均 TFP 增长率及其分解结果如表 6－4 所示。近几年，除 4 个直辖市和长三角地区外，多个中部地区城市的新基建相关服务业 TFP 增长处于全国领先地位或较高水平，落后的省份则主要出现在西部地区。

表 6－4　新基建相关服务业 2007—2020 年平均 TFP 增长率及其分解

省份	TFP	EC	TC	PECH	SECH
北京	6.97%	1.44%	12.99%	1.27%	1.77%
天津	－7.00%	－36.69%	42.01%	－23.56%	－13.04%
河北	17.69%	15.52%	10.93%	－1.25%	22.51%
上海	24.30%	11.10%	16.50%	5.63%	5.42%
江苏	3.85%	1.06%	12.07%	1.09%	1.36%
浙江	13.97%	7.77%	11.59%	11.46%	4.09%
福建	10.53%	1.66%	15.24%	1.88%	2.20%
山东	27.41%	22.11%	8.46%	19.24%	3.41%
广东	9.44%	3.58%	11.32%	2.49%	4.50%
辽宁	－5.86%	－3.76%	1.04%	－5.76%	8.21%
吉林	－0.14%	－8.81%	7.94%	－12.57%	5.55%
安徽	4.67%	－3.50%	11.06%	－2.11%	－2.35%
江西	－5.26%	－6.85%	13.30%	－7.77%	0.25%
河南	9.78%	－8.71%	16.26%	－6.07%	2.45%
湖北	－6.15%	－17.72%	9.99%	－21.41%	－3.19%
湖南	3.81%	9.92%	－1.62%	4.18%	9.00%
广西	－4.26%	－2.25%	4.07%	－11.61%	13.49%
重庆	－10.99%	－18.30%	13.17%	－15.76%	0.17%
四川	5.58%	2.26%	3.29%	－6.17%	9.12%
贵州	8.15%	2.69%	4.89%	－7.35%	2.66%
西藏	－6.31%	－17.33%	17.49%	－19.08%	3.81%

2007—2010 年新基建相关服务业 TFP 增长率呈现“U”形走势，2010—2013 年稳步提升，此后有所下降，2016—2020 年表现为倒“V”形走势。从分解结果来看，2010—2014 年，技术效率变化带来的“追赶效应”逐渐放大，技术进步变化带来的“扩散效应”逐步缩小，而这种现象在 2015—2017 年出现了反转，自 2018 年起，技术效率和技术进步交替成为 TFP 增长的来源。进一步对技术效率变化进行分解，规模效率的提升仍然是技术效率变化的主要原因，纯技术效率的贡献相对较小，具体见图 6－9。

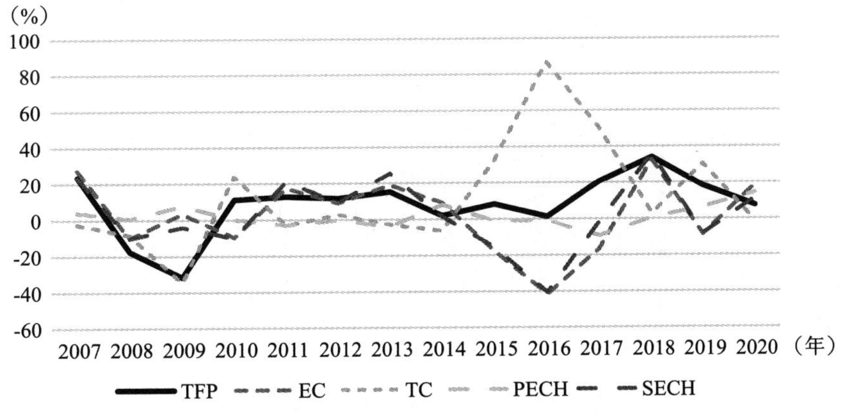

图 6-9 全国新基建相关服务业 TFP 增长率及其分解

从全国与各地区新基建相关服务业的 TFP 增长率均值来看，东部地区的平均增长率领先于其他地区，而东北部地区表现出了负增长，具体见图 6-10。根据分解结果，东部、东北部和中部地区新基建相关服务业 TFP 增长的主要来源是技术进步变化，而西部地区技术效率变化和技术进步变化对 TFP 增长的贡献基本持平。全国层面、东部和东北部地区的"单轮驱动"问题严重，全国层面、东部地区技术进步变化的贡献分别是技术效率贡献的 5.33 倍和 5.23 倍，东部地区的技术效率更是出现了衰退的现象。进一步对技术效率分解，全国层面和东部地区的纯技术效率变化和规模效率变化的贡献较为均衡，但普遍较低；东北部、中部和西部地区则明显以规模效率变化的贡献为主，尤其是东北部地区和西部地区，纯技术效率表现为负增长。相对而言，新基建相关服务业的增长活力问题更为复杂，不同地区面临着不同的问题，东部地区需要推动技术效率的改善；东北部地区和西部地区尤其需要重点提升纯技术效率；中部地区同样一定程度上存在"重规模、轻技术"的问题。

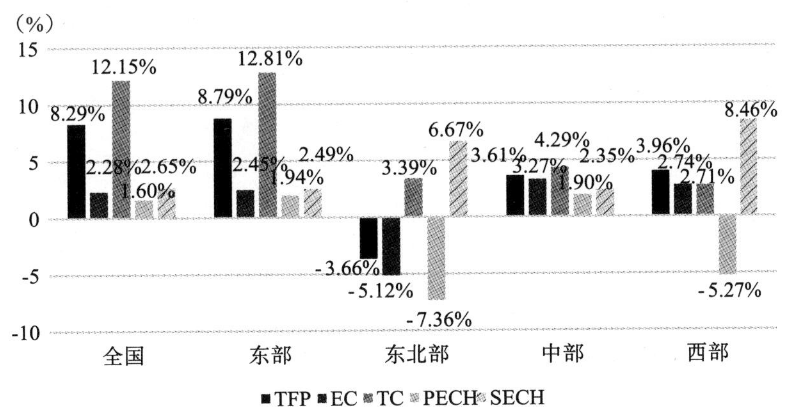

图 6-10 全国与各区域新基建相关服务业 2007—2020 年平均 TFP 增长率及其分解

新基建相关服务业 TFP 增长的总体 Dagum 基尼系数呈现"U"形走势，2012 年新基建相关服务业 TFP 增长在全国省际层面的差异最小，此后差异再次扩大。这表明在新基建相关服务业发展的过程中，各省和直辖市的发展活力具有较大的区域异质性，具体见图 6-11。

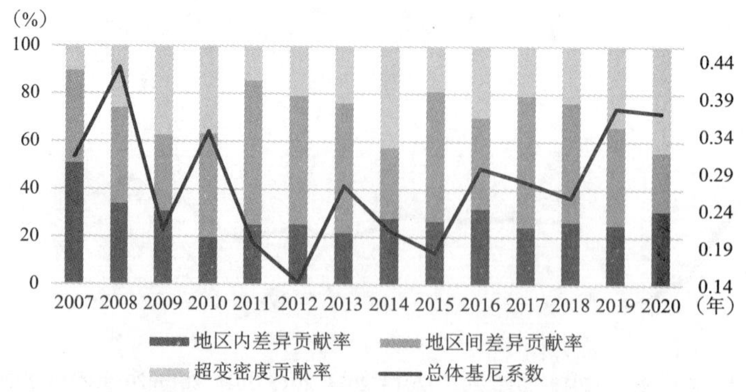

图6-11 新基建相关服务业 TFP 增长率 Dagum 基尼系数及其分解

从分解结果来看，地区内差异、地区间差异和超变密度都是存在区域异质性的重要原因。自2017年以来，地区间差异贡献率有所下降，地区内差异和超变密度的贡献率有所上升，2017年以来三者对总体 Dagum 基尼系数的平均贡献率分别为26.58%、42.85%和30.57%，具体见图6-11。

从趋势上来看，2007—2018年，新基建相关服务业 TFP 增长地区内 Dagum 基尼系数与总体 Dagum 基尼系数走势较为接近，此后开始出现分化。2018—2020年，西部和东北部地区内 Dagum 基尼系数先上升后下降，但西部地区内差异大于其他地区和全国平均水平；东部和中部地区内差异逐渐扩大，但总体仍小于全国平均水平，具体见图6-12（a）。

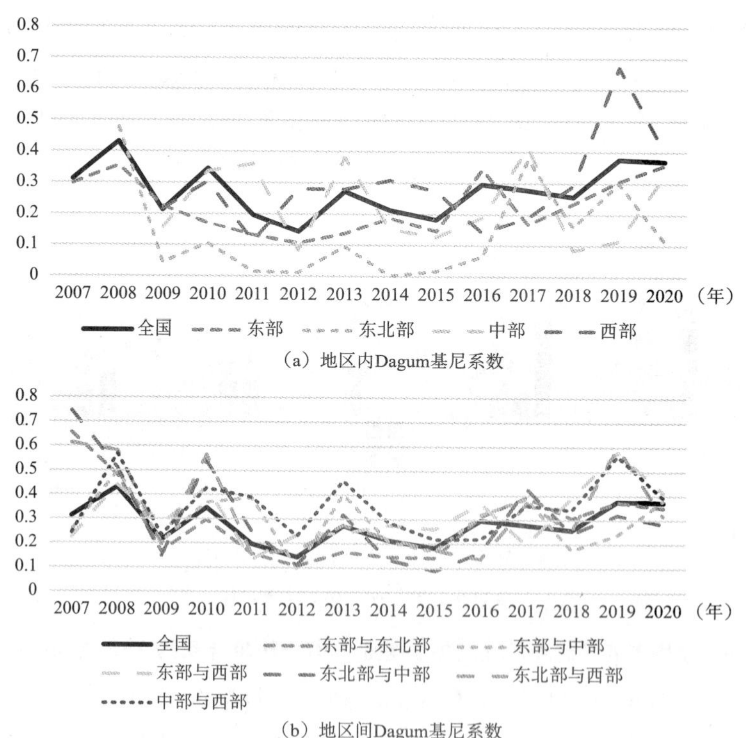

图6-12 新基建相关服务业 TFP 增长率地区内与地区间 Dagum 基尼系数演变

新基建相关服务业 TFP 增长的地区间 Dagum 基尼系数与总体 Dagum 基尼系数走势的相关度更高，但总体来看，地区间 Dagum 基尼系数的平均水平高于总体 Dagum 基尼系数。2018 年以来，东部与中部地区间差异有所扩大；其余地区间差异呈现先上升后下降的趋势，不同的是，尽管东部与西部、中部与西部间的差异有所缩小，但仍高于全国平均水平，具体见图 6 – 12（b）。

第二节　消费升级的测度与时空演变特征

消费升级不仅包含消费支出结构比例关系的变化，同时也包含了居民消费意愿的改变（石明明等，2019）。构建新发展格局又赋予了消费升级更丰富的内涵。简单使用单个指标已难以衡量新发展格局下的消费升级“新特征”。在新发展格局下，如何科学全面地反映“双循环”对消费升级的新要求成为测度消费升级的核心问题。

一、消费升级指标体系构建

以往文献中主要通过消费结构变化对消费升级进行衡量，大致包括以下三种形式：

一是采用恩格尔系数。恩格尔系数衡量了居民家庭食物支出占总消费支出的比重，系数越小，认为消费质量和档次越高，消费结构不断优化升级（程莉和滕祥河，2016；谢呈阳等，2021）。

二是采用非生存型消费支出占比。将八大类消费品分为生存型消费、发展型消费和享受型消费，然后计算非生存型消费占比，比重越大表示消费升级（朱雅玲，2019；沈悦等，2021）。类似的做法是计算消费结构系数（徐敏和姜勇，2015，苏冬蔚和叶菁菁，2021），即生存型消费占比 ×1 + 发展型消费占比 ×2 + 享受型消费占比 ×3。

三是采用高档商品消费占比。通过扩展线性支出系统（ELES）模型或近似理想需求系统（AIDS）模型，计算各类消费品的需求收入弹性，将各类商品分为基本商品和高档商品，以高档商品消费占比作为消费升级的衡量指标（石明明等，2019；杨伟明等，2021）。

上述方法仅简单从结构变化衡量了消费升级，未能全面地反映消费升级所涵盖的多个范畴。部分研究通过构建指标体系编制指数进行衡量，但相关文献较少。苏宁金融研究院（2018）基于行业统计数据和苏宁集团自有数据编制了 SIF 消费升级指数。叶菁菁和唐荣（2021）结合 SIF 消费升级指数和数据可得性重新编制了消费升级指标。根据“双循环”格局下消费升级的基本内涵和“新特征”，在现有文献基础上，本章从经济发展升级、消费结构升级、消费主力升级、消费领域升级、消费技术升级、消费模式升级共六个方面对消费升级进行测度，构建的指标体系共包含 6 个一级指标 46 个变量，具体见表 6 – 5。

表 6－5 消费升级指标体系

准则层	子准则层	指标层	指向性	权重
经济发展（0.1904）	经济增长	人均 GDP（元）	正向	0.1422
		人均社会消费品零售总额（元）	正向	0.1578
		城镇登记失业率（%）	逆向	0.1625
	经济结构	居民消费支出占 GDP 比重（%）	正向	0.1332
		城镇人口比重（%）	正向	0.1590
		第三产业占 GDP 比重（%）	正向	0.1374
		第三产业从业人员比重（%）	正向	0.1080
消费结构（0.1853）	城乡结构	城镇居民人均消费支出（元）	正向	0.1297
		农村居民人均消费支出（元）	正向	0.1595
		城镇与农村居民人均消费支出比（%）	逆向	0.1206
	支出结构	城镇消费结构升级（%）	正向	0.0795
		农村消费结构升级（%）	正向	0.1297
		城镇居民家庭发展型消费占比（%）	正向	0.0637
		城镇居民家庭享受型消费占比（%）	正向	0.1140
		农村居民家庭发展型消费占比（%）	正向	0.0952
		农村居民家庭享受型消费占比（%）	正向	0.1081
消费主力（0.1322）	收入水平	城镇居民人均可支配收入（元）	正向	0.1596
		农村居民人均可支配收入（元）	正向	0.1589
		城镇单位就业人员平均工资（元）	正向	0.1432
	文化水平	每万人高等学校在校学生数（人）	正向	0.1591
		每万人研究生在校数（人）	正向	0.1263
		人口抽样数中专科、本科和研究生占比（%）	正向	0.1196
	年龄水平	15—64 岁人口比重（%）	正向	0.1334
消费领域（0.1721）	高档商品	城镇高档商品消费占比（%）	正向	0.2146
		农村高档商品消费占比（%）	正向	0.1344
	必需消费品	城镇居民恩格尔系数（%）	逆向	0.1611
		农村居民恩格尔系数（%）	逆向	0.2030
	服务消费	城镇居民家庭服务性消费支出占比（%）	正向	0.1201
		农村居民家庭服务性消费支出占比（%）	正向	0.1668
消费技术（0.1786）	网上购物	互联网上网使用人数占总人口比重（%）	正向	0.2405
		每万人互联网宽带接入用户数（户）	正向	0.2120
		人均电子商务销售额（元）	正向	0.1341
	快递业务	人均邮政业务量（元）	正向	0.1082
		人均邮电业务量（元）	正向	0.1843
		人均快递量（件）	正向	0.1209

续表

准则层	子准则层	指标层	指向性	权重
消费模式（0.1413）	文化休闲	每万人旅行社个数（个）	正向	0.0757
		旅游景区接待人均旅游次数（次）	正向	0.1362
		人均文化文物机构总收入（元）	正向	0.1292
	卫生医疗	每万人卫生机构数（所）	正向	0.1245
		每万人卫生人员数（人）	正向	0.0956
	绿色消费	每万人拥有公共交通车辆（标台）	正向	0.1252
		城市燃气普及率（%）	正向	0.0513
	消费质量	城镇居民家庭总消费增长率（%）	正向	0.0888
		农村居民家庭总消费增长率（%）	正向	0.0981
		城镇居民家庭生存型消费支出增长率（%）	正向	0.0156
		农村居民家庭生存型消费支出增长率（%）	正向	0.0597

消费结构升级主要包括城乡结构和支出结构两方面。城乡结构反映了城镇居民和农村居民消费支出的水平和差异，支出结构采用非生存型消费占比和消费结构系数（生存型消费占比 ×1 + 发展型消费占比 ×2 + 享受型消费占比 ×3）进行衡量。关于生存型消费、发展型消费和享受型消费的划分，参考了程名望和张家平（2019）的做法。生存型消费包括食品、衣着和居住；发展型消费包括医疗保健、教育文化娱乐服务；享受型消费包括家庭设备用品及服务、交通通信、其他用品及服务。

消费主力升级从收入水平、文化水平和年龄水平进行衡量，三者对于消费升级均具有正向作用，高收入、高学历、低年龄人群也是消费升级的主力。

从一般消费品转向高档消费品、必需消费品支出下降、服务消费支出比重上升是消费领域升级的 3 种体现。关于高档商品与一般商品的划分，参考杨伟明等（2021）的做法，采用 ELES 模型计算各类消费品的需求收入弹性，将大于需求收入弹性平均值的消费支出作为高档商品。根据 ELES 模型的计算结果，对于城镇居民，高档商品包括居住、教育文化娱乐服务、其他商品及服务；对于农村居民，高档商品包括居住、交通通信、其他商品及服务。参考黄隽和李冀恺（2018）的做法，服务性消费支出主要包括交通通信、医疗保健、教育文化娱乐。

消费技术升级主要从网上购物和快递业务两方面进行衡量，反映网购和快递两种消费新技术的兴起。

消费模式升级包括文化休闲、卫生医疗、绿色消费和消费质量 4 个方面。关于消费质量，参考孙早和许薛璐（2018）、张喜艳和刘莹（2020）的做法，采用两种方法进行测算，总消费增长率即为衣着、家庭设备及服务支出之和的增长率；生存型消费支出增长率即为食品、衣着、居住支出之和的增长率。在计算过程中，需先采用 CPI 指数进行平减。

根据上述指标体系，原始数据取自 WIND 数据库，根据数据完整性，以 2007—2019 年为样本区间，在省级层面编制 31 个省和直辖市的消费升级指数及相应的一级指标。部分缺失数据采用移动平均法和均值法进行补齐。

二、消费升级指数编制方法——熵值法

遵循现有文献的做法（如叶菁菁和唐荣，2021），本章采用熵值法确定指标权重。假设对于 m 个对象、n 个指标，样本长度为 t 期，x_{ijk}代表第 i 个对象的第 j 项指标在第 k 期的指标值。首先根据指标的指向性，对各指标进行标准化处理，对于正向指标，标准化处理方法为：

$$\hat{x}_{ijk} = \frac{x_{ijk} - \min(x_{ijk})}{\max(x_{ijk}) - \min(x_{ijk})} \tag{6-1}$$

对于逆向指标，标准化处理方法为：

$$\hat{x}_{ijk} = \frac{\max(x_{ijk}) - x_{ijk}}{\max(x_{ijk}) - \min(x_{ijk})} \tag{6-2}$$

由于标准化后指标值中的 0 不利于后续步骤中的对数计算，因此通过 $\hat{x}'_{ijk} = 1 + \hat{x}_{ijk}$ 的方式进行坐标平移。计算第 i 个对象的第 j 项指标在第 k 期的指标权重：

$$p_{ijk} = \frac{\hat{x}'_{ijk}}{\sum_{k}^{t}\sum_{i}^{m}\hat{x}'_{ijk}} \tag{6-3}$$

进一步计算第 j 项指标的熵值：

$$e_j = -\ln(m \cdot k)\sum_{k}^{t}\sum_{i}^{m}\hat{x}'_{ijk}\ln(\hat{x}'_{ijk}) \tag{6-4}$$

计算第 j 项指标的差异性系数：

$$g_j = 1 - e_j \tag{6-5}$$

第 j 项指标的权重即为：

$$w_j = g_j / \sum_{j}^{n} g_j \tag{6-6}$$

根据权重加权得到指数：

$$Index_{ik} = \sum_{j}^{n} w_j \hat{x}_{ijk} \tag{6-7}$$

三、消费升级的时空演变特征

在消费升级指标体系中，6 个一级指标由相应的变量合成，消费升级总指数由 6 个一级指标合成，合成方法均采用熵值法，相应的权重见表 6-5。根据指数的编制结果，从时间和空间两个维度对总指数和 5 个消费一级指标的时空演变特征进行分析。

（一）消费升级总指数

根据消费升级指标体系计算出 31 个省、自治区和直辖市 2007—2019 年的消费升级总指数，部分年份结果如表 6-6 所示。

表 6－6　　部分年份消费升级总指数

省份	2007 年	2009 年	2011 年	2013 年	2015 年	2017 年	2019 年
北京	62.4360	71.0558	71.9314	74.8606	78.6414	88.0855	94.0505
天津	32.9217	37.4039	46.1210	52.6690	54.7333	59.7794	62.5773
河北	22.5546	25.7814	32.2494	37.3440	44.5680	50.6997	53.1353
上海	49.1890	51.8710	53.8052	59.2895	61.5899	70.9448	78.4689
江苏	30.6930	36.0669	43.4066	49.1724	56.9636	64.1954	69.6527
浙江	36.9094	42.6474	47.7997	53.1777	58.8510	65.2955	73.3995
福建	23.1866	28.5361	33.2529	41.1515	43.9640	47.5778	54.6995
山东	27.7298	30.6015	35.9224	39.8452	46.5783	52.2339	55.8219
广东	29.0437	32.1616	36.8733	42.1695	48.2018	52.7557	61.9324
海南	15.4724	20.5867	24.9309	30.7745	40.4351	44.0212	50.6106
辽宁	25.9020	31.2935	35.5707	43.3515	51.9964	56.9610	58.1371
吉林	25.8951	29.1533	33.3579	40.3965	45.4653	50.2467	54.5210
黑龙江	23.1035	28.3585	28.7933	33.3153	41.5389	48.5678	51.5760
山西	23.5916	26.8098	33.6026	39.7929	45.2045	49.0045	52.1393
安徽	16.3281	19.5572	23.5126	27.7037	35.1134	39.8587	43.8291
江西	16.0796	22.1344	23.4279	28.1549	34.2237	38.0279	43.2972
河南	18.7384	22.4364	27.0115	31.8698	36.0488	40.4996	42.0367
湖北	19.0401	19.7145	26.1682	31.8276	44.7450	49.4651	57.1168
湖南	18.2450	19.5028	24.5147	31.1939	38.1380	44.7876	50.7048
内蒙古	25.5463	28.2806	33.1393	37.7304	48.9151	53.7367	56.9122
广西	13.5549	19.4354	22.1400	27.7776	35.0198	41.8497	47.2066
重庆	14.0730	19.8949	24.7412	30.0379	38.1875	46.6655	53.0010
四川	12.8793	20.1308	22.3977	29.7324	37.9099	45.0983	51.0253
贵州	6.6862	13.4459	17.5959	26.5173	31.6005	38.5091	44.7707
云南	9.4367	12.3878	20.5698	24.0565	30.4922	35.0833	41.7053
西藏	12.2042	14.8222	17.2250	27.2128	29.7083	35.4296	40.0305
陕西	23.9710	28.5219	34.3696	38.8347	45.4112	51.1042	55.6551
甘肃	14.9585	20.2119	23.6833	30.7044	39.0260	45.3698	47.9441
青海	25.2174	25.0387	30.1332	39.5455	45.9408	51.3277	57.3403
宁夏	19.4240	25.9838	29.0952	38.2650	44.4265	47.7753	53.0430
新疆	20.1089	21.6186	28.1389	33.1285	41.0116	45.7666	48.3623

总体来看，消费升级水平处于领先地位的省市主要包括“北上广”、天津和长三角地区。东部地区的消费升级水平相对更高，中部部分省市和西部省市的消费升级水平相对落后，近年来有所提升，如中部地区的湖北、西部地区的陕西和重庆等地。

从指标值来看，全国消费升级总指数在 2007—2008 年间有所下降，此后长期保持上升趋势，由 2007 年的 22.62 上升至 2019 年的 54.99；变化幅度最大的是西部地区，由 2008 年的 15.31 上升至 2019 年的 49.75；变化幅度最小的是东部地区，由 2008 年的 33.43 上升至 2019 年的 65.43。东部和东北部地区的消费升级总指数总体高于全国平均水平，但东北部地区 2020 年的指数略低于全国平均；中部地区和西部地区的消费升级水平总体低于全国平均，但西部地区上升速度更快，于 2017 年前后超过了中部地区，具体见

图 6-13（a）。

从指标增速来看，全国和各地区消费升级总指数增速在 2009 年、2011 年和 2014 年出现过 3 次明显的提升，均为中部和西部的增速大于东部和东北部的增速，但 3 次提速的提升幅度逐渐变小。此后消费升级总指数增速开始放缓，进入中高速增长，2015 年后全国的平均增速保持在 5.72% 附近，增速最快的是西部地区（6.44%）和中部地区（5.68%），其次是东部地区（5.32%）和东北部地区（4.91%），具体见图 6-13（b）。

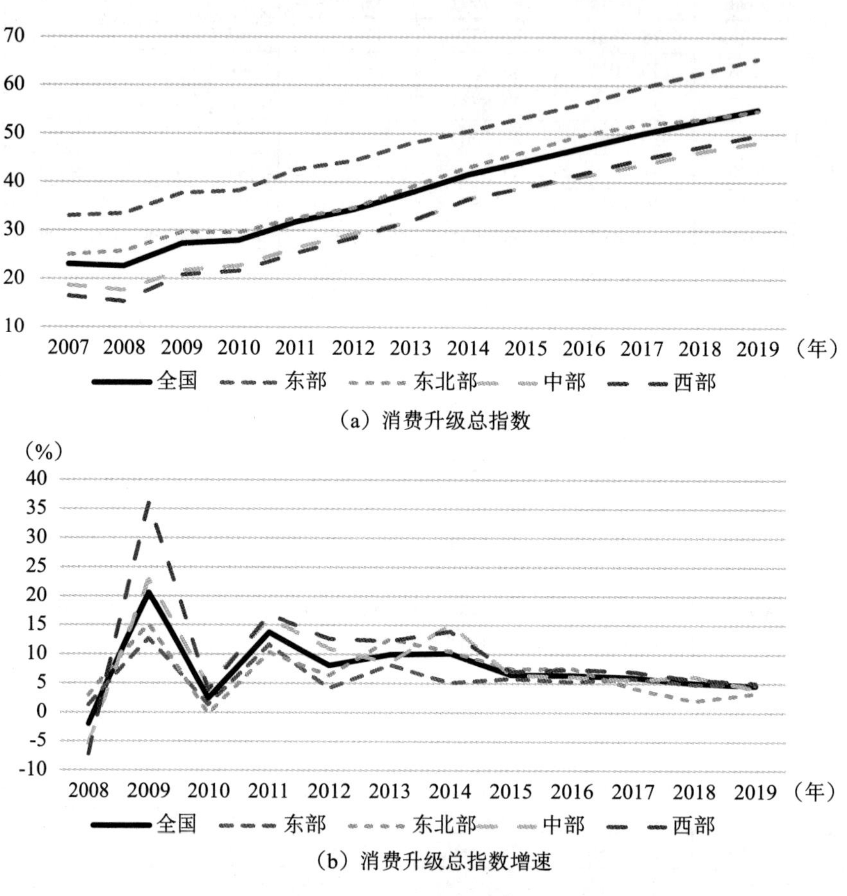

（a）消费升级总指数

（b）消费升级总指数增速

图 6-13　全国和各地区消费升级总指数及其增速

通过 Dagum 基尼系数及其分解对消费升级的区域差异进行分析。2007—2008 年，消费升级总指数在全国省际层面的差异有所扩大，此后差异不断缩小，总体 Dagum 基尼系数由 2008 年的 0.2670 下降至 2019 年的 0.1044，下降幅度达到了 60.91%，具体见图 6-14。这表明自 2008 年后，消费升级水平在全国省际层面的提升是显著并且均衡发展的。

从分解结果来看，地区内差异的贡献率长期较为平稳，自 2014 年后保持在 23.47 附近；地区间差异的贡献率在 2011—2014 年有明显的下降，此后有所回升，自 2014 年后的平均贡献率达到了 63.64%；超变密度贡献率近年来稳中有降，自 2014 年来平均贡献率约为 12.89%，具体见图 6-14。

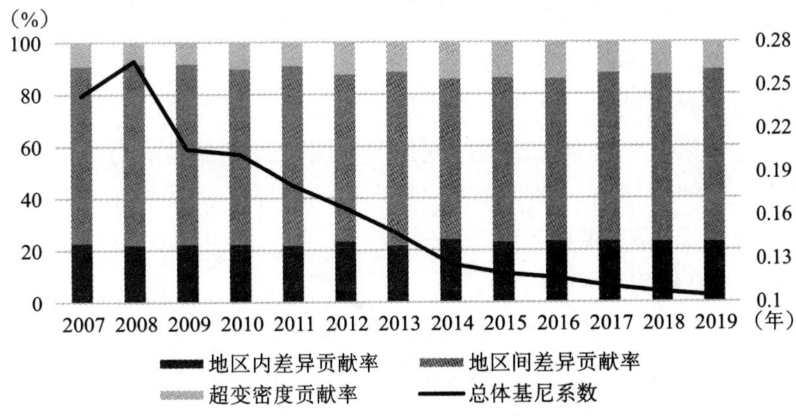

图 6－14　消费升级总指数 Dagum 基尼系数及其分解

整体来看，消费升级总指数在各地区内的差异小于总体的差异，但近年来东部地区内的差异有所扩大，逐渐超过了全国平均水平。样本期内，消费升级总指数在东部和西部地区内的差异呈现缩小的变化趋势，但高于东北部地区和中部地区；消费升级总指数在东部地区内的差异相对没有较大变化，具体见图 6－15（a）。

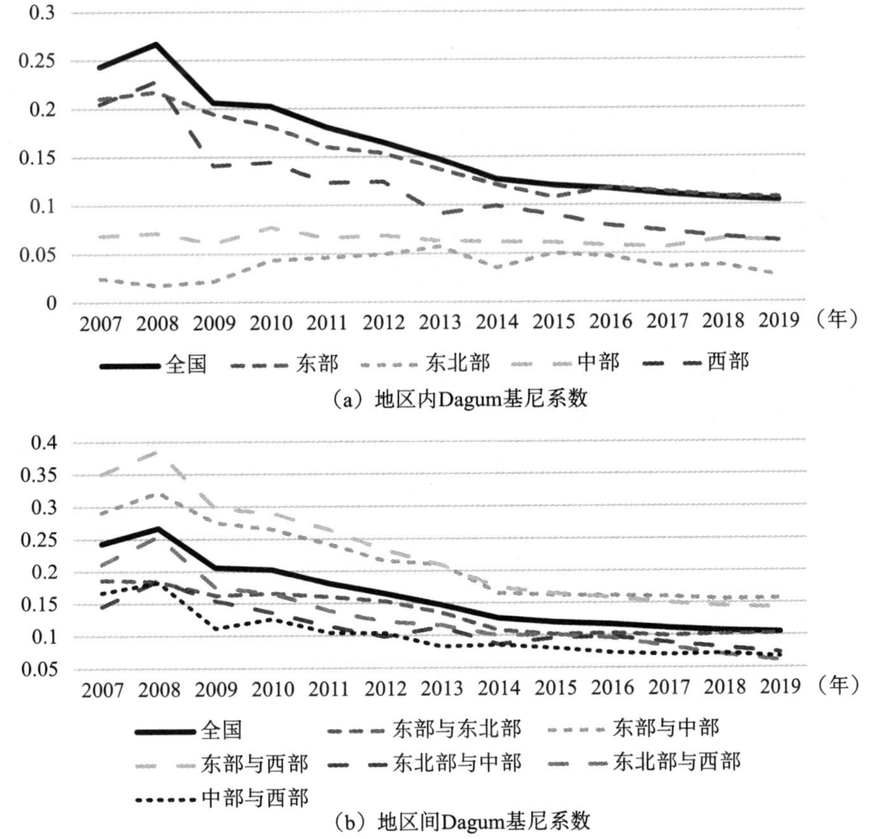

(a) 地区内Dagum基尼系数

(b) 地区间Dagum基尼系数

图 6－15　消费升级总指数地区内与地区间 Dagum 基尼系数演变

消费升级总指数在地区间的 Dagum 基尼系数与总体 Dagum 基尼系数具有相近的变化趋势。从排序上来看，东部与西部、东部与中部的地区间差异最大，且自 2016 年起，东部与中部地区间的差异超过了东部与西部地区间的差异；其余地区间的差异小于全国省际层面的差异，但近年来东部与东北部地区间的差异明显大于东北部与中部、东北部与西部以及中部与西部地区间的差异。这意味着，地区间的差异主要以东部与其他地区间的差异最为显著，具体见图 6－15（b）。

（二）消费结构升级指标

表 6－7 展示了基于两个方面 9 个变量计算的部分年份消费结构升级指标。早期消费结构升级水平领先的省市主要集中在沿海地区，此后逐渐往内陆省份发展，如河北、湖北、四川等地，但更西部的地区消费结构升级水平仍有待提高。

表 6－7 部分年份消费结构升级指标

省份	2007 年	2009 年	2011 年	2013 年	2015 年	2017 年	2019 年
北京	56.1965	61.0328	62.6682	67.6918	56.7607	62.7372	63.0288
天津	32.5494	35.5948	46.8288	67.0030	58.6272	64.5993	70.1396
河北	34.3067	34.3780	42.8450	50.3132	56.0364	62.5044	63.1900
上海	54.5064	58.2702	60.2462	68.8527	51.1917	55.8677	64.5478
江苏	44.6371	48.5445	56.0321	63.2389	62.5586	68.9900	70.5903
浙江	50.5450	56.2469	61.4638	68.0599	61.7268	64.7316	69.2727
福建	35.8706	39.4749	42.8811	51.6904	45.2473	48.3506	52.9871
山东	41.4882	43.0655	49.3510	54.0766	58.8594	62.9584	67.4133
广东	38.9954	38.5802	43.1619	51.4792	48.4133	51.4031	58.6762
海南	28.9232	31.6576	28.4103	34.7474	46.4140	44.7998	49.9503
辽宁	34.5668	36.4098	41.7197	50.4291	57.1512	65.2610	65.7574
吉林	35.8920	36.6277	44.1202	54.6871	56.9840	62.8658	66.8386
黑龙江	32.7029	36.8395	40.0828	46.4090	50.4605	59.0791	63.5490
山西	34.3898	34.1300	42.1824	49.5956	49.8208	51.9521	52.4463
安徽	27.7239	27.5313	34.4447	40.3490	44.3329	44.7664	43.1824
江西	26.2828	29.4242	33.3008	38.8686	39.1254	40.8027	47.1363
河南	30.8622	32.2948	41.9239	48.1812	48.4637	47.8790	45.7181
湖北	28.9596	28.7045	33.7446	39.2528	57.3306	60.6481	73.2590
湖南	30.7435	30.8283	37.7634	46.8953	53.1113	53.3746	57.0376
内蒙古	40.3378	40.5856	46.9816	54.1938	66.3212	68.5433	71.5568
广西	23.1299	28.9371	33.4431	39.5102	42.4604	49.2930	56.5799
重庆	22.1541	25.9142	33.4541	40.7950	46.1302	55.6972	59.4262
四川	25.5570	27.4517	34.9583	43.7056	51.8465	60.1889	65.8744
贵州	14.0723	16.3844	26.2483	36.7300	40.6813	47.6370	53.5401
云南	18.1699	23.9158	31.1378	37.9017	46.1087	44.2027	51.3187
西藏	9.7932	12.2897	18.3734	29.7857	22.5092	23.7698	30.8182
陕西	31.6763	34.0974	39.4374	45.7177	51.4336	57.7839	60.9507
甘肃	24.9577	24.0628	32.3327	40.2113	45.6872	54.2084	55.0783
青海	32.0948	28.7334	40.3530	50.9459	61.2708	64.0619	63.8900
宁夏	30.5575	37.6584	39.9233	55.9658	58.1048	58.7939	65.3809
新疆	26.2807	29.7445	34.7056	40.1825	48.9089	58.4557	58.4821

消费结构升级指标的走势与消费升级总指数的走势相近，都在 2007—2008 年间下跌，并在此后持续上升。变化幅度最大的是西部地区，由 2008 年的 24. 20 上升至 2019 年的 57. 74；变化幅度最小的是东部地区，由 2008 年的 40. 21 上升至 2019 年的 62. 98。东部和东北部地区的消费结构升级水平总体高于全国平均水平，并且 2015 年起东北部地区的指数值超过了东部地区；中部地区和西部地区的消费升级水平总体低于全国平均，西部地区上升速度较为均匀，中部地区自 2014 年起增速放缓，指标值低于西部地区，具体见图 6 – 16（a）。

从指标增速来看，全国和各地区消费结构升级指标增速在 2008—2009 年有明显的提升，此后增速运行平稳，全国增速保持在 8. 55% 附近；2013—2015 年增速呈现“V”形走势，此后增速再次平稳，全国增速保持在 3. 88% 附近。在 2008—2016 年，增速最高为西部地区（8. 52%），增速最低为东部地区（3. 56%），此后各地区的增速趋于一致，具体见图 6 – 16（b）。

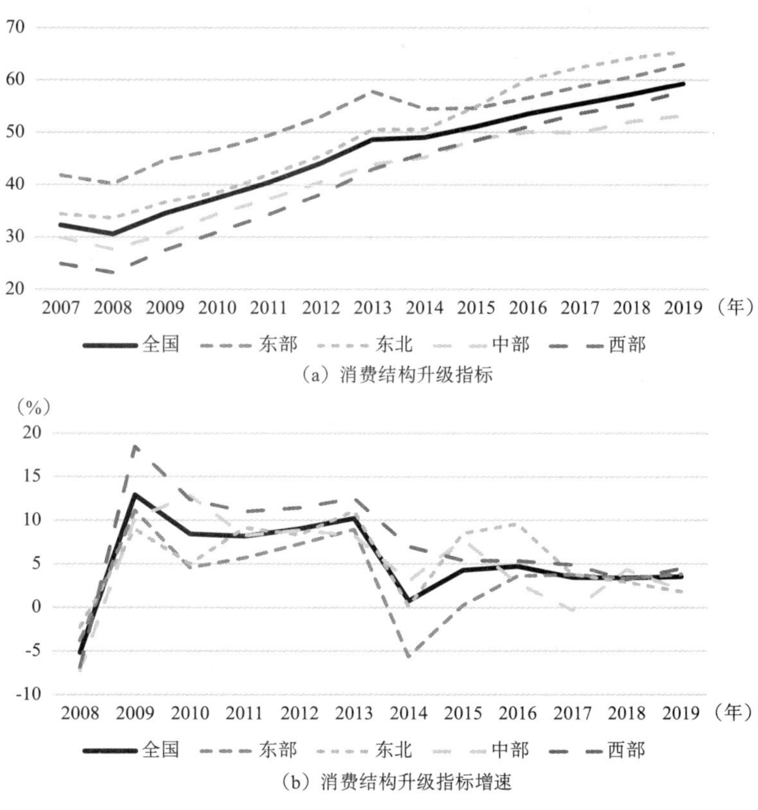

（a）消费结构升级指标

（b）消费结构升级指标增速

图 6 – 16　全国和各地区消费结构升级指标及其增速

图 6 – 17 显示，2007—2008 年消费结构升级指标的 Dagum 基尼系数在全国省际层面的差异有所扩大，此后差异不断缩小，但在 2015—2019 年保持平稳，期间消费结构升级水平在全国省际层面的均衡程度没有较大变化。

从分解结果来看，近年来地区内差异、地区间差异和超变密度的贡献率较为平均，具体见图 6 – 17。地区内差异的贡献率长期较为平稳，自 2015 年后保持在 27. 85% 附近；地

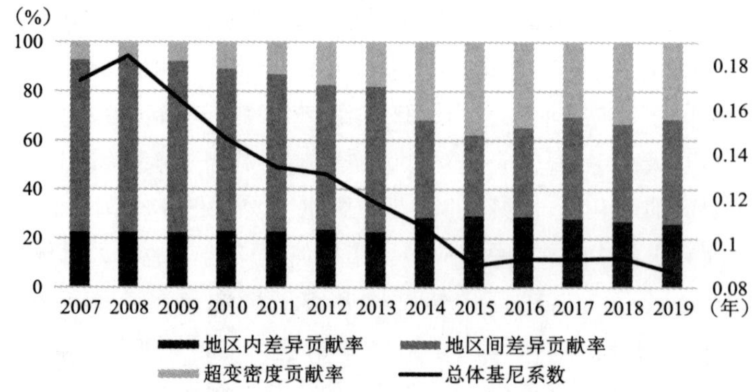

图 6-17 消费结构升级指标 Dagum 基尼系数及其分解

区间差异的贡献率自 2015 年起有小幅回升，2015 年后的平均贡献率为 38.70%；超变密度贡献率自 2013 年起有明显的上升，2015 年后的平均贡献率达到了 33.44%，意味着地区间差异和地区内差异的交互作用正导致全国省际层面的差异逐渐扩大。

消费结构升级水平在西部地区内的差异整体呈现下降的趋势，但时常大于全国省际层面的差异；东部地区内的差异整体同样呈现下降趋势，总体低于全国省际层面的差异，但高于东北部地区和中部地区；中部地区内的差异近年来有所扩大，且于 2018 年起超过了全国省际层面的差异；东北部地区内差异最小，且低于全国省际层面和其他地区内的差异，具体见图 6-18（a）。

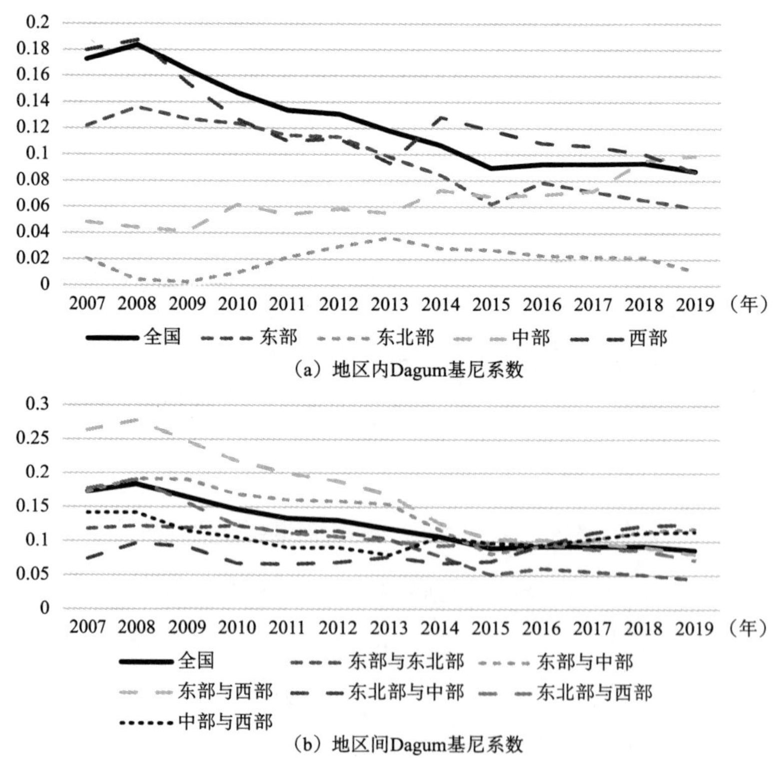

图 6-18 消费结构升级指标地区内与地区间 Dagum 基尼系数演变

消费结构升级指标地区间 Dagum 基尼系数整体呈现先收缩后发散的变化趋势。2007—2014 年，东部与西部、东部与中部地区间的差异趋于缩小，但整体大于全国省际间的差异；其余地区间的差异相对较为平稳。2015 年后，中部与其他地区间的差异开始扩大，并且超过了全国省际间的差异；其余地区间的差异继续缩小，并且小于全国省际间的差异，具体见图 6－18（b）。

（三）消费主力升级指标

表 6－8 展示了基于 3 个方面 7 个变量计算的部分年份消费主力升级指标。“北上广”等经济发达省市常年是消费升级的主力。

表 6－8　　部分年份消费主力升级指标

省份	2007 年	2009 年	2011 年	2013 年	2015 年	2017 年	2019 年
北京	52.1380	55.0779	60.2677	66.3912	70.7320	77.1060	89.7391
天津	34.7542	39.0746	45.1323	47.6398	53.2469	57.7289	63.9810
河北	13.0093	16.4800	19.2670	21.7401	24.1363	26.9701	30.7994
上海	38.4676	41.4333	49.3614	52.9096	58.4966	65.6404	71.4453
江苏	21.1171	24.5307	30.8564	34.1331	38.2497	42.4328	47.9389
浙江	21.3281	25.2140	32.7425	38.8178	40.8177	45.8200	51.3144
福建	14.5447	19.4831	26.9717	28.8818	32.4170	35.3891	41.5826
山东	16.2312	19.1023	22.6185	26.0764	30.0083	32.3797	35.4789
广东	15.2865	19.5818	25.3470	28.1254	33.7004	37.5926	43.4575
海南	9.6727	14.2549	20.0173	23.8791	27.2061	31.1979	35.9100
辽宁	20.1782	24.3514	28.5772	35.7189	36.2825	38.5435	41.8934
吉林	19.3089	23.2087	26.8500	31.1355	33.7214	36.1324	40.2284
黑龙江	17.7872	21.4890	25.7778	29.0884	31.8662	33.9289	37.2847
山西	13.5091	17.2819	21.5932	26.2051	29.6500	32.2649	34.8141
安徽	8.1866	12.9658	18.6012	22.2340	26.2011	26.6950	31.9404
江西	11.7620	14.5607	18.4549	22.6640	26.0679	28.9779	35.4731
河南	10.1877	13.8465	16.8703	19.9142	22.7263	26.3909	31.5636
湖北	18.6092	22.0584	27.0457	30.5626	33.5375	35.7979	40.2661
湖南	13.3650	15.2935	18.6029	21.7917	25.6409	29.1048	32.5829
内蒙古	14.5000	19.1100	25.5180	27.4182	31.7993	34.7538	40.7159
广西	6.7016	10.0153	13.8041	17.3153	20.4469	24.5652	30.7919
重庆	10.9536	15.2412	22.2936	25.7792	30.5194	33.3352	38.6564
四川	8.7550	12.3247	17.5248	21.2783	25.4441	28.6193	32.8964
贵州	0.9316	5.4038	9.6512	15.1607	18.8232	24.5099	27.9225
云南	5.8716	8.2571	14.7621	17.6164	21.8314	26.3354	32.4903
西藏	9.6972	12.5575	14.5849	16.3727	22.7065	26.3265	28.3851
陕西	17.2865	22.5902	28.1894	32.1926	36.0962	37.1274	41.6828
甘肃	8.8612	13.1005	17.8871	21.6409	24.7657	27.0718	30.3696
青海	7.1187	10.4907	14.1691	17.9367	20.6506	24.6282	29.4543
宁夏	8.9996	13.3136	18.2004	22.2252	26.4594	30.2846	32.3200
新疆	10.0736	12.4745	17.5149	20.6187	23.3089	26.7577	29.4816

消费主力升级指标在样本期内持续增长，全国水平由 2007 年的 15.46 上升至 2019 年的 39.77；变化幅度最大的是西部地区，由 2007 年的 9.15 上升至 2019 年的 32.93；变化幅度最小的是东北部地区，由 2007 年的 19.09 上升至 2019 年的 39.80，主要原因在于其增速在 2013 年后明显放缓。从指标值来看，东部地区的消费主力升级水平最高，西部地区的消费主力升级水平最低；尽管东北部地区的消费主力水平高于全国平均水平，但两者之间的差距已微乎其微；中部地区的消费主力水平低于全国平均水平，且两者之间的差距正在扩大，具体见图 6－19（a）。

从指标增速来看，全国和各地区消费主力升级增速在 2008—2012 年呈现“下降—上升—下降”的变化趋势，此后增速逐渐趋于平缓，进入中高速增长阶段。总体来看，西部地区和中部地区的平均增速最高，东部地区和东北部地区的平均增速低于全国平均水平。自 2016 年以来，各地区的平均增速趋于收敛，总体保持在 5.98% 附近，具体见图 6－19（b）。

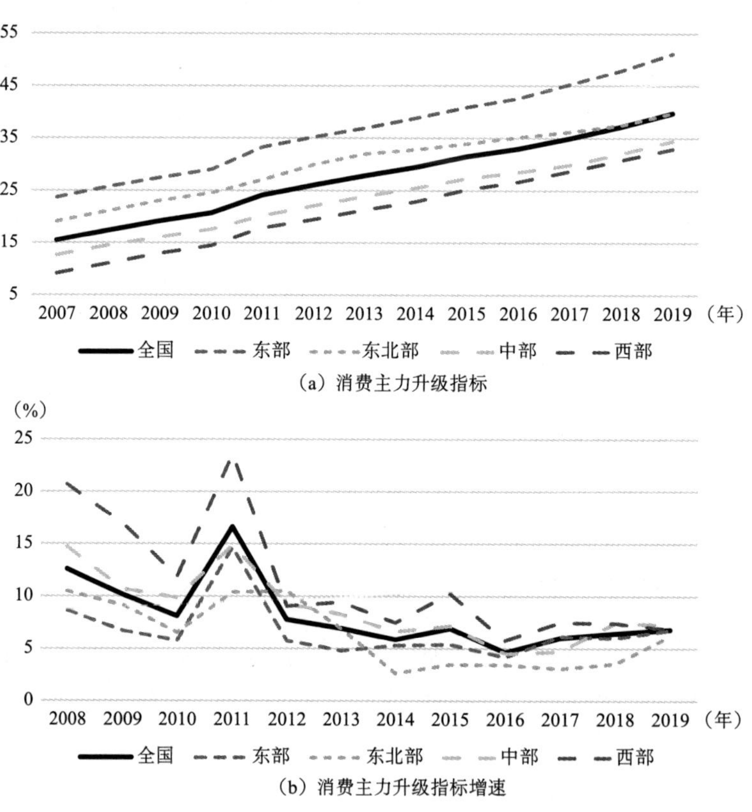

图 6－19 全国和各地区消费主力升级指标及其增速

消费主力升级水平在全国省际层面的发展日趋均衡，且趋于均衡的速度正在逐步加快，总体 Dagum 基尼系数自 2007 年的 0.3174 下降至 2019 年的 0.1545，具体见图 6－20。

从分解结果来看，地区内差异贡献率的变化较为稳定，自 2015 年以来保持在 23.35% 附近；地区间差异贡献率自 2010 年以来呈现“V”形走势，于 2015 年达到最低点 65.60%，此后有明显的回升，2015 年以来的平均贡献率达到了 66.72%；超变密度贡献

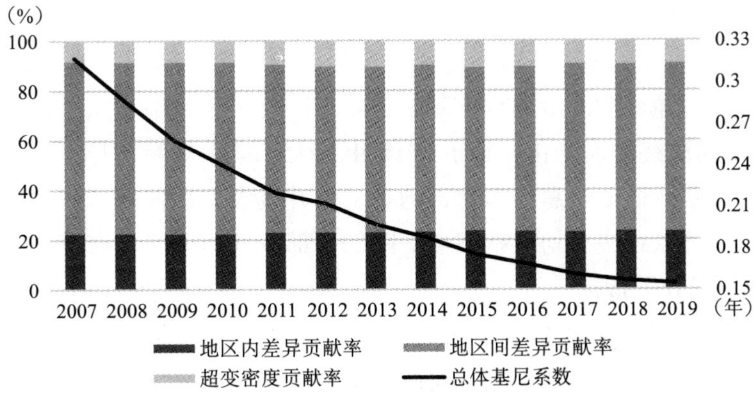

图6-20　消费主力升级指标 Dagum 基尼系数及其分解

率呈现先上升后下降的变化趋势，最高于2015年达到了10.81%，自下降以来，平均贡献率为9.94%，具体见图6-20。

消费主力升级水平在东部地区内的差异在2007—2012年有所缩小，此后没有较大变化，但自2013年高于全国省际差异。西部地区内的差异下降幅度明显，且低于全国平均水平；中部地区内差异在2007—2010年下降速度较快，此后变化较为平稳；西部地区内差异最小，且没有较大变化，具体见图6-21（a）。

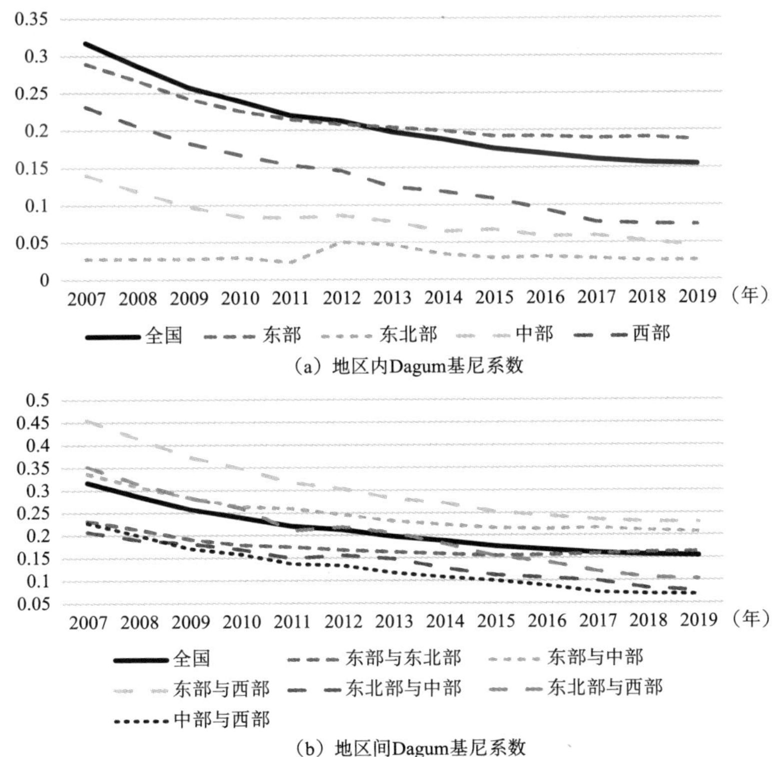

图6-21　消费主力升级指标地区内与地区间 Dagum 基尼系数演变

消费主力升级水平在东部与西部、东部与中部地区间的差异大于全国省际差异，前期下降明显，但自2016年后不再有显著变化；东北部与西部地区间的差异在2007—2010年同样大于全国省际差异，但此后继续下降，近年来已低于全国平均水平；东部与东北部地区差异自2012年起没有较大变化，且于2018年起大于全国省际差异；东北部与中部、中部与西部的地区间差异最小。总体来看，消费主力升级水平在各地区间的差异近年来没有显著的变化，似乎已经到达了均衡状态或下降的底部，具体见图6-21（b）。

（四）消费领域升级指标

表6-9展示了基于3个方面6个变量计算的部分年份消费领域升级指标。东部和东北部地区的消费领域升级水平处于领先地位，全国来看，消费领域升级水平呈现从东北向西南逐渐递减的变化趋势，中部地区处于较高、中等水平，西南地区的消费领域升级水平有待提高。

表6-9　　　　部分年份消费领域升级指标

省份	2007年	2009年	2011年	2013年	2015年	2017年	2019年
北京	60.1537	59.3123	59.4413	56.1171	76.1965	80.5020	83.6356
天津	49.8340	43.0417	49.5129	54.2387	57.5536	59.3153	61.1047
河北	49.9032	50.5907	51.8233	60.4308	72.1579	76.9078	76.0959
上海	52.1574	54.0734	49.6012	55.4552	65.5271	68.2592	70.8906
江苏	46.7754	48.7706	49.9385	56.5446	69.1481	74.8143	81.4651
浙江	54.9176	54.8063	52.1024	55.3061	61.5779	61.3830	62.4945
福建	37.7259	35.1124	34.1509	42.2177	53.4981	51.0778	55.2439
山东	50.2657	50.4409	50.1214	53.6117	61.2595	63.4717	65.6567
广东	40.4357	39.4103	37.0299	41.4158	51.6737	54.3865	61.9342
海南	21.9007	23.5146	23.2844	28.8394	47.2147	47.7770	52.8710
辽宁	43.3133	45.4552	44.2922	56.4781	71.3535	75.6697	77.5380
吉林	47.6546	50.8611	52.0236	62.1085	72.9953	74.9592	78.7800
黑龙江	52.1539	52.2709	44.8799	48.9734	67.0492	70.1783	74.2207
山西	48.9029	47.9329	49.8450	63.7304	69.7064	75.0726	72.1914
安徽	37.9307	38.8992	39.3619	40.8973	53.4075	56.3685	57.2902
江西	31.9556	43.3214	34.7369	40.7198	51.8154	52.8668	58.6747
河南	46.3035	47.7463	45.5000	50.4316	55.2277	56.4058	55.2630
湖北	30.7296	29.3194	37.1345	42.5696	57.7023	60.7556	65.5346
湖南	34.2906	29.1321	35.2963	48.0113	53.8159	65.3491	68.4417
内蒙古	50.7114	49.0672	49.6505	53.2955	70.5851	72.1019	76.2399
广西	30.0727	31.1476	38.0989	46.7197	54.8971	60.1329	64.5598
重庆	24.6890	27.3404	27.0077	29.0154	46.0407	54.6649	58.5730
四川	23.3915	35.7942	28.9161	34.6703	49.8854	55.9440	62.0491
贵州	26.2467	31.4810	29.4982	42.4505	51.4482	55.4872	58.0631
云南	26.6597	23.0256	31.6940	41.2622	40.1288	46.1109	46.8816
西藏	18.1965	27.3573	21.4398	32.2522	32.3870	33.3507	39.0616
陕西	50.2079	48.5234	54.4464	53.5113	60.9589	64.3254	65.9335
甘肃	37.3127	38.9441	37.8503	45.4975	60.0503	65.5087	68.7901
青海	38.2416	41.8123	43.2955	60.0942	62.5201	65.4258	69.5042
宁夏	47.7268	46.8144	45.8981	59.8981	63.0253	62.2992	64.0727
新疆	42.1456	38.5570	42.7392	50.6520	55.3627	62.2367	59.4449

2009 年后，消费领域升级水平的变化可以分为持平、加速增长、平稳增长三个阶段，全国水平由 2009 年的 41.42 上升至 2019 年的 64.92；变化幅度最大的是西部地区，由 2009 年的 34.63 上升至 2019 年的 61.10；变化幅度最小的是东部地区，由 46.61 上升至 2019 年的 67.14。从指标值来看，东北部和东部地区的消费领域升级水平高于全国平均水平，中部地区和西部地区低于全国平均水平。从指标增速来看，消费领域升级水平的增速在 2008—2015 年呈现“M”形变化趋势，消费领域升级水平于 2015 年进入了平稳增长的阶段，平均增速约为 2.96%。总体来看，各地区的增速变化非常接近，具体见图 6 – 22。

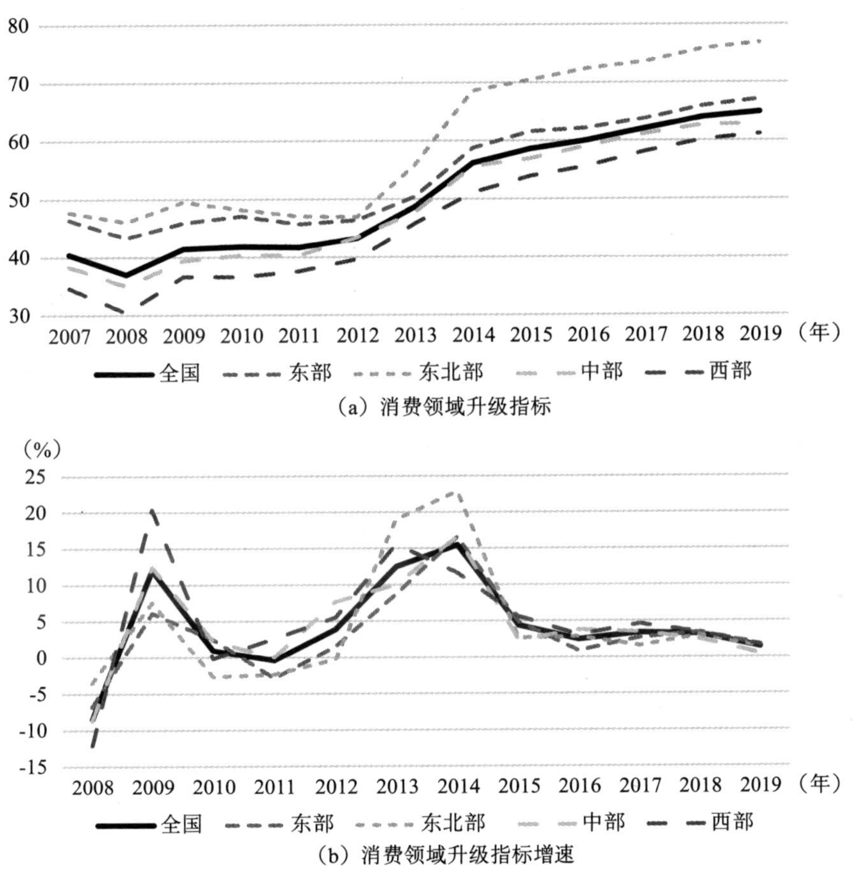

（a）消费领域升级指标

（b）消费领域升级指标增速

图 6 – 22 全国和各地区消费领域升级指标及其增速

消费领域升级指标在全国省际差异小于其他指标和消费升级总指数在全国省际差异，并且仍保持显著的下降趋势，自 2008 年的 0.1742 下降至 2019 年的 0.0853，下降幅度达 44.52%，具体见图 6 – 23。

从分解结果来看，地区内差异的贡献率变化较为稳定，自 2017 年以来保持在 27.10% 附近；地区间差异和超变密度的贡献率呈现此消彼长的变化趋势，并且自 2017 年以来贡献率趋于稳定，分别为 40.70% 和 32.11%。可以看出，自 2017 年以来，地区内差异、地区间差异和超变密度对全国省际差异的影响较为接近，具体见图 6 – 23。

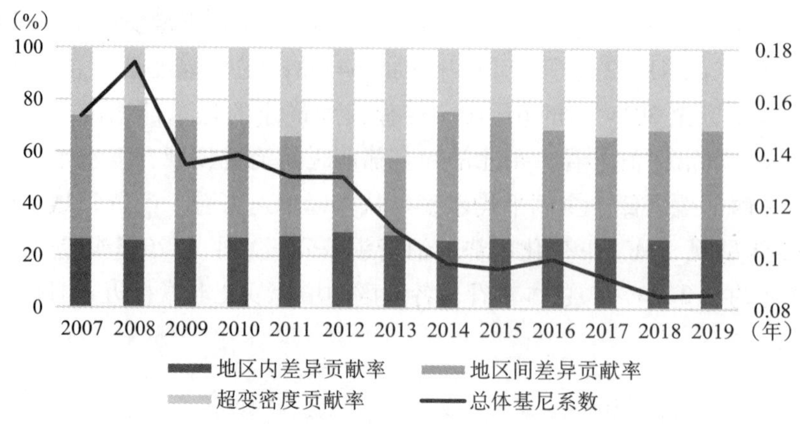

图 6-23 消费领域升级指标 Dagum 基尼系数及其分解

消费领域升级水平在西部和中部地区内的差异呈现下降趋势，东部地区和东北部地区内的差异变化较为平稳。早期西部地区内差异大于全国省际层面的差异，但由于其下降明显，自 2017 年起低于全国省际差异和东部地区内差异，具体见图 6-24（a）。

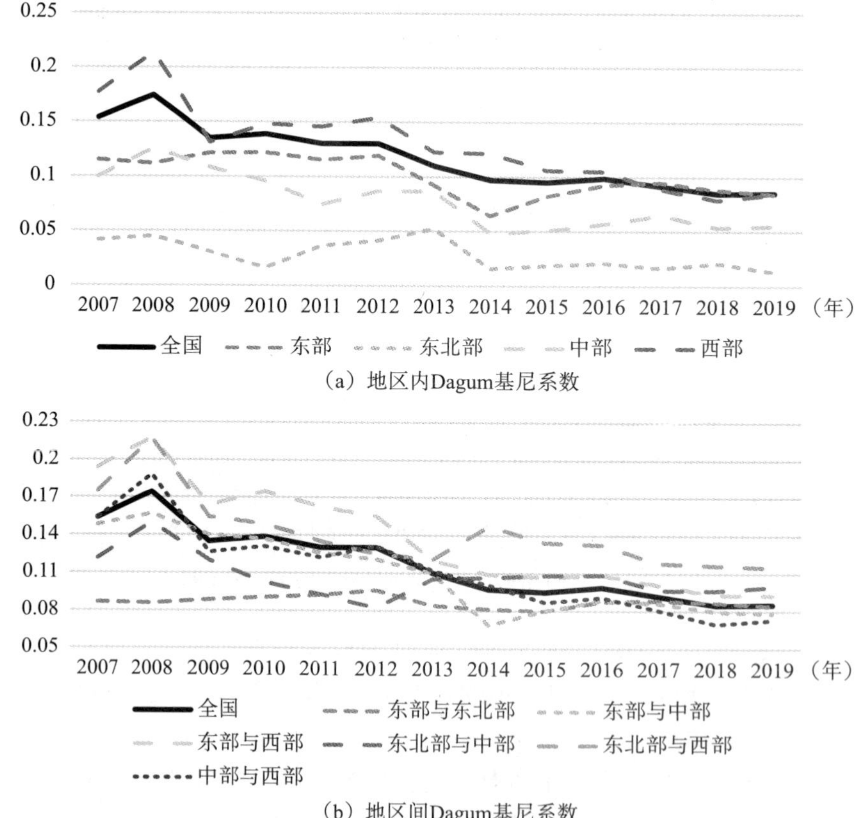

图 6-24 消费领域升级指标地区内与地区间 Dagum 基尼系数演变

消费领域升级水平在东部与东北部地区间的差异长期没有较大变化，并且总体低于其他地区间的差异。东部、中部与西部3个地区间的差异经历着类似的变化，3个地区间的差异在2008—2013年有所缩小，但此后不再有较大的变化。东北部与西部、东北部与中部地区间的差异在2008—2013年同样有所缩小，但此后有所回升，自2014年后高于全国省际差异，并且以东北部与西部地区间的差异最大，具体见图6－24（b）。

（五）消费技术升级指标

表6－10展示了基于两个方面6个变量计算的部分年份消费技术升级指标。领先的省市包括北京、长三角和广东地区，属于互联网发达、快递便利的省市，消费技术升级水平较高的省份主要为沿海地区，中西部地区的消费技术升级水平较低。

表6－10　　部分年份消费技术升级指标

省份	2007年	2009年	2011年	2013年	2015年	2017年	2019年
北京	36.3433	45.3478	45.0475	45.8366	52.5872	61.1599	74.0247
天津	16.8026	24.8263	25.5475	26.3062	32.5552	35.5423	42.3397
河北	5.2891	11.3786	16.0290	21.2649	25.5804	29.7099	34.8213
上海	36.1304	39.4599	41.2392	41.8052	53.2775	62.8225	71.8154
江苏	13.0650	18.8390	23.6509	28.1469	38.5043	42.2158	50.7352
浙江	18.8740	26.0005	30.1584	35.5448	50.5279	60.1675	79.4182
福建	13.2897	20.6894	27.3026	34.1316	41.1560	43.8933	52.4823
山东	7.4294	13.3208	18.1170	21.7464	27.1782	31.9536	35.6632
广东	20.2241	25.4290	30.2608	35.6134	45.1712	51.7062	67.0013
海南	7.1199	11.9812	16.5165	20.6730	26.1223	28.9005	34.7921
辽宁	10.8082	18.2786	22.7532	26.5101	31.6569	33.3553	37.9560
吉林	7.6502	12.2093	15.6005	19.6639	23.1800	25.1255	30.0456
黑龙江	6.0262	10.5455	13.6096	17.6209	20.9797	23.2873	25.5989
山西	7.3531	13.5756	17.4077	22.1149	27.6918	27.8393	32.8547
安徽	2.8043	6.0836	10.5632	14.7265	20.3594	23.9073	28.7525
江西	4.0882	7.1400	9.4744	13.5111	20.5387	23.6784	26.9623
河南	3.7903	8.1589	11.4143	15.3352	20.8361	24.3012	28.4699
湖北	5.4305	10.5438	15.8580	20.5074	24.8984	28.5212	33.0155
湖南	3.6594	7.9508	11.4278	15.6508	19.4606	22.7067	27.1073
内蒙古	6.0731	10.8788	14.7872	18.9136	23.9507	25.7004	31.7171
广西	4.1862	7.9155	12.3367	16.7940	20.8943	22.6976	28.3454
重庆	6.5473	12.5736	16.7686	21.3292	27.5282	30.8076	37.0168
四川	3.6203	7.4696	11.4427	15.3051	22.0502	26.5975	29.7182
贵州	0.9556	5.1066	8.7899	13.2135	17.3718	20.9886	28.6310
云南	2.0970	6.5778	9.2971	13.4425	17.8535	20.3100	26.2643
西藏	3.4947	5.9418	9.6278	13.6639	18.2544	19.4963	26.1244
陕西	5.9442	11.0370	16.2684	20.7223	26.3380	29.0692	35.4395
甘肃	1.7116	6.7263	9.3587	13.1189	17.5812	20.8770	25.0906
青海	4.5209	11.6946	14.3939	18.8625	25.7343	26.3159	33.5957
宁夏	4.1630	9.1591	13.4559	18.5053	23.3677	26.4251	33.5697
新疆	7.4008	12.1882	16.4588	21.5242	26.5905	26.5800	32.5086

消费技术升级指标在样本期内持续增长，并且其上升幅度远高于其他指标和消费升级总指数，全国水平由 2007 年的 8.93 上升至 2019 年的 38.13，上升幅度达到了 326.84%。变化幅度最大的是西部地区，由 2007 年的 4.23 上升至 2019 年的 30.67；变化幅度最小的是东部地区，由 2007 年的 17.46 上升至 2019 年的 54.31。从指标值来看，东部地区的消费技术升级水平最高，东北部地区的消费技术水平略低于全国平均水平，而中部和西部地区的消费技术水平十分接近，具体见图 6－25（a）。

从指标增速来看，全国和各地区消费技术升级指标增速有两次明显的放缓，第一次是 2009—2011 年，全国平均增速由 26.03% 放缓至 3.98%；第二次是 2015—2017 年，全国平均增速由 17.38% 下降至 3.03%，此后有所回升，2020 年全国平均增速为 11.86%。自 2015 年以来，各地区的平均增速趋于一致，具体见图 6－25（b）。

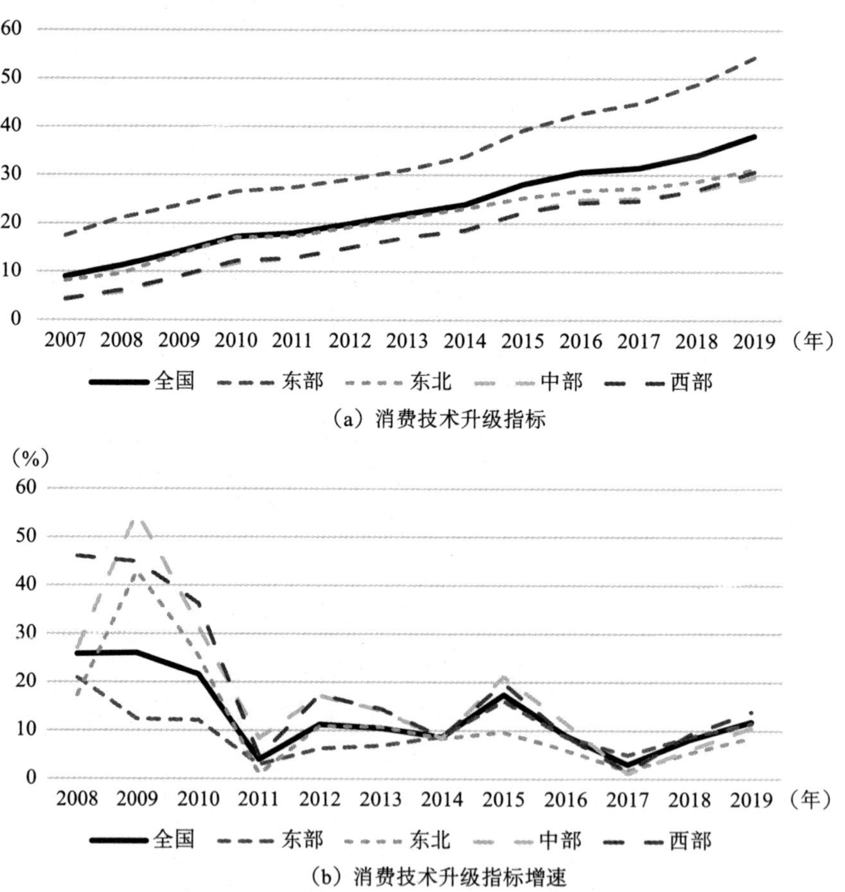

（a）消费技术升级指标

（b）消费技术升级指标增速

图 6－25 全国和各地区消费技术升级指标及其增速

消费技术升级指标在全国省际差异缩小幅度大于其他指标和消费升级总指数在全国省际层面间差异的缩小幅度，自 2007 年的 0.4438 下降至 2019 年的 0.1886，下降幅度达 57.51%，但在全国省际差异仍大于其他指标和消费升级总指数在全国省际层面的差异，具体见图 6－26。

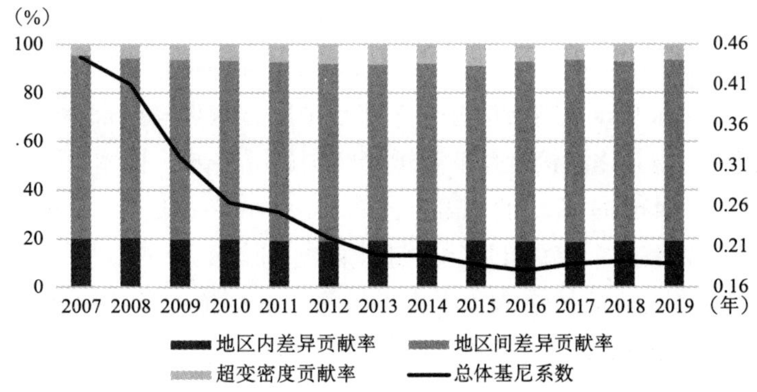

图6－26　消费技术升级指标Dagum基尼系数及其分解

从分解结果来看，地区内差异的贡献率变化较为稳定，自2017年以来保持在18.81%附近；地区间差异贡献率呈现“V”形走势，于2015年的贡献率最小（71.81%），自2017年以来的平均贡献率为74.47%；超变密度贡献率呈现先上升后下降的变化趋势，于2015年的贡献率最大（9.06%），2017年以来的变化较为稳定，平均贡献率为6.71%，具体见图6－26。

消费技术升级水平在各地区内的差异均小于其在全国省际差异。消费技术升级水平在东部地区内的差异最大，自2017年以来有抬头的迹象；中部地区内的差异下降明显，近年来中部地区内的差异最小；东北部和西部地区内的差异较为接近，但东北部地区内的差异较为平稳，而西部地区内的差异仍有望继续缩小，具体见图6－27（a）。

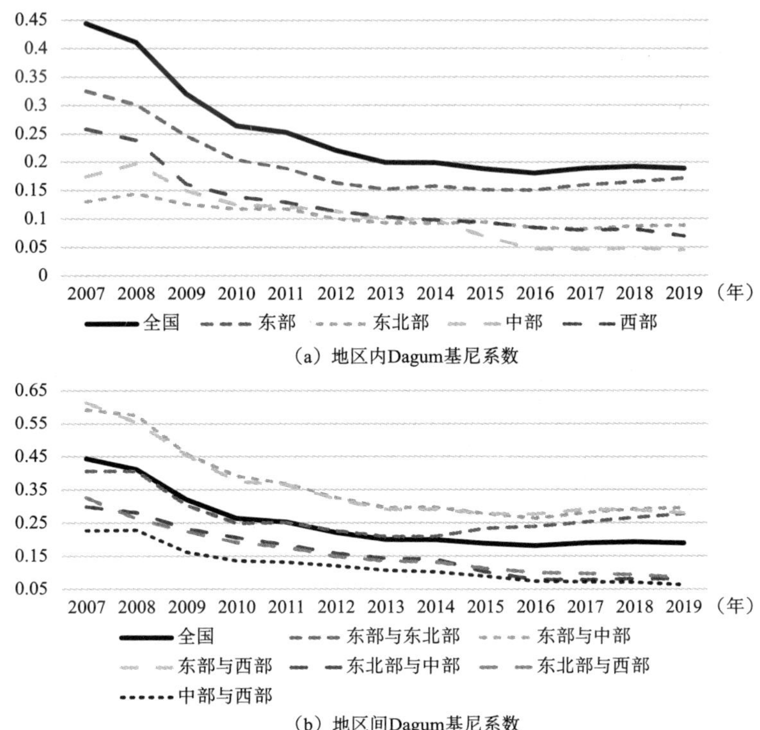

（a）地区内Dagum基尼系数

（b）地区间Dagum基尼系数

图6－27　消费技术升级指标地区内与地区间Dagum基尼系数演变

消费技术升级水平在东部与中部、东部与西部地区间的差异非常接近，尽管地区间差异不断缩小，但仍大于其他地区间差异；东部与东北部地区间差异自 2014 年以来不断扩大，并且超过了全国省际差异，逐渐接近于东部与中部、东部与西部地区差异；东北部、中部与西部三个地区间的差异逐渐接近，明显低于全国省际差异，具体见图 6－27（b）。

（六）消费模式升级指标

表 6－11 展示了基于 4 个方面 11 个变量计算的部分年份消费模式升级指标。整体来看，东部地区、西部地区的消费模式升级水平较高，北部地区和南部地区的消费模式升级水平相对较弱。

表 6－11　　部分年份消费模式升级指标

省份	2007 年	2009 年	2011 年	2013 年	2015 年	2017 年	2019 年
北京	46.9882	57.1174	53.0351	52.7385	49.6405	56.8281	54.3902
天津	27.8558	33.7335	39.2884	32.9236	32.7169	33.7862	30.1013
河北	25.8456	27.9827	33.0498	28.2442	29.4800	31.5947	29.7837
上海	32.3738	31.5407	27.8910	28.0378	28.3479	37.2690	34.8738
江苏	27.2333	31.4307	35.8618	32.5261	33.8197	37.6765	37.3157
浙江	27.4313	31.2120	34.2497	32.7129	36.3629	40.2902	40.6918
福建	22.9844	29.0991	30.2296	32.7991	29.1516	32.8755	33.5275
山东	27.4611	28.3356	31.7796	29.5439	31.7139	34.9226	35.4164
广东	21.1491	25.2336	28.2589	26.7208	28.5062	28.4458	27.6445
海南	22.7700	28.5160	31.5620	33.2863	29.5004	35.0216	39.4522
辽宁	28.0810	30.8354	32.0337	28.3668	30.6694	30.6864	29.9734
吉林	25.8969	28.0268	28.5184	26.2663	25.2705	28.1167	26.5579
黑龙江	21.7002	26.1848	25.5066	24.1815	23.5030	28.3945	25.9002
山西	23.0032	28.6866	34.1552	26.4279	28.5457	30.9371	34.2354
安徽	21.0340	24.9207	24.1861	23.6500	23.7501	29.4241	32.3273
江西	24.3203	26.8485	27.8938	26.1352	27.5595	30.9214	28.1241
河南	22.2805	25.6329	27.0031	23.8823	23.8158	29.3465	30.0697
湖北	26.6115	25.3593	27.1888	25.4729	26.9787	28.9163	28.6372
湖南	24.0908	26.9502	28.1091	24.6986	28.2290	32.4596	32.8327
内蒙古	25.8720	28.6710	29.0454	26.6630	28.6210	33.2295	30.5702
广西	22.8355	29.3108	23.9389	21.5289	27.2035	29.2856	28.4968
重庆	23.3040	28.7580	28.1848	26.7321	25.8317	29.4836	29.7161
四川	25.2853	31.3626	30.2123	34.0059	30.4234	32.5100	32.0359
贵州	16.0998	25.0229	25.2292	26.8985	25.9294	30.7617	33.2530
云南	20.9058	22.2881	27.7596	18.0185	23.6560	26.0522	29.6357
西藏	41.7807	37.3734	38.1850	42.7167	47.2524	59.9373	57.2565
陕西	27.3827	33.5881	34.7600	35.4132	35.9910	40.1409	40.1036
甘肃	21.4068	29.8816	29.2523	28.4915	28.6919	31.6074	32.6085
青海	45.2927	37.9901	38.8088	35.8189	34.5749	40.1814	42.7124
宁夏	20.7300	28.9794	30.5063	25.8914	31.6365	34.3578	35.5060
新疆	30.9782	28.9571	32.9945	30.3874	33.4721	29.2000	30.1875

消费模式升级指标在样本期内整体呈现上升趋势，但在2009—2011年表现为“V”形走势。整体而言，东部和西部地区的消费模式升级水平高于全国平均水平，中部和东北部地区的消费升级水平较低。从变化幅度来看，中部地区的变化幅度最大，由2007年的23.56增长至2019年的35.04；东北部地区的变化幅度最小，由2007年的25.23上升至2019年的27.48，上升幅度仅为8.92%，具体见图6－28（a）。

从指标增速来看，全国和各地区消费模式升级指标增速的变化趋势非常一致，并且波动性正在逐渐缩小。样本期内增速有4次较为明显的提升，分别是2008—2009年、2010—2011年、2013—2014年和2015—2017年，此后全国和各地区消费模式升级指标增速呈现下降趋势，具体见图6－28（b）。

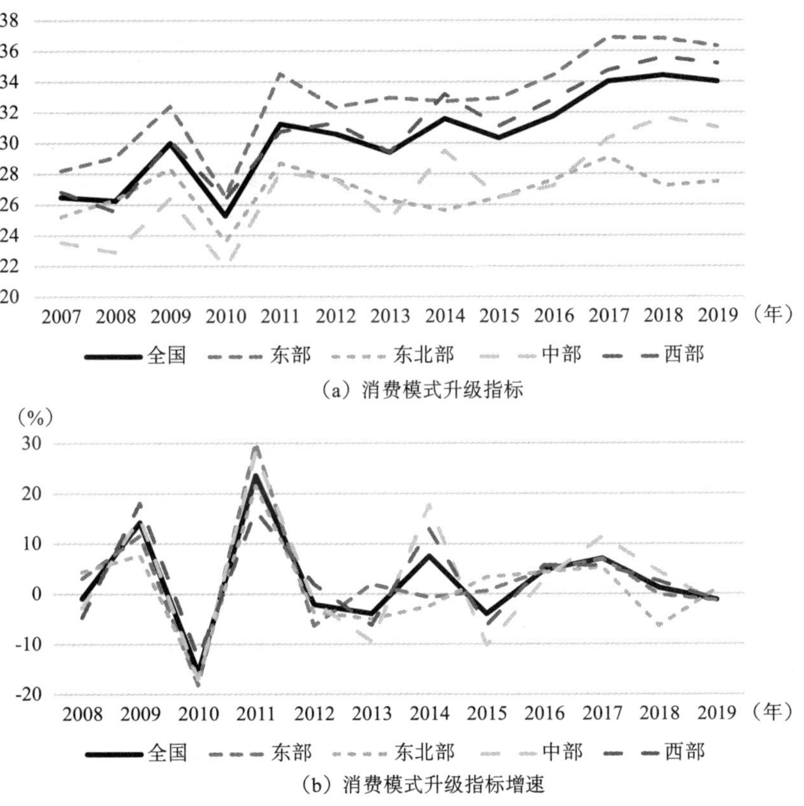

图6－28　全国和各地区消费模式升级指标及其增速

消费技术升级指标在全国省际差异缩小幅度小于其他指标和消费升级总指数在全国省际层面间差异的缩小幅度，自2007年的0.1253下降至2019年的0.1026，下降幅度仅为18.16%，主要原因在于其在全国省际差异缩小后仍时有反弹，具体见图6－29。

从分解结果来看，地区内差异的贡献率变化较为稳定，自2018年以来保持在28.89%附近；地区间差异和超变密度的贡献率呈现此消彼长的变化趋势，自2018年以来分别保持在40.59%和30.52%附近。总体来看，地区内差异、地区间差异和超变密度对全国省际差异的贡献率较为平均，具体见图6－29。

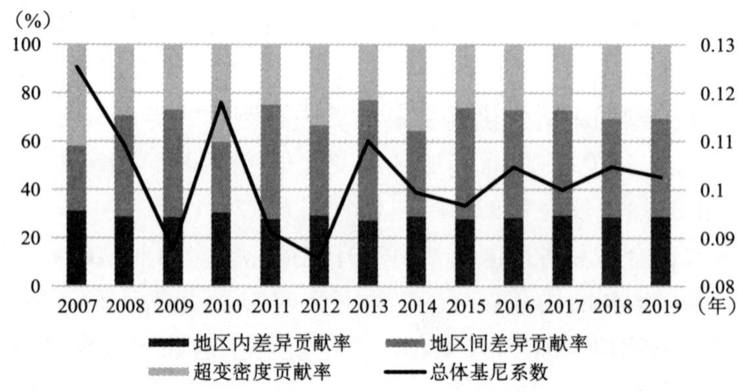

图 6-29 消费模式升级指标 Dagum 基尼系数及其分解

消费模式升级水平在东部和西部地区内的差异与其在全国省际差异较为接近，但西部地区内差异总体大于全国省际差异，东部地区内差异总体小于全国省际差异。消费模式升级水平在东北部和西部地区内的差异较为接近，且均小于全国省际差异，但近年来中部地区内差异有扩大迹象，东北部地区内差异变化则相对较为平稳，具体见图 6-30（a）。

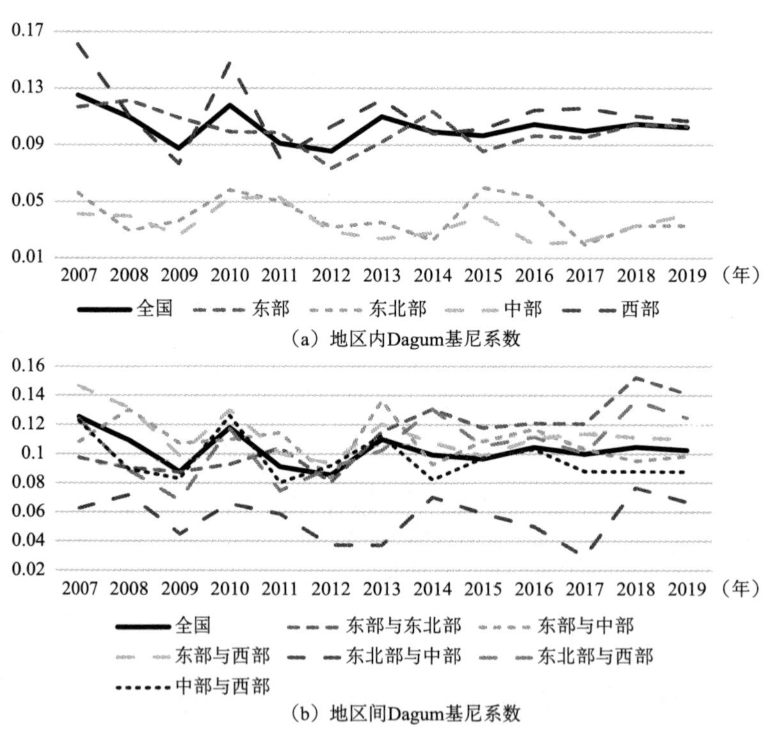

图 6-30 消费模式升级指标地区内与地区间 Dagum 基尼系数演变

消费模式升级水平在东北部与中部地区间的差异最小，其他地区间的差异均与全国省际的差异较为接近。今年来，东部与东北部、东北部与西部、东部与西部地区差异大于全国省际差异，东部与中部、中部与西部、东北部与中部地区间的差异相对较小，具体见图 6-30（b）。

第三节 新型城镇化的测度与时空演变特征

2014 年，中共中央、国务院印发了《国家新型城镇化规划（2014—2020 年）》，将在城镇化水平、基本公共服务、基础设施和资源环境四个方面测度新型城镇化水平。“十四五”规划深化了新型城镇化的内涵，不仅要在人口、经济层面实现城镇化，更要推进“以人为核心的新型城镇化”。随着经济和社会的发展，“双循环”对城镇化提出了新的要求，相关的评价体系应当把握新发展阶段的“新特征”，与新型城镇化要求相融合，更好地反映新型城镇化的主要内容和发展成效。

一、新型城镇化指标体系构建

根据“双循环”格局对新型城镇化的“新要求”，在现有文献的基础上，本节从人口城镇化、经济城镇化、基础建设城镇化、文化发展城镇化、环境治理城镇化和城乡一体化共六个方面对新型城镇化进行测度，构建的指标体系共包含 6 个一级指标 50 个变量，具体见表 6－12。

表 6－12　新型城镇化指标体系

准则层	子准则层	指标层	指向性	权重
人口（0.1674）	人口发展	城镇人口比重（%）	正向	0.1898
		城市人口密度（人/平方公里）	正向	0.2281
	就业情况	城镇登记失业率（%）	逆向	0.1940
		第二产业从业人员比重（%）	正向	0.2591
		第三产业从业人员比重（%）	正向	0.1289
经济（0.1882）	经济增长	人均 GDP（元）	正向	0.0860
		竣工房屋价值（万元）	正向	0.0833
		人均实际利用外商直接投资额（美元）	正向	0.0514
		城镇人均固定资产投资额（万元）	正向	0.0733
		人均地方财政支出（元）	正向	0.0593
	产业结构	第二产业占 GDP 比重（%）	正向	0.0750
		第三产业占 GDP 比重（%）	正向	0.0831
	居民生活	城镇居民人均可支配收入（元）	正向	0.0909
		农村居民人均可支配收入（元）	正向	0.0905
		城镇居民人均消费支出（元）	正向	0.0949
		农村居民人均消费支出（元）	正向	0.1167
		人均社会消费品零售总额（元）	正向	0.0955

续表

准则层	子准则层	指标层	指向性	权重
基础建设（0.1880）	道路交通	每万人拥有公共交通车辆（标台）	正向	0.0849
		人均城市道路面积（平方米）	正向	0.1105
		铁路和公路客运量（万人）	正向	0.0663
	医疗保障	城市每千人口医疗机构床位数（张）	正向	0.1403
		每万人全科医生数（人）	正向	0.0955
		每万人卫生人员数（人）	正向	0.0648
		城镇职工基本养老保险参保人数占总人口比重（%）	正向	0.0888
		城镇职工基本医疗保险参保人数占总人口比重（%）	正向	0.1204
	信息化建设	互联网上网使用人数占总人口比重（%）	正向	0.1214
		每万人互联网宽带接入用户数（户）	正向	0.1070
文化发展（0.1644）	教育水平	每万人普通高中在校学生数（人）	正向	0.0879
		每万人高等学校在校学生数（人）	正向	0.1011
	教育投入水平	教育支出占财政支出比重（%）	正向	0.0632
		科学技术支出占财政支出比重（%）	正向	0.1380
		教育经费占 GDP 比重（%）	正向	0.0803
		城镇居民家庭人均教育文化娱乐消费支出（元）	正向	0.0838
	文化传播	博物馆个数（个）	正向	0.0878
		公共图书馆个数（个）	正向	0.1328
		少年儿童读物类图书出版（种）	正向	0.1298
		人均公共图书馆藏书（册）	正向	0.0954
环境治理（0.1428）	污染治理	工业废气排放量（亿立方米）	逆向	0.0735
		废水排放量（亿吨）	逆向	0.0689
		工业污染防治施工项目完成投资额（万元）	正向	0.0708
		污染治理投资总额（亿元）	正向	0.0824
	市容环境	城市污水日处理能力（万立方米）	正向	0.1133
		生活垃圾无害化处理率（%）	正向	0.1009
	生态环境	每万人城市园林绿地面积（公顷）	正向	0.1337
		每万人城市公园面积（公顷）	正向	0.0490
		人均城市公园绿地面积（平方米）	正向	0.1099
		城市建成区绿化覆盖率（%）	正向	0.0451
		自然保护区占辖区面积比重（%）	正向	0.1525
城乡一体化（0.1493）	收入差距	城镇与农村居民人均可支配收入比（%）	逆向	0.4584
	消费差距	城镇与农村居民人均消费支出比（%）	逆向	0.5416

人口城镇化一方面从人口的角度反映了城市化水平，即人口发展；另一方面需要从就业的角度反映人民的生活保障情况，即就业情况。经济城镇化是推动新型城镇化发展的重

要支撑，包括经济增长、产业结构和居民消费 3 个方面。基础建设城镇化从物质基础的角度对城镇化的发展水平进行评价，包括道路交通、医疗保障和信息化建设等基本的日常生活设施。文化发展城镇化从精神文明建设的角度评价城镇化的发展水平，包括教育水平、教育投入水平和文化传播 3 个方面。为体现新型城镇化的永续发展，从污染治理、市容环境和生态环境 3 个方面对环境治理城镇化进行评价。从"十三五"规划中的推动城乡协同发展，到"十四五"规划中的同城化发展，无不要求推动城乡一体化，因此我们从收入差距和消费差距两方面对此进行考察。

根据上述指标体系，原始数据取自 WIND 数据库，为了数据的完整性，以 2007—2019 年为样本区间，在省级层面编制 31 个省和直辖市的新型城镇化指数及相应的一级指标。部分缺失数据采用移动平均法和均值法进行补齐。

二、新型城镇化的时空演变特征

在新型城镇化指标体系中，6 个一级指标由相应的变量合成，新型城镇化总指数由 6 个一级指标合成，遵循大部分文献的做法（如杨丽和孙之淳，2015；于斌斌和陈露，2019），合成方法均采用熵值法，相应的权重见表 6－12。根据指数的编制结果，从时间和空间两个维度对总指数和 6 个一级指标的时空演变特征进行分析。

（一）新型城镇化总指数

根据新型城镇化指标体系计算出 31 个省、自治区和直辖市 2007—2019 年的新型城镇化总指数，部分年份结果如表 6－13 所示。大致可以看出，总指数存在区域间的差异，时间维度上总体呈现上升趋势。

表 6－13　　　部分年份新型城镇化总指数

省份	2007 年	2009 年	2011 年	2013 年	2015 年	2017 年	2019 年
北京	59.4497	67.9087	70.0493	74.7813	77.8173	84.0887	87.7516
天津	44.3887	46.6875	55.3043	62.5109	66.3329	69.9610	70.2523
河北	26.9283	31.3925	39.3104	44.9853	50.6662	55.4605	60.1225
上海	60.4458	63.2581	65.8358	70.6028	73.1242	79.0729	83.3381
江苏	48.8178	53.5849	61.1853	68.6141	75.4056	80.5528	85.3782
浙江	49.7462	54.8614	61.5856	68.7077	76.4022	82.6424	85.9791
福建	32.2977	38.1574	44.7562	54.4071	58.2737	62.6140	67.8608
山东	37.2010	41.8066	49.0338	57.6387	62.5564	68.6897	73.3172
广东	40.0674	46.9688	56.6134	64.2678	68.7477	74.7627	81.8373
海南	23.3599	28.2805	39.3312	40.0784	44.6814	47.8300	52.2243
辽宁	33.8391	39.5809	47.1757	53.1653	55.2211	57.2868	59.5969
吉林	24.7720	31.5192	40.4968	48.9017	54.7763	55.9203	58.9270
黑龙江	31.6427	35.0415	42.1340	46.4139	52.1848	55.8565	59.8432

续表

省份	2007 年	2009 年	2011 年	2013 年	2015 年	2017 年	2019 年
山西	27.6011	33.4551	39.4960	47.3857	50.1674	51.8053	55.5490
安徽	22.2219	29.6095	38.6605	46.8143	52.9303	56.7200	61.5951
江西	30.7839	36.1434	42.8599	48.8566	55.3276	60.9794	64.1919
河南	29.6934	33.0318	38.8931	46.2286	52.5841	58.4729	61.2310
湖北	27.3498	32.2699	37.5776	45.9208	54.3112	60.2849	65.0755
湖南	26.8235	31.4449	36.3309	41.7654	48.8520	53.8544	61.3063
内蒙古	22.9280	28.0238	35.8858	44.0326	51.4855	54.2535	56.5795
广西	18.5407	24.0227	30.2936	37.5396	44.7136	50.9573	55.1938
重庆	16.9935	24.8564	36.2027	43.9763	50.8421	56.1306	61.4162
四川	22.9484	32.5805	38.6296	46.9050	52.2439	60.1159	66.3832
贵州	7.2260	14.0413	21.9198	31.8609	38.7409	45.5253	50.2517
云南	15.4248	19.1540	26.1640	30.4179	36.5616	41.3303	47.8014
西藏	9.6368	15.2095	19.2455	27.9839	39.3191	39.2945	42.7623
陕西	26.8567	33.4257	43.0066	48.4884	52.2630	56.7580	59.4620
甘肃	13.8388	23.5095	28.4256	36.1104	42.2559	46.8395	48.7999
青海	19.6015	27.5576	35.4978	40.4320	44.8030	49.9738	54.2975
宁夏	20.7986	25.2657	31.9496	41.3418	46.5783	50.8847	57.5478
新疆	26.0488	32.8394	40.9277	46.2358	48.8812	51.9775	58.4211

从指数值上来看，全国和各地区的新型城镇化指数整体都呈现上升趋势。全国水平由2007 年的 28.98 上升至 2019 年的 63.04；变化幅度最大的是西部地区，由 2007 年的18.40 上升至 2019 年的 54.91；变化幅度最小的是东部地区，由 2007 年的 42.27 上升至2019 年的 74.81。2013—2014 年，不同地区的新型城镇化水平排名出现变化，截至 2013年，东部地区的新型城镇化水平最高，其次是东北部地区、全国平均、中部地区和西部地区，而自 2014 年起，全国和中部地区的新型城镇化水平逐步高于东北部地区，具体见图 6 - 31（a）。

从指数增速上来看，总体呈现下降趋势，2008 年西部地区城镇化水平增速一度高达22.39%，一方面由于早期西部城镇化水平较低，低基数导致了高增速的出现，另一方面，更重要的原因是得益于西部大开发规划，2010 年以前正处于西部大开发奠定基础的阶段，有效地带动了西部地区经济增长，人民生活水平稳定提升，基础设施、生态环境和科技教育等基础建设都是开发重点①，由此推动了西部地区城镇化的高速发展。截至 2015 年，全国、中部地区和东北部地区的增速略高于东部地区，此后逐渐收敛至同一水平。西部地区

① 西部大开发总体规划的三个阶段，http：//cn.chinagate.cn/economics/xbkf/2009 - 12/08/content_ 19030487.htm。

整体的上升速度最快，平均增速达到了9.66%，其次是中部地区（7.00%）、东北部地区（5.90%）、东部地区（4.89%），全国平均增速为6.73%，具体见图6－31（b）。

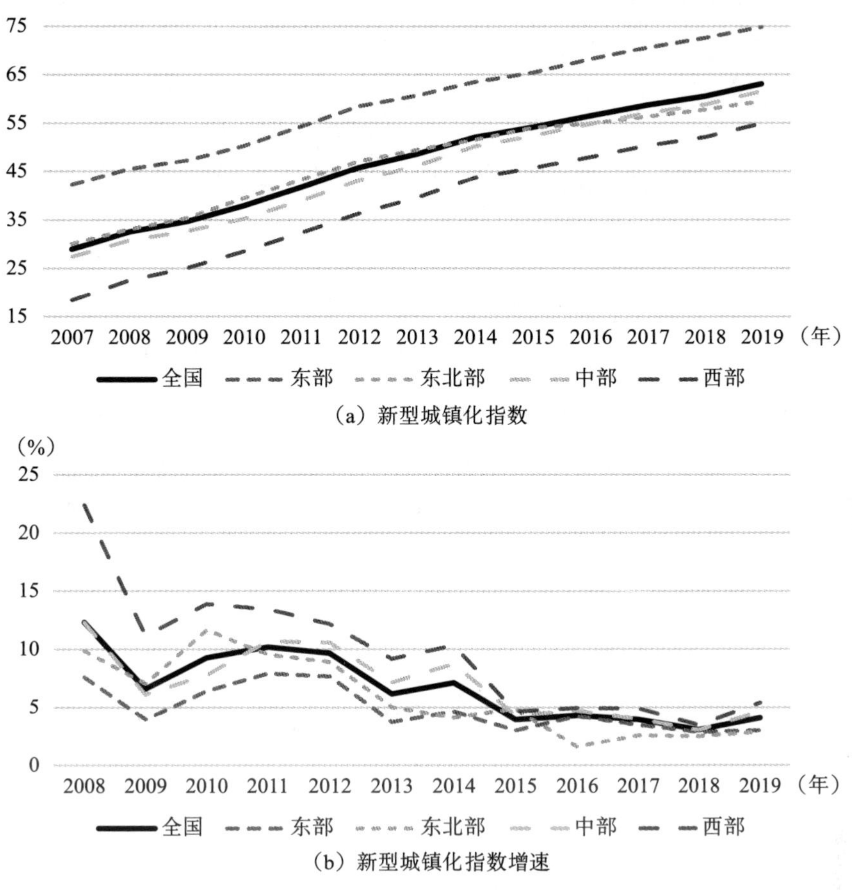

（a）新型城镇化指数

（b）新型城镇化指数增速

图6－31　全国和各地区新型城镇化指数及其增速

以下通过Dagum基尼系数及其分解对新型城镇化水平的区域差异进行分析，具体见图6－32。新型城镇化水平的总体Dagum基尼系数呈现下降趋势，由2007年的0.2400下降至2014年的0.1157，下降幅度达到51.80%，2015年起下降速度有所放缓，意味着新型城镇化水平在省际差异正在逐步缩小，总体趋向于均衡发展。根据贡献率的计算，可以看出新型城镇化发展的不均衡主要来源于地区间的差异，其次是地区内的差异，并且值得注意的是，地区间差异的贡献率呈现下降趋势，地区内差异的贡献率则表现出上升趋势；超变密度反映了地区间差异和地区内差异的交互作用，超变密度尽管贡献率最低但长期呈现上升趋势，因此亦不容忽视。

新型城镇化水平的地区内Dagum基尼系数低于总体Dagum基尼系数。横向来看，新型城镇化水平在东部地区内差异和西部地区内差异大于东北部地区内差异和中部地区内差异，自2013年起东部地区内差异大于西部地区内差异，自2015年起中部地区内差异大于东北部地区内差异。纵向来看，新型城镇化水平在东部、西部和东北部的地区内差异整体

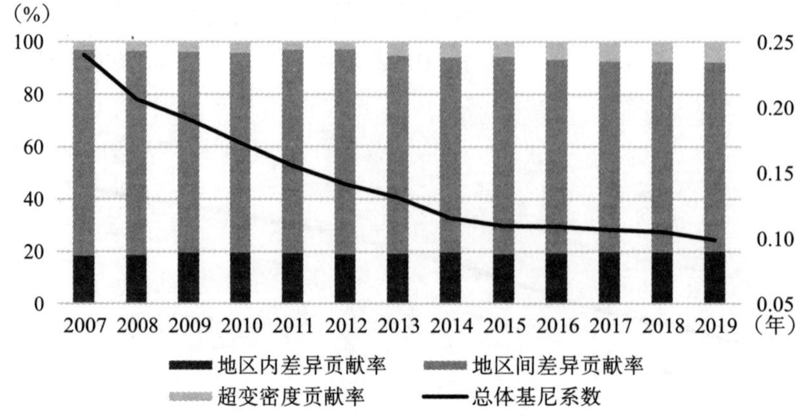

图 6-32 新型城镇化水平 Dagum 基尼系数及其分解

正逐渐缩小，且西部地区内 Dagum 基尼系数下降幅度最为明显；中部地区内 Dagum 基尼系数呈现“下降—平缓—上升—下降”的变化趋势，总体下降幅度最小，主要原因在于近年来中部地区内新型城镇化水平不均衡现象有所反弹，具体见图 6-33（a）。

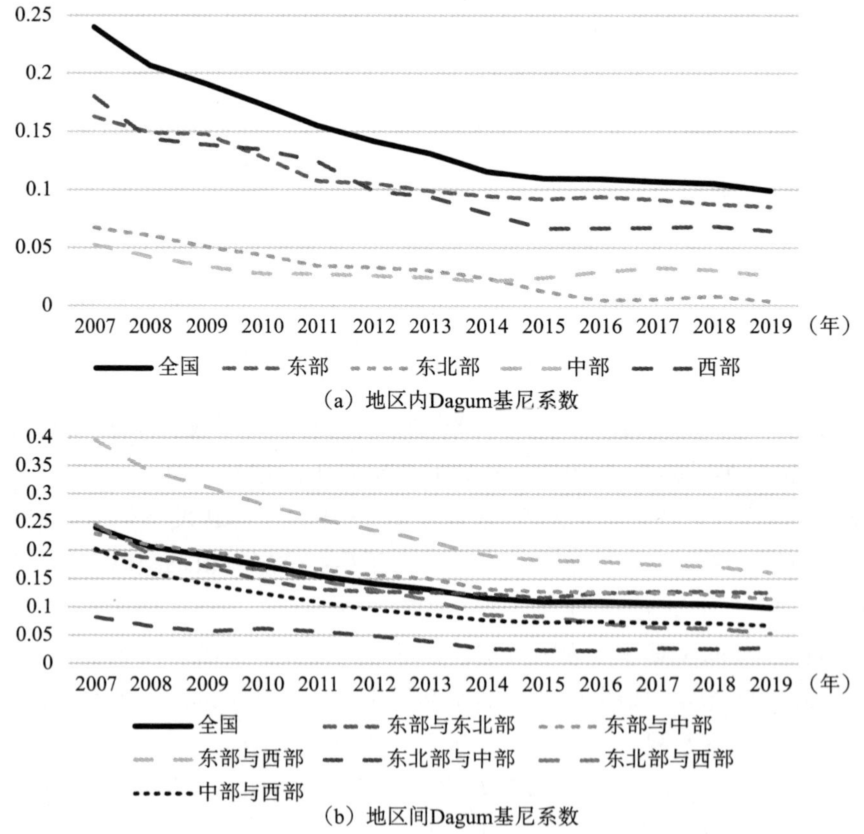

图 6-33 新型城镇化地区内与地区间 Dagum 基尼系数演变

整体来看，新型城镇化水平在东部与中部、东部与西部地区间 Dagum 基尼系数高于总体 Dagum 基尼系数。自 2014 年起，东部与东北部间的 Dagum 基尼系数亦开始高于总体 Dagum 基尼系数。横向来看，新型城镇化水平的地区间差异最大的是东部与西部间的差异，最小的是东北部与中部间的差异。纵向来看，新型城镇化水平的地区间 Dagum 基尼系数整体呈现下降趋势，说明地区间的新型城镇化水平不均衡的现象正在逐渐得到缓解，具体见图 6-33（b）。

（二）人口城镇化

表 6-14 展示了基于两个方面 5 个变量计算的部分年份人口城镇化指标。总体来看，人口城镇化指标的变化较为平稳。从区域上来看，除北京、上海、浙江、江苏、广东外，天津和江西同样长期处于高度人口城镇化的水平，中部地区和西部地区的部分省市如河南、陕西、山西、湖北等地的人口城镇化同样处于较高的水平，而西南地区的人口城镇化水平则常年处于低或较低的水平。

表 6-14　部分年份人口城镇化指标

省份	2007 年	2009 年	2011 年	2013 年	2015 年	2017 年	2019 年
北京	55.4064	56.4944	58.3259	58.9598	57.6202	55.1456	55.2005
天津	57.0308	56.5027	57.1389	58.8627	59.8997	57.7886	63.9270
河北	32.8780	33.5509	36.5946	39.2074	41.2759	41.6719	47.4176
上海	57.4290	54.0249	61.3645	61.3001	59.1191	59.2381	58.6607
江苏	45.3475	47.2114	49.5680	51.7887	53.0927	54.3535	55.1712
浙江	48.9844	49.8000	54.0762	55.3101	56.0719	58.0399	59.5890
福建	36.8008	38.8926	44.0872	47.7611	47.6766	47.1834	50.4011
山东	35.8459	34.8310	36.9471	39.0654	40.4630	42.0143	43.4049
广东	53.9052	51.6632	57.3896	59.6991	59.5857	59.3284	62.8868
海南	25.8881	27.3768	39.2224	35.8601	36.5073	37.1321	39.5831
辽宁	33.2760	36.4767	38.1253	41.7243	39.9654	37.2602	35.4393
吉林	26.6620	26.2354	32.2631	37.5342	40.1001	36.1832	37.3659
黑龙江	33.8499	37.8280	40.7816	39.7530	42.9561	44.0688	49.3690
山西	37.6839	34.9771	38.9572	44.0373	44.7452	43.1615	47.5128
安徽	26.4288	29.4573	32.0811	37.0202	40.6116	43.6471	46.3600
江西	43.1062	45.8653	47.8845	50.0848	51.7630	52.7128	54.2076
河南	44.2503	42.1924	45.9767	49.5050	51.5986	53.0552	51.0895
湖北	23.3957	24.2846	27.6256	34.9162	41.5938	44.6656	47.1320
湖南	31.5814	31.6981	30.7161	33.7341	34.8710	38.8297	44.3629
内蒙古	19.0276	21.5282	24.2457	28.2283	30.8010	31.2358	31.0808
广西	18.5916	20.7100	24.5322	26.1814	30.3262	35.4969	34.4386
重庆	25.2408	27.8953	34.4398	37.6733	38.5833	41.3618	46.2296
四川	24.6813	27.3643	30.6106	32.6399	29.8249	36.2929	41.9894
贵州	15.8503	19.7281	24.0917	28.1990	26.5258	29.2433	31.1641
云南	18.9384	21.1222	25.0458	21.7488	25.2105	31.4767	33.5222
西藏	12.1992	13.5218	13.8154	25.5923	26.7962	27.0341	28.5837

续表

省份	2007 年	2009 年	2011 年	2013 年	2015 年	2017 年	2019 年
陕西	41.0477	43.1050	49.6684	45.9634	40.4417	42.3088	47.4015
甘肃	28.1198	29.4960	31.5481	37.8177	40.9060	38.8539	34.5005
青海	26.3852	28.3520	32.3941	37.8342	38.1866	40.0766	45.9608
宁夏	20.3491	22.9814	20.1549	22.9254	25.5186	27.9462	36.0142
新疆	33.4113	34.9186	38.4628	37.7259	33.7621	35.7887	44.9076

从人口城镇化指标值来看，整体上升幅度较小，全国水平由 2007 年的 33.34 上升至 2019 年的 45.32；变化幅度最大的是西部地区，由 2007 年的 23.65 上升至 2019 年的 37.98；变化幅度最小的是东部地区，由 2007 年的 44.95 上升至 2019 年的 53.62。2007—2015 年，东北部、中部地区的人口城镇化水平接近于全国平均水平，此后不同地区间的人口城镇化水平差异较为稳定，人口城镇化水平从高到低依次为东部、中部、东北部和西部，其中东部地区和中部地区的人口城镇化水平高于全国平均水平，具体见图 6－34（a）。

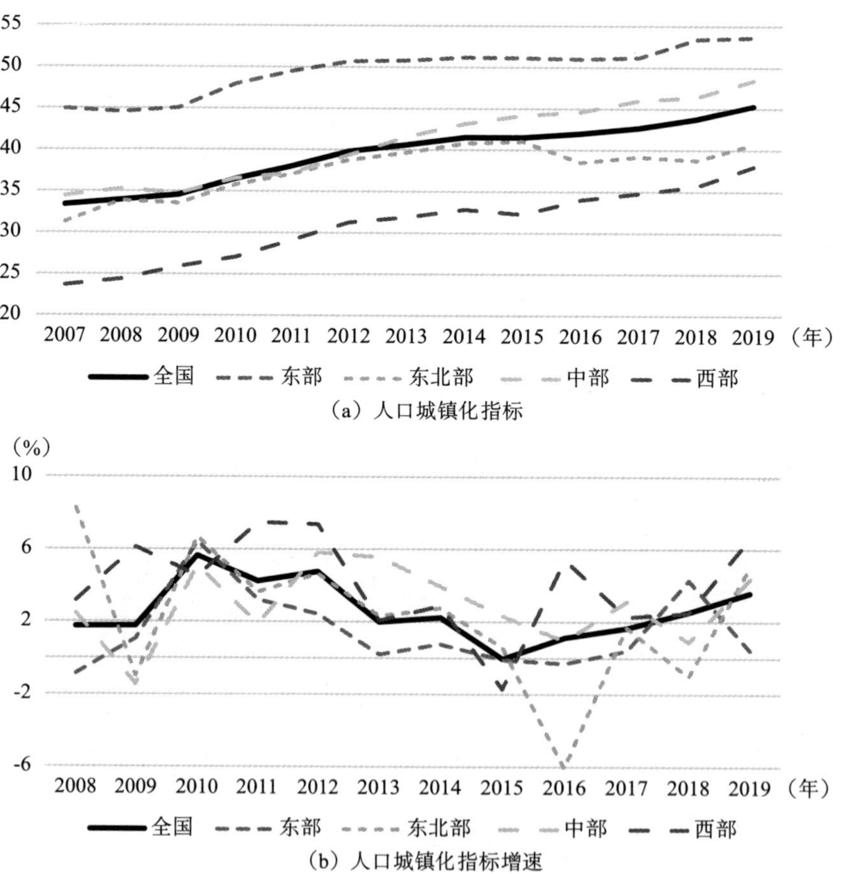

图 6－34 全国和各地区人口城镇化指标及其增速

从人口城镇化指标增速来看，全国和各地区的增速大部分时间主要在 －2% 到 6% 之间变化，仅部分地区在个别年份出现了较大幅度的上升或下降，2010 年后整体略微呈现较为扁平的"U"形变化趋势，增速在2015年、2016年达到较低的水平，此后再次抬头向上。增速放缓最明显的是2016年的东部地区、2009年的中部地区和东北部地区。西部地区整体的上升速度最快，平均增速达到了4.06%，其次是中部地区（2.91%）、东北部地区（2.30%）、东部地区（1.50%），全国平均增速为2.60%，具体见图6－34（b）。

人口城镇化水平的总体Dagum基尼系数同样呈现下降趋势，并且整体下降速度较为均匀，由2007年的0.2105下降至2019年的0.1184，下降幅度达到43.75%，说明全国人口城镇化正在稳步进行，升级层面总体朝向均衡的方向发展。根据贡献率的计算，地区内差异贡献率和超变密度贡献率变化较为平缓，但在2019年有抬头迹象；地区间差异贡献率呈现"下降—上升—持平—下降"的走势，表明人口城镇化在地区间的发展不平衡容易出现反弹，具体见图6－35。

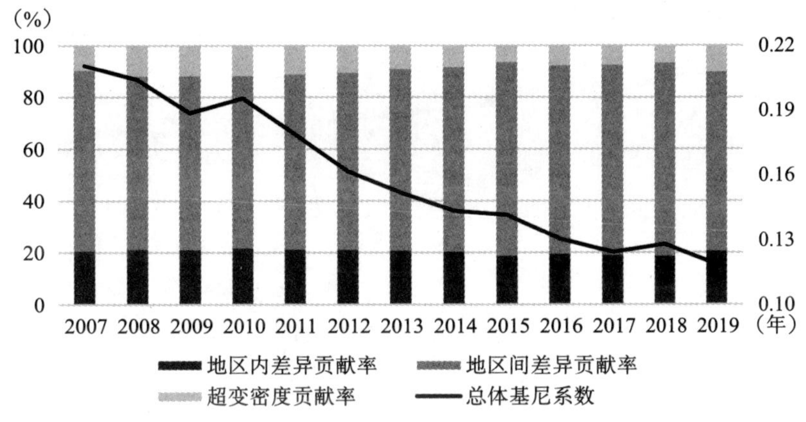

图6－35 人口城镇化指标Dagum基尼系数及其分解

人口城镇化水平的地区内Dagum基尼系数低于总体Dagum基尼系数。横向来看，在2018年以前，人口城镇化水平在东部、中部和西部地区的地区内差异长期大于东北部地区，2018—2019年由于中部地区内差异缩小、东北部地区内差异持续扩大，中部地区内Dagum基尼系数开始低于东北部地区内差异。纵向来看，人口城镇化水平在东部、中部和西部地区内差异持续缩小，中部地区Dagum基尼系数下降的幅度最为明显，其次是西部地区；东北部地区内Dagum基尼系数在2007—2010年间呈现上升趋势，此后呈现"V"形走势，2014年后东北部地区内人口城镇化发展不均衡现象日益严重，具体见图6－36（a）。

整体来看，人口城镇化水平在东部与西部地区间Dagum基尼系数长期高于总体Dagum基尼系数，中部与西部、东部与东北部地区间Dagum基尼系数分别自2013年和2016年起高于总体Dagum基尼系数。横向来看，人口城镇化的地区间差异最大的是东部与西部间的差异。2016年前东北部和中部间的差异最小，此时东部与中部、东北部与西部地区间的差异较为接近，处于较低的水平。纵向来看，东北部与中部地区间人口城镇化水平的差异没有较大变化，其余地区间的人口城镇化水平不均衡的现象则正逐渐得到缓解，具体见图6－36（b）。

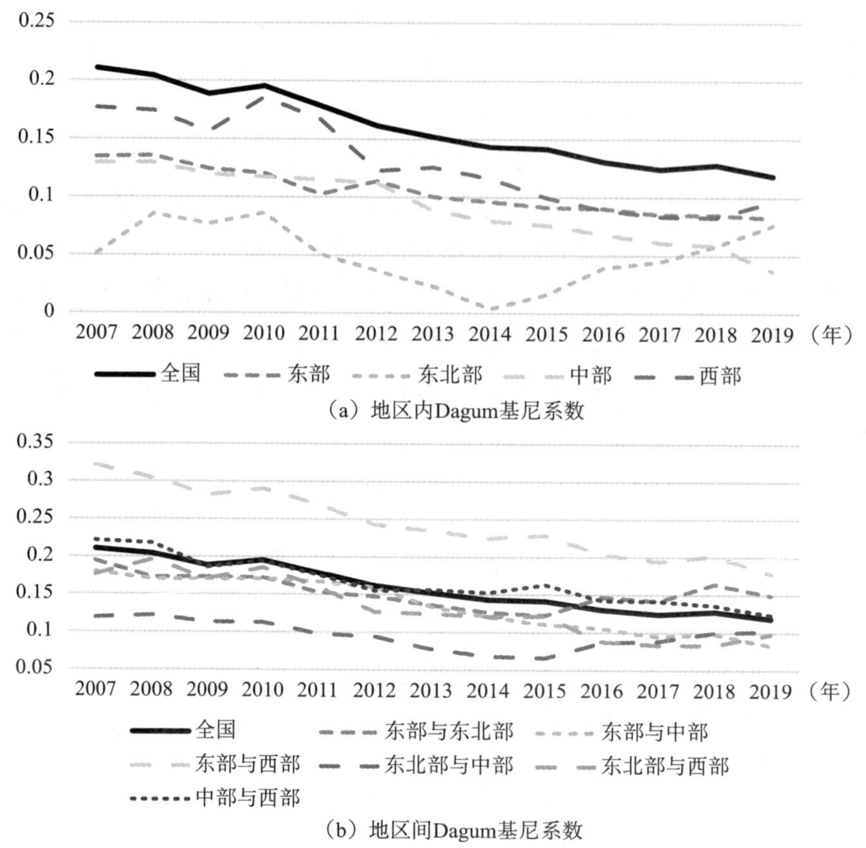

（a）地区内Dagum基尼系数

（b）地区间Dagum基尼系数

图6－36　人口城镇化指标地区内与地区间 Dagum 基尼系数演变

（三）经济城镇化

表6－15展示了基于3个方面12个变量计算的部分年份经济城镇化指标。从区域来看，北京、上海、浙江、江苏、广东的经济城镇化水平长期保持在领先地位。经济城镇化水平处于较高水平或中等水平的省份在各地区均有出现，如东部地区的沿海省份发展水平较高，处于低或较低水平的省份主要集中在西南部地区。从全国来看，东部地区与东北部、中部和西部地区的经济城镇化水平差距较大，但近年来这种情况有所缓解，经济城镇化水平进入中高速发展阶段。

表6－15　　部分年份经济城镇化指标

省份	2007年	2009年	2011年	2013年	2015年	2017年	2019年
北京	26.4170	31.7779	38.0705	46.3339	53.8966	61.5557	70.3047
天津	19.5455	25.0225	32.7295	39.8402	47.5083	51.1207	52.5342
河北	10.5658	13.5400	19.0409	22.9970	27.5880	31.3534	34.1176
上海	31.0588	34.3026	41.4738	49.1718	57.7552	67.7968	78.0846
江苏	18.0048	23.6049	31.0153	38.7585	46.1151	52.8080	59.5333

续表

省份	2007 年	2009 年	2011 年	2013 年	2015 年	2017 年	2019 年
浙江	21.6780	25.2402	32.3222	39.0024	48.1349	55.4651	62.5629
福建	14.2795	18.1514	23.9532	31.2283	37.3700	44.1951	50.0896
山东	14.1256	18.1251	23.5510	28.6825	33.6093	38.4076	43.2611
广东	18.1634	21.9318	27.6446	32.0166	38.1282	45.0466	54.4640
海南	6.5279	9.2495	13.8133	18.7918	23.9118	28.1175	33.3041
辽宁	13.7271	18.5018	25.3450	31.6510	32.6076	33.6186	37.8099
吉林	10.7538	14.5390	19.4496	24.7383	28.1190	32.2620	33.2397
黑龙江	10.3459	13.1702	17.6058	21.7120	24.5530	27.2151	29.4164
山西	11.4176	13.4695	17.8003	21.5825	24.5110	26.1192	30.3742
安徽	9.2777	12.5535	17.5435	22.3349	27.5531	30.1023	34.5109
江西	9.3108	12.1800	16.2973	20.1183	25.3137	29.5969	34.5638
河南	9.9119	12.7124	17.4717	21.7524	26.0586	29.3156	32.9314
湖北	10.7527	14.0596	19.2657	23.7473	30.2706	35.6342	42.5146
湖南	9.8693	13.2873	17.9932	23.3919	28.7181	33.4885	38.2441
内蒙古	12.5745	17.3231	23.1263	28.5659	32.4307	34.5057	37.6990
广西	7.9149	10.8721	15.3142	18.4901	22.7965	26.5542	30.4113
重庆	11.4917	15.3233	21.0173	25.4938	32.2692	37.7316	43.2459
四川	8.8534	13.1446	17.4689	22.4729	27.1280	32.2653	37.0078
贵州	6.8771	9.0441	12.7577	16.5767	21.3331	24.8458	28.0073
云南	7.9665	10.5732	13.9533	17.7027	22.2084	25.4047	30.8143
西藏	8.2488	10.7300	14.3894	19.2304	24.9928	29.5824	34.2922
陕西	9.9910	13.3209	17.9485	22.8707	27.2243	32.0051	35.7165
甘肃	7.5997	9.5988	12.9491	16.8571	20.5695	23.0140	26.5449
青海	9.3340	11.8211	17.8528	22.7061	26.8562	30.1790	32.9402
宁夏	9.6680	13.0326	17.8258	22.8386	27.1781	29.9907	33.9378
新疆	9.6583	12.8390	18.1507	24.6403	29.2962	28.4598	34.6024

从经济城镇化指标值来看，西部地区上升幅度最大，由 2007 年的 9.18 上升至 2019 年的 33.77，其次是中部地区由 2007 年的 10.09 上升至 2019 年的 35.52，变化幅度最小的是东北部地区，由 2007 年的 11.61 上升至 2019 年的 33.49。2013 年以前，东北部地区的经济城镇化水平接近于全国平均水平，此后逐渐下降，与中部地区、西部地区保持相近的走势。2018 年、2019 年中部地区和西部地区的经济城镇化水平先后超过了东北部地区，但总体仍与东部和全国水平有较大差距，具体见图 6－37（a）。

从经济城镇化指标增速来看，全国和各地区的增速在 2008—2011 年呈现“V”形走势，此后进入中高速增长的阶段。2013 年后，增速放缓最明显的是东北部地区，尽管在

2015—2017 年增速有所提升，但近年来东北部地区的增速仍低于其他地区，东部地区、中部地区、西部地区和全国水平的增速则较为接近。2013 年后，各地区的经济城镇化水平平均增速依次为中部地区（8.21%）、西部地区（7.81%）、东部地区（7.61%）、全国水平（7.48%）和东北部地区（4.30%），具体见图 6 – 37（b）。

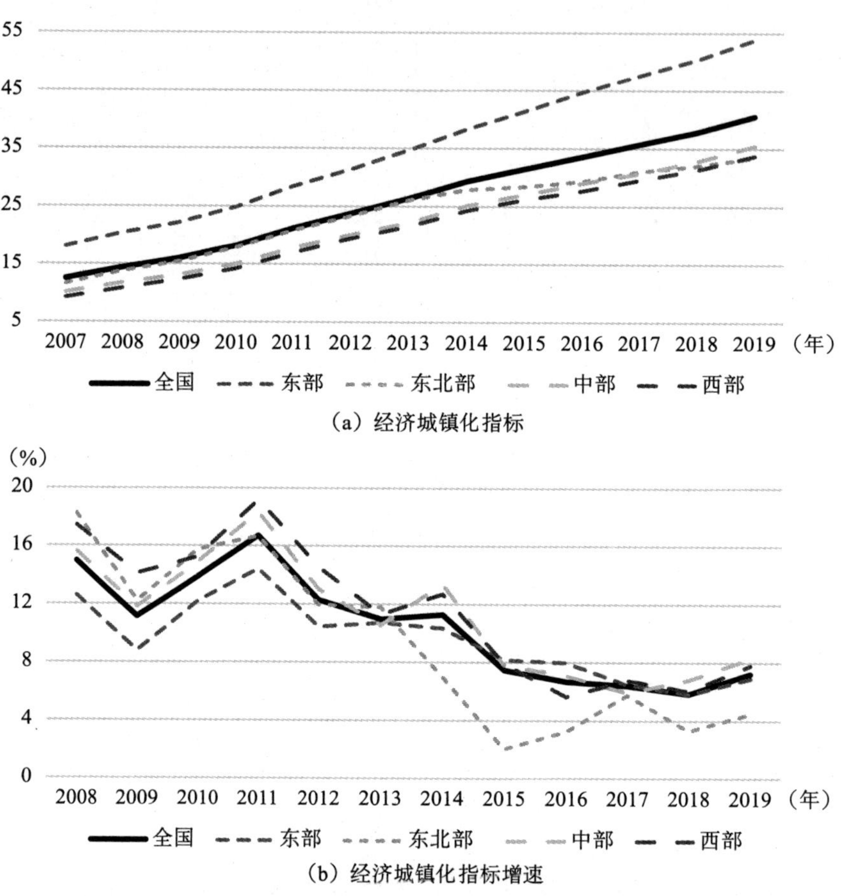

（a）经济城镇化指标

（b）经济城镇化指标增速

图 6 – 37　全国和各地区经济城镇化指标及其增速

经济城镇化水平的总体 Dagum 基尼系数由 2007 年的 0.2228 下降至 2014 年的 0.1574，下降幅度达到 29.37%，此后保持平稳，即经济城镇化水平在全国省际层面的差异总体没有较大变化。值得注意的是，从 Dagum 基尼系数来看，近年来经济城镇化水平在全国省际层面的差异高于其他指标以及新型城镇化指数在全国省际层面的差异。地区内差异贡献率和超变密度贡献率分别在 20% 和 10% 附近保持平稳，地区间差异贡献率在 2007—2016 年呈现“V”形走势，此后保持在 70% 附近，具体见图 6 – 38。

经济城镇化水平的地区内 Dagum 基尼系数低于总体 Dagum 基尼系数。横向来看，东部经济城镇化水平的地区内差异长期大于其他地区，2016 年以前西部地区内差异高于东北部地区和西部地区，2016 年起中部地区内差异有所扩大，超过了东北部地区内差异。纵向来看，东部经济城镇化水平的地区内差异与总体 Dagum 基尼系数呈现相近的走势，东北部

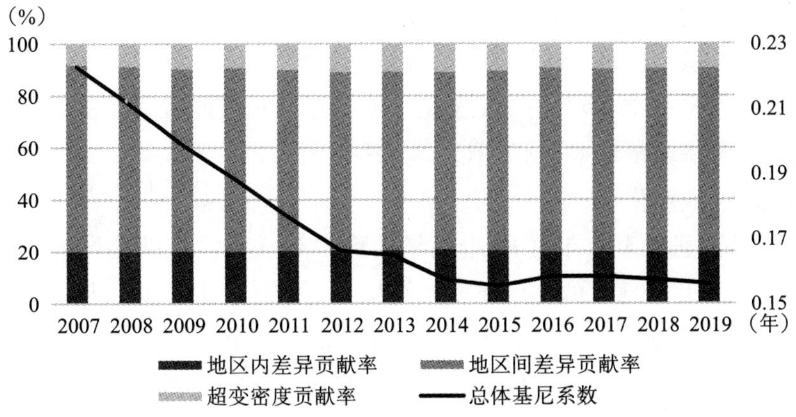

图 6－38　经济城镇化指标 Dagum 基尼系数及其分解

地区内差异下降后在 0.05 附近持平，中部地区内差异近年来有所扩大，西部地区内差异有所缩小，具体见图 6－39（a）。

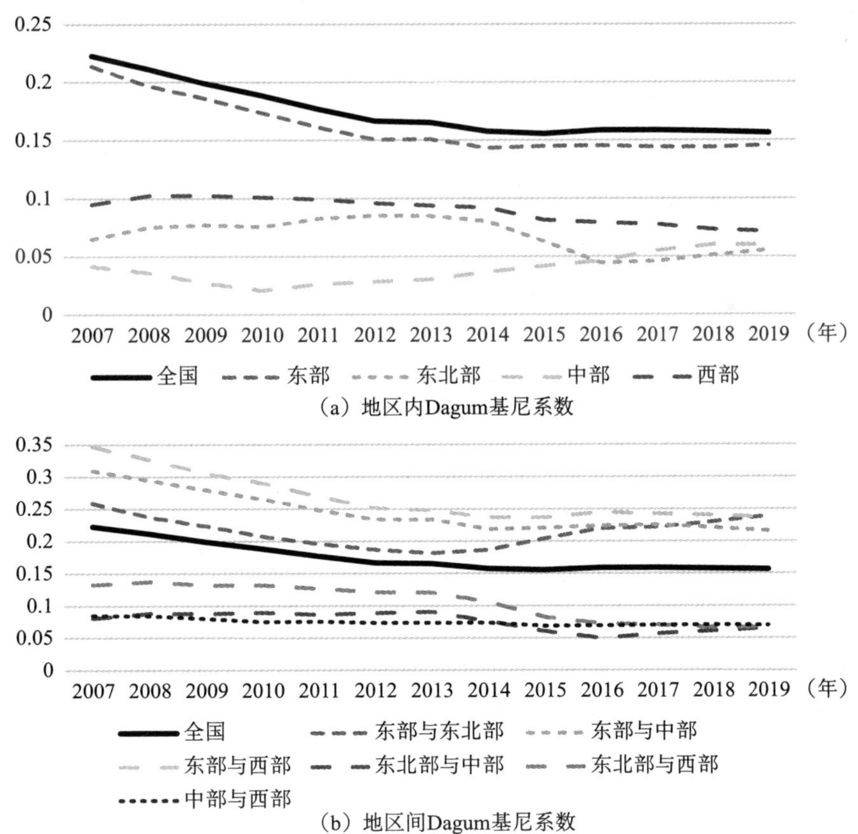

图 6－39　经济城镇化指标地区内与地区间 Dagum 基尼系数演变

整体来看，经济城镇化水平在东部与其他地区的地区间 Dagum 基尼系数长期高于总体 Dagum 基尼系数。横向来看，近年来东部与东北部地区在经济城镇化水平上的差异扩大并超过了东部与中部、东部与西部的地区间差异，东北部与中部、东北部与西部、中部与西部的地区间差异则较为接近，显著低于东部与其他地区间的差异。纵向来看，中部地区和西部地区间经济城镇化水平的差异没有较大变化，东部与东北部地区间经济城镇化水平有所扩大，其余地区间的经济城镇化水平不均衡的现象则正在逐渐得到缓解，具体见图6－40（b）。

（四）基础建设城镇化

表6－16展示了基于3个方面10个变量计算的部分年份基础建设城镇化指标。总体来看，东部地区和东北部地区的基础建设城镇化水平略高于中部地区和西部地区，从时间维度上来看，基础建设城镇化水平有所放缓。从区域上来看，北京、上海、浙江、江苏的经济城镇化水平长期保持在领先地位，天津、广东和辽宁在个别年份也处于领先水平；新疆地区得益于西部大开发，以及道路交通建设使得新疆的基础建设城镇化处于较高的水平。除新疆外，基础建设城镇化水平高或较高的省份出现在沿海地区，处于中等水平的省份在中部地区和西部地区均有出现。

表6－16　部分年份基础建设城镇化指标

省份	2007年	2009年	2011年	2013年	2015年	2017年	2019年
北京	49.9721	58.4931	58.7094	62.8967	65.1463	69.3209	68.8705
天津	29.0554	35.0947	37.4611	41.1325	41.7318	48.0590	42.8793
河北	14.6456	20.8791	26.7536	32.0749	36.3370	41.2593	42.5910
上海	43.2248	41.9863	45.2491	46.6144	50.9444	55.3978	54.6313
江苏	27.9248	34.2330	40.7981	46.4164	54.5593	60.2487	63.6931
浙江	29.9507	37.7921	43.4935	49.3498	58.2868	63.1799	62.6997
福建	15.0509	23.5806	30.3029	36.9564	42.4199	46.6571	49.3794
山东	20.5864	28.9511	36.8375	41.1491	45.2063	49.6263	50.4294
广东	22.1237	31.4803	40.2412	40.9123	46.6826	49.4744	48.7812
海南	13.1799	18.3997	27.7394	32.0161	35.6655	39.1732	41.1433
辽宁	24.1695	30.7047	36.4932	41.2987	46.0035	50.1320	52.0625
吉林	16.7105	22.4804	26.9157	31.2049	35.4243	39.0752	41.1194
黑龙江	16.3953	21.6077	26.5669	32.1336	36.2672	40.2359	41.9557
山西	13.8439	22.3613	26.2409	31.5851	35.1047	38.8005	40.5368
安徽	10.8843	16.4255	23.3127	27.8384	32.6507	37.9336	39.3621
江西	9.4223	14.4035	18.8194	23.6724	29.0276	35.4103	34.9149
河南	11.0440	16.3795	21.2201	26.2285	31.8234	38.0361	40.1304
湖北	15.8582	21.4579	27.2431	33.5003	39.1121	42.8525	43.8226
湖南	13.1716	18.7087	23.3663	28.2465	34.8743	38.6533	44.8455
内蒙古	15.0471	20.5764	25.4773	33.0484	39.2004	43.9440	45.4513
广西	9.4601	15.6462	20.4227	25.7672	29.7973	34.1803	37.6809
重庆	11.8494	17.7559	24.5357	31.4988	37.5284	42.7866	45.6549
四川	13.3436	19.7386	26.4147	32.7813	38.2053	43.4447	45.4236
贵州	3.9395	8.8273	13.6330	22.4391	29.4202	35.5574	37.5925
云南	9.1457	12.8615	17.9958	23.7600	28.5961	32.2383	34.5697
西藏	13.1147	13.7544	16.3473	19.0234	30.9241	30.1884	31.1251

续表

省份	2007 年	2009 年	2011 年	2013 年	2015 年	2017 年	2019 年
陕西	14.9304	21.7874	29.0360	34.5695	39.3217	44.1662	45.1653
甘肃	8.6934	14.7640	19.4485	24.6192	28.9518	34.5603	39.2416
青海	16.8285	22.7023	26.1815	31.5735	36.4928	42.2368	44.5137
宁夏	15.8850	20.7971	26.6328	33.1915	38.9657	44.1278	46.4374
新疆	24.4356	27.2559	33.7464	39.7713	45.2395	48.0930	50.6592

从指标值来看，全国和各地区的基础建设城镇化整体均呈现上升趋势，全国平均水平由2007年的17.87上升至2019年的45.40；中部和西部地区的基础建设城镇化水平上升幅度最大，其次是东部和东北部地区。东部地区的基础建设城镇化水平显著高于其他地区，东北部地区与全国水平持平，中部和西部地区的基础建设城镇化水平接近但低于全国水平，具体见图6－40（a）。

从基础建设城镇化指标增速来看，全国和各地区的增速整体呈现放缓趋势。平均增速最高的是中部地区和西部地区，分别为10.58%和10.34%，其次是东北部地区（7.50%）和东部地区（5.93%）。同时，可以看出，近年来各地区的增速趋于一致，近3年平均增速约为2.75%，具体见图6－40（b）。

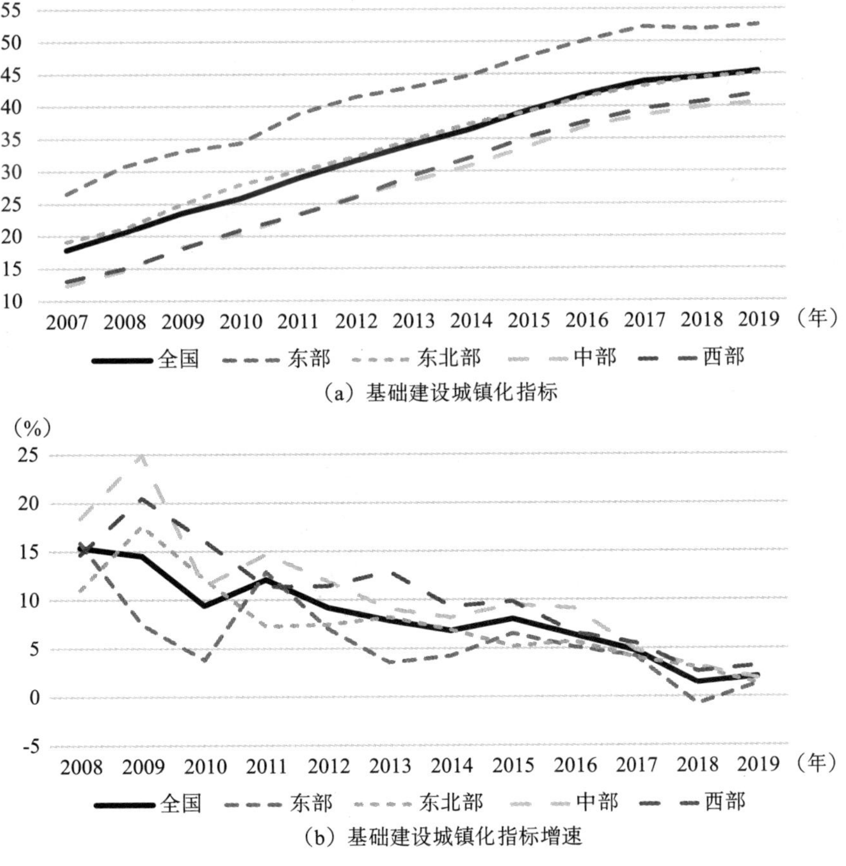

（a）基础建设城镇化指标

（b）基础建设城镇化指标增速

图6－40　全国和各地区基础建设城镇化指标及其增速

基础建设城镇化水平的总体 Dagum 基尼系数下降速度高于其他指标和新型城镇化水平的总体 Dagum 基尼系数下降速度，由 2007 年的 0.2716 下降至 2019 年的 0.0975，下降幅度达到 64.12%，表明基础建设城镇化水平在全国省际层面的均衡发展最为明显。地区内差异贡献率和超变密度贡献率近年来有所上升，地区间差异贡献率则呈现倒“U”形走势，自 2011 年起开始下降，近年来保持在 58% 附近，具体见图 6－41。

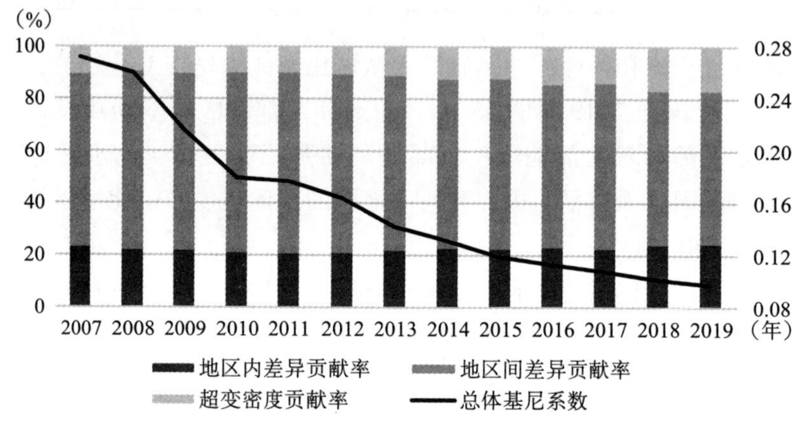

图 6－41 基础建设城镇化指标 Dagum 基尼系数及其分解

基础建设城镇化水平的地区内 Dagum 基尼系数总体低于总体 Dagum 基尼系数，但 2019 年东部地区内 Dagum 基尼系数略高于总体 Dagum 基尼系数。横向来看，东部和西部基础建设城镇化水平的地区内差异长期大于东北部和中部地区，2016 年起依次为东部、西部、东北部和中部地区。纵向来看，东部基础建设城镇化水平地区内 Dagum 基尼系数下降最为明显，但主要以 2007—2010 年为主，此后较为平缓；其次是西部地区，下降幅度达 13.17%；东北部地区和西部地区 Dagum 基尼系数下降幅度较为接近，分别下降 6.83% 和 6.26%，具体见图 6－42（a）。

整体来看，基础建设城镇化水平在东部与中部地区间、东部与西部地区间的差异明显大于其他地区间的差异；2015 年后，东部与东北部地区间 Dagum 基尼系数亦高于总体 Dagum 基尼系数；东北部、中部和西部地区间的差异较为接近。纵向来看，基础建设城镇化水平在东部与中部地区间、东部与西部地区间的 Dagum 基尼系数呈现明显的下降趋势，其余地区间 Dagum 基尼系数的下降幅度相对较为平缓，具体见图 6－42（b）。

（五）文化发展城镇化

表 6－17 展示了基于 3 个方面 10 个变量计算的部分年份文化发展城镇化指标。总体来看，文化发展城镇化水平总体缓慢提升。从区域上来看，北京、长三角地区等地的文化发展城镇化水平长期保持在领先地位，中部和西部的部分地区同样处于较高水平或中等水平。文化发展城镇化水平低或较低的水平主要出现在东北部地区和西部地区。

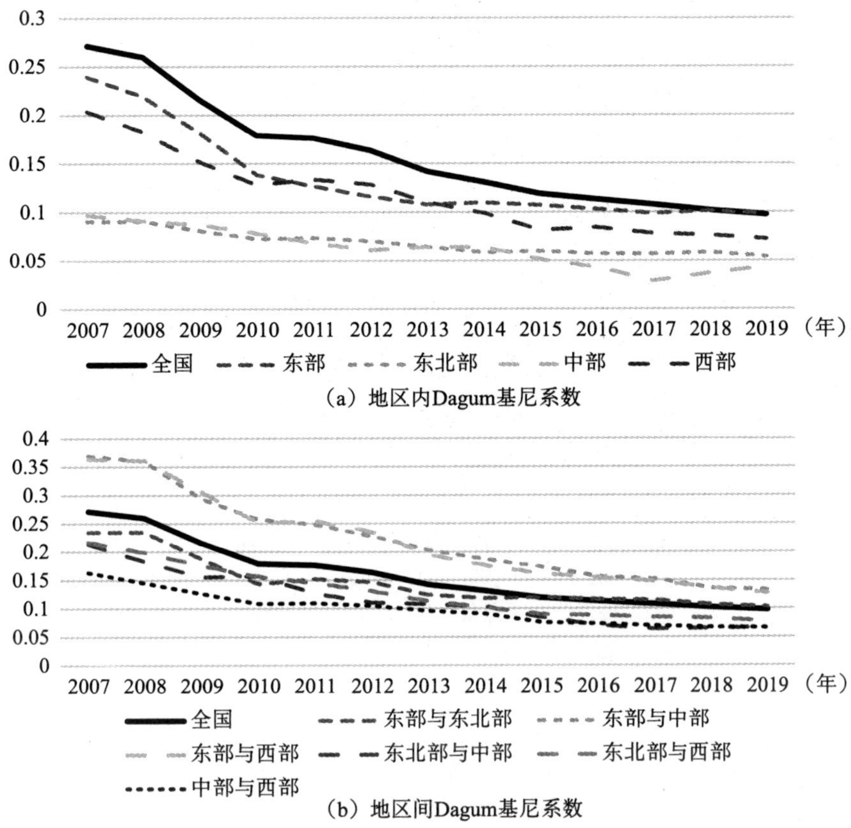

（a）地区内Dagum基尼系数

（b）地区间Dagum基尼系数

图 6－42　基础建设城镇化指标地区内与地区间 Dagum 基尼系数演变

表 6－17　　部分年份文化发展城镇化指标

省份	2007 年	2009 年	2011 年	2013 年	2015 年	2017 年	2019 年
北京	35. 2231	33. 8911	34. 7475	38. 4252	37. 1737	39. 4646	41. 8902
天津	29. 6359	27. 7102	29. 5019	31. 2093	30. 9160	31. 2833	33. 0182
河北	25. 4420	25. 8496	25. 4099	28. 5742	28. 8830	32. 5355	35. 1361
上海	36. 9424	39. 1932	37. 1178	39. 4049	35. 6852	38. 6281	40. 2705
江苏	32. 7118	33. 1628	37. 4705	41. 8949	42. 7873	44. 1998	47. 1866
浙江	33. 8625	35. 0912	37. 4264	41. 1517	42. 3238	46. 8015	47. 5620
福建	26. 1846	26. 0551	26. 7147	28. 1784	28. 3073	29. 4679	33. 1649
山东	28. 3310	27. 6199	30. 0072	35. 9038	40. 3944	45. 3460	49. 4902
广东	31. 4205	33. 3702	35. 0676	39. 7239	37. 3948	42. 4332	47. 2468
海南	14. 5303	17. 0416	19. 2011	21. 6350	20. 2967	20. 7878	24. 5056
辽宁	26. 5089	27. 5027	29. 6227	30. 8670	30. 3889	31. 7272	32. 1369
吉林	20. 9144	24. 4330	28. 7598	33. 1733	34. 6971	36. 2247	33. 9748
黑龙江	21. 4302	21. 4039	23. 6151	25. 1189	26. 9342	29. 4630	30. 0405
山西	25. 8692	26. 9867	28. 2525	32. 1979	30. 8371	30. 9849	30. 3026

续表

省份	2007 年	2009 年	2011 年	2013 年	2015 年	2017 年	2019 年
安徽	22.4817	24.7731	31.3483	35.3527	34.5126	37.9138	42.2103
江西	25.5088	25.4538	28.3770	33.3607	36.4905	40.0748	41.7825
河南	25.9447	26.4312	29.9578	33.3661	34.3286	39.2509	40.3358
湖北	28.1165	28.2700	28.8800	30.1265	31.8836	35.4163	38.0289
湖南	25.3297	25.0356	27.0339	29.0106	28.6054	33.4291	37.2380
内蒙古	21.6678	21.8181	23.3192	23.9058	25.3298	25.8569	25.9892
广西	20.2282	21.0857	24.2257	29.2522	30.1787	33.3529	36.4976
重庆	17.9940	19.3564	20.0436	22.9915	23.3013	25.0470	27.9751
四川	24.4541	24.8502	29.3456	34.6216	37.0892	41.2048	44.4606
贵州	18.3435	19.9116	21.6876	26.7712	30.8305	34.4450	35.4965
云南	19.3754	21.8246	23.9278	26.3113	26.8236	30.1972	32.1226
西藏	11.2638	11.1061	11.0908	19.3755	21.5927	22.6682	22.2583
陕西	28.9244	30.4715	32.8798	36.0479	36.1695	36.6238	36.3996
甘肃	23.3840	25.3196	27.1030	29.0401	30.7753	31.8318	31.8822
青海	14.0140	15.6651	16.4026	15.6271	18.1645	20.7130	20.8672
宁夏	19.9550	17.1774	19.4884	21.6325	23.6108	24.6839	26.8594
新疆	21.9690	24.0396	24.3865	28.3300	28.0645	29.4743	28.4965

文化发展城镇化指标全国水平的变化幅度小于其他指标和新型城镇化指数的变化幅度。东部和中部地区的文化发展城镇化水平略高于其他地区和全国水平，整体呈现上升趋势；各地区在2010—2012年先后进入加速上升阶段，此后进入短暂下降或持平阶段；自2015年起，东北部地区的文化发展城镇化水平较为稳定，其他地区和全国平均水平继续加速提升。西部地区文化发展城镇化水平变化幅度最大，由2007年的20.13上升至2019年的30.78；东部地区的变化幅度最小，2007—2019年由29.43上升至39.95。从指标排名来看，东部地区的文化发展城镇化指标值最高，2019年达到了39.95，其次是中部地区（38.32）、东北地区（32.05）和西部地区（30.78），具体见图6－35（a）。

从文化发展城镇化指标增速来看，全国和各地区的增速整体呈现“上升—下降—上升—持平”的走势，平均增速最高点出现在2012年，全国平均增速为10.28%，平均增速最低出现在2013—2014年，全国平均增速为0.63%。除东北部地区外，近年来文化发展城镇化的平均增速保持在3.22%附近，东北部地区增速则仅为－0.08%，明显低于其他地区，具体见图6－43（b）。

文化发展城镇化水平的总体Dagum基尼系数下降速度低于其他指标和新型城镇化水平的总体Dagum基尼系数下降速度，由2007年的0.1393下降至2019年的0.1222，下降幅度仅为12.32%，表明文化发展城镇化在全国省际层面的均衡发展进程较为缓慢。超变密度贡献率总体呈现上升趋势，近年来略有下降；地区内差异贡献率上升后近年来保持在25%附近，地区间差异贡献率下降后近年来保持在50%左右，具体见图6－44。

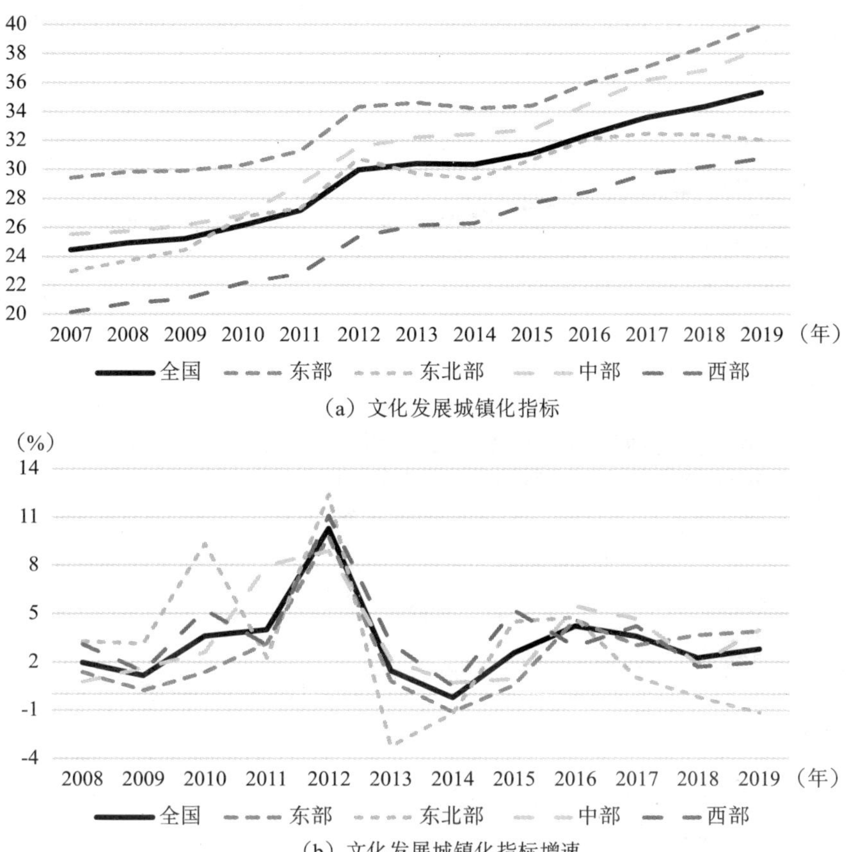

（a）文化发展城镇化指标

（b）文化发展城镇化指标增速

图 6－43　全国和各地区文化发展城镇化指标及其增速

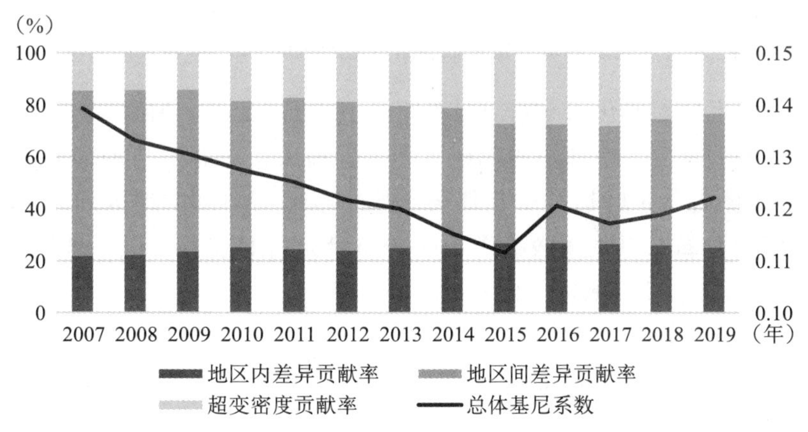

图 6－44　文化发展城镇化指标 Dagum 基尼系数及其分解

文化发展城镇化水平的地区内 Dagum 基尼系数总体低于总体 Dagum 基尼系数，但 2010—2013 年西部地区内 Dagum 基尼系数略高于总体 Dagum 基尼系数。横向来看，东部和西部文化发展城镇化水平的地区内差异明显大于东北部和中部地区。纵向来看，近年来东部与西部的地区内 Dagum 基尼系数愈发接近并保持在 11.45% 附近，东北部和中部的地区内 Dagum 基尼系数则在 2016 年前后出现交叉，此后中部地区内的文化发展城镇化水平差异大于东北部地区，具体见图 6－45（a）。

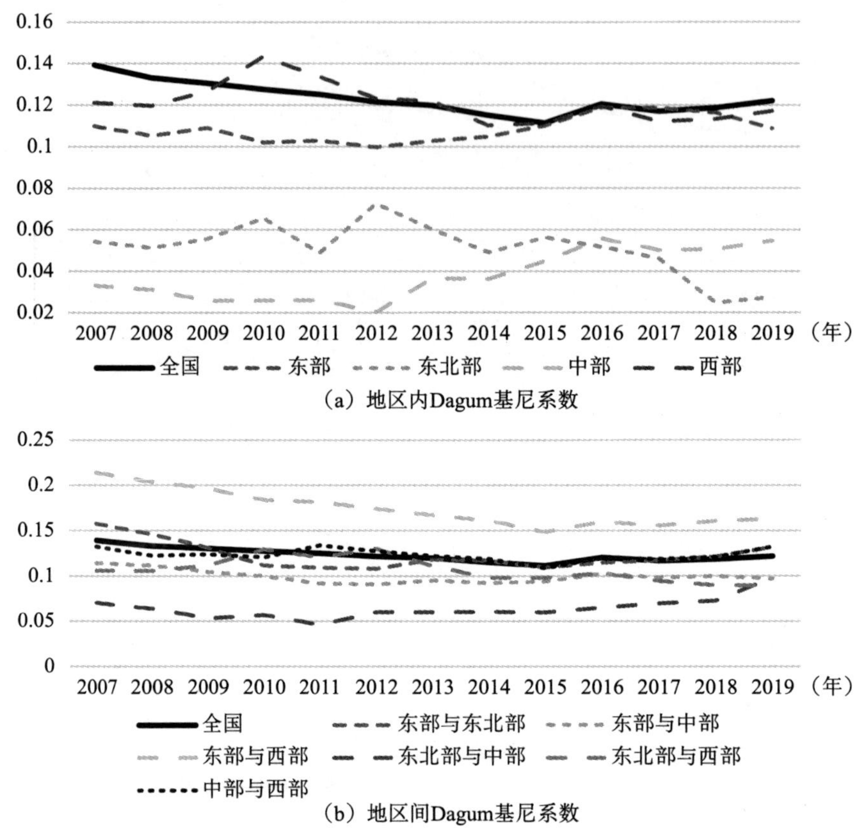

图 6－45　文化发展城镇化指标地区内与地区间 Dagum 基尼系数演变

近年来，文化发展城镇化水平东部与东北部、东部与西部、中部与西部地区间的差异大于总体水平。横向来看，东部与西部地区间差异最大，东北部与中部地区间差异最小，但自 2018 年开始扩大，先后超过东北部与西部、东部与中部的地区间差异。纵向来看，东部与西部地区间 Dagum 基尼系数下降后自 2015 年起保持平稳，其余地区间 Dagum 基尼系数自 2010 年起波动较小，具体见图 6－45（b）。

（六）环境治理城镇化

表 6－18 展示了基于 3 个方面 11 个变量计算的部分年份环境治理城镇化指标。总体来看，近年来环境治理城镇化水平增速较为稳定。从区域上来看，环境治理城镇化水平在全国的分布较为均匀，在东部、东北部、西部地区均有省份位于高或较高的水平。环境治理城镇化水平处于低或较低水平的省份主要出现在中部地区、部分东部地区和部分西部地区。

表 6-18　　部分年份环境治理城镇化指标

省份	2007 年	2009 年	2011 年	2013 年	2015 年	2017 年	2019 年
北京	36.3741	46.2531	44.3217	47.8993	51.1185	57.3246	58.1611
天津	30.3101	32.3229	36.7541	36.9410	36.5865	40.9887	39.1014
河北	21.6461	26.4530	31.4154	33.0272	34.8730	37.0567	38.4548
上海	31.9597	40.2534	37.0196	41.3517	44.3670	46.7225	48.1183
江苏	39.8944	42.9382	43.5404	47.9035	49.4321	50.0049	51.3430
浙江	30.3614	34.2998	35.4545	40.8621	42.4785	43.5077	45.4980
福建	28.1781	33.7503	35.5894	39.8857	40.3097	41.7555	42.9922
山东	35.8017	41.6191	43.0625	47.5074	47.5129	50.1142	51.8539
广东	32.9912	40.8084	44.3995	47.6447	50.5997	54.1033	56.2080
海南	37.6209	41.2830	46.8386	38.8721	38.7371	39.0095	38.7154
辽宁	27.7103	32.9129	37.5700	41.8062	41.9964	43.2187	44.5946
吉林	22.0547	29.5285	31.8461	34.5507	40.3711	37.8093	46.3536
黑龙江	31.0732	29.2277	33.8267	38.6575	41.8215	40.8627	42.7551
山西	21.0817	29.2169	31.2389	35.6147	36.5780	38.3513	39.1730
安徽	24.6072	29.6774	33.5217	38.1974	38.8682	40.3587	41.7423
江西	26.3829	34.1257	37.1790	38.7702	38.5878	40.7469	41.6403
河南	23.9211	27.0756	27.3847	31.0140	32.5403	37.3117	40.0509
湖北	24.1111	29.4381	29.6524	34.8520	35.4670	38.6112	40.0014
湖南	23.2214	29.2036	31.4805	34.0556	38.3386	36.9255	39.3611
内蒙古	25.5499	33.0379	39.5676	45.8046	48.9215	49.1774	49.6862
广西	26.9419	35.5714	35.7495	37.5769	39.7246	40.2224	40.7738
重庆	26.6222	36.3695	44.0470	44.2707	44.2187	44.8833	44.5471
四川	24.6357	35.2693	37.3728	39.3745	40.4489	42.6575	45.1689
贵州	22.6423	26.4946	29.6757	33.1448	34.9563	38.7160	41.0550
云南	25.3269	30.3975	30.9721	33.8587	33.9736	35.3537	37.2409
西藏	24.6376	39.4627	41.5485	39.8321	46.4076	44.3953	48.6879
陕西	23.1306	29.5274	34.1492	37.1390	38.7919	40.1969	39.4565
甘肃	17.8347	26.1927	27.1186	34.0627	35.3924	42.6138	43.9461
青海	28.3126	37.0445	41.9802	40.7598	43.0388	45.1551	46.7078
宁夏	27.9497	35.5155	40.3729	46.5926	46.7234	50.7021	52.1383
新疆	22.1939	30.5252	33.8526	35.9607	37.5455	42.2248	45.1098

从环境治理城镇化指标值来看，全国平均水平由 2007 年的 27.26 上升至 2019 年的 44.54；变化幅度最大的是西部地区，由 2007 年的 24.65 上升至 2019 年的 44.54；变化幅度最小的是东部地区，由 2007 年的 32.51 上升至 2019 年的 47.04。东部地区长期高于全

国平均水平以及其他地区，西部地区和东北部地区的环境治理城镇化水平逐渐接近于全国平均水平，中部地区的环境治理城镇化水平低于全国平均水平和其他地区，具体见图6－46（a）。

从环境治理城镇化指标增速来看，全国和各地区的增速自2009年起保持在3.04%附近波动。2009年后，平均增速最快的是东北部地区（4.16%），其次是中部地区（3.39%）、西部地区（3.23%）和东部地区（2.40%）。从增速的波动情况来看，东北部地区的增速波动较大，并且在2016年和2017年出现了负增长，具体见图6－46（b）。

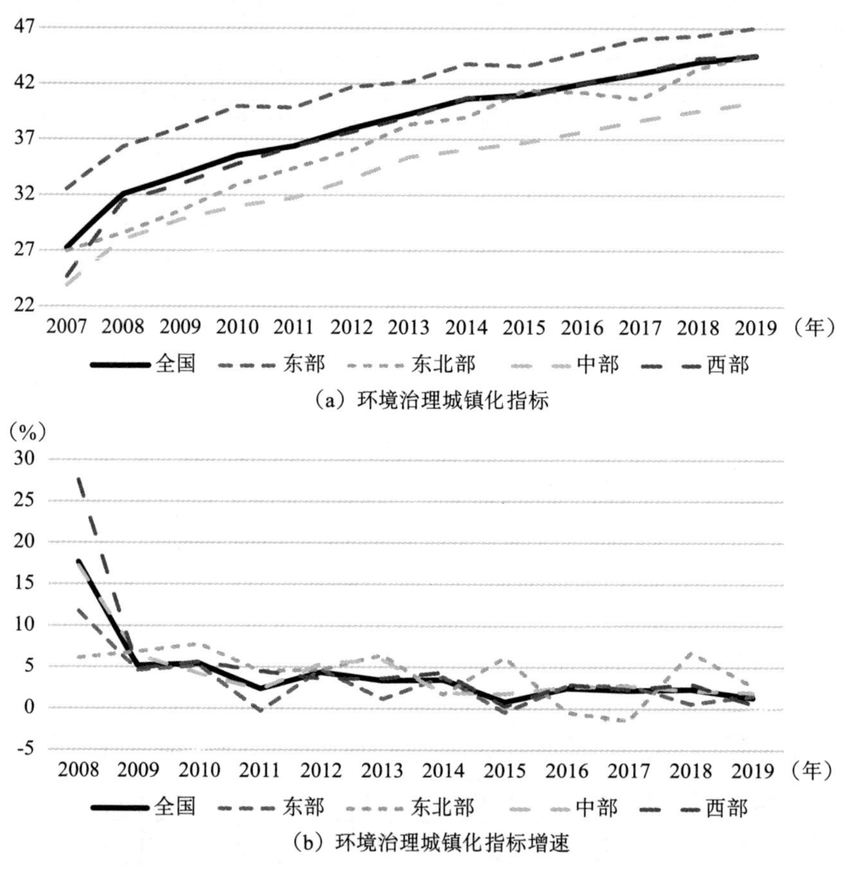

（a）环境治理城镇化指标

（b）环境治理城镇化指标增速

图6－46 全国和各地区环境治理城镇化指标及其增速

环境治理城镇化水平的总体Dagum基尼系数低于其他指标和新型城镇化水平的总体Dagum基尼系数，意味着在全国省际层面环境治理城镇化水平的差异最小，并且下降幅度仍较为明显，由2007年的0.1049下降至2019年的0.0657，下降幅度仅为37.33%，具体见图6－47。

从分解结果来看，近年来地区内差异、地区间差异、超变密度对总体Dagum基尼系数的贡献率趋于均匀，地区间差异贡献率呈现下降趋势，但仍高于地区内差异和超变密度的贡献率；超变密度贡献率总体呈现波动上升趋势，且高于地区内差异贡献率，具体见图6－47。

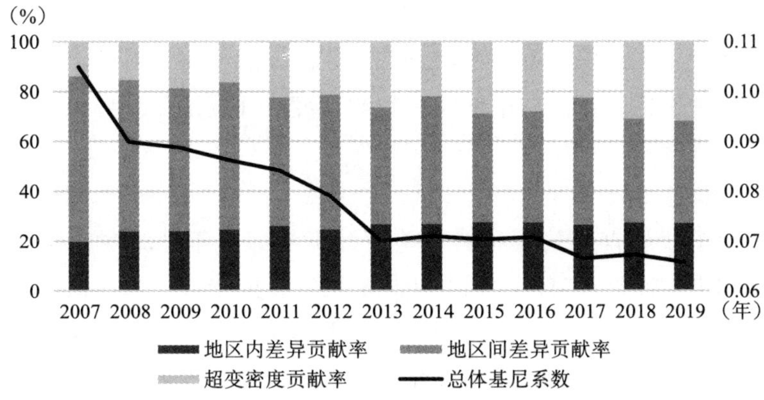

图 6-47　环境治理城镇化指标 Dagum 基尼系数及其分解

近年来东部地区环境治理城镇化水平的地区内差异大于总体的差异。自 2013 年起，东部环境治理城镇化水平地区内 Dagum 基尼系数最高，其次是西部地区，明显高于东北部和中部地区的地区内 Dagum 基尼系数。从变化趋势来看，东部地区内的环境治理城镇化差异正在不断扩大，其余地区内各省份的环境治理城镇化正向着均衡方向发展，具体见图 6-48（a）。

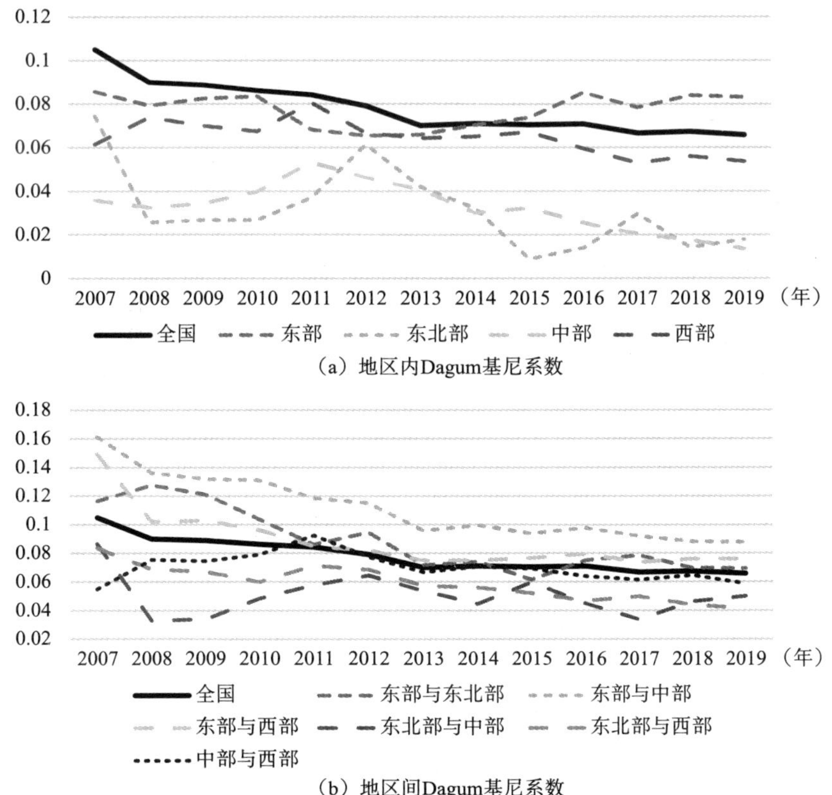

图 6-48　环境治理城镇化指标地区内与地区间 Dagum 基尼系数演变

近年来，东部与其他地区在环境城镇化水平上的差异大于总体水平，并且以东部与中部地区间的差异最大，东北部与中部、东北部与西部间的差异相对较小。总体来看，各地区间的差异变化较为平稳，东部与中部地区间的环境治理城镇化差异正在逐渐缩小，具体见图6-48（b）。

（七）城乡一体化

表6-19展示了基于收入差距和消费差距计算的部分年份城乡一体化指标。总体来看，城镇一体化水平增速出现过两次较为明显的提升，并于近年来再次出现小幅增长。从区域上来看，北京、浙江、江苏和东北部地区、中部地区部分省份的城乡一体化处于高或较高的水平，主要包括京津冀、长三角、珠三角、长江中游等多个重要城市群。西部地区城乡一体化水平长期低于全国和其他地区的城乡一体化水平。

表6-19　　部分年份全国城乡一体化指标

省份	2007年	2009年	2011年	2013年	2015年	2017年	2019年
北京	70.9547	79.9348	81.4591	70.5983	71.6984	75.6108	76.6519
天津	49.8206	45.6541	68.1950	88.1078	98.6320	96.9130	94.3727
河北	54.3597	53.2115	68.7842	71.8489	84.2996	84.0587	86.3191
上海	84.0816	80.0417	78.0939	77.2363	78.1306	77.5949	82.6009
江苏	74.7108	72.6437	79.7246	78.0091	86.1523	90.1057	90.7854
浙江	82.9467	81.4993	85.6286	84.6246	94.1668	94.8176	95.7882
福建	57.9703	57.1851	62.1292	79.6737	82.9818	86.0577	86.1267
山东	58.0826	55.9318	65.3186	74.3085	75.4060	76.4257	78.8406
广东	31.3873	33.1208	46.5045	63.3692	71.1889	71.8526	78.6018
海南	46.6272	46.1562	52.4408	58.7220	76.1734	79.8420	81.8901
辽宁	58.5417	54.8636	62.2991	61.7105	68.8650	71.3653	74.7140
吉林	59.1031	59.6538	73.3335	83.1061	85.3975	87.8517	86.2163
黑龙江	69.9113	74.5479	81.8748	78.8637	85.7917	91.0178	94.3697
山西	50.0243	51.8545	61.2211	65.9453	72.7811	72.1747	78.1064
安徽	45.9651	54.6887	60.5451	66.2148	82.5265	74.4709	76.0516
江西	61.6445	59.5105	69.3126	71.3721	83.5259	84.4949	88.4077
河南	52.7126	54.8679	58.5392	65.5086	79.2603	73.1086	75.3040
湖北	58.9581	60.5411	67.1626	73.4149	88.1131	88.2400	90.9766
湖南	56.7239	57.4111	63.6124	63.7175	77.7106	77.7876	80.3886
内蒙古	50.8429	43.1560	51.2054	57.5706	72.3846	75.1821	80.8778
广西	42.1203	34.9209	43.2914	54.1603	71.1262	77.8984	84.4647
重庆	15.6970	18.2370	38.4053	54.0257	73.7573	77.6326	81.0957
四川	44.5180	57.6033	53.8772	64.6181	77.3716	81.8347	85.6992
贵州	0.0000	11.3971	27.3807	39.7891	51.3026	54.4454	64.3526
云南	27.5257	17.8113	34.0153	37.4056	52.8647	47.5960	62.9599
西藏	17.9983	12.5869	22.6025	25.8519	44.3518	38.8718	40.0418
陕西	25.9145	27.4024	39.1711	47.4147	61.8582	66.0256	68.4242
甘肃	7.7724	29.1902	36.0057	36.8560	49.1031	48.4693	51.2453
青海	32.2483	40.6624	54.9324	63.7581	63.0232	64.9337	69.3691
宁夏	36.9090	36.3882	48.6146	63.8433	69.2940	66.2318	74.5822
新疆	38.9031	44.8320	61.3914	59.1899	62.6066	60.4469	66.4832

从指标值来看，全国城乡一体化由2007年的47.26上升至2019年的78.26；变化幅度最大的是西部地区，由2007年的28.37上升至2019年的69.13；变化幅度最小的是东北部地区，由2007年的62.52上升至2019年的85.10。东部、东北部、中部地区的城乡一体化水平高于全国平均水平，东部和东北部的城乡一体化水平最为接近，整体高于全国平均水平和其他地区；中部地区在2013—2015年有明显上升，一度超过了东北部地区，此后有所下降，自2017年起再度回升；西部地区的城乡一体化水平低于全国平均水平，但近年来与全国平均水平的差距正在逐步缩小，具体见图6-49（a）。

从指标增速来看，全国和各地区的城乡一体化增速在2009—2011年、2013—2014年出现过两次明显的增长，2015—2018年的平均增速保持在0.93%附近，此后再次出现小幅增长。总体来看，西部地区平均增速最快（7.93%），其次是中部地区（3.57%）、东部地区（2.86%）和东北部地区（2.66%），具体见图6-49（b）。

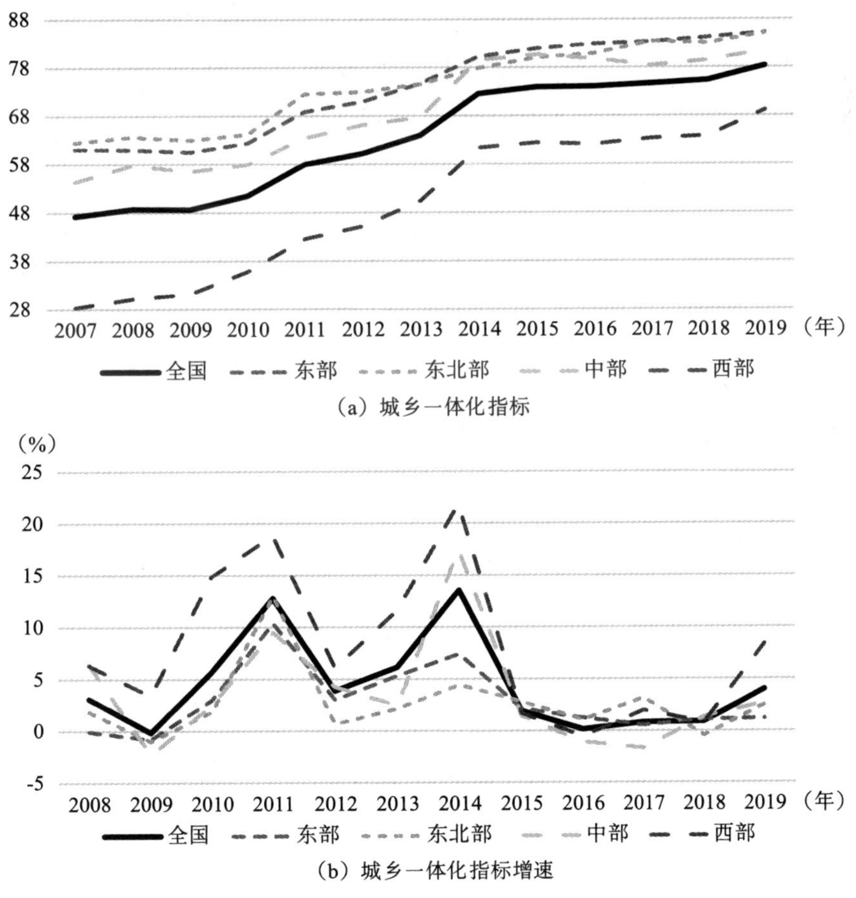

（a）城乡一体化指标

（b）城乡一体化指标增速

图6-49 全国和各地区城乡一体化指标及其增速

城乡一体化水平的总体Dagum基尼系数下降速度高于其他指标和新型城镇化水平的总体Dagum基尼系数下降速度，由2007年的0.2395下降至2019年的0.0826，下降幅度达

到了65.49%，表明城乡一体化在全国省际层面的均衡发展进程较快，具体见图6－50。

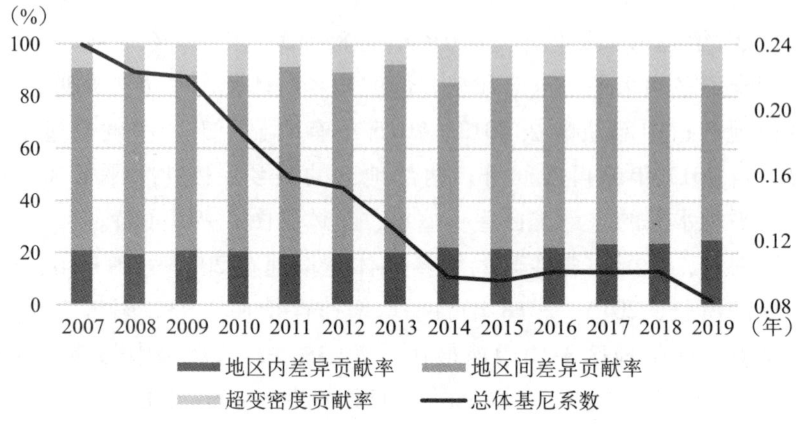

图6－50　全国城乡一体化指标Dagum基尼系数及其分解

从分解结果来看，地区内差异、地区间差异、超变密度对总体Dagum基尼系数的贡献率变化较为平稳，分别保持在21.46%、66.86%和11.68%附近，具体见图6－50。

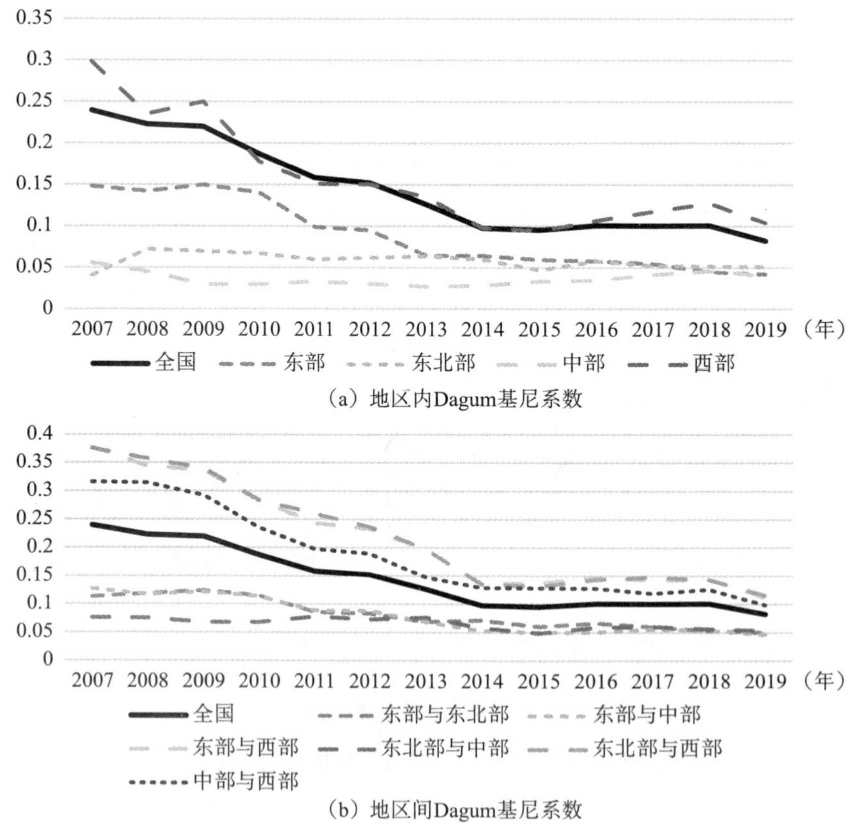

图6－51　全国城乡一体化指标地区内与地区间Dagum基尼系数演变

整体来看，西部地区城乡一体化的地区内差异大于总体的差异。2007—2013 年，西部、东部地区内 Dagum 基尼系数下降明显，东北部、中部地区内 Dagum 基尼系数总体没有较大变化。自 2014 年起，东部、东北部、中部地区城乡一体化的地区内差异趋于 0.05 附近，而西部地区则保持在 0.1 附近，具体见图 6 - 51（a）。

西部与其他地区在城乡一体化水平上的差异长期大于总体水平，其地区间 Dagum 基尼系数明显高于其他地区间 Dagum 基尼系数，但整体呈现下降后保持平缓的态势，自 2014 年起保持在 0.15 以下。城乡一体化在东部、东北部、中部地区间的差异变化幅度相对较小，自 2015 年起保持在 0.05 附近，具体见图 6 - 51（b）。

第四节　需求要素与经济增长的实证分析

基于经济增长需求要素的新特征和新变化，本节考察开放经济背景下的需求要素与经济增长的相互关系。这是因为，在“双循环”格局下，我国经济实质性地融入国际大循环，必须实施更大范围、更宽领域、更深层次的对外开放（刘鹤，2020）。

一、变量选取与研究方法

在开放背景下，我们来考察三种需求要素与经济发展规模、对外开放之间的相互影响关系。关于经济发展规模，采用人均 GDP 增速进行衡量。关于对外开放，将其分为贸易开放与金融开放两方面，贸易开放采用进出口总额与名义 GDP 之比进行度量，金融开放采用实际利用外资额与对外直接投资额之和同名义 GDP 之比进行度量（张成思和朱越腾，2017）。研究对象为 2007—2019 年的省级面板数据，数据来源于 WIND 数据库。

考虑到变量间可能存在相互的影响关系，因此采用面板 VAR 模型进行分析：

$$X_{i,t} = \beta_0 + \sum_{j=1}^{q} \beta_j X_{i,t-j} + \tau_i + \gamma_t + \varepsilon_{it} \tag{6-8}$$

其中 i = 1，2，…，N，代表 N 个省和直辖市；t = 1，2，…，T，代表样本长度为 T 个时间点；τ_i代表地区固定效应；γ_t代表时间效应；ε_{it}为随机扰动项；$X_{i,t}$表示由 k 个变量组成的列向量，包括需求要素、人均 GDP 增速、贸易开放度、金融开放度。

在采用面板 VAR 模型进行分析前，首先检验需求要素与各经济增长变量间是否构成因果关系。考虑到本书的数据集为短面板数据，因此采用 Dumitrescu 和 Hurlin（2012）提出的方法进行面板 Granger 因果检验，该方法的优势在于适用于检验异质性短面板数据间的因果关系。考虑到样本期较短以及模型设定要求，滞后阶数均取滞后 1 期。同时，由于东北部地区仅包含 3 个省市，单独进行分析会存在样本量不足的问题，因此将东北部地区与东部地区合并。

二、新基建与经济增长

表6-20检验了新基建全要素生产率增速与经济发展规模、贸易开放度、金融开放度之间的双向 Granger 因果关系。

表6-20　新基建全要素生产率增速与经济增长间的 Granger 因果检验结果

原假设	统计量	P值	结论
全国			
新基建 TFP 不是经济发展规模的 Granger 原因	7.5935***	0.0000	拒绝原假设
经济发展规模不是新基建 TFP 的 Granger 原因	1.0960	0.2731	不能拒绝原假设
新基建 TFP 不是贸易开放度的 Granger 原因	1.4809	0.1386	不能拒绝原假设
贸易开放度不是新基建 TFP 的 Granger 原因	4.8292**	0.0000	拒绝原假设
新基建 TFP 不是金融开放度的 Granger 原因	-0.5186	0.6040	不能拒绝原假设
金融开放度不是新基建 TFP 的 Granger 原因	3.0880***	0.0020	拒绝原假设
东部			
新基建 TFP 不是经济发展规模的 Granger 原因	6.3299***	0.0000	拒绝原假设
经济发展规模不是新基建 TFP 的 Granger 原因	1.4506	0.1469	不能拒绝原假设
新基建 TFP 不是贸易开放度的 Granger 原因	1.5246	0.1274	不能拒绝原假设
贸易开放度不是新基建 TFP 的 Granger 原因	3.2261***	0.0013	拒绝原假设
新基建 TFP 不是金融开放度的 Granger 原因	-1.2950	0.1953	不能拒绝原假设
金融开放度不是新基建 TFP 的 Granger 原因	2.1860**	0.0288	拒绝原假设
中部			
新基建 TFP 不是经济发展规模的 Granger 原因	3.2417***	0.0012	拒绝原假设
经济发展规模不是新基建 TFP 的 Granger 原因	-0.7260	0.4679	不能拒绝原假设
新基建 TFP 不是贸易开放度的 Granger 原因	1.4845	0.1377	不能拒绝原假设
贸易开放度不是新基建 TFP 的 Granger 原因	0.3244	0.7456	不能拒绝原假设
新基建 TFP 不是金融开放度的 Granger 原因	0.1949	0.8454	不能拒绝原假设
金融开放度不是新基建 TFP 的 Granger 原因	-0.0366	0.9708	不能拒绝原假设
西部			
新基建 TFP 不是经济发展规模的 Granger 原因	2.9561***	0.0031	拒绝原假设
经济发展规模不是新基建 TFP 的 Granger 原因	0.7572	0.4489	不能拒绝原假设
新基建 TFP 不是贸易开放度的 Granger 原因	-0.6117	0.5407	不能拒绝原假设
贸易开放度不是新基建 TFP 的 Granger 原因	4.5966***	0.0000	拒绝原假设
新基建 TFP 不是金融开放度的 Granger 原因	0.6380	0.5235	不能拒绝原假设
金融开放度不是新基建 TFP 的 Granger 原因	2.9879***	0.0028	拒绝原假设

注：***、**和*分别代表在0.01、0.05和0.1显著性水平下显著。

在全国的 Granger 因果检验结果中，新基建 TFP 增速对经济发展规模具有重要影响，贸易开放和金融开放对新基建 TFP 增速具有重要影响。

在分地区的检验中，东部地区和西部地区的检验结果与全国的检验结果一致；中部地区的 Granger 因果检验仅发现新基建 TFP 增速对经济发展规模具有重要影响。

图6－52显示，长期内，新基建TFP增速与经济发展规模之间互相具有正向影响，并在个别地区具有发散作用，说明新基建的发展对整体的经济规模增长具有深远的影响，同时更大的经济规模也有助于带动新基建的发展活力。

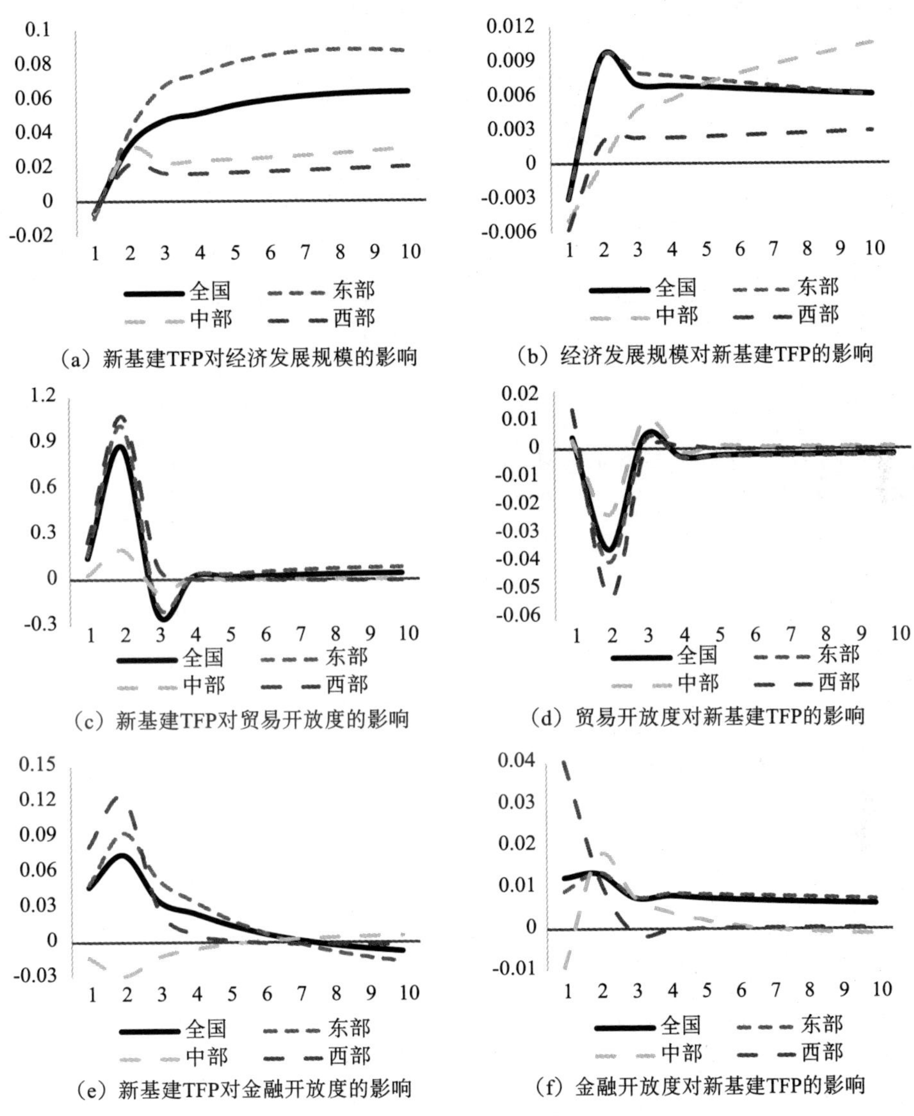

图6－52　新基建TFP增速与经济增长的脉冲响应

短期内，新基建TFP增速对贸易开放度具有较为明显的正向作用，从第三期开始迅速衰减趋近于0。此外，贸易开放对新基建TFP增速具有负向作用。可能的原因在于，初级产品的贸易导致企业忽视了高技术含量的研发活动，进而抑制了新基建的TFP增速。

新基建TFP增速对金融开放度主要表现为正向作用，仅在中部地区表现为微弱的负向作用。短期内金融开放度对新基建TFP增速总体表现为正向作用。新基建的发展有助于提升当地的营商环境，进而对吸引外资具有带动作用。

三、消费升级与经济增长

表6－21检验了消费升级与经济发展规模、贸易开放度、金融开放度之间的双向Granger因果关系。

在全国的Granger因果检验结果中，消费升级与金融开放之间存在双向的Granger因果关系，经济发展规模对消费升级具有重要影响，并且消费升级对贸易开放具有重要影响。

在分地区的检验中，各地区的检验均表明，经济发展规模对消费升级具有重要影响，消费升级对金融开放具有重要影响。此外，东部和西部地区的检验表明，消费升级对贸易开放具有重要影响，金融开放对消费升级具有重要影响。

表6－21 消费升级与经济增长间的Granger因果检验结果

原假设	统计量	P值	结论
全国			
消费升级指数不是经济发展规模的Granger原因	0.0836	0.9334	不能拒绝原假设
经济发展规模不是消费升级指数的Granger原因	27.8904***	0.0000	拒绝原假设
消费升级指数不是贸易开放度的Granger原因	5.7641***	0.0000	拒绝原假设
贸易开放度不是消费升级指数的Granger原因	0.3865	0.6992	不能拒绝原假设
消费升级指数不是金融开放度的Granger原因	12.2634***	0.0000	拒绝原假设
金融开放度不是消费升级指数的Granger原因	3.9331***	0.0001	拒绝原假设
东部			
消费升级指数不是经济发展规模的Granger原因	1.1323	0.2575	不能拒绝原假设
经济发展规模不是消费升级指数的Granger原因	18.1147***	0.0000	拒绝原假设
消费升级指数不是贸易开放度的Granger原因	4.3450***	0.0000	拒绝原假设
贸易开放度不是消费升级指数的Granger原因	－0.2444	0.8069	不能拒绝原假设
消费升级指数不是金融开放度的Granger原因	3.1279***	0.0018	拒绝原假设
金融开放度不是消费升级指数的Granger原因	3.1034***	0.0019	拒绝原假设
中部			
消费升级指数不是经济发展规模的Granger原因	－0.8310	0.4060	不能拒绝原假设
经济发展规模不是消费升级指数的Granger原因	12.7438***	0.0000	拒绝原假设
消费升级指数不是贸易开放度的Granger原因	1.6440	0.1002	不能拒绝原假设
贸易开放度不是消费升级指数的Granger原因	1.0221	0.3067	不能拒绝原假设
消费升级指数不是金融开放度的Granger原因	6.2699***	0.0000	拒绝原假设
金融开放度不是消费升级指数的Granger原因	0.6455	0.5186	不能拒绝原假设
西部			
消费升级指数不是经济发展规模的Granger原因	－0.4565	0.6480	不能拒绝原假设
经济发展规模不是消费升级指数的Granger原因	16.9620***	0.0000	拒绝原假设
消费升级指数不是贸易开放度的Granger原因	3.5796***	0.0003	拒绝原假设
贸易开放度不是消费升级指数的Granger原因	0.1528	0.8786	不能拒绝原假设
消费升级指数不是金融开放度的Granger原因	12.0215***	0.0000	拒绝原假设
金融开放度不是消费升级指数的Granger原因	2.6350***	0.0084	拒绝原假设

注：***、**和*分别代表在0.01、0.05和0.1显著性水平下显著。

消费升级与经济发展规模之间互相具有正向影响，具体见图 6－53。消费升级在中部地区对经济发展规模的影响随着时间的推移逐渐扩大，对东部地区经济发展规模的影响衰减最快。经济发展规模早期对中部地区消费升级影响幅度最大，但对东部地区消费升级影响最深远，对西部地区消费升级影响最微弱。

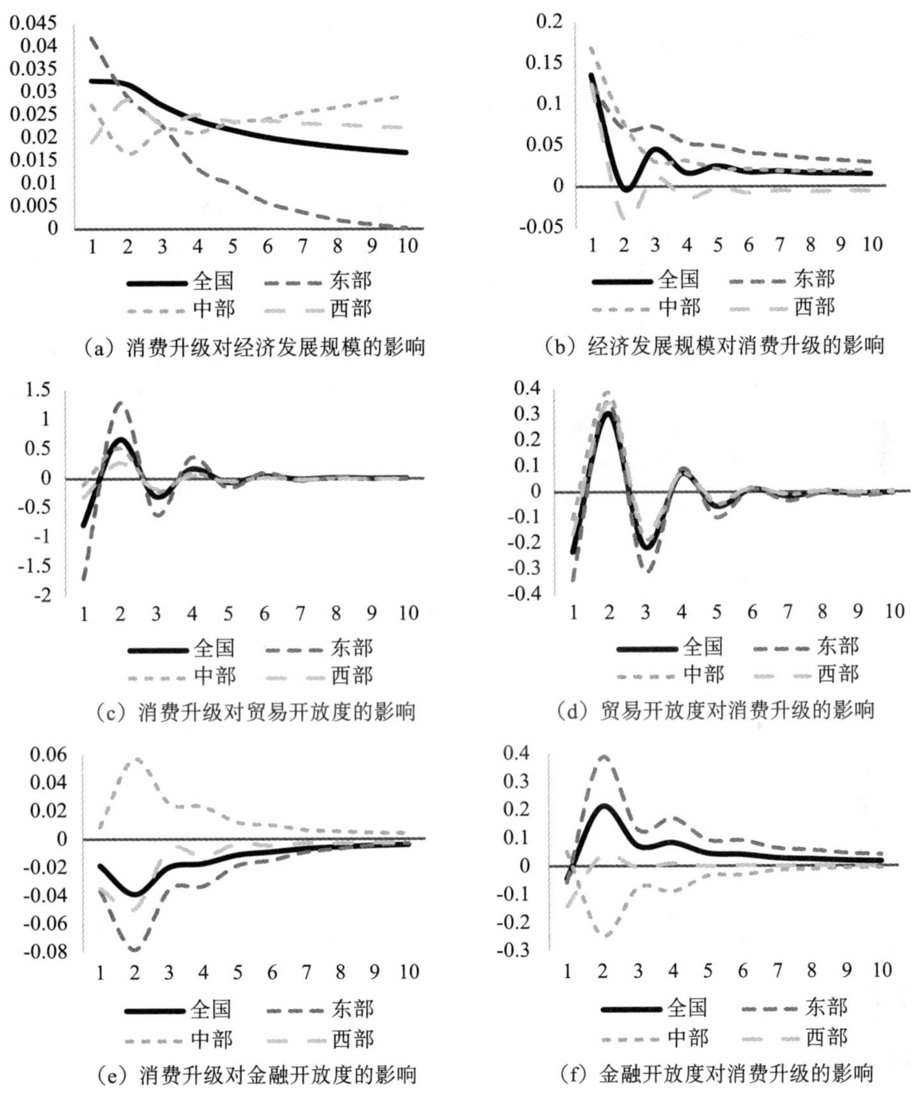

(a) 消费升级对经济发展规模的影响
(b) 经济发展规模对消费升级的影响
(c) 消费升级对贸易开放度的影响
(d) 贸易开放度对消费升级的影响
(e) 消费升级对金融开放度的影响
(f) 金融开放度对消费升级的影响

图 6－53　消费升级与经济增长的脉冲响应

消费升级与贸易开放间的影响在正负间剧烈波动，此后逐渐稳定在零附近。这表明消费升级与贸易开放之间的影响十分微弱。

在中部地区，消费升级对金融开放具有正向影响，但在全国、东部和西部地区，消费升级对金融开放具有负向效应，表明消费结构升级对金融开放的影响在不同区域存在差异。金融开放在全国和东部地区对消费升级具有明显的正向效应，对西部地区消费升级的影响较弱，而对中部地区消费升级的影响表现为负向效应。金融开放可以通过国际金融风险共担来减少消费波动（Kose 等，2009）进而促进了东部地区的消费升级。但由于制度水平在这一过程的实现中起到了决定性作用，包括国内金融发展水平、人力资本和公共治理环境等因素（张瑜和李书华，2011），因此解释了在中部和西部地区尚未能有效发挥金融开放给消费升级带来的促进作用。

四、新型城镇化与经济增长

表 6－22 检验了新型城镇化指数与经济发展规模、贸易开放度、金融开放度之间的双向 Granger 因果关系。

表 6－22　新型城镇化与经济增长间的 Granger 因果检验结果

原假设	统计量	P 值	结论
全国			
新型城镇化指数不是经济发展规模的 Granger 原因	－2.2569 **	0.0240	拒绝原假设
经济发展规模不是新型城镇化指数的 Granger 原因	8.7611 ***	0.0000	拒绝原假设
新型城镇化指数不是贸易开放度的 Granger 原因	9.0717 ***	0.0000	拒绝原假设
贸易开放度不是新型城镇化指数的 Granger 原因	3.4961 ***	0.0005	拒绝原假设
新型城镇化指数不是金融开放度的 Granger 原因	11.6696 ***	0.0000	拒绝原假设
金融开放度不是新型城镇化指数的 Granger 原因	1.1863	0.2355	不能拒绝原假设
东部			
新型城镇化指数不是经济发展规模的 Granger 原因	－1.5959	0.1105	不能拒绝原假设
经济发展规模不是新型城镇化指数的 Granger 原因	0.2328	0.8159	不能拒绝原假设
新型城镇化指数不是贸易开放度的 Granger 原因	7.2448 ***	0.0000	拒绝原假设
贸易开放度不是新型城镇化指数的 Granger 原因	0.4075	0.6836	不能拒绝原假设
新型城镇化指数不是金融开放度的 Granger 原因	2.8759 ***	0.0040	拒绝原假设
金融开放度不是新型城镇化指数的 Granger 原因	－0.3761	0.7069	不能拒绝原假设
中部			
新型城镇化指数不是经济发展规模的 Granger 原因	－1.5679	0.1169	不能拒绝原假设
经济发展规模不是新型城镇化指数的 Granger 原因	2.5470 **	0.0109	拒绝原假设
新型城镇化指数不是贸易开放度的 Granger 原因	2.0991 **	0.0358	拒绝原假设
贸易开放度不是新型城镇化指数的 Granger 原因	－0.2214	0.8248	不能拒绝原假设
新型城镇化指数不是金融开放度的 Granger 原因	5.3210 ***	0.0000	拒绝原假设
金融开放度不是新型城镇化指数的 Granger 原因	4.6123 ***	0.0000	拒绝原假设
西部			
新型城镇化指数不是经济发展规模的 Granger 原因	－0.8577	0.3910	不能拒绝原假设
经济发展规模不是新型城镇化指数的 Granger 原因	12.0381 ***	0.0000	拒绝原假设
新型城镇化指数不是贸易开放度的 Granger 原因	5.5557 ***	0.0000	拒绝原假设
贸易开放度不是新型城镇化指数的 Granger 原因	5.3516 ***	0.0000	拒绝原假设
新型城镇化指数不是金融开放度的 Granger 原因	12.0005 ***	0.0000	拒绝原假设
金融开放度不是新型城镇化指数的 Granger 原因	－0.9633	0.3354	不能拒绝原假设

注：*** 、** 和 * 分别代表在 0.01、0.05 和 0.1 显著性水平下显著。

在全国的 Granger 因果检验结果中，新型城镇化与经济发展、贸易开放之间存在双向的 Granger 因果关系，同时新型城镇化对金融开放具有重要影响，但未能在全国层面证明金融开放是新型城镇化的 Granger 原因。

分区域的 Granger 因果检验再次验证了区域间存在一定的异质性。各个地区的检验均表明，新型城镇化对贸易开放和金融开放有重要影响。此外，中部地区的检验表明，经济发展规模和金融开放都对新型城镇化具有重要影响；西部地区的检验表明，经济发展规模和贸易开放都对新型城镇化具有重要影响。

新型城镇化对经济发展规模、贸易开放度和金融开放度都有正向的影响，但不同区域面对新型城镇化的冲击后响应的幅度存在差异，具体见图 6－54。中部地区在受到新型城镇化的冲击后，经济发展规模在第 1 期表现出正向波动，此后在第 2—3 期变为负向波动，可能的原因是，此前中部地区的经济崛起伴随着大量的低效率刺激性投资，导致产能过剩、阻碍产业结构升级等问题，因此进而出现新型城镇化在后期对经济发展规模出现抑制作用的现象（赵永平和徐盈之，2014）。总体而言，新型城镇化对三种经济增长变量的正向影响在东部地区最为明显。

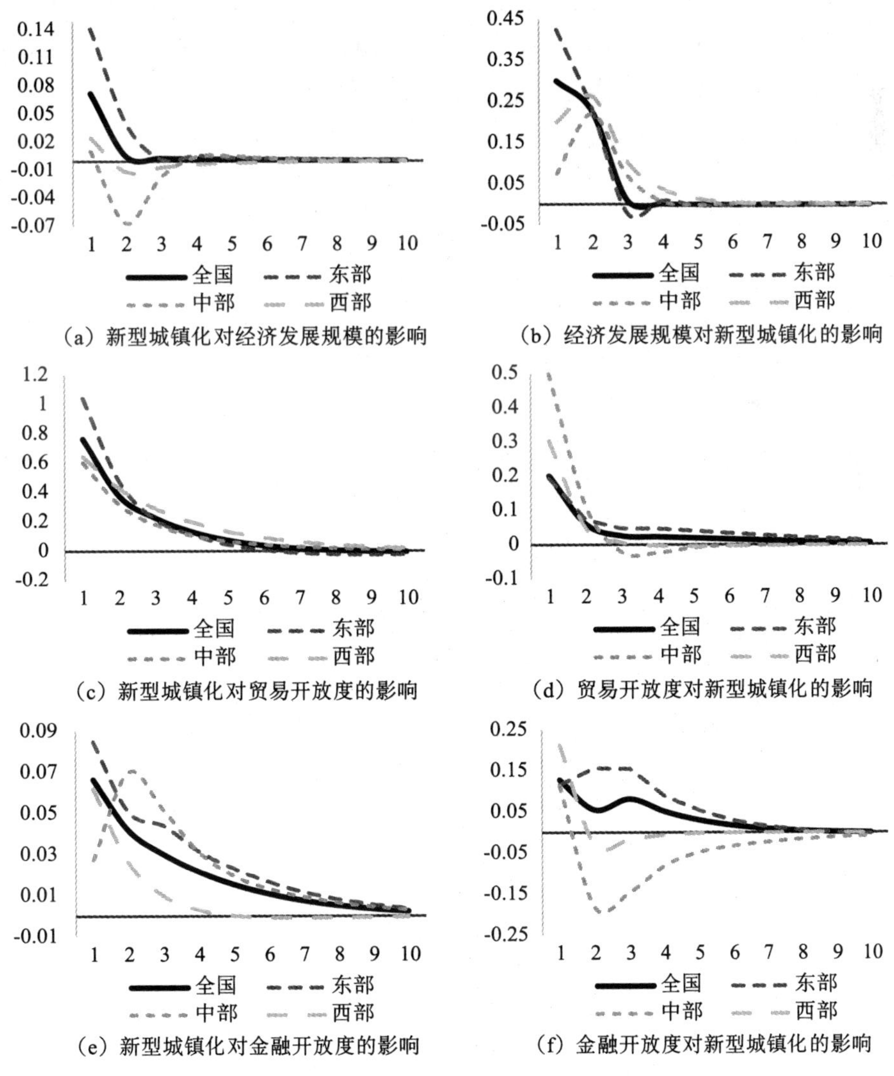

（a）新型城镇化对经济发展规模的影响　（b）经济发展规模对新型城镇化的影响

（c）新型城镇化对贸易开放度的影响　（d）贸易开放度对新型城镇化的影响

（e）新型城镇化对金融开放度的影响　（f）金融开放度对新型城镇化的影响

图 6－54　新型城镇化与经济增长的脉冲响应

经济发展规模、贸易开放度和金融开放度对新型城镇化同样具有正向影响。中部地区在受到金融开放的冲击后，新型城镇化的正向波动在第 2 期开始转为负向。低效率刺激性投资在后期暴露的问题同样对新型城镇化也会具有抑制作用。总体而言，各地区经济发展规模和贸易开放度对新型城镇化的影响过程较为接近，而金融开放度对新型城镇化的正向影响在东部地区最为明显。

第五节 本章小结

通过测算新基建以及相关制造业和服务业的全要素生产率并分析相关行业的经济发展活力，结果表明尚未形成技术进步和技术效率“双轮驱动”的增长模式。从消费升级来看，2009 年后全国的消费升级水平稳定上升，且区域间发展逐渐趋于均衡，对消费升级的解构则表明不同领域的消费升级其区域间差异的影响因素各不相同。从新型城镇化来看，全国新型城镇化水平总体呈现由东向西递减的变化趋势，且自 2007 年起各省新型城镇化水平处于上升通道。借助面板 Granger 因果检验法和面板 VAR 方法考察三种需求要素与经济发展规模、贸易开放和金融开放之间的相互关系，两种方法均发现区域间存在一定的异质性。

新基建、消费升级和以人为中心的新型城镇化均致力于构建我国的内需格局。相较于传统基建、传统消费和以城为中心的新型城镇化，新基建应着力于技术进步和技术效率；消费升级应以消费者的收入水平提升为基础；新型城镇化则是一个涵盖基础设施建设、劳动力就业、产业结构、公共服务、环境治理、城乡一体化在内的系统性工程。由新因素催生的需求要素具有明显的时代印记，也是我国扩大内需并实现经济可持续增长的重要源泉。

第七章
构建新发展格局的若干政策建议

"十四五"时期，国内市场主导国民经济循环的特征会更加明显，经济增长的内需潜力会不断释放，扩大内需这个战略基点也具有更多方面的支撑条件：巨大的市场规模、广阔的需求扩张空间、强大的数字化基础设施、丰富的人力资源和人力资本、不断创新和进步的科技水平。这些优势要素一方面将激发供给体系的潜力，另一方面将释放社会总需求，从而共同激发经济增长的新动能。实现我国"十四五"发展规划和"二〇三五远景目标"，既需要高度重视需求侧结构性改革，更要坚持以供给侧结构性改革为主线，以供需两侧改革的有机结合形成需求牵引供给、供给创造需求的更高水平动态平衡，共同推动新发展格局行稳致远。

第一节　关于生产格局的政策建议

高质量发展是产品和服务高品质的发展，提高供给体系质量是主攻方向。在新发展格局之下，面对复杂的国际环境，一是保障供给体系的可运作和可循环，这就必须持续增强产业链供应链自主可控能力，加大产业链战略资源储备，提升产业链的抗风险能力，确保在极端条件下全链循环"不断档、不掉链"。围绕产业基础高级化和产业链现代化来全面部署创新链，围绕科学新发现、技术新发明、产业新方向、发展新理念系统创新和源头创新来全面布局产业链，促进创新链与产业链深度融合。用好"十四五"期间各项支持科技创新的政策，用足科技创新进口税收优惠政策，以有效降低支出负担，驱动产业链供应链优化升级。延长国内价值链，构建具有共同命运的生产网络，逐步生产进口中间投入的替代品，降低对发达国家主导的全球价值链的过度依赖。推动畅通高端或专业化要素置入产业链供应链的渠道，促进产业链、创新链、资金链、人才链有效衔接，加快建设实体经济、科技创新、现代金融、人力资源协同发展的产业体系（姜长云，2021）。

二是打好关键核心技术的攻坚战。采取"揭榜挂帅"等方式，引导和组织优势力量下大力气解决一批"卡脖子"问题，加快突破基础软硬件、先进材料、核心零部件等方面的瓶颈制约，努力实现关键核心技术的自主可控（白春礼，2020）。在现有研发资源基础上，可以整合各方资源，建立“数字+智能制造”、集成电路、生物医药、先进复合材料等关键领域的创新研究所，同步向业界和高校分享重要资源，推广技术成果并提供专业培训。进一步地，应鼓励和督促国有企业建立对基础研究和技术储备的稳定投入机制，并将研发投入年度增长率、专利申请数量、科技成果转化数量、“卡脖子”技术攻关等纳入国企领导人的考核体系。注重专业化中小企业的培育，完善专精特色培育体系，针对有潜力的中小企业建立动态监测机制，建立数据库和企业池进行定期筛选，从而助推更多专注于某个核心技术领域、具有较强国际竞争力的“隐形冠军”企业涌现。鼓励和督促地方政府搭建大型国企与所在地相关企业的技术合作和交流平台，实现资源共享和优势互补。

三是完善产业链供应链的多元化布局。从国内布局来看，东中西部、南北部需协同构建起上中下游完整的产业链布局，而非传统产业占主导地位的地区单纯地承接东部或南部的产业转移，需从大局出发实现全国范围内全产业链的可控性和完整性。对于传统产业占主导地位的地区，仍需中央政府和各省级政府加大资金投入，用于传统产业的技术改造、数字化和智能转型，还用于缓解结构性失业人员的技能培训和技能提升。同时还需建立健全技工院校和中等职业院校的支持政策，畅通中西部和北部地区技能人才职业发展通道，让技能人才在本地安居乐业。从国际布局来看，应鼓励国有企业通过参股控股解决产业链和供应链短板问题，鼓励国有企业通过在国外设立研发中心，快速实现技术经验提升。鼓励符合国家产业布局的跨国公司在国内设立地区总部和研究中心，进一步吸引高端技术人才和研发人才；鼓励各类企业继续推进与欧盟、日本、东盟、“一带一路”沿线国家等国家或地区的合作，完善产业链供应链的多元化布局。

四是持续减少无效供给和低端供给。应坚持以供给侧结构性改革为主线，严格执行质量、环保、安全等法规标准，推动更多产能过剩行业加快出清，扩大有效和中高端生产，提高生产体系和供给体系对国内需求的满足能力。深入开展生产质量提升行动，鼓励生产企业尤其是中小型生产企业增品种、提品质、创品牌。进一完善专利制度和知识产权保护制度，提升生产企业创建优质品牌的积极性。进一步鼓励流通企业开展连锁经营，降低成本，提高流通效率；鼓励流通企业加强供应链管理，提高流通运行质量；鼓励有条件的流通企业“走出去”，实现全球要素优化配置和资源整合。

五是推动战略性新兴产业融合化、集群化和生态化发展。在政府层面，加强战略性新兴产业的战略部署、统筹规划和监督审查，避免地方政府的无效重复建设。利用好美国与其他发达国家在经济技术和贸易结构上的差异，特别是重视加强与德国、日本等制造强国的合作，有针对性扩大国内市场准入，以经济利益的深度绑定促进国际技术合作。在企业层面，需聚焦新兴战略性产业的攻关能力和核心技术水平，开展协同攻关、定向突破，向产业集群化和价值链高端化发展。着眼于提高传统产业的创新能力和水平，鼓励企业开展资源整合并加大技改投入力度，向产业集群、高端智能和绿色低碳转型。尤其是中小型生产企业由于资金和技术的限制，急需思考转型的战略和实施方案。企业在决策层面需统一对转型必要性和紧迫性的认识，从研发、生产、营销、管理、服务、生态等多个方面进行变革；在执行层面，企业需分阶段、分步骤推进转型方案的落地，可将转型推进的效果与绩效奖励结合，引导激励资源向转型方向倾斜。

六是打造制用好造业的“双轮驱动”发展模式。一方面，政府、行业和企业需尽快树立起由技术进步和技术效率“双轮驱动”的发展理念，另一方面，在技术进步贡献上需注重关键技术研发的投入和人才培养的力度，早日做到自给自足和国产替代；在技术效率贡献上需改善资源错配问题，提高资源整合能力和资源配置效率。政府可继续在进一步改善企业融资环境，进一步降低企业税费成本，进一步优化人才引进和流动机制，主动搭建企业与科研机构的合作平台，大力发展科技成果转化中介机构，积极鼓励企业接受专业创新咨询服务等方面有所作为。同时，可选择若干行业作为“双轮驱动”发展模式的试点行业，对关乎技术进步的科技创新和人力资本投入加大税收扣除力度，对关乎技术效率提升的要素配置优化和管理改善在定期评估的基础上给予适当财政资金奖励，在为期 3—5 年的试点之后，通过“以点带面”方式促进整个行业的模式转换。

第二节　关于投资格局的政策建议

为持续发挥新基建的增长动能，一是地方政府需树立正确的基建观，不能将其仅仅视为短期内经济增长的新热点，而是视为长期经济结构转型、新旧动能转换的新动力。为避免新基建项目蜂拥而上的重复立项和无序发展，需在国家、区域、省市等多个层面按照统一战略、统一规划、统一标准等方式统筹数据中心等新基建项目的共建共享。鉴于自然禀赋、要素投入和经济发展水平差异，地方政府之间的新基建水平存在明显差距。根据《中国新型基础设施竞争力指数白皮书（2020）》发布的竞争力指数，北京稳居全国第一，且是唯一达到 90 分的省级政府。东部上海、江苏、浙江、福建、广东等省市分布在 80—90 分，中部河南、河北、湖北、重庆等省市的竞争力指数分布在 70—80 分，而黑龙江、海南、新疆、青海和西藏的竞争力指数分布在 60—70 分。整体来看，全国各省市的新基建竞争力指数呈阶梯式分布，指数差距可达 23. 4。当然，竞争力指数只是一个参考值，地方政府在发展新基建时在大力发展、积极发展、稳定发展等推进力度上势必存在差异化定位，为此建议成立省级层面的“新基建工作领导小组”。该小组在排摸全省新基建布局和发展现状基础上，遵循国家规划和政策的指导，制订省级行动方案。方案需结合地方实际来谋篇布局，突出发展重点，防止为蹭热度或唯 GDP 的盲目投资，防止资金不续或落实不力出现“半拉子工程”，要致力于实现有限资源的最优配置和高效利用。

二是完善新基建的制度和政策体系。依托有效的制度供给，协调好政府、市场和环境的多重关系，不断完善企业与政府的协作共建机制，在推进新基建进程中持续优化制度安排（刘凤芹和苏丛丛，2021），特别是涉及底层数据采集的新型基础设施规范及其技术使用边界，警惕和杜绝数据霸权。完善新基建的市场准入制度，为民营企业参与新基建拓展渠道、消除限制。完善新基建的投资监管制度，合理确定投资资格，不得设置与项目投融资、建设、运营无关的准入条件（任泽平等，2020）。给予新基建专门的政策配套支持，根据地方实际情况设计一揽子的政策支撑。产业政策上，将新基建所设行业和相关企业作为产业扶持的重点对象，采取优先扶持、重点倾斜的方式促使它们优先发展、快速发展，以期带动其他产业的共同发展。财政政策上，允许研发支出加计扣除、先进设备实施加速折旧、新设的新基建企业享受优惠税率。信贷政策上，鼓励和引导国有商业银行、股份制银行等金融机构在低息贷款、专项贷款等方面予以支持，鼓励多层次资本市场在 IPO、并购、专项债和专属理财产品上予以支持。

三是完善新基建的要素保障体系。首先做好新基建的人才保障，一方面引导高校专业设置或课程设置与新基建相关技术共轨，另一方面在全球范围内吸引和招聘大数据等高端技术产业人才，同时加大培训力度，培养一支专业能力强、政治素质高的新基建人才队伍。其次做好用地保障，鉴于 5G 基站、大数据中心、充电桩等都需要占用工业用地，而在当前土地存量有限的情况下，尤其需要合理规划新基建用地，可考虑在摸排现有产业园区或工业园区剩余用地的情况下，尽可能将新基建项目落实在现有园区内，与园区内产业形成联动发展模式。在资金保障上，鉴于新基建的巨额投入，一方面可借鉴较为普遍的产业基金运作模式，采取“政府财政资金投入 + 社会资本参与”的方式设立新基建产业基金，另一方面可考虑用 PPP 模式开展新基建项目的运营。对于以新基建项目为标的发行的地方专项债，也需严控债务风险。在平台保障上，鼓励制造业企业、高新技术企业、运营商等结成产业联盟和创新平台，鼓励企业在法制框架下开展多元化投资、建设和运行，并探索更多增值服务和商业模式。

四是做好新老基建之间的平衡。以交通、水利、能源为重点的“老基建”仍然具有很大潜力，仍可作为部分地区疫情后经济恢复发展的重要支撑。尤其是大量农村和偏远地区的农田水利、交通、信息等基础设施等与城市相较存在较大缺口，如果能把这部分短板补齐，“老基建”将同样发挥较大的经济增长动能。相比传统基建对经济增长的显著拉动作用，新基建所涉领域的投资并非那么明显，且投资项目难度更大，投资回报的不确定性更高。为此政府需建立引导和鼓励新基建的长效机制，利用财政资金和地方融资平台资金引导产业资本向新基建倾斜。同时还需谨慎防止新基建房地产化，虽然新基建以技术导向为牵引，但其落地需要配合大量传统基建项目，如道路、产业园区、市政配套等，需要谨防这部分投资房地产化（高喆等，2021）。

第三节　关于消费格局的政策建议

从构建新发展格局来看，国际消费中心是打造“双循环”重要枢纽的有效手段。国际消费中心的建设，其重要作用不仅在于扩大引领消费，更在于促进产业结构升级和拉动经济增长。作为新发展格局下的新载体和新引擎，国际消费中心建设本质上折射的是城市建设的繁荣程度和内需社会的发展程度。2019 年 10 月，商务部等 14 个部门联合印发的《关于培育建设国际消费中心城市的指导意见》（国运发〔2019〕309 号）提出，利用 5 年左右时间，指导基础条件好、消费潜力大、国际化水平较高、地方意愿强的城市开展培育建设，基本形成若干立足国内、辐射周边、面向世界的具有全球影响力、吸引力的综合性国际消费中心城市，带动形成一批专业化、特色化、区域性国际消费中心城市。北京、上海、广州、深圳等城市已经具备产业基础、交通支撑和开放格局，不仅拥有了强大的国内消费市场，而且能打造成为重要的国际消费中心城市，其他省会城市也都具有建设成为区域性和特色化国际消费中心的潜力和实力。

二是推动商业数字化转型。发挥我国在 5G、大数据、云计算、电子支付等领域的技术优势和我国的所有制优势，积极扶持龙头型、规模型的数字技术服务供应商，为商业零售提供数字化转型方案和技术支撑。引导国内各零售企业通过“数字化共生”实现供应链的整合和透明化，建设全渠道的供应平台、全生态的供应商平台和全场景的顾客服务平台。培育数字化供应链、数字化业务咨询、数字化商业平台方案、数字化智能营销、数字化商贸软件开发等新型服务业。促进线上零售—线下配送、电商直播消费、在线教育培训、KOL 种草等新型消费模式发展。

三是增加优质消费资源供给。促进形成“龙头 + 中小企业”的发展格局，在重要消费品领域培育更多“华为式”龙头企业和“可口可乐式”综合性大型消费龙头，鼓励龙头企业与中小企业协同创新（樊纲等，2020）。加快自贸试验区离岸转手买卖产业发展，完善离岸转手买卖的财税制度安排。放大进口博览会溢出效应，使其不仅要成为面对消费者线上、线下展示交易平台，还要成为面对生产商、供应商、零售商和电商的展示交易平台。引进国际知名零售商，将海外消费意愿和消费能力转移到国内市场。鼓励和引导相关一线和省会城市商圈比肩巴黎香榭丽舍大街、伦敦摄政街等全球顶级商圈，挖掘独特文化魅力，开发“体验式”消费场景，培育消费特色文化。

四是挖掘“银发”消费潜力。人口老龄化正在加速全国老年消费升级，但我国老龄消费产业还处于初创期，从目前全球老年用品将近 6 万种，而我国仅有 2 000 种的现实中就可窥见一斑。“银发”经济蕴藏的巨大市场潜力和消费繁荣正在受到越来越多的关注，我国有待完善老年用品、老年服务、老年医疗、老年文化娱乐、老年个人护理等产业链布局，提高产业端老年适用商品的开发能力和更新频率。建议借鉴日本商业应对老龄化的实践和日本永旺旗下 GG Mall 的运营经验，引导部分城市率先开设专为老年人打造的社区商业中心。引导生产厂商联合技术专家、食品专家等专业人士积极开发如穿戴设备、健身器械、身体监测、广谱营养品等老年人专用预防消费商品。鼓励零售商和电商平台增加线上健康养生、旅游出行、检测和维修、清洗和保养等线上老年需求服务。

五是积极推进绿色消费模式。持续推进绿色消费的法律法规建设，完善绿色消费的制度体系，为绿色消费的持续健康发展提供法律和政策保障。持续完善绿色生产和绿色产品的质量体系和认证标准，为绿色消费提供安全可靠的市场秩序。鼓励企业加大绿色技术创新的资金和人才投入，鼓励企业扩大绿色产品的生产和销售，为绿色消费提供更多的优质产品供给。借助新媒体采取多种方式更大力度宣传绿色消费理念，提升政府和社会、生产者和消费者的绿色意识。鼓励消费金融平台对接绿色农业、绿色装修、绿色出行等多种消费场景，充分发挥“连接器”作用，引导社会向消费绿色转型。

六是实现城乡消费平衡发展。推进农村公共基础设施建设和改造升级，推进 5G 等新基建设施，提高农村宽带网络普及水平，夯实农村数字化经济的物质基础，降低农民信息消费成本。建立便携、高效的农村电商物流体系，推动“网购下乡”“农村淘宝”等农村电商发展，鼓励支持各类社会资本参与涉农电商平台建设，促进城乡居民消费同时升级（邹红等，2018）。鼓励企业以“低价高质”为核心，采用更多本土化的营销策略，制定合适的价格机制，吸引更多的下沉市场客户（夏杰长和肖宇，2020）。鼓励继续放宽落户条件，加快推进基本公共服务向城镇常住人口的全覆盖，释放农业转移人口的消费潜力。

七是加强鼓励消费的政策和制度供给。对标巴黎、伦敦等国际消费中心城市，完善我国免税购物和离境退税制度。完善大数据交易的监管规则和标准，促进消费数据的互通互联，实现商业数据的实时化和可视化。加快消费性服务业的标准化建设，建设个人消费诚信体系，依托各类线上平台整合个人信用数据，构建以信用为基础的市场监管机制。加大对电子讹诈、非法网贷、盗用网络支付账户等新型违法犯罪行为的打击力度。继续提高个人所得税的起征点，加大个人所得税的税收返还力度，扩大个人边际消费倾向。鼓励“互联网+”“智能+”消费的税收优惠政策，对传统行业中提供互联网消费和智能消费的企业，给予更多直接税和间接税优惠，实现数字经济与传统产业互补（李香菊和付昭煜，2020）。完善消费者权益保护的制度体系，充分发挥消费者协会等社会组织作用，有效维护消费者权益。

第四节 关于新型城镇化的政策建议

“十四五”时期是推动新型城镇化实现更高质量发展的关键时期，要以都市圈和城市群为新增长点发挥这一最大内需的结构性潜能。一是应推进要素市场化改革。在土地要素上，深化城市工业用地市场化改革，加快推行工业用地弹性出让，灵活调整土地使用年限；加快推进农村集体建设用地入市，逐步建立宅基地所有权、资格权、使用权“三权分置”的格局，对宅基地住房的租赁、抵押、转让等行为需要有明确的制度安排。在劳动力要素上，对内要引导劳动力要素在城市与农村之间、大城市与中小城市之间、都市圈与都市圈之间合理畅通流动，打破阻碍流动的各种体制机制障碍，通过深化户籍改革、实施包容性生育政策增加劳动力供给，持续推进公共服务均等化，确保城镇的农业转移人口享受同等水平和相同质量的公共服务；对外持续吸引海外高端人才，地方政府根据实际情况补齐诸如基础研究、智能制造等领域的人才短板。在资本要素上，对内由政府相关部门牵头建立民营企业和中小企业的信用体系以便为银行贷款提供可靠决策支持，建立企业自主决策、融资渠道畅通的新型投融资体制，充分利用“新三板”转板机制，培育一大批“小特精专”企业；对外通过逐步改善外资引进的结构和提高外资引进的质量促进城市群的现代产业体系升级。在技术要素方面，对内支持企业牵头组建创新联合体，承担国家重大科技项目，采取税收优惠、财政奖补、融资便利等方式鼓励企业加大研发投入；对外加快重点领域海外专利布局，继续鼓励海外风险投资布局城市群的初创期高新技术企业。

二是完善知识产权保护制度。创新是引领发展的第一动力，保护知识产权就是保护创新，新型城镇化必然要发展创新型经济，保护了知识产权才能激发市场主体的创新活力。政府需持续完善新技术专利保护、新产品专利保护、国际品牌知识产权保护、跨境电商领域知识产权保护规则，尤其是加强面向颠覆性技术创新的知识产权保护制度建设。继续优化知识产权保护中心和快速维权中心的区域布局，为市场主体提供便捷、高效、低成本的维权渠道，对恶意侵权、持续侵权、品牌侵权等行为执行严格的惩罚性赔偿制度，从而为创新型经济营造公平有序的市场环境和创新生态。

三是完善数据要素市场化配置。各大城市群在国家电子政务标准体系基础上，规范政务数据安全体系、政务数据源头质量和相关环节安全技术等具体要求，夯实同一标准采集数据、同一源头提供数据、同一系统共享数据的基础建设。对企业处理数据进行引导、规范和监管，培育兼顾政府治理功能和企业市场化属性的新型组织作为政务与社会数据融合的治理机构，对政务数据和社会数据经过标签化处理之后对接融合，再进行统一的增值开发利用。建立国内外重要商品市场、服务市场和要素市场形势变化的常态化跟踪和反馈机制，结合宏观政治经济形势对市场潜在风险进行前瞻性评估。完善对大宗商品、技术、数据等重点市场交易的监测预测预警机制，重点监测和评估短期资本流入容易冲击的行业，防止因境外资金流入引发资本市场波动并导致资产泡沫和杠杆率抬升，重点监测和审核涉密、敏感政务数据的共享和开放过程，及时排查数据篡改、数据窃取、数据非法使用等安全隐患。建立和完善数据资源产权、交易流动、跨境传输和安全等基础制度和标准规范，为流量型经济提供高频流动的市场环境和增值通道。

四是推进政府服务的数字化转型。新一轮机构改革后，一些省市设立了大数据局，将政务数据与企业数据进行标准化处理和有效对接，实现“一企一档”的精准画像，有利于供给精准服务。同时实现省内的系统联动，深度突破审批业务系统壁垒，令企业不再需要多系统登录、多账号登录，在同一政务服务平台上完成所有审批业务。2020 年，国务院办公厅出台了《关于加快推进政务服务“跨省通办”的指导意见》，并公布了 140 项高频实现清单，目前企业分支机构登记、变更和注销，企业产品许可证的发放和注销等事项均可实现异地跨省办理。可以此为基础，制定一揽子城市群政府服务改革和协同发展方案，持续以“跨省通办、跨区域联办”等改革举措提高政府服务效率。

五是推进绿色城镇化建设。对内要以新基建项目为主导完善绿色交通、绿色住宅、绿地建设等绿色基础设施，逐步降低城镇的高污染、高排放、高能耗产业比重，提升低碳、环保、节能的绿色产业比重。大力发展绿色金融，支持各类金融机构发展绿色金融业务，完善绿色债券、绿色理财、绿色基金在内的绿色金融产品体系，加快绿色金融信息化建设，以科技手段提高绿色金融规范化运作和管理。对外要对外商直接投资进行有效甄别，对外商直接投资企业设立与内资企业一样严格的环境质量达标要求，对掌握先进绿色技术的外资企业采用合资合作经营的，给予一定的政策优惠（薛慧芳、王国霞，2020）。

第五节　关于制度型开放的政策建议

“十四五”时期需深刻把握国际形势变化和我国发展要求，加快推动规则、管理、标准等制度型开放，促使各方面制度更加成熟定型（马春梅，2020）。

一是持续完善 RCEP 引领下的制度建设。RCEP 开启了我国制度型高水平开放的重要平台，可推进我国新发展格局，并使我国对外开放更加全面、多元和深入。作为区域经贸规则的整合器，RCEP 不仅整合了东盟与中国、日本、韩国、澳大利亚、新西兰多个“10 +1”自贸协定，而且采用负面清单方式推进投资自由化，提升了投资政策透明度，促进了区域内经贸规则的优化和整合。规则制定成为后续国际经贸活动的首要竞争领域，我国可基于 RCEP 的良好基础做好充分应对方案，包括考虑加入 CPTPP，并最终为全球向着实现零关税、零壁垒、零补贴的长期目标而努力（刘英，2020）。同时政府和企业均需加强对国际规则的学习，加深对国际规则的理解，促使我国的市场化改革与国际规则有效衔接。

二是加强“一带一路”共建过程中的制度建设。从国际来看，“一带一路”制度体系包括中国与相关国家和地区签署的双边、区域性及多边贸易与投资条约、协定等文件。截至目前，中国与 171 个国家和国际组织签署了 205 份共建“一带一路”合作文件，中国与沿线国家应当在“一带一路”建设中共同遵守和落实这些国际法规则。从国内来看，为有力促进“一带一路”行稳致远，相应的制度体系建设应包括与“一带一路”五通建设相关的政策沟通、基础设施合作、国际经贸往来、资金融通、文化交流等方面。从参与全球经济治理来看，我国应积极与沿线国家和地区共同加快构建服务贸易、数字贸易、政府采购、知识产权、竞争政策等方面的新规则体系。

三是继续鼓励自贸试验区开展制度创新。自贸试验区承担着制度创新“试验台”的任务，但不少属于优化流程、完善服务等技术操作层面的局部创新，总体方案设计偏向于方向性和导向型，后续亟待在贸易投资制度、税收制度、离岸金融制度、事中事后监管机制等方面，开展中国特色的自贸试验区制度集成创新，也亟待推出总体方案的实施细则和具体条例。对于上海、广东、海南等自贸区或自贸港建设尤其要进一步加大金融领域的开放力度和压力测试力度，制定健全规范且符合国际惯例的离岸金融制度，既涵盖离岸金融机构设立、准入和退出等环节，也包括金融机构组织形式、市场准入许可方式、退出监管机制、税收优惠政策、市场风险控制等内容。

四是着力在服务贸易和数字贸易规则构建上下功夫。服务贸易成为全球贸易规则重构的重点，2008 年国际金融危机后的区域双边自由贸易协定中，涉及服务贸易内容的增加至 998 个，占比 71.7%（迟福林和郭达，2020）。一方面，我国需要在已签署的双边或区域协定中，增加金融服务、电子商务等新兴服务贸易的条款；另一方面以更高标准打造正在谈签的经贸协定，如在中日韩全面自由贸易与投资协定中以医疗、健康、养老、环保、金融服务、电子商务、数据处理等领域为重点实现区域内服务贸易规则的新突破。数字贸易规则成为全球经贸规则重构的新兴领域。我国可依托数字经济的规模优势，积极参与全球多边数字贸易规则制定，主动谋划有利于维护多边贸易体制和维护广大发展中国家利益的数字贸易规则。同时在双边和区域经贸协定的谈签过程中，主动提出并策略性引导数字贸易规则的相关标准，如数据本地化、跨境数据流动、消费者数据保护等方面的规则标准，从而提升我国在区域乃至全球数字贸易规则制定中的话语权和影响力。

第六节　本章小结

当今世界正经历百年未有的大变局，完成“十四五”时期和到 2035 年的发展目标，加快构建以国内大循环为主体、国内国际双循环相互促进的新发展格局，需坚持保持战略定力，坚持以供给侧结构性改革为主线，坚持扩大内需这一战略基点，坚持把实施扩大内需战略同深化供给侧结构性改革有机结合。无论是供给侧还是需求侧改革，重点都是解放和发展生产力，用改革的办法推进结构调整，用改革的办法扩大内需，以创新驱动、高质量供给引领和创造供需求。同时加快转变政府职能，最大限度地减少政府对市场资源的直接配置和对微观经济活动的直接干预，才能让企业成为真正的配置资源要素的主体，才能形成高效规范和公平竞争的国内统一大市场，才能打通生产、流通、分配、消费各环节的堵点，畅通国内大循环。

更高水平的开放型经济意味着更高质量的规则和制度建设。规则和制度建设是推进开放型经济的重要组织基础和运行保障，既有助于提高我国对接全球经济治理规则的一致性和灵活性，也有助于丰富和完善全球经济治理体系。开放型经济还更应注重维护国家安全（陈健和郭冠清，2019）。我国制定的《中华人民共和国外商投资法》从法律层面确立了外商投资国家安全审查制度，后续将建立包括国家技术安全管理清单、不可靠实体清单、跨境数据流动监管等在内的维护国家安全和我国企业正当权益的制度体系，从而使我国在国际大循环中实现更为安全的发展。

参考文献

［1］ Abe Takesbi ed. , 2013. *The History of Japan's International Trade and Industry Policy.* Volume 2, Trade Policy 1980 – 2000. Advisory Committee on Economy and Industry, January 2013. pp. 225.

［2］ Abe Takeshi. 2017. *The History & Significance of Japan's Trade & Industrial Policy—a Case Study of Trade Friction at the End of the 20th Century.* Japan Spotlight. November/December 2017. 51 – 54.

［3］ Amiti M. , & Wei S. J. 2006. *Service Offshoring and Productivity: Evidence from United States.* NBER Working Paper No. 11926. pp. 1 – 24.

［4］ Bailey M. A. , Goldstein J. , & Weingast B. R. 1997. The Institutional Roots of American Trade Policy. *World Politics.* 4 (16): 309 – 338.

［5］ Barro R. , Lee J. W. 2013. A New Data Set of Educational Attainment in the World, 1950 – 2010. *Journal of Development Economics*, 104: 184 – 198.

［6］ Bird J. , Lebrand M. , Venables A. J. 2019. *The Belt and Road Initiative: Reshaping Economic Geography in Central Asia?* The World Bank Policy Research Working Paper 8807. pp. 1 – 38.

［7］ Bremmer I. , Kupchan C. *Top Risks 2020: Coronavirus Edition.* published on 2020 – 03 – 19. https: //www. eurasiagroup. net/live – post/top – risks – 2020 – coronavirus – edition. (accessed 2020 – 10 – 22) .

［8］ CBRE. *Greater China 2030.* http: //www. cbre. com/research – and – reports. pp1 – 29. (accessed on 12/01/2020.)

［9］ De Soyres F. , Mulabdic A. , Murray S. , et al. *How Much Will the Belt and Road Initiative Reduce Trade Costs?* The World Bank, 2018.

［10］ Destler I. M. 1995. *American Trade Politics. Washington D. C. : Institution for International Economics.* The Twentieth Century Fund. P16.

［11］ Douglas A. I. 2017. *Clashing over Commerce: A History of U. S. Trade Policy.* Chicago: University of Chicago Press. pp. 121.

［12］ Dumitrescu E. I. , Hurlin C. 2012. Testing for Granger non – causality in heterogeneous panels. *Economic Modelling*, 29 (4): 1450 - 1460.

[13] Fare R., Grosskopf S., Norris M., et al. 1994. Productivity Growth, Technical Progress, and Efficiency Change in Industrialized Countries. *American Economic Review*, 84 (1): 66 - 83.

[14] Kose M. A., Prasad E. S., Terrones M. E. 2009. Does Financial Globalization Promote Risk Sharing? *Journal of Development Economics*, 89 (2): 258 - 270.

[15] Lipsey R. E. 1994. *U. S Foreign Trade and The Balance of Payments*, 1800 - 1913. NBER Working Paper No. 4710.

[16] O' Rourke K. H. 2018. *Economic History and Contemporary Challenges to Globalization.* NBER Working Papers, No. 25364.

[17] Saliola F., Seker M. 2011. *Total Factor Productivity across the Developing World.* World Bank Working Paper - Enterprise Note Series, No. 23.

[18] Schurr S. H., Burwell C. C., Devine W. D., & Sonenblum W. D. 1991. *Electricity in the American Economy.*

[19] Wallace P. A. 1953. *Thirty - third Annual Report.* NBER Research Report.

[20] Wang Y., & Hu H. S. 2016. Rural - urban Migrants' Citizenization: Public Services and Measurement and Economic Impact Analysis. *Public Finance and Management.* 16 (4): 1 - 15.

[21] Yamazawa Ippei. 1990. *Economic Development and International Trade: The Japanese Model (English Edition)*. Resource System Institute, East - West Center. Hawaii.

[22] Zhou Y., Lin V., & Yu D. 2017. *Synergistic Development in the Beijing - Tianjin - Hebei Region: An International Comparative Perspective.* BCG & CDRF Research Report. March 2017, pp. 3 - 28.

[23] [美] 艾伦·格林斯潘、阿德里安·伍尔德里奇，束宇译：《繁荣与衰退——一部美国经济发展史》，中信出版社 2019 年版，第 69 + 213 + 229 页。

[24] 白春礼：“强化国家战略科技力量”，《〈中共中央关于制定国民经济和社会发展第十四个五年规划和二〇三五年远景目标的建议〉辅导读本》，人民出版社 2020 年版，第 199 页。

[25] [美] 巴里·诺顿，安佳译：《中国经济适应与增长》，上海人民出版社 2020 年版，第 128 页。

[26] 白洁、苏庆义：“《美加墨协定》：特征、影响及中国应对”，《国际经济评论》2020 年第 6 期，第 123—137 页。

[27] 白俊红、卞元超：“要素市场扭曲与中国创新生产的效率损失”，《中国工业经济》2016 年第 11 期，第 39—55 页。

[28] 白俊红、王钺、蒋伏心、李婧：“研发要素流动、空间知识溢出与经济增长”，

《经济研究》2017 年第 7 期，第 109—123 页。

［29］蔡昉：“生产率、新动能与制造业——中国经济如何提高资源重新配置效率”，《中国工业经济》2021 年第 5 期，第 5—18 页。

［30］蔡涵、谭淳、彭非：“宏观看行业系列之一：网上生活之直播带货”，《交银国际研究宏观策略研报》2020 年 4 月 7 日，第 1—25 页。

［31］蔡仲旺、周钊宇、郭百红：“循环原理：马克思《经济表》重构及其数理表述”，《当代经济研究》2019 年第 11 期，第 66—77 页。

［32］曹旭特：“80—90 年代日本‘双循环’的启示”，《申港证券双循环系列报告之三》，2020 年 11 月 27 日，第 1—28 页。

［33］钞小静、薛志欣、孙艺鸣：“新型数字基础设施如何影响对外贸易升级——来自中国地级及以上城市的经验证据”，《经济科学》2020 年第 3 期，第 46—59 页。

［34］陈健、郭冠清：“新时代中国建设更高水平开放型经济新体制的方向与路径”，《改革与战略》2019 年 11 期，第 44—54 页。

［35］陈伟光、蔡伟宏：“大国经济外交与全球经济治理制度——基于中美经济外交战略及互动分析”，《当代亚太》2019 年第 2 期，第 67—94 页。

［36］陈雯、马京京：“构建国际国内双循环相互促进新格局面临的困难挑战及相关建议”，《中国经贸导刊》2020 年第 7 期（上），第 54—56 页。

［37］陈曦：“美国为何成为逆全球化的重要推手”，《世界知识》2020 年第 11 期，第 16—18 页。

［38］陈亚军：“新型城镇化建设进展和政策举措”，《宏观经济管理》2020 年第 9 期，第 4—7 页。

［39］陈燕儿、白俊红：“要素流动与区域经济差距”，《现代经济探讨》2019 年第 6 期，第 6—13 页。

［40］程莉、滕祥河：“人口城镇化质量、消费扩大升级与中国经济增长”，《财经论丛》2016 年第 7 期，第 11—18 页。

［41］程名望、张家平：“新时代背景下互联网发展与城乡居民消费差距”，《数量经济技术经济研究》2019 年第 7 期，第 22—41 页。

［42］迟福林、郭达：“在大变局中加快构建开放型经济新体制”，《开放导报》2020 年第 4 期，第 27—36 页。

［43］丁安华：“让他三尺又何妨：中美贸易协议的启示”，《招银国际证券研究报告》2020 年 9 月 28 日，第 1—11 页。

［44］丁纯：“疫情暴露了全球经济治理体系的结构性赤字”，《国家治理》2020 年第 3 期，第 15—17 页。

［45］丁明磊、陈志：“美国建设国家制造业创新网络的启示及建议”，《科学管理研究》2014 年第 10 期，第 113—116 页。

［46］［日］都留重人，李雯雯译：《日本经济奇迹的终结》，四川人民出版社 2020 年版，第 245 页。

［47］杜士平："浅析战后日本的低利率政策对其经济的负面影响"，《现代日本经济》1996 年第 5 期，第 5—9 页。

［48］恩格斯，中共中央马克思恩格斯列宁斯大林著作编译局译：《反杜林论》，人民出版社 1976 年版，第 241 页。

［49］樊纲、郑宇劼、曹钟雄：《双循环：构建"十四五"新发展格局》，中信出版社 2021 年版，第 194—196 页。

［50］［英］芬巴尔·利夫西，吉美、房博博译：《后全球化时代》，中信出版社 2018 年版，第 256—257 页。

［51］冯娟："我国高质量供给体系建构研究：基于马克思再生产理论考察"，《当代经济管理》2020 年第 6 期，第 6—17 页。

［52］［法］弗朗索瓦·魁奈，晏智杰译：《魁奈〈经济表〉及著作选》，华夏出版社 2017 年版，第 11 +232 +359 页。

［53］高喆、顾朝林、顾江："'新型城镇化'与'乡村振兴'场景下新基建对产业转型的启示"，《经济地理》2021 年第 4 期，第 8014 页。

［54］归桦："统筹推进基础设施建设"，《〈中共中央关于制定国民经济和社会发展第十四个五年规划和二〇三五年远景目标的建议〉辅导读本》，人民出版社 2020 年版，第 231 页。

［55］郭凯明、潘珊、颜色："新型基础设施投资与产业结构转型升级"，《中国工业经济》2020 年第 3 期，第 63—80 页。

［56］郭凛、余振："美国贸易政策的历史逻辑与时代特征：特朗普与里根政府政策比较"，《当代美国评论》2020 年第 1 期，第 72—87 页。

［57］郭吴新："19 世纪的世界经济格局"，《经济评论》1996 年第 6 期，第 16—21 页。

［58］国务院发展研究中心课题组："农民工市民化对扩大内需和经济增长的影响"，《经济研究》2010 年第 6 期，第 4—14 页。

［59］国务院发展中心市场经济研究所课题组："以制度型开放促进服务业改革深化的思路和建议"，《中国经济报告》2020 年第 5 期，第 35—55 页。

［60］［美］海曼·P. 明斯基，石宝峰、张慧卉译：《稳定不稳定的经济——一种金融部稳定视角》，清华大学出版社 2019 年版，第 195—204 页。

［61］郝志运："金融开放和疫情冲击作用下的人民币国际化研究"，《福建金融》2021 年第 1 期，第 67—74 页。

［62］胡冬敏："大国崛起：美国百年对外贸易史"，《文史天地》2019 年第 3 期，第 87—91 页。

［63］胡祖才：“推进以人为核心的新型城镇化”，析出自《中共中央关于制定国民经济和社会发展第十四个五年规划和二〇三五年远景目标的建议》，人民出版社 2020 年版，第 332—335 页。

［64］黄隽、李冀恺：“中国消费升级的特征、度量与发展”，《中国流通经济》2018 年第 4 期，第 94—101 页。

［65］黄奇帆：“疫情之下的全球产业链重构——发展水平分工与垂直整合相结合的产业链集群”，《中国经济周刊》2020 年第 7 期，第 24—29 页。

［66］黄群慧：“实施产业基础再造工程 打造一批先进制造业”，《经济日报》2020 年 1 月 21 日，第 2 版。

［67］黄群慧：“从当前经济形势看我国‘双循环’新发展格局”，《学习时报》2020 年 7 月 8 日，第 6 版。

［68］黄群慧：“国内大循环推动构建新发展格局”，析出自张占斌主编：《国内大循环——中国经济发展新格局》，湖南人民出版社 2020 年版，第 8 页。

［69］黄群慧：“以产业链供应链现代化水平提升推动经济体系优化升级”，《马克思主义与现实》2020 年第 6 期，第 39—42 页。

［70］黄群慧：“新发展格局的理论逻辑、战略内涵与政策体系——基于经济现代化的视角”，《经济研究》2021 年第 4 期，第 4—23 页。

［71］江齐明：“‘双循环’：美国循环经济的演变对我国经济发展的启示”，《哈尔滨师范大学社会科学学报》2021 年第 1 期，第 51—61 页。

［72］江小涓、孟丽君：“内循环为主、外循环赋能与更高水平双循环——国际经验与中国实践”，《管理世界》2021 年第 1 期，第 1—19 页。

［73］姜卫民、范金、张晓兰：“中国‘新基建’：投资乘数及其效应研究”，《南京社会科学》2020 年第 4 期，第 20—31 页。

［74］姜长云：“论产业融合与科技创新的协同推进”，《开放导报》2021 年第 3 期，第 18—24 页。

［75］［意］杰奥瓦尼·阿瑞基，姚乃强、严维明、韩振荣译：《漫长的 20 世纪：金钱、权力与我们社会的根源》，江苏人民出版社 2001 年版，第 24 页。

［76］京东大数据研究院：《90 后人群消费白皮书》，2020 年 9 月，第 1—29 页。

［77］克里斯蒂娜·拉加德：“全球经济挑战：抓住新势头克服新平庸”，《第一财经日报》2014 年 10 月 8 日，第 A05 版。

［78］兰虹、赵佳伟、义旭东：“以新基建引领中国经济高质量发展：潜力、挑战与建议”，《西南金融》2020 年第 10 期，第 3—14 页。

［79］李春顶、林欣：“美国贸易政策的制定与决策机制及其影响”，《当代美国评论》2020 年第 1 期，第 88—104 页。

［80］李钢、秦宇：“人力资本相对超前投入及对经济增长的影响”，《数量经济技术

经济研究》2020 年第 5 期，第 118—138 页。

［81］李健、盘宇章：“要素市场扭曲和中国创新能力——基于中国省级面板数据分析”，《中央财经大学学报》2018 年第 3 期，第 87—99 页。

［82］李玲娥：“马克思社会资本再生产和流通理论的系统论”，《当代经济研究》1999 年第 3 期，第 36—38 页。

［83］李实、Terry Sicular、Finn Tarp：“中国收入不平等：发展、转型和政策”，《北京工商大学学报》（社会科学版）2020 年第 4 期，第 21—33 页。

［84］李世美、谭宓、狄振鹏：“双循环新格局下我国居民消费升级的制度经济学分析”，《重庆社会科学》2020 年第 12 期，第 75—87 页。

［85］李拓、李斌：“中国跨地区人口流动的影响因素——基于 286 个城市面板数据的空间计量检验”，《中国人口科学》2015 年第 2 期，第 73—83 + 127 页。

［86］李铁：“基本实现新型城镇化要做哪些事”，《北京日报》2020 年 11 月 16 日第 014 版。

［87］李香菊、付昭煜：“促进我国居民消费扩大和省级的税收政策研究”，《税务研究》2020 年第 11 期，第 17—22 页。

［88］李小平、陈勇：“劳动力流动、资本转移和生产率增长——对中国工业‘结构红利假说’的实证检验”，《统计研究》2007 年第 7 期，第 22—28 页。

［89］李晓：“‘双循环’需要更高水平的对外开放”，《南开学报》（哲学社会科学版）2021 年第 1 期，第 13—15 页。

［90］李晓华、吕铁：“战略性产业的特征与政策导向研究”，《宏观经济研究》2010 年第 9 期，第 22—28 页。

［91］林毅夫：“新冠疫情对全球经济的冲击及中国的应对”，《宁波经济》2020 年第 6 期，第 10—12 页。

［92］刘凤芹、苏丛丛：“‘新基建’助力中国经济高质量发展理论分析与实证研究”，《山东社会科学》2021 年第 5 期，第 136—141 页。

［93］刘国光：“关于社会主义再生产发展速度的决定因素的初步探讨”，《经济研究》1961 年第 4 期，第 1—23 页。

［94］刘国光：“关于社会主义再生产比例和速度的数量关系的初步探讨”，《经济研究》1962 年第 5 期，第 16—31 页。

［95］刘国光：《社会主义再生产问题》，生活・读书・新知三联书店 1980 年版，第 55 + 115 页。

［96］刘鹤：“加快构建以国内大循环为主体、国内国际双循环相互促进的新发展格局”，《人民日报》2020 年 11 月 25 日第 006 版。

［97］刘华军、赵浩：“中国二氧化碳排放强度的地区差异分析”，《统计研究》2012 年第 6 期，第 46—50 页。

［98］刘兴凯、张诚：“中国服务业全要素生产率增长及其收敛分析”，《数量经济技术经济研究》2010 年第 3 期，第 55—67 +95 页。

［99］刘英：“RCEP 助推我国高水平制度型开放，开启规则制定新时代”，《中国发展观察》2020 年第 22 期，第 24—26 页。

［100］刘勇：“面向 2035 年中国制造业发展的新要求和对策”，《中国经济学人》2021 年第 1 期，第 1—9 页。

［101］刘元春：“正确认识和把握双循环新发展格局”，《学习时报》2020 年 9 月 9 日，第 3 版。

［102］刘元春：“深入理解新发展格局的科学内涵”，《人民日报》2020 年 10 月 16 日，第 9 版。

［103］刘志彪：“重塑中国经济内外循环的新逻辑”，《探索与争鸣》2020 年第 7 期，第 42—52 页。

［104］刘志彪、姚志勇、吴乐珍：“巩固中国在全球产业链重组过程中的分工地位研究”，《经济学家》2020 年第 11 期，第 51—57 页。

［105］刘智勇、李海峥、胡永远、李陈华：“人力资本结构高级化与经济增长——兼论东中西部地区差距的形成和缩小”，《经济研究》2018 年第 3 期，第 50—63 页。

［106］刘忠远、张志新：“大国崛起之路：技术引进——二战后日本经济增长路径带来的启示”，《科学管理研究》2010 年第 6 期，第 99—103 页。

［107］鲁晓东、连玉君：“中国工业企业全要素生产率估计：1999—2007”，《经济学（季刊）》2012 年第 2 期，第 541—558 页。

［108］陆挺：“中国‘双循环’战略：从盖房到造芯”，《野村国际证券研究报告》2020 年 10 月 29 日，第 1—36 页。

［109］［美］罗伯特·戈登，张林山等译：《美国增长的起落》，中信出版社 2019 年版，第 612—613 页。

［110］罗肇鸿、王怀宁主编：《资本主义大词典》，北京：人民出版社，1995 年版，第 167 页。

［111］吕炜、王伟同：“从均等化、一体化到市民化——市民化改革的逻辑梳理与政策解读”，《经济学动态》2013 年第 1 期，第 40—45 页。

［112］马成山：《日本对外贸易概论》，中国对外经济贸易出版社 1991 年版，第 134 页。

［113］马春梅：“创新对外开放新机制新模式”，《中国社会科学报》2020 年 9 月 23 日，第 006 版。

［114］马建堂：“保障产业链安全，为构建新发展格局提供支撑”，《中国发展观察》2021 年第 1 期，第 5—6 页。

［115］马克思，中共中央马克思恩格斯列宁斯大林著作编译局译：《1861—1863 年经

济学手稿》，摘自《马克思恩格斯全集》第 48 卷，人民出版社 1985 年版，第 172 + 360 + 2171 页。

［116］马克思，中共中央马克思恩格斯列宁斯大林著作编译局译：《资本论》第二卷，人民出版社 2004 年版，第 101 + 115 页。

［117］马克思，中共中央马克思恩格斯列宁斯大林著作编译局译：《资本论》第一卷，人民出版社 1975 年版，第 21—24 页。

［118］马素红："世界经济：'新平庸 + 大分化'"，《中国经济报告》2015 年第 5 期，第 82—84 页。

［119］马文涛、董松柯："逆周期调节、公共资本与经济增长"，《经济科学》2021 年第 2 期，第 5—18 页。

［120］麦肯锡中国区金融研究中心：《中国金融开放新机遇研究报告》，2020 年 10 月，第 1—47 页。

［121］毛泽东：《毛泽东选集（第 5 卷）》，人民出版社 1977 年版，第 268 页。

［122］毛中根、谢迟、叶胥："中国居民消费 70 年：演进、政策及挑战"，《中国社会科学》2019 年第 6 期，第 64—83 页。

［123］苗圩："提升产业链供应链现代化水平"，《〈中共中央关于制定国民经济和社会发展第十四个五年规划和二〇三五年远景目标建议〉辅导读本》，人民出版社 2020 年版，第 215—221 页。

［124］［日］名岛太郎：《日本产业读本》，东洋经济新报社 1968 年版，第 33 页。

［125］牛播坤："全球产业链重构下的危与机"，《华创证券研究报告》2020 年 4 月 13 日。

［126］权衡："新发展格局是开放的国内国际双循环"，《学习时报》2020 年 10 月 21 日，第 3 版。

［127］任理轩："加快构建新发展格局"，《人民日报》2021 年 5 月 12 日，第 7 版。

［128］任曙明、魏梦茹："财政政策、融资约束与全要素生产率"，《现代财经（天津财经大学学报）》2015 年第 6 期，第 28—42 页。

［129］任泽平、马家进、连一席：《新基建——全球大变局下的中国经济新引擎》，中信出版社 2020 年版，第 52 + 59 + 99 页。

［130］山本繁绰：《市场开放》，同文馆出版社 1986 年版，第 87—89 页。

［131］尚文思："新基建对劳动生产率的影响研究——基于生产性服务业的视角"，《南开经济研究》2020 年第 6 期，第 181—200 页。

［132］邵冰：《战后日本战略性贸易政策研究》，吉林大学博士学位论文，2020 年，第 45—46 页。

［133］邵敏、武鹏："出口贸易、人力资本与农民工的就业稳定性——兼议我国产业和贸易的升级"，《管理世界》2019 年第 3 期，第 99—113 页。

［134］沈新凤、刘星辰："重生——2021 年中国宏观经济展望"，《东北证券研究报告》2020 年 10 月 29 日，第 1—37 页。

［135］沈悦、赵强、朱雅玲："产业智能化对消费升级的作用机制研究——理论分析与实证检验"，《经济纵横》2021 年第 3 期，第 78—88 页。

［136］盛斌、黎峰："逆全球化：思潮、原因与反思"，《中国经济问题》2020 年第 2 期，第 3—15 页。

［137］盛旭："'旧改'与产业链脉络"，《广发证券宏观经济研报》2020 年 5 月 12 日，第 1—15 页。

［138］石明明、江舟、周小焱："消费升级还是消费降级"，《中国工业经济》2019 年第 7 期，第 42—60 页。

［139］史丹："构建新发展格局的时代背景与重点任务"，《经济日报》2020 年 8 月 19 日，第 11 版。

［140］［美］斯坦利·L. 恩格尔曼、罗伯特·E. 高尔曼：高德步、王珏总译校，《剑桥美国经济史 20 世纪》（第三卷），中国人民大学出版社 2008 年版，第 24—25 +454—455 +976 页。

［141］苏冬蔚、叶菁菁："收入不平等对家庭消费升级的影响——基于机会不平等与努力不平等的视角"，《湘潭大学学报（哲学社会科学版）》2021 年第 2 期，第 74—82 页。

［142］苏宁金融研究院："《中国居民消费升级指数报告（2018）》发布：'懒人经济'时代到来"，2018 年 11 月 26 日，https：//www. tmtpost. com/3610929. html。

［143］孙海泳："论美国对华'科技战'中的联盟策略：以美欧对华科技施压为例"，《国际观察》2020 年第 5 期，第 134—156 页。

［144］孙景宇："全球治理的困境与出路：《帝国主义论》的启示"，《经济学家》2018 年第 9 期，第 22—29 页。

［145］孙早、许薛璐："产业创新与消费升级：基于供给侧结构性改革视角的经验研究"，《中国工业经济》2018 年第 7 期，第 98—116 页。

［146］谈谭："美国 1934 年《互惠贸易协定法》及其影响"，《历史教学》2010 年第 10 期，第 66—70 页。

［147］陶建国、谢荷芳、谢奎柱："日本国民生活中心对消费者权益的保护"，《无锡商业职业技术学院学报》2011 年第 3 期，第 23—26 页。

［148］天风证券固收团队："日本《前川报告》对中国的启示：扩大内需，不只是大规模基建"，天风证券固收报告，2018 年 8 月。

［149］田葆贤、赵海成："比较马克思和魁奈关于社会资本再生产理论的异同"，《东岳论丛》1986 年第 4 期，第 13—19 页。

［150］田野、陈兆源："逆全球化思潮与全球抗疫合作"，《当代世界与社会主义》2020 年第 4 期，第 140—147 页。

[151] 托马斯·皮凯蒂、杨利、加布里埃尔·祖克曼："中国资本积累、私有财产与不平等的增长：1978—2015"，《财经智库》2019 年第 3 期，第 5—45 页。

[152] 王昌林、杨长湧："在构建双循环新发展格局中育新机开新局"，《经济日报》2020 年 8 月 15 日，第 11 版。

[153] 王晶晶、焦勇、江三良："中国八大综合经济区技术进步方向的区域差异与动态演进：1978—2017"，《数量经济技术经济研究》2021 年第 4 期，第 3—21 页。

[154] 王蒙徽："实施城市更新行动"，选自《中共中央关于制定国民经济和社会发展第十四个五年规划和二〇三五年远景目标的建议》，人民出版社 2020 年第一版，第 339—347 页。

[155] 王宁、史晋川："中国要素价格扭曲程度的测度"，《数量经济技术经济研究》2015 年第 9 期，第 149—161 页。

[156] 王恕立、刘军："中国服务企业生产率异质性与资源再配置效应——与制造业企业相同吗?"，《数量经济技术经济研究》2014 年第 5 期，第 37—53 页。

[157] 王晓德："美国现代大众消费社会的形成及其全球影响"，《美国研究》2007 年第 2 期，第 48—57 页。

[158] 王晓红、李锋、夏友仁、高凌云："对'三零'国际经贸规则的认识"，《国际贸易》2019 年第 6 期，第 33—39 页。

[159] 王一鸣："从长期大势把握当前形势，加快形成新发展格局"，《经济日报》2020 年 8 月 12 日，第 1 版。

[160] 王一鸣："'双循环'对城镇化提出新要求"，《经济参考报》2020 年 11 月 24 日，第 7 版。

[161] 王一鸣："百年大变局、高质量发展与构建新发展格局"，《管理世界》2020 年第 12 期，第 1—12 页。

[162] 王毅武："马克思《经济表》及其中国式创新"，《海南大学学报》（人文社会科学版）2002 年第 1 期，第 1—7 页。

[163] 王钺、刘秉镰："创新要素的流动为何如此重要？——基于全要素生产率的视角"，《中国软科学》2017 年第 8 期，第 91—101 页。

[164] 王跃生："世界经济或将进入多趋势并存的时代：表征、成因与未来——兼论特朗普的'三零贸易秩序'"，《国际经济评论》2018 年第 6 期，第 10—11 页。

[165] 王蕴、姜雪、盛雯雯："经济高质量发展的国际比较"，《宏观经济管理》2019 年第 5 期，第 5—12 页。

[166] 翁国民、宋丽："《美墨加协定》对国际经贸规则的影响及中国之因应——以 NAFTA 和 CPTPP 为比较视角"，《浙江社会科学》2020 年第 8 期，第 20—44 页。

[167] 夏杰长、肖宇、孙盼盼："以服务业扩大开放促进中国产业升级：理论逻辑与政策思路"，《国际贸易》2020 年第 6 期，第 4—13 页。

［168］夏杰长、肖宇："激发和治理新消费的政策思路"，《新治理》2020 年第 1 期，第 37—41 页。

［169］夏杰长、姚战琪："服务业外商投资与经济结构调整：基于中国的实证研究"，《南京大学学报》（哲学 · 人文科学 · 社会科学版）2013 年第 3 期，第 25—33 页。

［170］肖挺："中国服务业全要素生产率变化及收敛趋势研究——基于上市企业的经验证据"，《财贸研究》2021 年第 4 期，第 28—43 页。

［171］肖宇、高凌云："如何建设面向全球的自贸区网络"，《开放导报》2018 年第 2 期，第 34—38 页。

［172］谢呈阳、刘梦、胡汉辉："消费升级、市场规模与制造业价值链攀升"，《财经论丛》2021 年第 4 期，第 12—22 页。

［173］谢伏瞻："加快培育完整内需体系"，析自《〈中共中央关于制定国民经济和社会发展第十四个五年规划和二〇三五年远景目标的建议〉辅导读本》，人民出版社 2020 年，第 251—257 页。

［174］徐康宁："扩大对外开放的新基于、新理念与新方向——重要战略机遇期的文明互鉴与制度型开放"，《江海学刊》2019 年第 1 期，第 85—91 页。

［175］徐敏、姜勇："中国产业结构升级能缩小城乡消费差距吗?"，《数量经济技术经济研究》2015 年第 3 期，第 3—21 页。

［176］徐鹏、李自磊："主要国家经济循环的脉络梳理与特征研究"，《价格理论与实践》2021 年第 1 期，第 261—266 页。

［177］徐绍史："积极发挥消费引领作用 加快培育形成新供给新动力"，《中国经贸导刊》2015 年 12 月，第 18—20 页。

［178］许崇正、柳荫成："马克思再生产理论与社会主义市场经济"，《经济学家》2006 年第 4 期，第 21—26 页。

［179］薛慧芳、王国霞："外资驱动绿色经济发展的机制与对策"，《商业经济研究》2021 年 12 期，第 189—192 页。

［180］杨丽、孙之淳："基于熵值法的西部新型城镇化发展水平测评"，《经济问题》2015 年第 3 期，第 115—119 页。

［181］杨廷干、吴开尧："服务业全要素生产率变化及其驱动因素——基于细分行业的研究"，《统计研究》2017 年第 6 期，第 69—78 页。

［182］杨伟明、粟麟、孙瑞立、袁伟鹏："数字金融是否促进了消费升级？——基于面板数据的证据"，《国际金融研究》2021 年第 4 期，第 13—22 页。

［183］叶菁菁、唐荣："房价上涨、地方政府债务与居民消费升级"，《财经科学》2021 年第 3 期，第 83—93 页。

［184］叶银丹："新冠疫情影响下中国'新基建'发展方向与政策建议"，中银研究院《宏观观察》2020 年第 10 期，第 1—10 页。

［185］易峘、刘雯琪："展望十四五：政策紧扣'双循环'战略的本质"，《华泰证券研究报告》2020 年 10 月 27 日，第 1—21 页。

［186］于斌斌、陈露："新型城镇化能化解产能过剩吗?"，《数量经济技术经济研究》2019 年第 1 期，第 22—41 页。

［187］于潇、陈世坤："中国省际人口流动与人力资本流动差异性分析"，《人口学刊》2020 年第 1 期，第 30—41 页。

［188］余炳雕、吴宇："20 世纪 80 年代以来日本税制改革综述"，《现代日本经济》2004 年第 1 期，第 15—20 页。

［189］［美］约瑟夫·E. 斯蒂格利茨，李杨、唐克、章添香译：《全球化逆潮》，机械工业出版社 2020 年版，第 2—3 页。

［190］［美］约瑟夫·E. 斯蒂格利茨，刘斌、刘一鸣、刘嘉牧译：《美国真相》，机械工业出版社 2020 年版，第 83 页。

［191］岳书敬、刘朝明："人力资本与区域全要素生产率分析"，《经济研究》2006 年第 4 期，第 90—96 + 127 页。

［192］张成思、朱越腾："对外开放、金融发展与利益集团困局"，《世界经济》2017 年第 4 期，第 55—78 页。

［193］张刚生、严洁："论美欧发达地区的逆全球化现象"，《社会科学文摘》2020 年第 5 期，第 14—16 页。

［194］张国强、温军、汤向俊："中国人力资本、人力资本结构与产业结构升级"，《中国人口·资源与环境》2011 年第 10 期，第 138—146 页。

［195］张晖明、郑海鳌："积极探索制度型开放新路"，《经济日报》2020 年 4 月 22 日，第 11 版。

［196］张景云、吕欣欣："消费升级的现状、需求特征及政策建议"，《商业经济研究》2020 年第 7 期，第 53—55 页。

［197］张军、吴桂英、张吉鹏："中国省际物质资本存量估算：1952—2000"，《经济研究》2004 年第 10 期，第 35—44 页。

［198］张俊娥、董晓红："从 USMCA 看中美数字贸易规则领域的分歧及中国应对策略"，《对外经贸实务》2021 年第 2 期，第 42—45 页。

［199］张明、陈骁："新时代中国股份制商业银行转型研究系列专题（四）——对外开放篇：开放进程谨慎防风险，外资银行重点突进"，《平安证券宏观经济研报》2019 年 8 月 22 日，第 1—17 页。

［200］张文达、郭于玮、鲁政委："'顶天立地'新基建：分类定量测算"，《兴业证券宏观经济专题》2020 年 3 月 26 日，第 1—19 页。

［201］张文朗、黄文静："'旧改'知多少?"，《光大证券宏观经济研报》2019 年 10 月 8 日，第 1—10 页。

[202] 张喜艳、刘莹："经济政策不确定性与消费升级"，《经济学家》2020年第11期，第82—92页。

[203] 张衔："马克思社会资本再生产理论中国化探索：回顾与思考"，《当代经济研究》2019年12期，第22—31页。

[204] 张兴荣、刘文、龚一泓："疫情大考下长三角地区重要性进一步凸现——长三角地区经济金融形势回顾与展望报告"，《中国银行研究院宏观观察》2020年第38期，第1—15页。

[205] 张勇："人力资本贡献与中国经济增长的可持续性"，《世界经济》2020年第4期，第75—99页。

[206] 张瑜、李书华："金融开放度与宏观经济波动——基于发达国家与发展中国家和地区的实证研究"，《财经论丛》2011年第5期，第52—57页。

[207] 张占斌："构建国内国际双循环相互促进新发展格局"，《学习时报》2020年8月21日，第1版。

[208] 赵雪情："'一带一路'沿线人民币使用障碍与对策建议"，《人民币国际观察》2020年第12期，第1—9页。

[209] 赵永平、徐盈之："新型城镇化的经济增长效应：时空分异与传导路径分析"，《商业经济与管理》2014年第8期，第48—56页。

[210] 赵长茂："把我国制度优势更好转化为国家治理效能"，《人民论坛》2019年第31期，第14—16页。

[211] 郑明月、肖劲松："构建'双循环'新发展格局面临的挑战与对策"，《新经济导刊》2020年第3期，第58—62页。

[212] 中国旅游研究院：《2019中国定制旅行发展报告》，2019年7月。

[213] 中国人民银行：《2020年人民币国际化报告》，2020年8月，第1+15页。

[214] 钟山："开拓合作共赢新局面"，析出自《中共中央关于制定国民经济和社会发展第十四个五年规划和二〇三五年远景目标的建议》，人民出版社2020年版，第386—392页。

[215] 周俊："特朗普政府的贸易政策——基于美国国内贸易政治视角的分析"，《国际展望》2017年第9期，第38—56页。

[216] 周念利、田默、林珊："中国服务业开放对现代制造业劳动生产率的影响——以北京市为例"，《亚太经济》2016年第1期，第63—69页。

[217] 朱雅玲："晋升锦标赛下地方政府竞争对消费结构的影响——基于公共品供给竞争视角"，《中国经济问题》2019年第5期，第76—93页。

[218] 朱轶、涂斌："财政分权、投资失衡与工业资本深化——基于中国区域特征的经验研究"，《宏观经济研究》2011年第11期，第28—36页。

[219] 竺彩华："市场、国家与国际经贸体系规则重构"，《外交评论（外交学院学

报）》2019 年第 5 期，第 4—5 页 + 第 9—41 页。

［220］邹红、彭争呈、栾炳江："新时代我国新消费的发展与挑战"，《消费经济》2018 年第 10 期，第 3—8 页。